精品课程立体化教材系列

市场营销学

（第二版）

吕一林　岳俊芳　主编

科学出版社

北京

内 容 简 介

本书是国家级精品课程主干教材，与其他配套的教学资源一同构成市场营销学课程的立体化教学解决方案。全书共分为 16 章，全面、系统地介绍了市场营销的基本原理、活动、策略和方法。它从市场营销的目标和过程分析入手，对营销机会与营销战略进行探讨，在此基础上阐述市场营销的相关策略，最后对市场营销的新发展进行了展望。

本书博采众长，自成风格，体现在：内容完整，既保持了理论的系统性，又兼顾了新营销的发展，突出前沿性；结构新颖，逻辑清晰，篇幅适当；贴近实际，特别是中国实际，案例支持丰富，并突出案例的本土化和时代性；文风精练活泼，便于理解记忆。

本书适合作为高等院校工商管理类专业本科生教材，同时也可作为现代企业相关管理和营销人员的自学参考用书或培训教材。

图书在版编目(CIP) 数据

市场营销学/吕一林，岳俊芳主编. —2 版. —北京：科学出版社，2010.8

（精品课程立体化教材系列）

ISBN 978-7-03-028477-8

Ⅰ.①市⋯ Ⅱ.①吕⋯②岳⋯ Ⅲ.①市场营销学-高等学校-教材 Ⅳ.①F713.50

中国版本图书馆 CIP 数据核字（2010）第 148912 号

责任编辑：王京苏/责任校对：刘小梅
责任印制：张 伟/封面设计：耕者设计工作室

科 学 出 版 社 出版
北京东黄城根北街 16 号
邮政编码：100717
http://www.sciencep.com

北京虎彩文化传播有限公司 印刷
科学出版社发行 各地新华书店经销

*

2005 年 8 月第 一 版　开本：B5（720×1000）
2010 年 8 月第 二 版　印张：23 1/4
2023 年 1 月第二十六次印刷　字数：449 000

定价：46.00 元
（如有印装质量问题，我社负责调换）

第二版前言

光阴荏苒，本书第一版出版已有四年多之久，其间重印了若干次。而在此期间，无论是企业面对的市场营销环境、从事的市场营销实践，还是市场营销理论本身，都发生了很大的变化。中国已经跨入了改革开放的第四个十年，中国市场愈发成为全球企业同场竞技的舞台，中国企业的国际化步伐也愈发快速和坚定，这又进一步强化了市场营销在中国企业界和学术界的影响和地位。现今大学里，不但有市场营销本科专业，还开设了市场营销硕士和博士专业。虽然该专业的毕业生越来越多，但就业市场对营销人员的需求仍有增无减。究其根源，还是因为市场竞争越来越激烈，现实对营销管理者提出了越来越高的要求。因此，营销从业者必须不断学习，而教材更需要不断修订。

国外的营销学教材基本上每三年就修订一次，在这方面，我们显然差距颇大。本次修订的主要变化，一是增加了营销领域近年来提出的新理论、新观念和新方法；二是根据企业营销实践的变化，增加了最新的案例和数据，以确保营销理论和实践上的与时俱进。此外，考虑到学习者的学习特点，本书较第一版缩减了篇幅，以期做到系统而凝练。

本书依然遵循第一版的基本定位，即高等学校工商管理类专业本科生教材，在写作上体现系统性和前瞻性、指导性和可读性，并突出案例的时效性和本土性特征。本书在每章配以引例、案例精粹、小结、关键词、思考题和案例分析，便于教师的教学和学生的自学。本书也适合高等学校其他专业本科生以及对营销感兴趣之人士阅读。

本书依然由以吕一林教授为核心的研究团队完成，由吕一林教授和岳俊芳副教授担任主编。本书的编写分工（以章为序）如下：中国青年政治学院杨立宇（第1、6、16章），中国人民大学继续教育学院岳俊芳（第2、3、4、5、7章），中国人民大学继续教育学院李永平、岳俊芳（第7章），广东商学院彭雷清（第8、9章），集美大学丁文辉（第10、15章），北京工商大学黄桂芝（第8、9、11、12章），北京建工学院张原（第13、14章）。其中，第7、8、9章为几人共同编写。全书由岳俊芳总审。

吕一林
2010年4月

第一版前言

在20多年的改革开放过程中，市场营销理论在中国迅速传播，已从最初的引入、传播、模仿发展到现今的创造性应用，应用范围也从消费品领域、产业用品领域扩展到服务领域。与此同时，市场营销学也已成为国内管理学科中知名度和普及程度最高的课程之一，被国家教育部列为高等教育工商管理类专业的核心课程。

21世纪是全球化的时代，21世纪的中国企业也颇受世界瞩目。它们不仅在本土市场与国外对手同场竞技，而且越来越频繁地在世界市场登台亮相。无疑，我们需要培养更多的具备系统营销知识和国际化视野的专业人才。市场营销本身又是不断发展的，它已从最初的一项企业职能发展为现今的组织职能之一，即组织为了自身及利益相关者的利益而创造、传播、传递顾客价值、管理顾客关系的过程，对市场营销理论的研究也将循此深入拓展。

本着继承和创新的宗旨，我们在书中系统地介绍了市场营销的基本原理、活动、策略和方法以及营销领域的新发展和新观念。在写作过程中，我们参考了数位国内外学者如菲利普·科特勒（Philip Kotler）、加里·阿姆斯特朗（Gary Armstrong）、伊·杰·麦卡锡（E. J. Mccarthy）、罗曼·马金（Rom Markin）和纪宝成教授等编著的市场营销学著作。营销类书籍浩如烟海，此处难免挂一漏万，谨向各位作者表示真挚的谢意。

本书由以吕一林教授为核心的教学研究团队完成。吕一林教授任主编，岳俊芳副教授任副主编，一批有多年市场营销教学经验的教师参与写作，可以说这也是大家多年教学成果的结晶。本书的编写分工为：中国青年政治学院杨立宇（第

1、6、16章），中国人民大学继续教育学院岳俊芳（第2～5章），中国人民大学继续教育学院李永平（第7章），广东商学院彭雷清（第8、9章），厦门集美大学丁文辉（第10、15章），北京工商大学黄桂芝（第11、12章），北京建工学院张原（第13、14章），最后由吕一林和岳俊芳对全书稿进行了统稿。

  本书力求做到经典理论与中国企业实践相互融合，在采用部分国外经典案例的基础上，增加了对国内案例的选取。本书坚持理论阐述和评价相结合，以期促使读者深入思考。本书在系统性、前瞻性、指导性和可读性方面也做了一些尝试。

  由于作者水平有限，参与营销实践的活动也较为有限，本书无论在体系还是内容上恐有不当之处，还望读者不吝赐教。

吕一林
2005年6月

目 录

第二版前言
第一版前言

第1章 认识市场营销 ······ 1
1.1 市场与市场营销 ······ 2
1.2 营销哲学 ······ 6
1.3 顾客价值、顾客满意与顾客忠诚 ······ 10
小结 ······ 13
关键词 ······ 14
思考题 ······ 15
案例 ······ 15

第2章 战略规划与市场营销过程 ······ 18
2.1 企业战略的含义和层次 ······ 19
2.2 规划总体战略 ······ 20

2.3　企业市场营销过程 ·· 28
小结 ·· 40
关键词 ·· 41
思考题 ·· 41
案例 ·· 41

第 3 章

市场营销环境 ·· 44

3.1　企业营销与市场营销环境 ·································· 45
3.2　微观营销环境 ·· 47
3.3　宏观营销环境 ·· 50
3.4　环境分析与营销对策 ······································ 57
小结 ·· 59
关键词 ·· 60
思考题 ·· 61
案例 ·· 61

第 4 章

消费者市场及购买行为 ··· 64

4.1　消费者市场与消费者购买行为模式 ························ 65
4.2　影响消费者购买行为的因素 ······························· 67
4.3　消费者购买决策过程 ······································ 76
小结 ·· 83
关键词 ·· 83
思考题 ·· 84
案例 ·· 84

第 5 章

组织市场及购买行为 ··· 87

5.1　组织市场的构成和特点 ···································· 88

5.2 产业用户市场的购买行为 90
5.3 中间商市场的购买行为 98
5.4 政府市场和非营利组织市场购买行为 100
小结 103
关键词 104
思考题 104
案例 104

第6章 目标市场营销战略 107

6.1 目标市场营销及其决策过程 108
6.2 市场细分 110
6.3 目标市场选择 115
6.4 市场定位 120
小结 124
关键词 124
思考题 125
案例 125

第7章 市场营销调研 128

7.1 市场营销信息 129
7.2 市场营销信息系统 131
7.3 市场营销信息的案头调研 133
7.4 市场营销实地调研 136
7.5 市场调查问卷设计 145
小结 150
关键词 151
思考题 151
案例 151

第 8 章 产品及服务决策 ... 155

- 8.1 产品整体概念 ... 156
- 8.2 产品组合 ... 157
- 8.3 品牌与商标决策 ... 162
- 8.4 包装策略 ... 169
- 8.5 服务决策 ... 172
- 小结 ... 175
- 关键词 ... 176
- 思考题 ... 176
- 案例 ... 177

第 9 章 产品生命周期及新产品开发 ... 180

- 9.1 产品生命周期概述 ... 181
- 9.2 产品生命周期各阶段的营销管理 ... 184
- 9.3 新产品开发 ... 187
- 9.4 新产品采用与扩散 ... 196
- 小结 ... 199
- 关键词 ... 200
- 思考题 ... 200
- 案例 ... 200

第 10 章 定价决策 ... 203

- 10.1 定价策略概述 ... 204
- 10.2 基本的定价方法 ... 209
- 10.3 定价策略和技巧 ... 212
- 10.4 价格变动的原因与对策 ... 217

小结 ··· 221
　　关键词 ··· 221
　　思考题 ··· 222
　　案例 ··· 222

第 11 章　分销渠道设计 ··· 225
　11.1　分销渠道结构 ·· 226
　11.2　分销渠道的设计与选择 ·· 235
　　小结 ··· 242
　　关键词 ··· 243
　　思考题 ··· 243
　　案例 ··· 243

第 12 章　分销渠道管理决策 ··· 245
　12.1　中间商分析 ·· 246
　12.2　渠道成员选择与激励 ·· 257
　12.3　渠道冲突管理 ·· 261
　12.4　渠道调整 ··· 264
　12.5　物流管理 ··· 265
　　小结 ··· 271
　　关键词 ··· 271
　　思考题 ··· 272
　　案例 ··· 272

第 13 章　整合沟通决策 ··· 274
　13.1　整合沟通概述 ·· 275
　13.2　广告 ··· 280

13.3　公关宣传 ……………………………………………………… 285
　　13.4　销售促进 ……………………………………………………… 289
　小结 …………………………………………………………………… 293
　关键词 ………………………………………………………………… 293
　思考题 ………………………………………………………………… 294
　案例 …………………………………………………………………… 294

第14章 人员推销 ……………………………………………………… 297

　　14.1　人员推销概述 …………………………………………………… 298
　　14.2　人员推销的管理 ………………………………………………… 303
　　14.3　销售队伍的管理 ………………………………………………… 305
　小结 …………………………………………………………………… 312
　关键词 ………………………………………………………………… 312
　思考题 ………………………………………………………………… 313
　案例 …………………………………………………………………… 313

第15章 互联网时代的营销 …………………………………………… 316

　　15.1　网络营销的概念与界定 ………………………………………… 317
　　15.2　网络营销的形式与特征 ………………………………………… 318
　　15.3　网上消费者调查与购买行为分析 ……………………………… 322
　　15.4　网络营销组合策略的主要特点 ………………………………… 326
　小结 …………………………………………………………………… 332
　关键词 ………………………………………………………………… 333
　思考题 ………………………………………………………………… 333
　案例 …………………………………………………………………… 334

第 16 章

全球营销 ………………………………………… 336

16.1　全球营销概述 ………………………………… 337

16.2　全球营销环境 ………………………………… 339

16.3　全球营销战略 ………………………………… 343

16.4　全球营销策略 ………………………………… 347

小结 …………………………………………………… 351

关键词 ………………………………………………… 352

思考题 ………………………………………………… 353

案例 …………………………………………………… 353

主要参考文献 ………………………………………… 356

认识市场营销

中国改革开放30多年,逐步实现了由计划经济向市场经济的转型。企业行为因此也更加"市场化",价格战、免费试用、央视标王争夺战、明星代言……愈演愈烈。这些"市场化"了的企业行为,是否就是现代意义上的市场营销?应该说,这些行为从一定程度上反映了市场营销的表象特征,但还不是现代市场营销的全部。

什么才是真正具有现代意义的市场营销?深圳招商银行对此作了很好的诠释。

成立于1987年4月8日的招商银行,经过20多年的发展,从一家深圳的地区性银行,成长为全国性的商业银行。

招商银行针对市场和消费者需求的变化,开发了与之相适应并具有高科技含量的金融产品和金融服务,打造了"一卡通"、"一网通"、"金葵花理财"、招行信用卡等知名金融品牌,通过网上银行、电话银行、手机银行、自助银行等电子服务网络,极大地满足了消费者对方便快捷的银行服务的需求。对于要求更高水准专业化和个性化金融服务的消费者群体,招商银行为他们提供了"一对一"量身订制的金融服务产品。

为提高消费者的满意水平,招商银行率先在国内构建了"客户满意度指标体系",并成为第一家通过ISO 9001认证的中国商业银行。你可以边吃着糖果,边享受招商银行为你提供的微笑服务;你还可以通过其他银行卡,归还招商银行信用卡的消费金额……无疑,这些举措令所有招商银行的消费者感到满意。

可以说,招商银行称得上是一家真正的消费者驱动型企业,它向我们展示了现代市场营销的魅力，消费者也因此把"中国最受尊敬企业"的殊荣馈赠给它。
（资料来源：根据招商银行官方网站资料编写．http://www.cmbchina.com）

过去，人们通常以为巧舌如簧的强力推销、明星压阵的电视广告就是市场营销，而按照现代市场营销理论的定义，这种观点显然不准确。我们要想有效地开展市场营销，就必须深入认识市场营销的内在本质。

1.1 市场与市场营销

从字面上理解，市场营销涉及两大内容：一是市场；二是营销。因此，要正确认识市场营销，必须先认识市场，然后才能进一步认识市场营销。

1.1.1 什么是市场

1. 市场的一般概念

首先是场所论，如农贸市场，指的是交易农产品的地方，即以实施商品交易的地点、场所定义市场。其次，可以从供求角度定义市场，比如，供大于求的市场被称为买方市场，供小于求的市场被称为卖方市场。最后，从经济学的角度定义市场，通常将市场划分为完全垄断市场、寡头垄断市场、垄断竞争市场和完全竞争市场。

2. 从营销角度理解市场

从营销角度理解市场，实际上就是从需求和竞争角度理解市场。

1）从需求角度认识市场

市场是所有现实与潜在消费者的集合。企业开展经营与销售活动就是为了满足市场的需求，即满足构成市场的消费者的需求。从需求角度理解市场，就要从需求规模和需求特征两个层面来理解。

首先，市场需求规模取决于两个因素：一是消费者数量多少；二是消费者的购买力。需求规模大小是企业决定是否向该市场提供产品的主要依据之一，由于需求规模较大的市场所提供的盈利与发展空间较大，所以，企业通常喜欢向需求规模较大的市场提供产品和服务。比如，改革开放初期很少有外资汽车厂商在中国设厂，而现在，世界各大汽车厂商都纷纷在中国设厂，导致这种变化的最主要因素是中国消费者购买力的变化：改革开放初期中国消费者收入水平较低，导致中国汽车市场需求规模不大；而现在，随着中国经济发展水平不断提高，中国消费者收入水平也有了很大提高，中国汽车市场规模也随着消费者收入水平的提高而扩大。

其次，市场需求特征是由构成市场的消费者的特征决定的，所以，企业要想了解市场需求特征，就必须了解这个市场上的消费者的特征。消费者的文化、社会、人口统计以及心理等特征都会影响他们的需求特征，换句话说，需求特征受制于消费者的文化、社会、人口统计以及心理等因素。

2) 从竞争角度理解市场

从竞争角度理解市场主要有两层含义：一是明确竞争对手是谁；二是了解竞争对手的市场定位是什么。

首先，企业必须明确竞争对手是谁。明确竞争对手有两大好处：一是知道在争取消费者的过程中哪些企业构成的威胁最大；二是了解所处市场是否具备良好的获利潜力。

其次，企业还必须了解竞争对手各自的市场定位，在了解竞争者的市场定位的基础上，企业才能选择与自身竞争优势相匹配、与竞争者定位相区别并且能够被消费者认同的恰当的市场定位。比如，在高档轿车市场上，宝马是让人"享受驾乘快乐"的汽车、沃尔沃是"世界上最安全"的汽车，消费者之所以对这两家汽车厂商有如此不同的印象，完全是这两家汽车厂商根据市场上竞争者定位情况以及自身优势，所采取的有效的市场定位的结果。

1.1.2 什么是市场营销

1985年，美国市场营销协会（American Marketing Association，AMA）给市场营销下的定义是："市场营销是计划和执行关于产品、服务和创意的观念、定价、促销和分销的过程，目的是完成交换并实现个人及组织的目标。"这个定义与现代市场营销内涵的吻合程度已经比较高了。它告诉人们，市场营销不只是"推销和广告"，而是一系列复杂的产品和服务的计划和实施过程，这个过程围绕实现个人的需求目标及企业的成长目标进行，首先是满足个人需求目标，即通过交换满足消费者需求目标，进而才能使企业目标得以实现。

AMA 于 2004 年重新定义了市场营销："市场营销既是一种组织职能，也是为了组织自身及利益相关者的利益而创造、传播、传递客户价值，管理客户关系的一系列过程。"这个定义主要强调企业不仅要创造客户价值，而且应该将经营重心转到构建良好的客户关系上去。

美国著名营销学家菲利普·科特勒教授指出："市场营销是个人和群体通过创造并同他人交换产品和价值以满足需求和欲望的一种社会和管理过程。"[①] 这

---

① 菲利普·科特勒. 市场营销. 北京：华夏出版社，2003. 6

个定义告诉人们，有效的市场营销涉及三个方面的问题：一是通过市场营销要达成满足个人和群体需求与欲望的目标；二是交换是市场营销的核心；三是交换是以产品和价值为基础的。

1.1.3　市场营销的核心概念

市场营销有五组核心概念，分别是：需要、欲望与需求；竞争和协同；产品、价格、渠道与沟通；价值、满意；交易、交换与关系。这五组核心概念相互联系，前后连贯，展示了开展市场营销的有效逻辑（图1-1）。

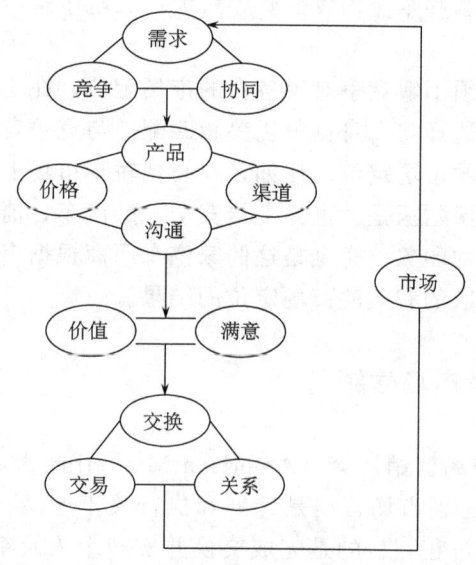

图1-1　市场营销的核心概念

如图1-1所示，组织基于对市场需求和竞争的准确把握，通过内外部协同一致的行动，设计并执行涉及产品、价格、渠道、沟通的一整套营销方案，向顾客提供让渡价值，并不断提高他们的满意度；通过市场完成与消费者的价值交换、交易过程，并与他们建立起基于价值的长期关系，最终使消费者需求得到最好的满足，组织追求成长和利润的目标也得以实现。

1. 需要、欲望与需求

需要是人类与生俱来的本性，当人们有了某种需要后，内心会产生紧张感，并试图通过某种方式消除这种紧张感。比如，饥饿时会产生对食物的需要。营销者的任务并非是创造人类的需要，而是发现需要，并通过提供产品或服务来满足人们的需要。

欲望是指为满足基本需要，欲得到某种具体物品的愿望，它往往受个人社会、文化背景的影响。例如，同样为了充饥，南方人可能会要一碗米饭，但北方人也许会要馒头或者面条，这说明欲望是可以用满足需要的具体实物来描述的。营销者的任务是开发并提供适当的产品，不但能满足人们的需要，而且能与他们的欲望相一致。

需求则是具有购买力的欲望。人类的欲望无穷无尽，但可支配的资源却有限，因此，人们会在购买力水平的约束下，选择能够最大限度满足他们欲望的产品或服务。例如，20多年前的中国人与现在的中国人，都对代步的交通工具有购买欲望，但是，现在的中国人可能有能力选择购买一辆汽车，而不再仅仅局限在选择哪种自行车上，因为时代不同，购买力水平发生变化，导致需求也发生改变。这就告诉营销者：一方面要使所提供的产品或服务与消费者的购买力水平相适应；另一方面要提高产品或者服务来满足消费者需求的整体利益和价值。

2. 竞争和协同

由于在满足消费者需求的过程中存在着市场竞争，消费者就有了比较和选择的余地。如何让消费者青睐本企业所提供的产品或服务，取决于是否能较竞争者为消费者提供更优异的产品或服务价值。这要求企业一方面较竞争者更深入地理解市场，理解消费者价值所在；另一方面也要求企业在辨析市场竞争态势的基础上，构建起市场竞争优势，并明确市场竞争定位。比如，目前排名世界PC制造行业第一的Dell电脑，在进入PC行业之初，既无技术优势，也没有品牌号召力，却凭着对消费者需求以及市场竞争规律的深刻理解，率先在PC行业采用直接销售模式，通过低成本竞争优势，为消费者提供更大的产品价值，进而成就了今天Dell的霸主地位。

协同指的是企业内部不同部门以及企业与其外部供应商、分销商等合作者有效合作的过程。创造消费者价值，仅靠企业营销部门的努力远远不够，还需要研发、生产、采购、销售、营销等不同职能部门围绕消费者价值和市场竞争优势进行有效的协同；同样，企业也不能仅靠一己之力达成诸多目标，还需要供应商以及分销商等的有效协同。比如，沃尔玛之所以能够成功，其中一个重要原因就在于能够与其供应商共享市场信息。有效协同的结果是降低了沃尔玛的采购与销售成本，使"天天低价"的市场竞争优势得以保持。

3. 产品、价格、渠道与沟通

产品、价格、渠道与沟通是企业能够控制的营销工具，企业通过它们为消费者提供价值，它们同样也反映着企业竞争优势的来源和竞争定位。关于它们的详细论述，会在本书后面章节中体现。

4. 价值、满意

消费者之所以选择某企业的产品或服务，一定是认为它们能够为自己带来更高的顾客让渡价值,即在权衡所获得的产品、服务、形象价值,以及所付出的时间、金钱、精力、体力等成本基础上,所做出的价值判断和决策。比如,价格较高的海尔冰箱之所以能为中国消费者所喜爱,不仅在于消费者获得了质量、性能较高的直接产品利益,还在于获得了更多的服务利益、品牌利益等。

消费者在消费产品或服务的过程中,如果所感知的效用超过了事前的预期,则感到满意,也才会有第二次、第三次的重复购买发生。如果每次都能令消费者满意,那么就有可能为企业争取到一位长期的忠诚顾客,其意义通常比争取到一位新顾客更为重要,这需要企业处理好利润与消费者满意之间的微妙关系。提高顾客满意程度经常会增加企业成本,导致利润下降,因此,企业必须不断创新,创新服务流程、创新生产流程,通过降低其他成本来抵补因提高顾客满意程度所不得不增加的成本。比如,丰田汽车就是通过改革生产方式,创造了汽车制造业的 JIT (just in time) 模式,极大地降低了生产成本,凭此可以为消费者提供更多款式的产品与服务。

5. 交换、交易与关系

交换是指通过提供某种东西作回报,从交换对象处取得所需的行为。交换是市场营销的核心概念,营销者向消费者提供产品或服务,目的是从消费者处获取销售额、消费者满意以及对于品牌的认可等。要达此目的,显然,产品或服务必须符合消费者需要是前提。

交易是市场营销的度量单位,是指买卖双方价值的交换过程。比如,支付2000元从国美电器购买一台电视机,就是一次交易过程。

理解交换与交易能够帮助人们认识市场营销,另一更具营销价值的概念是关系,它主要指的是企业与顾客之间的关系。如果通过交换与交易过程,能够与顾客建立起以价值、情感和社会利益为纽带的长期关系,则利于达成企业长期发展的目标。例如,众多企业都希望构建强势品牌,目的就在于通过著名品牌可以增强与消费者之间的情感联系,提高顾客忠诚度,建立长期互利的关系。

最终,企业的所有市场营销活动都是在市场中通过市场完成的。对市场的认识,必须把握其需求、竞争和体系的特征,这在前面已有详细论述。

1.2　营销哲学

纵观企业营销发展的历程,大致有五种不同的营销哲学:生产观念、产品观念、推销观念、市场营销观念和社会营销观念。

1.2.1 生产观念

生产观念是指生产是企业经营的重心，所有经营活动都应该围绕提高生产效率、降低生产成本展开。在这种经营观念的指导下，企业着重研究如何提高产量、如何提高生产效率、如何降低生产成本，大部分的人力、物力和财力都放在生产上。所以，在以生产为主导的经营观念指导下，企业的经营与销售模式是生产导向型的。生产观念在产能不足的时代能帮助企业提高经营效益，但是在如今产能过剩的时代显然难以帮助企业提高业绩。

1.2.2 产品观念

产品观念是指经营与销售的重心是产品本身，企业应该通过研究开发来提高产品质量、完善产品品种、增加产品功能。所以，在以产品为主导的经营观念指导下，企业的经营与销售模式是产品导向型的。产品导向型的经营与销售模式强调企业应当注重产品的研究开发，通过产品差异化来应对日趋激烈的市场竞争，销售的难题也随之得以解决。产品观念由于过分迷恋产品本身而忽视消费者需求，因此容易导致营销近视症。

> **案例精粹　　　　　　　PC 带给 IBM 公司永远的痛**
>
> 无疑，我们不能诋毁 IBM 全球型公司的良好声誉，在其发展的历史过程中，不断追求卓越的精神，成就了它辉煌的市场业绩与长青的基业。但是，IBM 曾经非常迷恋大型机，一方面是由于 IBM 靠大型机一举奠定了其霸主地位，可谓对之"情深意切"；另一方面，IBM 对自己的技术非常自信，自信得有点"自恋"。在 IBM 眼里被视为"玩具"的不值一提的 PC 机，一经推出却很快受到消费者欢迎，甚至导致 IBM 大型机的销售日渐萎缩。IBM 已没法在引领世界潮流的 PC 机领域获得与其名声相一致的战绩，2005 年不得不把它的 PC 事业部卖给了中国的联想。

1.2.3 推销观念

推销观念认为只有在强力推销与促销推动下，消费者才会购买产品。在此种经营观指导下的企业，往往把经营工作重点放在劝说、诱导消费者购买上，企业生产出产品，然后就声势浩大地进行推广和销售。

从现代营销观点看，推销观念仍然没有真正从消费者需求角度思考经营问题，与生产观念、产品观念如出一辙的都是生产什么就卖什么，仍是以厂家为中心的经营观。

1.2.4 市场营销观念

市场营销观念认为,市场应该成为企业思考经营命题的中心,企业成长目标能否得以实现,有赖于是否能够深入洞悉市场的需求本质、竞争规律以及市场体系特征。如果企业能够较之竞争者更好地满足消费者需求,便能达成企业目标。

时至今日,仍然有人将市场营销观念与推销观念混为一谈,二者实则大相径庭。如图 1-2 所示,它们在思考经营问题的逻辑起点、实现企业目标的过程和方法上存在本质差别。

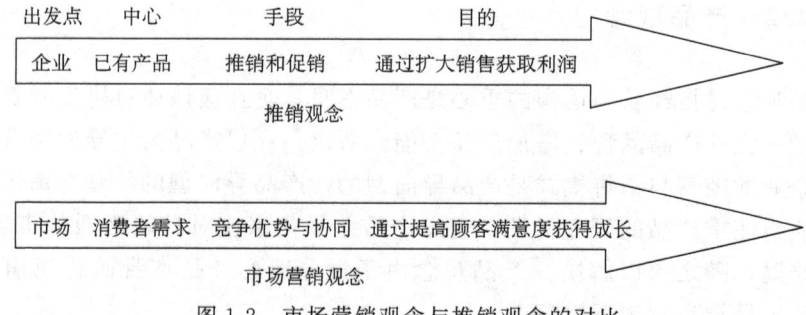

图 1-2 市场营销观念与推销观念的对比

推销观念采取由内到外的思考逻辑,从企业及产品出发,强调通过大力推销和促销,刺激消费者的购买欲望,完成销售任务,而从未考虑所推销产品是否是消费者真正所需之物,因此,即便能够取得一时的销售成功,也难以获得消费者长久的支持与青睐。相反,市场营销观念采取由外到内的思考逻辑,从市场出发,从消费者需求出发,在内外部协调一致行动的基础上,通过向消费者提供优于竞争对手的价值增值方案,提高其满意度,进而推动企业不断成长。

1.2.5 社会营销观念

在市场营销观念基础上产生了社会营销观念,该观念认为,企业在追求成长与利润目标以及满足消费者需求的过程中,不能以牺牲社会和消费者长远利益为代价,而要以承担适当"社会责任"的方式开展经营活动。

社会营销观念的产生基于如下原因:

(1) 生态环境问题日益严重。全球气候变暖,空气污染,水质下降,植被过度砍伐,煤、矿产、石油等资源过度开采……如此下去,人类的生存环境势必日益恶化,子孙后代在继承先辈留下的先进文明的同时,将失去一个"山清水秀"

的地球，不得不为先辈的"劣行"买单，而企业对此绝对负有不可推卸的责任。在运用先进技术生产出大量汽车、煤炭、精炼石油时，消费者眼前的需求确实得到了满足，企业成长的目标也确实得到了实现，但这些却是以牺牲生态环境为代价的，企业的经营行为对生态环境造成了负面影响。

（2）人类欲望无穷无尽。毒品、香烟、烈酒、色情、暴力……在带给企业滚滚利润之时，在满足部分消费者需求之时，消费者却失去了健康的肌体，社会也因此世风日下。

（3）企业在生产和经营活动中损害了消费者的利益。例如，生产与销售不利于消费者长远健康的食品，如脂肪含量过高的汉堡；采用不可降解的材料包装产品；虚假广告，夸大产品功效；重新包装过期产品，再次在市场上隆重推出；使用禁用原料，作为产品添加剂；忽视产品使用安全……都是企业缺乏"社会责任"的证明，由此对消费者健康的长期损害及对环境造成的污染理应由企业承担责任。

（4）政府、NGO（非政府组织）、广大民众等已经意识到社会需要和谐发展，消费者长远健康需要保护，从法律、舆论等方面大力促进企业采取更利于环境保护、资源利用，以及消费者健康的方式营销产品。

由此看来，企业必须在兼顾社会与消费者长远利益的基础上，思考如何满足消费者需求的营销策略。所以有学者提出了"绿色营销"和"营销道德"等营销新方法和新概念，它们都是社会营销观念的直接体现。

界定绿色营销，首先需要明确"绿色"在营销中的含义。"绿色"代表对环境质量的关注、对社会和谐发展的重视、对消费者长远利益的考量。因此，采用绿色原料、绿色生产方式、绿色包装、绿色宣传等手段营销绿色产品，符合社会和消费者的长远利益，即为绿色营销。由此，绿色营销可以定义为以保持消费者利益、社会利益与企业利益协调的方式开展的营销活动。

衡量企业营销决策是否合理，首先要看营销决策是否遵守国家的法律法规，其次看是否能够提高消费者满意度、企业利润水平及市场份额。近年有学者提出，还应从伦理层面衡量企业营销的道德属性。最根本的营销伦理就是维护公平和公正，增进全社会及消费者的长远利益，凡与此不符的，就属于非道德的营销行为，显然这也是社会营销观念的体现。

案例精粹　　**荷兰花卉业基于社会营销观提升竞争力的启示**

荷兰被誉为世界郁金香王国，其花卉产业在全球享有卓越声誉。但是，一般专家都认为，荷兰缺乏种植花卉所必需的良好土壤与气候条件，按照一般栽培技术，不仅很难培育出优良的花卉品种，而且对荷兰这个国家的生态环境还会造成不利影响。为此，只有另辟蹊径，走一条花卉培育的新路，既能培育出好的花卉产品，又不会以牺牲环境为代价。为避免对环境造成不利影响，采取封闭式培育方式，是荷兰花卉产业发展的唯一

> 道路。如此虽能减少对环境的污染和不利影响，但势必会提高种植成本。如果不能将种植成本有效降低，荷兰真没有必要发展自己的花卉产业。为此，在封闭式培育花卉的基本思路下，荷兰不断创新培育技术，通过采用众多研究机构开发的新技术，最终，不仅在花卉培育过程中没有对环境造成不利影响，而且因为采用了最先进的栽培技术和方法，降低了培育成本，培育出了更优良的花卉品种。此例告诉我们：采用社会营销观开展经营活动，虽然有可能会提高企业经营成本，但同时也形成了一种创新压力，迫使企业不断追求技术进步，降低经营成本，而且能提升整体竞争力，还符合社会与消费者的长远利益要求，又何乐而不为呢！
>
> （资料来源：改编自迈克尔·波特．竞争论．北京：中信出版社．2003）

1.3 顾客价值、顾客满意与顾客忠诚

2004年8月，在美国市场营销协会的夏季研讨会上，美国市场营销协会又给出了市场营销的新定义：市场营销是组织的职能之一，是组织为了自身及利益相关者的利益而创造、传播、传递顾客价值，管理顾客关系的过程。

这一新定义肯定了近年市场营销研究及企业市场营销实践越来越将顾客、顾客价值、顾客满意、顾客忠诚与客户关系管理视做营销的核心做法。现代管理学认为，管理的目标是让顾客、股东和雇员三方面满意，而营销职能的任务是让顾客满意。我们不难发现，新定义的表达完全是围绕顾客展开的，换言之，顾客在今天的市场营销中占据着中心的地位，是顾客价值在驱动着市场，市场可以载舟，亦可以覆舟。因此，如何服务于顾客，如何让顾客满意，如何留住顾客，就成了企业思考营销战略与策略的核心，也是本节讨论顾客价值、顾客满意和顾客忠诚的原因。

顾客价值、顾客满意和顾客忠诚三者之间存在递进的逻辑关系：顾客价值是顾客满意的基础，而顾客满意是顾客忠诚的前提；企业拥有了忠诚的顾客群，便无异于构建了竞争者难以模仿的竞争优势。

1.3.1 顾客价值

探究顾客价值须从三个方面入手：一是顾客价值构成，即认识顾客价值由哪些因素构成；二是顾客让渡价值，即顾客价值减去为获得这些价值所付出的成本后，顾客实际获得的价值；三是顾客价值、顾客让渡价值与市场营销的关系，即认识顾客价值及其让渡价值的营销意义。

1. 顾客价值构成

所谓顾客价值，是指顾客能够从所购商品或者服务中获得的利益总和，包括

商品价值、服务价值、人员价值和形象价值。商品价值由与产品物理特性相关的利益构成，包括功能、特性、质量、设计、款式等。服务价值是指附着在实体产品上，随实体产品一起出售给顾客的价值，包括送货、技术支持、安装、调试、维修、产品质量保证等。人员价值是指员工在创造产品价值、服务价值的过程中，体现出的知识水平、业务能力、工作质量、经营作风、应变能力等。形象价值则是企业及其产品在社会公众中形成的总体形象所产生的价值。

2. 顾客让渡价值

在购买决策过程中，顾客不仅要考虑顾客价值的大小，还会考虑相关成本，即为获得顾客价值所付出的总顾客成本，包括货币成本、时间成本、体力成本和精力成本。总顾客价值与总顾客成本间的差，就是企业让渡给顾客的实际价值，称之为顾客让渡价值（图1-3）。企业一般应该考虑在市场竞争过程中，如何为顾客提供更大的让渡价值。

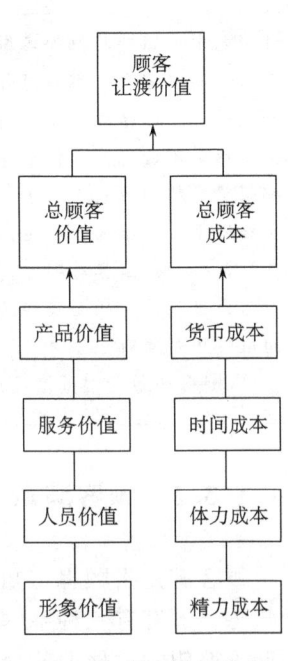

图1-3　顾客让渡价值

3. 顾客价值、顾客让渡价值与市场营销的关系

市场营销强调要以内外协同一致的方式，比竞争者更好地满足顾客需求。它涉及三个方面，即内外协同、竞争以及顾客需求，围绕的基准点是顾客价值。首先，顾客需求的内涵从本质上理解就是顾客价值；其次，比竞争者更好地满足顾客需求的过程，实质是为顾客提供更多让渡价值的过程；最后，内外协同一致行动的方式，也必须围绕如何为顾客创造及传递更多让渡价值来设计与执行。

由此，我们可以推导出顾客价值、顾客让渡价值与市场营销的关系：第一，市场营销活动的开展，起始于对顾客价值的探究；第二，市场营销活动的成败，取决于是否能够为顾客提供更多的让渡价值。通过解读格兰仕公司，我们便很容易理解这三者之间的关系。

案例精粹　　　　　格兰仕公司的成功之道

格兰仕是目前全球微波炉市场最大的供应商，占据了全球40%左右的份额。在中国微波炉市场，格兰仕成为消费者的首选品牌。在全球其他市场，格兰仕也通过贴牌生产获得了很大的市场份额。格兰仕是如何从一家小企业成长为全球知名微波炉制造商的呢？根源在于格兰仕对顾客价值、顾客让渡价值与市场营销关系的深入透彻的理解，并在为全球顾客服务的过程中，把对这种关系的理解，深深地融入到企业内外协同一致的行动

> 过程之中。国外其他知名微波炉品牌，如惠尔浦、LG、三星、夏普，不论是产品还是在形象等其他方面，都为消费者提供了极高的顾客价值。格兰仕之所以能够战胜这些强劲的竞争对手，根源在于它为消费者提供了更高的顾客让渡价值。其产品、服务、人员等价值丝毫不逊色于其他世界品牌，作为微波炉市场的后进入者，虽然其形象价值不及这些强势品牌，但它专注于制造环节，通过合作的方式将微波炉核心部件变压器的生产线，直接搬至生产车间，使生产成本大幅度下降，从而奠定了降低消费者货币成本的基础。可见，格兰仕因其对顾客价值的精准把握，通过内外协同的方式向消费者转移了更高的顾客让渡价值，从而赢得了更多顾客的青睐，市场份额逐渐提高，最终成长为全球知名的微波炉制造商。
>
> （资料来源：根据格兰仕官方网站资料编写．http://www.galanz.com.cn）

1.3.2 顾客满意

顾客满意指顾客感知的需求被满足的效果与其期望值比较之后，所形成的感觉状态。顾客有三种基本感觉状态：不满意、满意和高度满意。当顾客感知的效果低于期望时，他们就会不满意；当感知的效果与期望相当，则会感觉满意；而一旦感知的效果超过期望，顾客就会高度满意。

顾客驱动型企业，应该不断追求使其顾客产生高度满意的状态。原因在于：首先，高度满意的顾客有重复购买的欲望，这种欲望可以通过消费同一产品或者服务得到满足，也可以通过消费同一企业提供的其他产品或服务得到满足，这无疑都会使该企业获得更高的顾客份额。其次，高度满意的顾客不容易被竞争者的产品或者服务所吸引，无形中提高了企业的市场竞争力，减少了顾客流失率，而企业为获取新顾客付出的成本往往是保住老顾客成本的数倍。再次，高度满意的顾客通常愿意向其他消费者传播其消费感受，无形中成为企业最为有力的传播载体。最后，满意的顾客对产品价格的敏感度下降，能够接受较高的价格，使企业的产品定价空间扩大。

为提高顾客满意度，企业一般可以采取如下措施：

（1）基于对顾客价值深入洞悉的基础上，努力向消费者传递更高的让渡价值。在当今，随着实体产品差异化程度日渐缩小，企业应着手从服务、人员和形象等角度提高顾客价值，同时降低顾客为购买付出的总成本。

（2）实施全面质量管理。这涉及两方面的内容。一是转变质量观念，应该从顾客角度评价质量水平，所有不能使顾客满意的产品或服务，都视为存在质量问题；二是注重全面质量，不仅要重视技术质量，还要重视职能质量，使企业的研发、设计、生产、营销、服务等所有职能，都围绕顾客价值运行。

（3）对顾客满意度的调查，应纳入企业常规化管理当中。企业可以通过建立顾客投诉和建议制度，直接针对顾客满意度展开调查，对顾客流失的原因进行分析，并根据调查结果，适时调整策略，改进产品和服务。

1.3.3 顾客忠诚

何谓顾客忠诚，不同学者给出了不同的定义。Dick 和 Basu 认为，只有当重复购买行为伴随着较高的态度取向时才会产生真正的顾客忠诚。[1] Richard L. Oliver 认为，顾客忠诚是不受能引致转换行为的外部环境变化和营销活动影响，在未来持续购买所偏爱的产品或服务的内在倾向和义务。[2] 我们把顾客忠诚定义为顾客在持续消费过程中，由于不断累积的高度满意感而形成的对某一企业及其产品或服务的固定消费偏好。

企业通过不断向顾客提供超越其期望的顾客价值，就能够将高度满意的顾客转变为忠诚顾客群体。对企业而言，这无疑是一笔巨大的市场财富。尤其是在竞争激烈的市场环境中，若能形成忠诚的顾客群，企业不仅能提高销售收入和利润，树立起良好的市场形象，更能为其长远的发展奠定良好的顾客基础。而要真正形成顾客忠诚群体，除了不断提高他们的满意度外，还要通过其他手段，增强与顾客之间基于经济、社会和情感等方面的利益联系，最终将忠诚顾客视为企业的合伙人，这正是关系营销的核心思想。

》小结

1. 市场营销涉及两大内容：一是市场；二是营销。正确认识市场营销，首先必须认识市场，然后才能进一步认识市场中的经营和销售行为，即市场营销。

2. 可以从不同角度认识市场，如从交易地理场所、供求关系以及市场结构等角度。这些认识对于企业制定经营决策能够提供某些依据，但还远远不够。为此，应该深入认识市场的本质，这需要从需求、竞争与体系三方面来认识市场的本质。从需求角度看市场需了解两大问题：①市场是由某一种商品所有现实和潜在消费者构成的集合，这与市场规模相关；②由所有现实和潜在消费者集合构成的市场，可以再次进行划分，这涉及消费者的需求特征。从竞争角度认识市场，主要把握竞争优势与竞争定位两大基本问题。从体系角度认识市场，说明存在于其中的包括政府、社区、供应商、分销商、市场调研机构、广告代理商以及企业

---

[1] Dick A S, Basu K. Customer loyal: toward an integrated conceptual framework. Journal of Academy of Marketing Science, 1994, 22: 99~113.

[2] Brown S A. Customer Relationship Management. Jone Wiley & Sons Canada Ltd, 2000.55

内部员工、经理和股东等都对企业完成向消费者传递价值的过程产生影响。

3. 在市场中的经营和销售行为就是市场营销，其定义是：市场营销是指组织在深入洞悉消费者需求及市场竞争特征的基础上，以内外协同的方式，通过向消费者传递具有竞争优势的产品或服务设计方案，达成满足消费者需求并完成组织目标的过程。

4. 有五组与市场营销相关的核心概念，分别是：需要、欲望与需求；竞争和协同；产品、价格、渠道与沟通；价值、满意；交易、交换与关系。这五组概念相互关联，既揭示出市场营销的核心特征，也反映了市场营销达成目标的基本过程。

5. 有五种不同的营销哲学，反映出对待市场的不同态度。它们分别是：生产观念、产品观念、推销观念、市场营销观念与社会营销观念。前三种营销哲学，是以企业为中心的经营观，企业生产什么商品，就向市场销售什么商品；后两种营销哲学，是以市场为中心的经营观，社会营销观念是在市场营销观念基础上，基于社会与消费者的长远利益，所提出的一种先进的营销观。

6. 实现市场营销目标，就要培养获取顾客与维系顾客的能力，这要求对与顾客相关的问题展开研究，主要涉及顾客价值、顾客满意与顾客忠诚。顾客价值是顾客满意的基础，而顾客满意是顾客忠诚的前提。拥有忠诚的顾客群体，无异于构建了难以模仿的竞争优势。

7. 顾客价值由产品价值、服务价值、人员价值与形象价值构成。顾客价值与获取这些价值所付出的总成本之间的差额，就是顾客让渡价值。企业应该努力向顾客提供更多的让渡价值。

8. 顾客满意是指顾客感知的需求被满足的效果与其期望值比较之后，所形成的感觉状态。企业应该从三方面入手提高顾客满意度：一是基于对顾客价值的深入洞悉基础上，努力向消费者传递更高的让渡价值；二是实施全面质量管理；三是将对顾客满意度调查纳入企业常规化管理之中。

9. 顾客在持续消费过程中，由于不断累积的高度满意感觉，导致所形成的对某一企业及其产品或者服务的固定消费偏好，就是顾客忠诚。对于企业而言，顾客忠诚是一笔巨大的市场财富。企业应该视忠诚顾客群体为合伙人，并对之开展关系营销。

关键词

市场　market
市场营销　marketing
需要　needs

欲望　wants
需求　demands
竞争　competition
价值　value
满意　satisfaction
交换　exchange
交易　transaction
关系　relationship
生产观念　production conception
产品观念　product concept
推销观念　selling concept
市场营销观念　marketing concept
社会营销观念　societal marketing concept
顾客价值　customer value
顾客让渡价值　customer delivered value
顾客满意　customer satisfaction
顾客忠诚　customer loyalty

思考题

1. 为了有效开展市场经营与销售，应该从哪些方面来认识市场的本质？
2. 什么是市场营销？与之相关的核心概念有哪些？这些概念是怎样反映出市场营销的本质特征及其过程的？
3. 有哪五种营销哲学？请举例说明它们之间的区别。
4. 顾客价值、顾客满意、顾客忠诚之间存在何种关系？
5. 培育忠诚顾客群体对于企业的意义何在？

案例

中国乳品企业的"三聚氰胺事件"

从 2008 年 3 月开始，南京儿童医院尚在喝奶的婴儿患者中有数十例出现了一种极其罕见的结石，前所未见。

2008 年 7 月 16 日，甘肃省卫生厅开始调查部分婴儿泌尿系统结石病因。当日，当地一家医院通过电话向卫生厅报告，称今年该院收治的婴儿患泌尿系统结石病例明显增多，近几个月已达十几例，经了解均食用了同一品牌的配方奶粉。

2008年9月8日，14名婴儿喝"三鹿奶粉"患上肾结石的消息见诸甘肃媒体报端，引起了强烈反响，甘肃卫生厅介入调查。其后在湖南、湖北、山东、安徽、江西、江苏等地都有类似案例出现。

2008年9月11日，三鹿集团有所回应。当天早上，三鹿集团的态度是"没有证据证明三鹿奶粉有问题"，下午的说法是"大约有700吨奶粉受到污染"，晚上则是"奶农为获取更多的利润向鲜牛奶中掺入三聚氰胺"。也是在这天，三鹿公司宣布对2008年8月6日以前生产的三鹿婴幼儿奶粉全部召回。

2008年9月15日，石家庄三鹿集团股份有限公司副总裁张振岭向因食用三鹿婴幼儿配方奶粉致病的患儿及家属道歉。

此时距离最初发现的3月已过去6个月，另据《中国经营报》来自三鹿集团内部的调查报告《谁死"鹿"手：毒奶粉惊曝乳业乱象内幕》显示，8月1日，三鹿集团就已经知晓奶粉受污染，但却一直未能公布，到9月11日晚，这中间整整42天，距离第一例儿童死亡已近半月。

据路透社《今日消息》称："中国政府周三表示，已发现第三名婴儿因饮用被污染的奶粉死亡，同时患病儿童的数目呈快速上升趋势。一官员表示，这种健康威胁曾被至少掩盖了一个月。"中国卫生部部长陈竺在记者招待会上表示，因饮用过含有违禁化学物质三聚氰胺的奶粉而患病的儿童数量已经上升到6244名，其中被诊断患有"急性肾功能衰竭"者的数量达到158名。

于是，铺天盖地的舆论和责骂一起涌向三鹿。2009年，三鹿集团的主要负责人被判刑，昔日的乳业巨头三鹿和金融海啸中沉默下来的"雷曼兄弟"在同一档期被"下架"了。

一石激起千层浪，问题不仅出自三鹿一家。三聚氰胺事件牵涉全国多个乳制品企业，成为有史以来涉案企业最多的一次。根据2008年9月17日卫生部公布的检测结果，内蒙古伊利实业集团、内蒙古蒙牛乳业、广东雅士利集团、青岛圣元乳业、山西古城乳业、江西光明英雄乳业等22家著名的乳品企业都"榜上有名"，如此之多的企业深陷其中，终于引发了一场乳品行业的大地震。

9月16日蒙牛集团总裁牛根生在博客中公开发表声明，召回问题奶粉，严肃对待危机；9月17日，伊利集团、雅士利集团分别在官方网站发表声明，召回问题奶粉并赔偿受害消费者。但是这些补救措施阻挡不了危机蔓延的浪潮，由于受害者为婴幼儿，又是多家名牌企业的集体失语，一场对全国乳业的信任危机彻底爆发。

统计显示，在美国纳斯达克上市的圣元国际当日巨幅下跌54.51%，香港上市的蒙牛乳业复牌后暴跌60.25%，而伊利股份和光明乳业在A股市场回暖的背景下也未能幸免。伴随着消费者信心的严重挫伤，北京乳制品市场液体奶销量，一度下挫至正常水平的20%。普通奶农的情况更加严峻，三聚氰胺危机爆发后，由于销售受阻，奶农将牛奶喂猪喂狗或者倒掉牛奶的事件每天都在上演。

（资料来源：叶文添．悲情田文华．中国经营报．2008-02-27；今日消息．2008-09-17；牛根生博客．http://blog.sina.com.cn/niugenshengblog）

案例思考题：

1. 你认为"三聚氰胺事件"对中国乳品企业所造成的最严重影响是什么？
2. "三聚氰胺事件"反映出中国乳品企业在开展经营过程中最欠缺的是什么？
3. 你认为中国乳品企业如何才能走出"三聚氰胺事件"的阴影？

第2章

战略规划与市场营销过程

整个20世纪80年代,海尔一直致力于冰箱的生产,一做就是七年,全面践行了其名牌战略。从1991年开始,海尔的家电产品正式由冰箱扩展到了空调器和冷柜。1997年,海尔进入了"扩张之年",通过合资、控股等方式进入彩电、洗衣机等领域,最后扩展到小家电等领域,充分实现了其多元化战略。从1998年开始,海尔开始推行国际化战略。2005年底,海尔进入第四个战略阶段——全球化品牌战略阶段。2008年海尔的营业收入达到1220亿元,位列中国电子信息百强第二。目前,海尔已经成为"中国制造"的领军企业以及中国品牌的全球典范。

(资料来源:根据海尔集团官方网站资料编写. http://www.haier.cn)

任何企业都处在不断变化的环境当中,因此,它必须高瞻远瞩,通过制定长期战略来利用机会中的优势。战略规划就是企业根据自身特定的位势、机会、目标和资源,为其长期生存和发展而进行的谋划。战略规划是联结企业与环境间的要素,它直接关系到企业未来营销活动的成败得失,关乎企业的前途和命运。

2.1 企业战略的含义和层次

2.1.1 企业战略的含义和特征

在西方企业战略管理文献中,"企业战略"尚无统一的定义。广义的战略包括目的和目标,狭义的战略则不包括这些内容。著名营销学家菲利普·科特勒指出:"公司需要有一个达到其目标的全盘的、总的计划,这就叫做战略。"[1] "战略计划涉及的是公司如何利用其不断变化的环境中的机会的问题。"[2] 我们对企业战略的定义是:企业为实现特定目标从而谋求自身发展而设计的带有全局性和长远性的行动纲领或方案。具体来说,企业战略是指企业根据市场环境变化所提供的市场机会和出现的威胁因素,最有效地利用自身的资源优势,去满足目标市场的需求,从而实现企业既定的发展目标。

企业战略是目标与手段的有机统一。战略的制定要以目标为前提,目标的实现则要借助手段来完成。因此,企业战略既要规定企业的任务和目标,更要确定所需解决的重点问题、资源配置方案和行动纲领。

企业战略为企业其他计划工作指明了步骤和阶段。企业战略通过规定企业的任务和目标、规划合理的业务组合,以及协调各个职能战略来实现这一目的。公司总部首先确定企业的目标、任务和业务组合等整体战略,企业的各个业务单位和产品单位据此制订详尽的营销计划和其他事业部计划,以支持企业的整体战略。

企业战略具有以下特征:

(1) 全局性。战略以企业整体发展需要为出发点,规定企业整体的行动,追求企业整体效果。在军事理论中,战略解决的是如何赢得一场战争,战术解决的则是如何赢得一场战役,这一思想的精髓同样适用于企业商战。

(2) 长远性。战略是企业对未来较长时间内生存和发展的通盘考虑,因此,企业战略的实质应当是预计和评价市场营销环境中即将发生的变化,并预先决定怎样最好地适应变化,并从这种变化中获取尽可能多的利益。

(3) 纲领性。战略规定的是企业的使命、发展方向和发展重点,以及所要采取的基本方针、重大措施和基本步骤。这些都是概括性的和纲领性的,必须分解、落实之后才能付诸实施。

---

[1] 邝鸿. 现代市场学. 北京:中国人民大学出版社,1989.88
[2] Kotler P, Armstrong G. 市场营销原理. 第9版. 赵平等译. 北京:清华大学出版社,2003.44

2.1.2 企业战略的层次

企业战略一般分为三个层次：

(1) 总体战略。也称公司战略，是企业最高层次的战略。总体战略主要界定企业的业务领域和资源配置。总体战略由企业高层管理者负责制定和落实。

(2) 经营战略。又称经营单位战略、竞争战略。如果企业存在二级单位（如事业部、子公司等），或其中的某些部分组合成一个战略经营单位，就需制定相应的战略。

(3) 职能战略。也称职能层战略，是企业各职能部门制定的战略。职能战略包括生产（制造和采购）战略、营销战略、财务战略、人力资源战略、研发战略等诸多内容。每一项职能战略都要服从于所在战略经营单位的经营战略以及总体战略。本章第三节将进一步讨论营销在战略计划中的角色以及营销战略与总体战略的关系。

2.2 规划总体战略

规划总体战略，就是企业的高层管理者为保持企业的目标与不断变化的营销环境之间的"战略适应"而制定长期战略的一系列重大步骤，包括确定企业任务和目标、制定企业的业务投资组合、规划企业的增长战略。

2.2.1 确定企业任务和目标

确定企业任务，就是对本企业的业务性质、服务的顾客群进行思考和解答。明确了企业任务，也就明确了企业的活动领域和发展的总方向。任务不明，方向不定，企业的长远发展就会受到影响。

企业任务通常由其高层管理者决定。在确定任务时，一般应考虑如下因素：

(1) 企业的历史和特色。除了新企业，任何企业都有自己的历史和特色，它们是企业持续发展的基础和资源，确定企业任务时必须注意自身历史和特色的延续性。

(2) 市场环境的发展、变化。环境的发展和变化既可能给企业带来机会，也可能给企业造成威胁，企业任务的确定要确保利用机会，避开威胁。

(3) 企业资源的变化情况。企业资源及其变化情况决定企业能够进入哪些领域，不能开展哪些业务。

(4) 所有者、管理者的意图。企业的上级主管单位或董事会对企业的发展会有一定的规划,企业的高层管理者也会有自己的抱负,他们都可能左右企业的任务。

企业的高层管理者往往会把企业任务通过文字形式——任务报告书表述出来。企业的任务报告书可以千差万别,但一份有效的任务报告书应当符合下列原则:

(1) 市场导向。"本公司旨在提高办公自动化的效率"和"本公司旨在销售复印机"这两种不同的任务陈述的背后,是不同的任务导向:前者是市场导向,后者则是产品导向。

(2) 切实可行。企业业务范围的确定既不能太窄也不要太宽。如果一家旅店把其业务范围确定为旅游,它将需要多少资金和开展多少项业务才能达到呢?

(3) 鼓舞人心。任务报告书要能让全体员工感受到本企业的任务对社会的贡献和其发展前途。一个化妆品公司"满足您的美容需求,创造美丽新生活"的任务陈述该是多么富有鼓动性。

(4) 具体明确。要规定明确的方向和指导路线,从而缩小每个工作人员自由处置的权限和范围。

案例精粹 　　　　　　**美国著名公司的使命陈述**

这些都是美国著名的公司,我们会从中发现产品导向和市场导向的使命陈述有多大的差异(表2-1)。

表2-1 美国著名公司产品导向和市场导向

公司名称	产品导向	市场导向
亚马逊	我们卖书、磁带、光盘、玩具、消费类电器以及其他在线产品	我们使您的网络购买体验快速、便利和有趣——我们是您能找到任何您想在线购买的商品的地方
迪斯尼	我们开主题公园	我们创造美妙
雅芳	我们生产化妆品	我们销售生活方式和自我表达、成功和地位、回忆、希望和梦想
沃尔玛	我们开折扣店	我们每天低价销售,帮助人们省钱,以便更好地生活

企业任务需要转化为各个管理层具体的支持性目标。各级经理应明确自己的目标,并对目标的实现负责。企业常用的目标有:产品销售额和销售增长率、产品销售地区、市场占有率、利润和投资收益率、产品质量与成本水平、劳动生产率、产品创新、企业形象等。其中,一定的利润和投资收益率是企业最重要的目标。

企业的最高管理层在规定企业目标时必须遵循以下原则:

(1) 层次性。企业不能只规定单一的目标，而要规定若干具体目标，并按照各种目标的重要性进行排列，以显示主次。

(2) 定量化。尽可能使目标数量化，以便把握和核查。

(3) 可行性。规定的目标要切合实际，与企业的资源条件和市场环境相适应。

(4) 协调性。各项具体目标之间应协调一致，不能互相矛盾，难以操作。

2.2.2 制定企业的业务投资组合

大多数企业都同时经营若干项业务，有多条产品线、多种产品或者多个品牌，但不同的业务单位在增长机会、经营效益方面却大相径庭。因此，在资源有限的情况下，企业就必须对现有的各种业务加以分析、评价，确定哪些应当发展，哪些应当维持，哪些需要缩减，哪些必须淘汰，并相应作出投资安排。

对业务投资组合进行分析和评估的前提是划分战略业务单位。战略业务单位是企业值得为其专门制定经营战略的最小经营管理单位，它可以是企业组织中的一个部门或一个单位，也可以是企业所经营的一类产品或一种产品，还可以是一个品牌。

企业的最高管理层及总体战略中必须考虑资源最佳配置问题，有两种经典的业务投资组合分类评估方法值得我们掌握。

1. 波士顿资讯集团法

它由美国著名咨询公司波士顿咨询公司提出，该方法用"市场增长率-相对市场占有率矩阵"模型来分类和评价企业的所有战略业务单位，如图2-1所示。

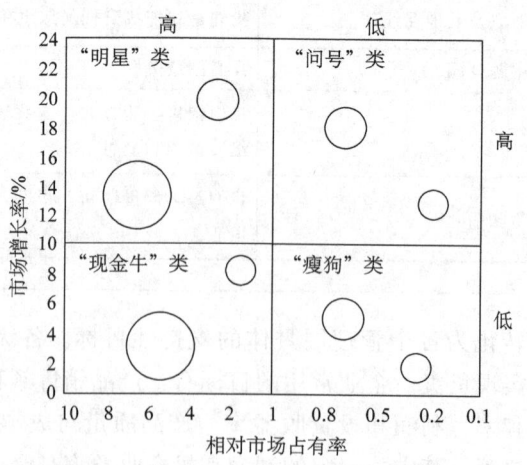

图 2-1 波士顿"市场增长率-相对市场占有率矩阵"模型

在矩阵中，纵坐标代表市场增长率，即企业一定时期销售业绩增长的百分比，可以年为单位。市场增长率以10%为界，高于10%为高增长率，低于10%为低增长率。横坐标代表相对市场占有率，即各战略业务单位的市场占有率与其最大竞争者的市场占有率之比。如果某战略业务单位的相对市场占有率为0.5，说明其市场占有率为最大竞争者的50%；如果某战略业务单位的相对市场占有率为2，说明其市场占有率为最大竞争者的2倍，是市场上的领导者。相对市场占有率以1为界，高于1为高相对市场占有率，反之则为低相对市场占有率。矩阵中的圆圈代表企业所有的战略业务单位，圆圈的位置表示各单位的市场增长率和相对市场占有率的状况，圆圈的面积表示各业务单位销售额的大小。

波士顿咨询集团法把所有业务分成四种类型：

第一，"问号"类，即市场增长率高、相对市场占有率低的业务。多数产品最初都属于这种类型。为提高这类产品的市场占有率，需要投入大量现金，扩大生产，加强推销。但这类业务前景并不明朗，企业必须慎重考虑。企业应当支持这类业务中具有可观发展前景的项目，但不能遍地开花，以免分散资金。

第二，"明星"类，即市场增长率和相对市场占有率均高的业务。"问号"类业务如果经营成功，就会发展成为"明星"类业务。这类业务处于迅速增长阶段，为支持其发展需要投入大量资金。虽然在短期内未必能给企业带来可观的收益，但它们日后有希望成为提供大量现金的第三类业务。

第三，"现金牛"类，即市场增长率低、相对市场占有率高的业务。当"明星"类业务的市场增长速度减缓至10%以下，但仍然占有较高的相对市场占有率时，它便成为"现金牛"。此时，市场增长率下降，企业不再需要大量投入现金；相对市场占有率高，则又能产生较高收益，从而给企业带来现金流入，用于支援其他需要现金投入的业务。

第四，"瘦狗"类，即市场增长率和相对市场占有率均低的业务。这类产品是微利、保本甚至亏损的产品，一般难以再度提供财源。

从产品生命周期来看，一项业务可能依次经历"问号"、"明星"、"现金牛"和"瘦狗"四个阶段。但由于企业营销管理的不同，某项业务也可能发生跳转，如放弃掉的"问号"类业务就可能转化为"瘦狗"类业务。

企业对其所有战略业务单位进行分类以后，需要评估自己的业务组合是否恰当。一般来说，市场占有率越高，业务单位的盈利能力越强，利润水平也有可能越高；市场增长率越高，业务单位所需的资源也越多。因此，对一个企业来说，"现金牛"类和"明星"类的业务不能太少，"问号"类和"瘦狗"类的业务不能太多。针对不同的业务类型，企业需要采取不同的投资策略：

（1）发展。提高业务单位的相对市场占有率，甚至不惜牺牲短期利益。这种策略特别适合"问号"类业务，结合有效的促销组合，使其尽快转化为"明星"

类业务。

(2) 维持。维持业务单位的相对市场占有率。这种策略特别适合于"现金牛"类产品,特别是利润丰厚的大"现金牛"。这类业务大多处于产品生命周期的成熟期,只要经营得当,还是可以维持相当一段时间的,从而为企业提供源源不断的现金流。

(3) 收割。不考虑长期效益,尽可能追求短期利润。这种策略最适合弱小的"现金牛"类业务,也适合于计划放弃的"问号"类和"瘦狗"类业务。企业可以通过减少投资、减少促销费用、提高价格等方式来实现收割。

(4) 放弃。清理、变卖现产品,将资源转到其他经济效益好的产品上。这种策略最适合那些没有发展前景,或妨碍企业增加盈利的"问号"类或"瘦狗"类业务。

2. 通用电气公司法

通用电气公司法采用"多因素投资组合矩阵"对企业的战略业务单位加以分类和评价。矩阵中的两个因素分别是市场吸引力和竞争力,这两个指标又分别由多个因素组成。这种方法是对波士顿咨询公司法的发展,使分析的因素由两个因素上升为多个因素,从而使分析更全面、更可靠(图2-2)。

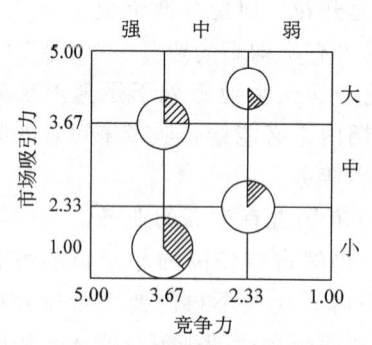

图 2-2 通用电气公司"多因素投资组合矩阵"

通用电气公司法认为,企业在分析其战略业务单位时,不仅要考虑市场增长率和相对市场占有率,还要考虑更多的因素,这些因素可归纳为市场吸引力和竞争力。市场吸引力取决于市场大小、年市场增长率、历史的利润率、竞争强度、技术要求、由通货膨胀引起的脆弱性、能源要求、环境影响及社会、政治、法律的因素等。竞争力则取决于该业务单位市场占有率、市场占有率增长、产品质量、品牌信誉、商业网、促销能力、生产能力、生产效率、单位成本、原料供应、研发成绩及管理人员素质等因素。企业只有进入那些既有市场吸引力、自己又拥有相对优势的市场,才能取得成功。

矩阵中纵坐标代表市场吸引力,有大、中、小之分;横轴代表竞争力,有强、中、弱之别;圆圈代表企业的战略业务单位;圆圈的位置代表战略业务单位市场吸引力和竞争力的状况,市场吸引力和竞争力数值是通过对每个因素分等级打分(最低分1分,最高分5分),并给出权数计算加权值,加权累计得出的;圆圈大小表示各个战略业务单位所在行业市场的大小;圆圈内的阴影部分则表示单位的市场占有率。

依据吸引力的大、中、小，竞争力的强、中、弱，通用电气公司法将市场分为九个区域、三个地带：

（1）"绿色地带"，由图 2-2 中左上角大强、大中、中强三个区域组成。这个地带的市场吸引力和战略业务单位的竞争力都较强，适合"开绿灯"，采取增加投资和发展的战略。

（2）"黄色地带"，由图 2-2 中左下角到右上角对角线小强、中中、大弱三个区域组成。这个地带的市场吸引力和战略业务单位的竞争力总体上处于中等水平。因此，企业对这个地带的战略业务单位应当"亮黄灯"，采取维持原投资水平和市场占有率的战略。

（3）"红色地带"，由图 2-2 中右下角小弱、小中、中弱三个区域组成。这个地带的市场吸引力偏小，战略业务单位的业务力量偏弱。因此，企业常常"亮红灯"，采取收割或放弃战略。

在对企业的战略业务单位进行分类和评价的基础上，企业的最高管理层还要绘制出各个战略业务单位的计划位置图，并据此决定各战略业务单位的目标和资源配置预算。当然，这首先需要对各个战略业务单位今后的发展前景进行预测。

波士顿咨询公司法和通用电气公司法给战略计划的制订带来了革命性的创新，但它们也有局限性。首先，采用这些方法可能难度较大、费时耗资，成本昂贵；其次，管理部门可能会发现确定战略业务单位、测量市场份额和市场增长率都很困难；最后，这些方法基本集中在对当前业务的分类和评价上，对未来业务很少能提供参考建议。管理者只能依靠经验为各个业务单位制定目标、配置资源，以及引入新业务。

这种局限性不可避免地会产生一些问题，如可能使企业过于强调市场份额的扩大或是通过进入有吸引力的新市场实现增长。结果，有些企业虽然实现了高速增长，但却由于进入了不相关的业务市场，因缺乏管理经验而最终导致失败；还有些企业则可能过早地放弃了健康成熟的业务，失去了继续发展的机遇。

尽管如此，我们仍然肯定这些方法以及战略规划的重要性。现在，越来越多的公司正将战略规划的职责从公司的最高管理层转移到接近市场的跨职能团队和基层经理手中，以提高对市场的反应速度。

2.2.3 规划企业的增长战略

除了评价当前业务，总体战略还涉及寻找未来的利润增长点。因此，企业经常需要发展一些新业务，用以替代被淘汰的过时业务，这样才能保证企业目标的实现。

企业寻找新业务的过程就是选择宜于企业增长或发展的市场机会的过程，这是企业战略中的关键,因为如果寻找不到实现目标的市场机会,企业就无从发展;而错误的机会选择则可能导致灾难性的后果。

市场机会,就是市场上存在的未被满足的需求。但市场机会并不等同于企业机会,这要看它是否与企业的任务相一致;企业是否具备利用该机会的资源优势;利用该机会是否有助于实现企业的目标。与企业任务不一致或企业无力利用的市场机会固然不能成为企业机会;有能力利用,但不足以实现企业目标的市场机会仍然不是适宜的企业机会。

企业在寻找市场机会时可以遵循这样一种思路:首先观察在现有业务领域范围内,是否有进一步发展的机会;其次分析与自己的营销活动有关联的上下游,或同业中是否有进一步发展的机会;最后考虑与目前业务无关的领域中是否有较强吸引力的市场机会。这样,就形成了三种可供选择的增长战略。

1. 密集式增长战略

当一个特定市场还存在发展潜力时,企业可以采用密集式增长战略,即企业仍然在现有的生产、经营范围内开展业务活动。企业可以采用三种具体方式实现密集增长,如图2-3所示。

	现有市场	新市场
现有产品	市场渗透	市场开发
新产品	产品开发	多角化增长

图2-3 产品-市场矩阵

(1)市场渗透。通过各种营销手段促使现有顾客增加购买数量,争取竞争对手的顾客,以及吸引新顾客(潜在顾客、从未购买过本企业产品的顾客)购买本企业的产品,从而扩大现有产品的销售量,实现企业业务增长。

(2)市场开发。通过努力开拓新市场扩大现有产品销售量,实现企业业务增长,主要形式有扩大现有产品的销售地区,在现有销售区域内寻找新的细分市场等。

(3)产品开发。通过向现有市场提供改型变异产品(如增加花色品种、增加规格档次、改进包装、增加服务等),以满足不同顾客的需要,从而提高销售额,实现企业业务增长。

2. 一体化增长战略

如果企业所在行业仍有发展前景,重新整合供应链可以提高效益,企业不妨采用一体化增长战略。即企业通过实行不同程度的一体化经营，或整合供应环节，或整合销售环节，或同业整合，以增强自身生产和销售的整体能力，从而扩展业务，提高效率，增加盈利。一体化增长也有三种基本形式：

（1）后向一体化。即收购、兼并上游的供应商，拥有或控制自己的供应系统，如钢铁企业收购矿山、自行开采。如果供应系统利润丰厚或发展前景良好，后向一体化可以为企业带来可观的利润。同时，企业还可以避免原材料短缺、供应商控制价格的不利状况。

（2）前向一体化。即收购、兼并下游的分销商，拥有或控制自己的分销系统；或将产品线向前延伸，从事原有用户经营的业务，如服装生产企业开设专卖店、批发商开办零售商店等。

（3）水平一体化。企业通过收购、兼并原有的竞争对手，或者与同类企业联合经营，从而扩大经营规模和增强实力，实现业务增长。

3. 多角化增长战略

当企业的密集型增长和一体化增长受到限制，无法发展，或者在行业框架以外有更好的发展机遇时，企业才会选择多角化增长。多角化增长，是企业利用经营范围之外的市场机会，新增与现有产品业务有一定关联性或毫无关联的业务，实行跨行业经营，从而实现企业业务的增长，如图2-3所示。它也有三种做法：

（1）同心多角化。利用原有技术、特长开发新产品，犹如从同一圆心向外扩大业务范围，谋求业务增长，我国不少家电企业都选择了这种发展战略。这种方法有利于发挥企业原有的技术、设备优势，风险相对较小，比较容易成功。

（2）水平多角化。针对现有市场和现有顾客，利用新技术开发新产品，扩大业务经营范围，谋求业务增长。这些技术与企业现有能力没有多大关系，如原来生产化肥的企业，现在进入农用机械领域。由于企业在技术、生产方面进入了全新的领域，有一定风险；但由于是针对原有的顾客，又可以利用在原有顾客中的声望和原有的分销渠道，从而减少市场开发投入和风险。

（3）集团多角化。企业进入与现有技术、产品和市场无关联的经营活动，以寻求新的业务增长，如一些著名的烟草企业进入了机械、房地产、文化等产业。企业选择集团多角化战略可以及时抓住市场机会，合理调配资金，但实施这种战略的风险也最大。对大多数企业来说，特别是中小企业，一般不适宜采用，或者只能在低层次、小范围内采用。

> **案例精粹**　　　　　　　　**娃哈哈的发展战略**
>
> 　　娃哈哈的前身是杭州市上城区的一家校办企业，成立于1987年，是宗庆后带领两名退休老师，靠着14万元借款，从卖4分钱一支的冰棒开始创业的。1989年，娃哈哈营养食品厂成立，开发了天然食品"娃哈哈儿童营养液"。产品一炮打响，"喝了娃哈哈，吃饭就是香"的广告传遍大江南北。之后，娃哈哈不断扩展业务范围：1991年的果奶，1996年的纯净水，1998年的非常可乐，2001年的茶饮料，娃哈哈做一个赚一个。
>
> 　　几年前，娃哈哈又瞄准了童装。根据娃哈哈集团的调查发现，中国的少年儿童有2.87亿，占总人口的22.5%。而我国童装的年产量却只有6亿多件，平均每个孩子每年不足3件，因此，童装将拥有一个庞大的市场空间。
>
> 　　娃哈哈经过对童装市场的细分，发现中国暂时还没有大型的童装生产企业，稍具规模的一休、懒猫、好孩子、杉杉童装等国内品牌在中、高端市场占据了35%的份额，余下的65%还是游击队居多，它们的销售网络闲散且定位杂乱。而国外品牌的童装价格都比较高，在广大消费者的心目中有一定的距离。所以，他们得出结论：低价路线的高端品牌童装，是市场的一个巨大空白。据此，娃哈哈童装的市场定位是：档次略高于目前位居国内品牌第一的"一休"，但价格要比"一休"低。在童装项目的操作上，娃哈哈选择的是贴牌生产。
>
> 　　娃哈哈的领军人物宗庆后在谈到其多元化经营时曾经说过：我主要用三个标准衡量企业的多元化经营，一是根据企业的实际情况，看有没有需要搞；二是考虑自己的资金实力，可不可能搞；三是充分判断自身的综合实力，是否存在把项目持续搞下去的可能。
>
> 　　（资料来源：晓中．两年了，娃哈哈童装"走"得怎么样？新营销．http://www.emkt.com.cn. 2004-07-12）

2.3　企业市场营销过程

　　企业市场营销活动是在企业总体战略指导之下展开的，企业营销战略的制定也必须符合企业总体战略的要求。

2.3.1　营销战略与总体战略之间的关系

　　战略计划确定了企业的任务、目标及资源配置的原则。在各个业务单位内，营销在帮助实现总体战略方面起着重要的作用。因此，市场营销战略的制定非常关键。它既可以被认为是企业战略的一个重要组成部分，也可以被看做是实现企业战略的重要保证。市场营销战略制定和实施的过程就是企业市场营销的过程。在实际工作中，企业战略性管理与市场营销管理密不可分，它们都要评价外部环境变化所带来的市场机会，但两者的任务又不相同，所分析、评价的问题范围也有差异,如图 2-4 所示。

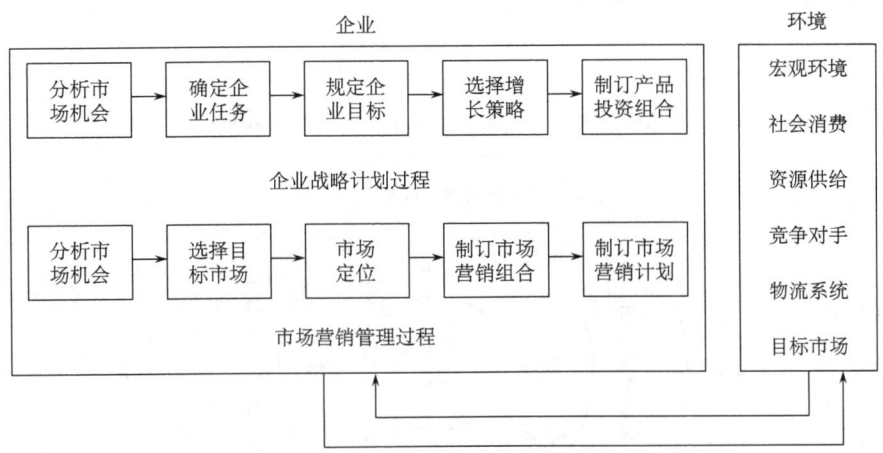

图 2-4　企业总体战略与市场营销战略

营销在企业的总体战略中起着重要的作用。首先,营销为企业总体战略的制定提供了指导性的观念,即营销理念,它表明企业的战略应当围绕着满足关键顾客群的需要展开。其次,营销通过识别有吸引力的市场机会以及企业利用这种机会的潜力,为企业的高层管理者提供制定战略的思考依据。再次,在企业的每一个战略业务单位内,营销为实现它们各自的目标设计了战略。最后,营销还起着整合的作用,它确保各个部门为实现顾客价值、提供顾客满意这一目标通力合作。

2.3.2　市场营销过程

企业的市场营销过程,是在业已确定的业务经营范围内,由企业的市场营销部门按照企业总体战略中已经规定的任务目标、产品投资组合特点和增长战略模式,从外部环境出发分析、评价各种产品业务增长的市场机会,结合企业的资源状况,综合考虑各项因素后,选择目标市场,进行市场定位,确定市场营销组合,制订市场营销计划的完整过程。

在营销过程中,目标消费者是核心,企业的目标就是与其目标消费者建立牢固并且有利可图的关系。为此,企业首先要界定整个市场,然后对市场进行细分,选择其中最有发展前景并且企业又能够胜任的子市场,集中精力为这些子市场服务。为了满足目标消费者的需求,企业进而需要设计出相应的由产品、价格、分销和促销所构成的营销组合。为了保证选择出适宜的营销组合并付诸实施，企业还需要进行营销分析、计划、实施和控制。通过这些活动，企业与环境保持动态适应，如图 2-5 所示。

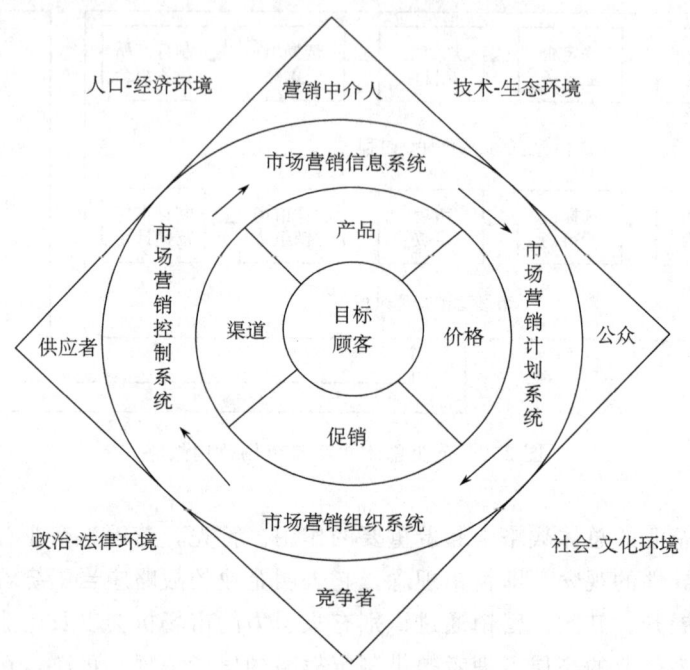

图 2-5 影响企业市场营销战略的因素

1. 与消费者建立联系

企业要在竞争激烈的市场上取胜，首先需要以消费者为中心。消费者人数众多，他们的需要千差万别。因此，每个企业都必须对整个市场进行细分，从中选择最佳的细分市场，然后制定战略，在比竞争对手更有效地为目标市场服务的同时获取收益。与消费者建立联系的过程包括市场细分、目标市场选择和市场定位三个阶段。

(1) 市场细分。任何一种产品的市场都是由不同类型的消费者及其不同的需要构成的，营销人员必须依据消费者需求的不同对市场进行区分。无论是实力雄厚的大企业，还是资源有限的小企业，市场细分对于他们发掘市场机会、扩大销售、提高营销效率都是至关重要的。

(2) 目标市场选择。每个市场都可以细分，但并不是每个细分市场都值得企业去经营。企业选择的目标市场应当是自己能够最大限度地创造顾客价值并使自己有利可图，且可以长期存在的细分市场。实力雄厚的企业可以选择多个细分市场，甚至全部市场；资源有限的企业则更适合于进入一个或少数几个特别的细分市场，或者是"补缺市场"。

(3) 市场定位。企业在决定进入哪些细分市场之后,还需决定自己在这些细分市场上占据什么位置。营销人员需要对定位进行策划,以使本企业的产品与竞争对手形成差异,并在目标市场上使企业形成最大的战略优势。例如,多年来,奔驰轿车一直强调"由世界上独一无二的强劲马力驱动"这一定位。

2. 制定竞争战略

企业营销战略的制定既要适应消费者的需要,又要与竞争对手的战略相适应。企业在制定竞争战略时首先要对竞争对手进行详尽分析,企业必须要了解谁是自己的竞争对手?他们的目标和战略是什么?他们有哪些优势和劣势?针对企业采用的竞争战略他们可能作出怎样的反应?

企业采取何种竞争战略取决于企业在产业中所处的位势。如果企业在产业中占据最高的市场份额,居于领导者地位,可以采用市场领导者战略。如果企业在产业中处于第二梯队,既可以采用挑战者战略,也可以采用追随者战略。挑战者战略的核心是对竞争对手主动出击,以夺取更大的市场份额。挑战者可以攻击市场领导者,也可以攻击其他规模相当的公司或小一些的本地公司或区域性公司。追随者战略的核心是通过追随竞争对手提供的产品、价格和营销方案来寻求稳定的市场份额和利润。如果企业是一些更小的公司,或者是缺乏既定定位的大公司,则可以采用市场补缺者战略,即专攻主要竞争者所忽略的或不屑的狭小市场。市场补缺者通过专门化的市场、顾客、产品或营销组合,避免与主要竞争对手正面交锋,并通过明智的补缺定位获得不亚于大企业的盈利水平。

美国战略学家迈克尔·波特通过对行业竞争力的分析,提出了三种一般性的企业竞争战略,即成本领先战略、差异化战略和聚焦战略。

(1) 成本领先战略。即企业通过追求行业中总成本最低的方式来构建竞争优势。企业要想采用这种战略,必须具有良好的融资渠道,从而保证资本持续不断的投入;企业的产品还要便于制造,工艺过程简化,生产效率高;生产成本和分销成本低;劳动管理高效等。

(2) 差异化战略。即企业通过追求其产品在质量、设计、工艺、特征、款式、品牌、价格和服务等方面与竞争对手的差异来构建竞争优势。由于产品差异化的存在,顾客对产品的价格敏感程度有所淡化,企业通过提供更高价值的产品也能获得可观的经济效益。企业要想取得差异化战略的成功,必须在技术、研发、营销、服务等方面具有强大的实力。

(3) 聚焦战略。即企业通过把目标聚焦在某个特定、相对狭小的领域,在局部市场或者通过成本领先或者通过差异化方式来建立竞争优势,这往往是众多小企业的战略选择方案。

3. 制定营销组合

企业在确定市场定位和竞争战略之后,就要考虑市场营销组合的制定了。市场营销组合就是企业针对选定的目标市场而整合的一系列可控的市场营销手段。美国的尼尔·鲍敦在19世纪60年代首次提出营销概念,不久后,伊·杰·麦卡锡把它们归结为"4Ps",即产品(product)、价格(price)、地点(place)和促销(promotion)。以后学术界不断提出新的"P",如国际营销领域提出了"6Ps",即除传统的"4Ps"外,增加了政治势力(political power)和公共关系(public relations);服务营销领域提出了"7Ps",即除了传统的"4Ps"外,增添了人(people)、有形展示(physical evidence)和流程(process),但"4Ps"仍然是目前比较经典的分类方法。

从管理决策的角度看,影响企业营销活动的因素有两类:一类是企业不可控制的因素,它们是企业面临的各种外部环境因素;另一类是企业可以控制的因素,即企业的营销组合。企业的营销优势,在很大程度上取决于其营销手段整合的良好效果而非单个策略的优劣。企业在目标市场上的经营特色和竞争地位,也是通过其营销组合的特点体现的。

其中,产品是指企业向目标市场提供的物品和服务的组合,它不仅包括产品的特性、质量、外观、品牌、包装和规格,还包括服务和保证等因素。价格是消费者获得产品所需支付的货币数量,它包含基本价格、折扣、折让、支付方式、支付期限和信用条件等。

渠道(地点)是指企业为使产品到达目标顾客而采取的各种活动,它涉及分销渠道、区域分布、中间商类型、营业场所、物流等要素。促销指传达产品价值并说服目标顾客购买的各种活动,包括广告、人员推销、销售促进、公共关系、直销等。

营销组合不仅是可控制的,还是复合的、动态的,并且受企业市场营销战略的制约。营销组合构成了企业的策略工具库,用以在目标市场上确立自己强有力的地位。

营销理论发展至今,已有一种更新的观点诞生并受到业界的追崇,即"4Cs"理论。这种观点认为,"4Ps"的概念是站在卖方而不是买方的角度来看市场的。如果从买方的角度看,"4Cs"比"4Ps"更有竞争力。

4Ps	4Cs
产品	顾客解决方案(customer solution)
价格	顾客的成本(customer cost)
分销	便利(convenience)
促销	沟通(communication)

企业通过开发产品满足顾客需求,顾客则是购买价值或解决问题的方案;企业通过制定产品价格实现盈利目标,顾客感兴趣的却不止是价格,而是包括取得、使用和处置某个产品的全部成本;企业通过分销把产品传递给顾客,顾客希

望的是尽可能方便地获得产品；企业通过促销传递信息和说服顾客，顾客则希望得到双向的沟通和交流。因此，虽然企业仍然需要通过"4Ps"来满足顾客的需求，但营销人员最好能先站在"4Cs"的角度进行思考。

案例精粹   **宝马汽车的营销组合**

宝马汽车享誉全球。随着中国、泰国、印度尼西亚等国家中产阶级数量的飞速增长，宝马公司也将目光从欧美扩展到了亚洲。在进入亚洲市场之初，宝马公司在其汽车营销中采用了如下营销策略，如表2-2所示。

表2-2　宝马公司初入亚洲市场的市场营销组合

营销手段	特点
产品	以不同系列来设定，着重推销宝马三系列、宝马五系列、宝马七系列、宝马八系列
价格	高价政策，比同类汽车一般要高出10%～20%
渠道	直销
促销	为亚洲地区制订了一套广告计划，保证在亚洲各国通过广告宣传的宝马品牌形象是统一的 主要举行"71"T宝马国际高尔夫金杯赛和宝马汽车鉴赏巡礼两个公关活动 定期举行新闻记者招待会

资料来源：李天．宝马：与品牌定位相吻合的完善营销组合．http://www.boraid.con. 2009-02-13

2.3.3　营销活动管理

所有的营销战略和战术必须付诸实践，这就需要实施营销活动管理，营销管理由计划、组织和控制等职能组成。企业首先制订整体战略计划，并将它转化为各个部门、产品或者品牌的营销计划或其他计划。通过执行，企业把计划转化为行动。无论是计划的制订还是实施，都离不开有效的市场营销组织。最后，对营销活动进行测量和评价，必要时采取纠偏措施，即控制。

1. 市场营销计划

通过战略计划，企业确定了各个业务单位的业务活动。营销计划涉及的是制订有助于企业实现整体战略目标的营销战略。不同企业的营销计划详略程度不同，特别是产品线计划和品牌计划。一般来说，多数市场营销计划应包含以下八个方面的内容（图2-6）。

（1）计划概要。在计划书的开头要对本计划的主要营销目标和措施作一简要概括，其目的是让高层管理者一目了然。如某品牌本年度的销售额和利润要较去

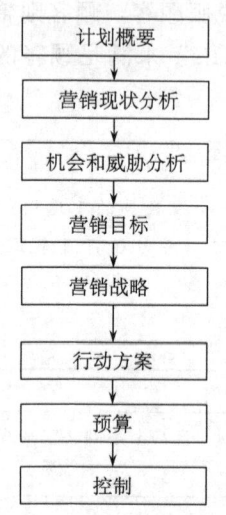

图 2-6　营销计划内容

年大幅度增长，销售额达 1 亿元，增幅 20%；利润达 1000 万元，增幅达 15%……

(2) 营销现状分析。描述目标市场和企业的地位，包括市场、产品偏好、竞争和分销以及宏观环境特征等信息。市场情况主要说明市场的规模、过去几年的增长情况、顾客需求及购买行为等趋势；产品情况主要说明近年来主要产品品种的销量、价格和毛利；竞争情况说明企业的主要竞争对手，它们的市场地位以及为产品质量、定价、分销和促销等所制定的战略；分销情况说明各主要经销商近年来在销售额、经营能力和地位等方面的变化。

(3) 机会和威胁分析。评估本企业产品可能面对的主要威胁和机会，帮助管理层预期对企业或战略可能产生影响的重要的正面或负面的发展动态。除此之外，计划书中还要对本企业的优势和劣势作出分析，具体分析方法将在第三章第四节介绍。

(4) 营销目标。陈述企业在计划期要实现的营销目标，并说明实现这一目标的行动方案，营销目标必须以量化的形式表达。

(5) 营销战略。概述业务单位的目标市场、产品定位、市场营销组合策略及新产品开发和营销调研方面的计划。

(6) 行动方案。清楚地说明营销战略如何转化为特定的行动计划，如做什么、何时做、何时完成、谁来做、花费多少。

(7) 预算。根据行动方案编制预算方案，本质上就是陈述计划的损益状况。收入方列出预计的销售量和平均单价，支出方列出生产、分销及营销的预期成本，收支差即为计划的利润。预算一经高层管理者批准，就成为原材料采购、生产计划、人员计划及营销运作的依据。

(8) 控制。规定监控进展的控制措施，其基本做法是将计划规定的目标和预算按季、月甚至更小的时间单位进行分解，以便主管部门能够评估实施结果并发现问题。

2. 市场营销组织

1) 市场营销组织的演化

营销计划的实施需要靠组织完成。现代企业的市场营销组织，是随着市场营销观念的发展经过长期演化的产物。从发达国家的经验看，市场营销组织经历了五种形式：简单的推销部门、兼营其他营销职能的销售部门、独立的市场营销部门、现代市场营销部门和现代市场营销企业。

一般来说，每个企业几乎都是由财务、生产、推销、人事和会计等五个职能部门发展起来的。推销部门通常只有一位销售经理管理推销人员，同时兼管诸如市场调查、广告促销等营销类工作。推销部门的主要任务是推销产品，见图2-7。随着市场竞争的加剧，大多数企业还需要进行一些经常性的市场调研、广告和其他促销活动，这些工作逐渐演变成为推销部门的专门职能。此时，销售经理往往聘用一位市场主管，指挥、控制那些非推销职能，见图2-8。

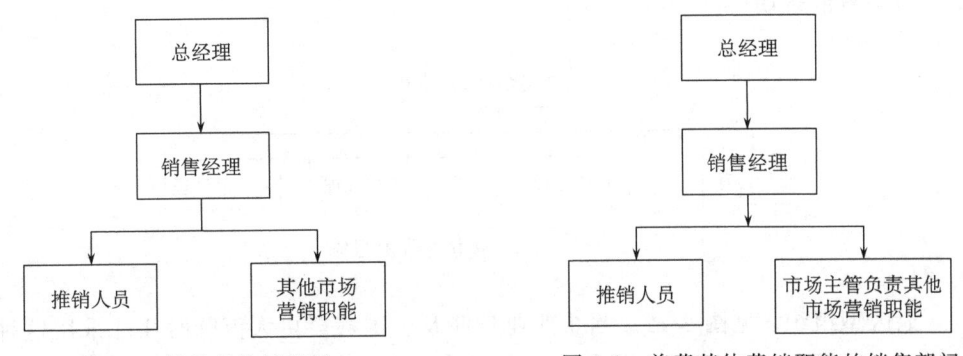

图2-7 简单的推销部门　　　　　　图2-8 兼营其他营销职能的销售部门

随着企业规模和业务范围的进一步扩大，非推销性质的其他市场营销功能对推销工作越来越重要。最终，市场营销成为一项相对独立的职能。此时，市场营销和推销成为两个独立和平行的部门。当然，在具体工作上，两个职能及其部门之间是要密切配合的，见图2-9。在现实中，企业的推销部门和市场营销部门常常处于竞争和矛盾之中。例如，销售经理往往注重短期目标，市场经理则更强调长期目标；销售经理关注眼前的销售额，市场经理着眼于开发满足消费者长远需要的产品。过多的矛盾和冲突最终通过合并两个部门得以解决，见图2-10。

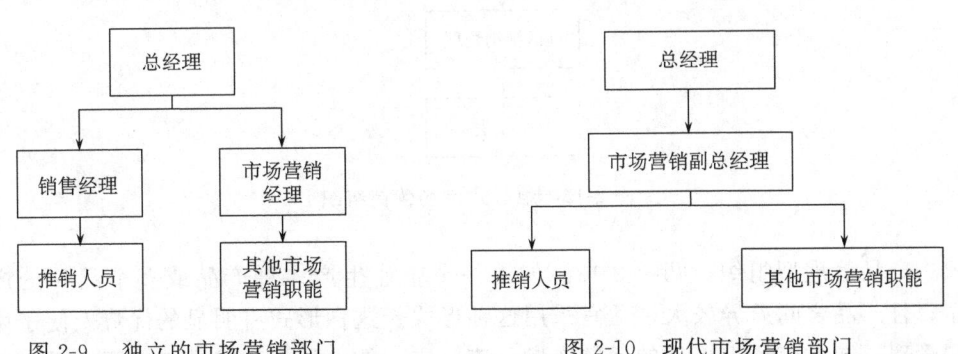

图2-9 独立的市场营销部门　　　　　图2-10 现代市场营销部门

建立了现代营销部门的企业并不意味着就是现代营销企业，只有企业内部的所有人员都贯彻了市场营销理念，它才能被称为"现代市场营销企业"。

2）市场营销部门的组织形式

现代企业的市场营销部门有多种组织形式，不同的组织形式适合于不同的市场环境和企业经营状况。

职能型组织，见图 2-11。这是最常见的形式，其最大的优点是简便易行。但随着产品增多和市场扩大，这种形式的效率可能会下降。原因在于没有一个人对一种产品或一个市场全权负责，营销经理要花大量的时间调节各职能部门争地位、争预算的矛盾。

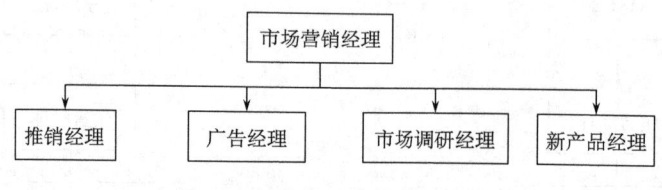

图 2-11　职能型市场营销组织

地区型组织，见图 2-12。当企业业务涉及全国甚至更大范围时往往采用这种形式，从全国市场经理依次到地区市场经理，其管理宽度逐级增加。

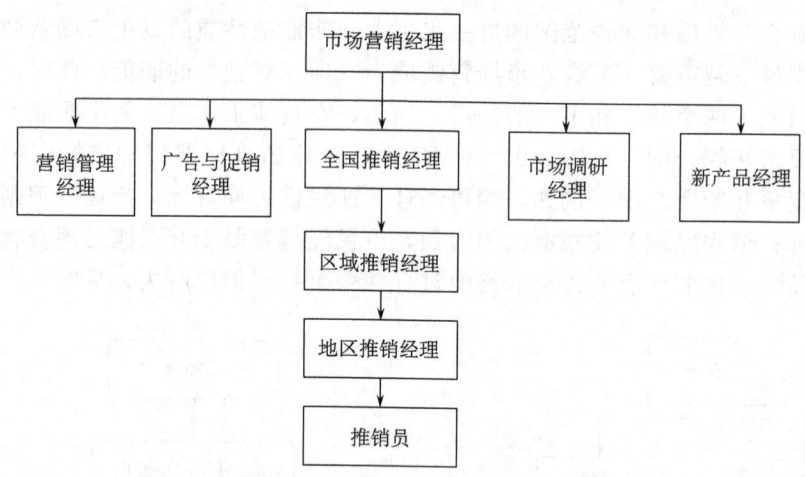

图 2-12　地区式市场营销组织

产品管理型组织，见图 2-13。如果一个企业生产多种产品或多个品牌的产品，且产品之间差异较大，适宜采用这种形式。这种形式有明显的优势：便于协调管理；能对市场上出现的问题作出迅速反应；较小的品种或品牌也不会受到忽视；有助于培养人才。当然，这种组织形式也有不足：产品或品牌经理由于权限有限，有可能难以调动其他职能部门；产品经理难以真正成为职能专家；管理费用较高。

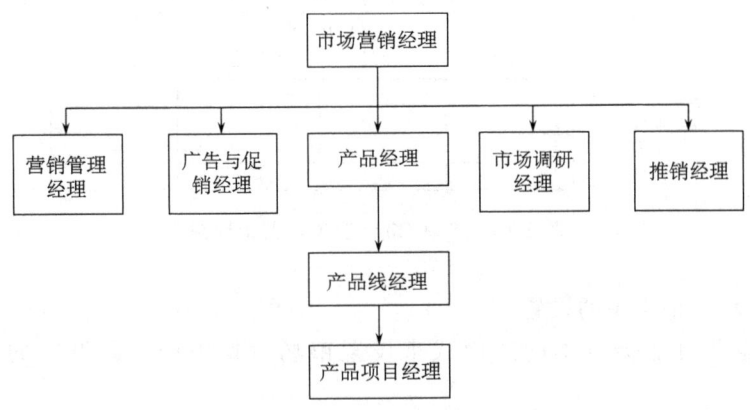

图 2-13 产品管理型市场营销组织

市场管理型组织,见图 2-14。针对同类产品,如果企业服务的是不同需求类型的顾客群,则可以采用这种形式。这种形式与产品型组织有相似之处,即市场经理和产品(品牌)经理一样,为自己负责的市场制订年度和长期的销售计划及利润计划。它最大的优点是把顾客需求放在第一位,而不是着眼于职能、地区或产品,因而是最符合现代营销观念的组织形式。

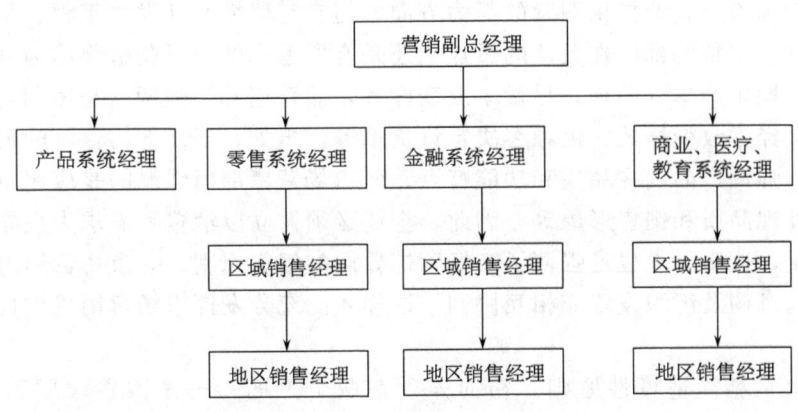

图 2-14 市场型市场营销组织

产品/市场管理型组织,见图 2-15。它是把产品型组织和市场型组织结合在一起的形式。产品经理负责产品的销售利润和计划,市场经理负责开发现有和潜在的市场。因此它兼顾两种方式的优势,但它的实施费用较高,也存在责权不清、多头领导的问题。

	市场经理			
	男装	女装	家庭用户	工业用户
人造纤维				
醋酸纤维				
尼龙				
涤纶				

（产品经理）

图 2-15　产品/市场型市场营销组织

3) 市场营销组织的设置

不同企业可能会按不同的模式来设置市场营销组织，但设置的原则是相同的。

首先是协调性原则。管理的主要职能之一就是协调。在设置市场营销组织时需要从以下方面体现出整体协调性：①市场营销组织与企业外部环境保持协调。企业营销的目的就是创造顾客价值、让顾客满意。失去了市场和顾客，企业的生存和发展就成为无源之水、无本之木。因此，市场营销组织的构建尤其要与市场、顾客之间保持协调。②市场营销组织与企业内部其他机构相互协调。与营销部门强调消费者观点一样，企业中的其他部门也会强调他们工作的重要性，由此产生矛盾和差异。虽然市场营销部门通过识别顾客、选择目标市场、实施市场定位等活动为整个企业提供明确的努力方向，但它与研究和开发、工程、采购、制造、财务、信贷等部门在关注的重点上还是有所差别的。以制造部门为例，它强调的是长期生产单一品种，尽量不改变样式，而营销部门强调的是短期内生产许多品种、经常改变样式、由顾客决定订货量等。再如，研发部门强调的重点是基础研究，强调产品内在品质和功能特点，而市场营销部门强调的是应用研究，强调产品外观品质和销售形象等。因此，企业必须树立以消费者需求为主导的市场营销文化，这实际上也是强调了市场营销导向的组织原则。③市场营销组织内部的人员、机构及组织设置应相互协调，这样才能充分发挥市场营销机构自身的整体效应。

其次是精简适度性原则。精简体现在两个方面：一是因事设职、因职设人，人员精干；二是内部层级不可过多。精简的前提是把握好市场营销工作的性质和职能范围。市场营销职能庞杂，因此特别要注意人员精干。市场营销组织的管理层次应尽量保持扁平化，以减少信息失真与传递过慢，从而保证营销决策的及时性和正确性。但市场营销组织也不能管理跨度过大，否则会造成整个机构内部的不协调和不平衡。因此，必须选择适度的管理跨度和管理层次。可喜的是，信息技术的发展为企业建立扁平化组织结构提供了条件。

最后是有效性原则。市场营销组织的设立应体现效率，表现在四个方面：一是能在规定的时间内完成规定的任务；二是能以较小的投入换得一定的产出；三是能不断完善自身；四是能够适应环境变化。

3. **市场营销控制**

1) 市场营销控制的工作程序

市场营销控制是跟踪企业营销过程每一环节的一套工作程序或工作制度。调查表明，即使是在发达国家，也有不少企业缺乏对营销活动的控制。有效的营销控制包含一系列严格的工作程序或步骤，如图2-16所示。

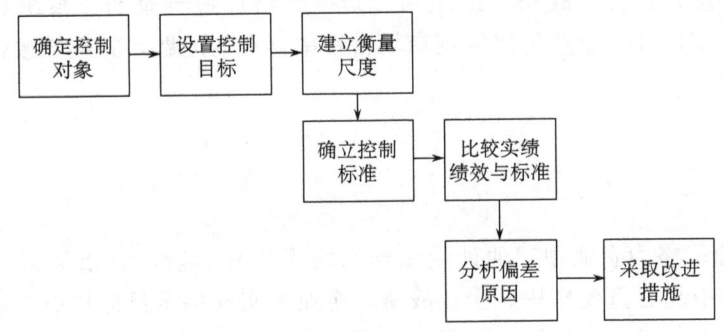

图 2-16 营销控制步骤

（1）确定控制对象。对营销活动的控制内容因企业而异，常见的控制内容是销售收入、销售成本和销售利润。不过也应对市场调查、人员推销工作、客户服务、新产品开发、广告等活动进行评估。

（2）设置控制目标。这是将控制与计划联结起来的主要环节。

（3）建立衡量尺度和控制标准。企业的营销目标往往是衡量尺度，此外还有其他一些管理目标。控制标准则是对衡量尺度定量化，不过它一般应允许有一个浮动范围。

（4）比较实际绩效与标准。这里需要决定比较的频率。如果实际绩效与标准一致，则控制过程结束；否则，进入下一个步骤。

（5）分析偏差原因。偏差的产生可能基于两种情况：一是实施过程中的问题；二是计划本身出现问题。前者比较容易分析，后者则困难一些。

（6）采取改进措施。如果计划制订时有应急措施，改进会更快，否则就要根据实际情况及时补救。

2) 营销控制的内容

其内容主要有年度计划控制、获利性控制、效率控制和战略控制。

年度计划控制主要确保企业达到年度计划规定的销售额、利润及其他指标，它是一种短期控制，中心是目标管理，这个控制模式适用于企业内各层次。检查年度营销计划执行情况的工具主要有销售额分析、市场占有率分析、销售额/费用比分析、顾客态度跟踪等。

获利性控制主要用于测算各类产品在不同地区、不同市场、通过不同分销渠道出售产品的实际获利能力。

效率控制主要体现在对推销人员的推销效率、广告效率、销售促进效率以及分销效率的控制上，需要通过一系列指标来体现。

战略控制是企业最高等级的控制，通过营销审计来实现。市场营销审计是对企业营销环境、目标、战略、组织和计划事实情况进行全面、系统和独立的审查。通过营销审计，企业可以发现市场营销中存在的问题，并提出改进企业营销活动的对策。

》小结

1. 企业战略为企业中其他计划工作指明了步骤和阶段，市场营销在企业战略实施过程中起着重要作用。企业战略是企业为实现特定目标从而谋求自身发展而设计的带有全局性和长远性的行动纲领或方案。企业战略具有全局性、长远性和纲领性，一般包含总体战略、经营战略和职能战略三个层次。

2. 企业总体战略的规划决定企业的生存和发展。它包括三个步骤：确定企业任务和目标；制定企业的业务投资组合；规划企业的增长战略。企业任务回答的是何为本企业的业务；企业目标是未来一定时期内企业所要达到的一系列分类目标的总和。确定业务投资组合关键在于评价各个"战略业务单位"，波士顿咨询集团法和通用电气公司法是两种有效的评估方法。针对评价的结果对不同业务实行或发展，或维持，或收缩，或放弃的策略。在规划增长业务时企业需要根据具体情况选择密集型增长、一体化增长或多样化增长战略。

3. 总体战略制定以后，各业务单位需要制定职能战略。营销在战略计划制定过程中起着重要的作用。它在理念上使营销成为总体战略制定的指导思想，同时还起到整合的作用，确保各个部门通力合作。

4. 营销过程把消费者的需要与企业的能力和目标有机结合。它体现在三个方面：与消费者建立联系、制定竞争战略和制定营销组合。与消费者建立联系表现为市场细分、目标市场选择和市场定位三个环节。企业需要根据企业在竞争中的位势来确定竞争战略，也可以选择成本领先战略、差异化战略或聚焦战略。营销组合由产品、价格、分销和促销决策构成。

5. 为把营销组合落实在行动上，企业需要对营销进行计划、组织和控制。企业首先制订整体战略计划，并将它转化为各个部门、产品或者品牌的营销计划或其他计划。通过执行，企业把计划转化为行动。最后，对营销活动进行测量和评价，必要时采取纠偏措施。

关键词

公司战略　corporate strategy
业务投资组合分析　business portfolio analysis
战略业务单位　strategic business units
波士顿咨询集团法　Boston Consulting Group Approach
通用电气公司法　GE's Strategic Business-Planning Grid
密集式增长　intensive growth
一体化增长　integrative growth
多角化增长　conglomerate diversification
营销战略　marketing strategies
市场营销过程　marketing process
营销组合　marketing mix
市场营销计划　marketing plan
市场营销控制　marketing control

思考题

1. 分析企业总体战略和营销战略之间的关系。
2. 搜集相关资料，分析联想集团的发展战略。
3. 结合具体实例说明企业是如何开展营销活动的。
4. 试分析戴尔公司的竞争战略和市场营销组合。
5. 企业市场营销管理的主要职能有哪些？

案例

走进冬季的春兰

春兰集团的前身是江苏泰州市的一家小型冷气设备厂，当时的空调产销量在全国几十家同行业企业中居倒数第二。1985年，陶建幸受命任厂长，从此改变了这个小企业的命运。20世纪90年代，春兰经历了过渡、振兴、成长、扩张阶段，一步步发展壮大，发展成为一个集制造、科研、投资贸易于一体的多元化、高科技、国际化的大型现代公司。

1986年，冷气设备厂进行了大规模技术改造，不仅使企业扭亏为盈，同时为后来春兰独领中国空调市场打下了坚实的基础。1987～1990年，春兰形成了空调批量生产能力，成为中国空调业的"龙头老大"。1993年4月，春兰（集团）成立。1994年4月，江苏春兰制冷设备股份有限公司股票在上海证券交易所上市，为春兰集团的发展提供了有效的融资渠道。1995～1996年，春兰推出第一个五年计划"100工程"，确立"立足空调产业，进行产业扩张，形成多元经营框架"。1996年初步涉足家电、电动车、电子、海外产业，春兰工业总产值突破100亿元。

1986年，当时的空调行业正处于孕育、形成阶段，全国空调器产量很小。在这种情况下，春兰大胆放弃多元化的经营方式，选择了空调这一单一产品经营战略。在品种选择上，春兰在市场调研和行业状况分析的基础上，采用了"乘虚而入"的策略，集中力量专门生产3000大卡以下的窗式空调和7000大卡以上的柜式空调。这一策略成效显著，到1990年，其3000大卡以下空调的市场份额达到35%以上，而7000大卡以上空调的市场份额则占70%以上。随着空调市场的不断扩大，春兰又及时调整战略，实行了空调规模化经营，生产空调系列产品，成为那个时期中国最大的空调生产基地。

1994年，在春兰空调市场份额超过30%、空调业产值达到50亿元时，春兰开始涉猎其他行业。一方面在家用电器领域继续拓展，从空调发展到冰箱、彩电、洗衣机；另一方面，走出家电领域，向摩托车、汽车产业大举投资。1997年11月，春兰集团组建了南京春兰汽车，2001年3月开始投入批量生产。此外，还从为电器配套的电子产品切入，向电子领域的纵深地带进军：计算机、0.8～1微米大规模集成电路、大功率半导体、液晶显示器……

然而，春兰的多元化发展并未带来它所预料的结果。作为曾经的空调业"市场领导者"，现在已经被当年实力远不如己的海尔、格力和美的赶超；其彩电、洗衣机、冰箱、计算机等产品都跌出行业十强之列，市场销售不尽如人意；而春兰摩托车也如匆匆过客，只是成就一时辉煌。春兰卡车也因政策因素，一直无法快速发展。被寄予厚望的新能源镍氢电视项目由于市场环境整体不成熟，短期内无法形成规模经济，不足以扭转集团的走势。

从2000年起，春兰股份的业绩出现下滑。1999年春兰股份的主营业务收入约19.47亿元，净利润约2.65亿元；到2004年时，虽然主营业务收入达到约32.26亿元，但净利润只有1.2亿元。从2005年起，春兰股份连年亏损。2008年5月春兰股票已经暂停交易。

（资料来源：根据春兰集团官方网站提供资料编写．http://www.chunlan.com）

案例思考题：
1. 春兰集团采用了哪种多元化发展策略？你认为这种选择是否合适？
2. 你认为春兰集团多元化发展战略时机选择是否合适？为什么？
3. 请比较专业化战略与多元化战略。

第3章

市场营销环境

苏宁电器是我国3C（家电、计算机、通信）家电连锁零售企业的领先者。截至2009年，苏宁电器在中国30个省（直辖市、自治区）、300多个城市拥有1000家连锁店、80多个物流配送中心、2000多个售后网点，年销售规模突破1000亿元。

随着电子信息技术的不断发展和中国网民数量的剧增，网上商店应运而生，网上购物规模与日俱增。为了抓住这一有利商机，苏宁电器酝酿多年，于2010年1月正式上线电子商务网站"苏宁易购"。苏宁电器对网上销售前景十分看好，雄心勃勃。它计划2010年实现网上销售额15亿～20亿元，用三年时间使苏宁易购占据中国家电网购市场20％的市场份额，成为中国最大的3C家电B2C网站。

（资料来源：根据苏宁电器官方网站资料编写．http://www.cnsuning.com）

任何企业都是在不断变化的社会经济环境中运行的，其营销活动除了受自身条件的约束外，还要受外部环境的制约。各种对企业营销活动产生影响的外部不可控制的变量，构成了企业的市场营销环境。环境的变化，既可能给企业营销带来机会，也可能造成营销威胁。企业营销人员必须全面、准确地认识市场营销环境及其变化趋势，以把握机会、防范威胁，趋利避害地开展营销活动。

3.1 企业营销与市场营销环境

3.1.1 市场营销环境

市场营销环境是指对企业的市场和营销活动产生影响和冲击的不可控制的行动者和社会力量。企业的营销环境由微观环境和宏观环境组成。

微观环境指与企业紧密相连、直接影响企业服务顾客能力的各种参与者,包括供应商、营销中介者、顾客、竞争者、社会公众及企业内的其他部门等,如图3-1所示。

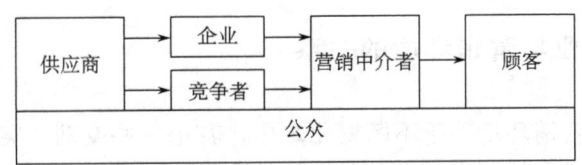

图 3-1　企业微观环境因素

宏观环境指间接影响企业营销活动的不可控制的大范围的社会力量,包括政治、法律、经济、人口、技术、文化和自然等环境,如图3-2所示。

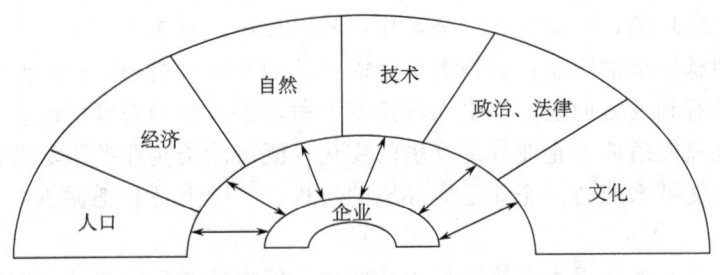

图 3-2　企业宏观环境因素

微观环境直接影响和制约企业的营销活动,与企业有或多或少的经济联系;宏观环境一般以微观环境为载体去影响和制约企业的营销活动。宏观环境因素和微观环境因素共同构成多因素、多层次、多变化的企业营销环境综合体。微观环境和宏观环境之间不是并列的关系,而是主次关系,微观环境受制于宏观环境,微观环境中的所有因素都受宏观环境各种力量的影响,如图3-3所示。

市场营销环境是客观的,特别是宏观环境,它不以人的意志为转移,如互联网在一定程度上改变了我们的工作和生活方式,这对企业传统的营销方式产生了

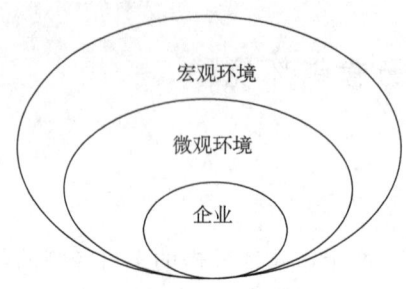

图 3-3 营销环境对企业的作用

很大的冲击。企业无法抗拒这种变化，唯一能做的是适应这种变化。市场营销环境又是动态的，每一环境因素都随着社会经济的发展而不断变化。如在全球经济一体化的背景下，每一个国家的国内市场都比以往更大程度地受国际市场环境的影响，从而表现出更大的不确定性。市场营销环境各要素之间具有关联性，某一因素的变化会带动其他因素相互变化，形成新的营销环境。例如，我国改革开放政策的实施，不仅营造了良好的政治环境，还大大改善了经济环境，从而增强了对国际投资者的吸引力。

3.1.2 企业与营销环境的关系

企业面对的营销环境处于不断变化之中，其中一些变动是突然发生的，从而对企业营销产生巨大的冲击。企业对环境的认识经历了一个不断深化的过程：最初，企业只关注市场因素；随后，企业开始关注政府、工会、竞争者因素；再后，企业进一步将观察视野扩展到自然生态、科学技术、社会文化等层面；随着政府对经济干预的增强，企业又开始重视对政治和法律环境的研究。环境因素越来越多，变化越来越不确定，企业受到的环境影响越来越大，越来越复杂。企业首先必须适应环境，并对变化的环境作出积极反应。它表现如下：营销者在决策时，不得超越环境的限制；营销者虽然能够认识存在的机会，但通常并不能控制环境向于己有利的方向发展，更无法控制竞争对手；对消费者的需要和偏好，营销者通常也只能适应。企业外部环境的变化，既可能给企业的市场营销活动提供机会，也可能带来威胁。企业适应环境的过程，实际上就是把握机会、避免威胁的过程。

尽管企业不能从根本上控制环境的变化，但也并非只能被动地接受环境的影响，它可以积极主动地去预测、发现和分析环境变化的趋势及变化特点，进而及时采取相应措施去适应环境的变化，甚至在一定条件下，还可以运用自身的资源，积极影响甚至部分地改变环境因素，为企业的发展创造机会。如企业可以通过关系营销直接影响微观环境中的各类参与者，实现双赢。在国际营销活动中，企业通过利用政治势力和公共关系等手段，获取东道国各方的合作与支持，消除贸易保护壁垒，为企业的跨国营销创造更宽松的外部环境。

3.2 微观营销环境

企业营销的微观环境影响着企业服务目标市场的能力及营销策略组合。微观环境中的各类参与者与企业构成协作、竞争、服务、监督等关系。适应微观环境,关乎企业营销的成败。

3.2.1 企业内部

企业是个由多种职能、多个部门和多个管理层次组成的集合体。市场营销部门不仅与财务、采购、制造、研究与开发、人事等部门有着密切的合作关系,还要接受高层主管部门的指挥(图3-4)。高层管理部门确定企业的使命和目标,制定总体战略和政策;营销部门负责在总体战略计划范围内制定各战略业务单位的营销计划;财务部门负责筹集和使用实施营销计划的资金;研发部门设计符合市场需求的产品;采购部门则致力于取得零配件和原材料等物品;生产部门负责按规定的质量和数量制造产品;会计部门对收入和成本进行核算,为营销部门提供运营信息。可见,企业和各职能部门之间的目标是否一致、协作是否和谐,将直接关系营销决策方案的实施。

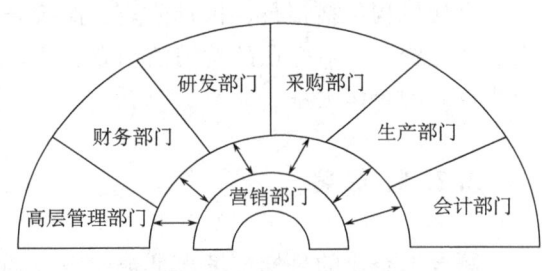

图 3-4 企业的内部环境

因此,营销部门在制订和实施营销目标和计划时,要想方设法获得高层管理部门和其他职能部门的理解和支持。

3.2.2 资源供应商

资源供应商是向企业供应各种资源的工商企业和个人。它向企业提供为目标顾客服务所需的原材料、零部件、能源、劳动力等,对企业营销业务有实质性的影响。供应商供应的原材料价格的高低和交货是否及时、数量是否充足等,会影响产品的成本、售价、利润和交货期。劳动力市场的供求状况和劳动者的素质,在很大程度上影响企业的生产和营销成本,最终影响产品销售以及顾客的满意度。因此,营销人员必须对供应商的情况有比较全面的了解和透彻的分析,尽可能与其保持良好的关系,甚至形成战略同盟,整合供应链,实施一体化发展。

3.2.3 营销中间商

营销中间商是协助企业推广、销售和分销产品给最终消费者的企业和个人，包括中间商、从事物流活动的公司、营销服务机构和金融机构。

中间商帮助企业寻找顾客并直接与顾客进行交易，从而完成产品从生产者向顾客的价值转移。中间商分为批发商和零售商。对中间商的选择和管理越来越成为制造商的一项重要而困难的任务，因为它们现在面对的是大型且不断发展的零售组织。这些组织越来越具有足够的力量操纵合作条件，甚至把某些制造商拒之门外。

物流公司，主要指协助厂商储存并把货物运送至目的地的储运公司。它们承担着包装、运输、仓储、装卸、搬运、库存控制和订单处理等职能，提供商品的时间效用和地点效用。

市场营销服务机构指为厂商提供营销服务的各种机构，包括调研公司、营销咨询公司、广告公司及各种广告媒体，这些机构协助企业选择目标市场，推销产品。

金融机构包括银行、信贷公司、保险公司等。它们负责为企业和顾客之间的交易融通资金，对企业的营销活动有着显著的影响。显然，企业需要与金融机构建立良好的合作关系。

3.2.4 顾客

顾客即企业的目标市场，是企业服务的对象，它是企业最重要的环境因素。顾客可以是个人、家庭，也可以是组织机构（包括其他企业和转售商）和政府部门。它们可能与企业同在一个国家、也可能在其他国家和地区。根据购买动机的不同，国内顾客分为五种类型，加之国际市场共六种形式，如图3-5所示。

图3-5 企业市场分类

3.2.5 竞争者

企业要面对形形色色的竞争者，这些竞争者不仅来自本国市场，而且也来自其他国家和地区；竞争不仅发生在行业内，行业外的一些企业也可能通过经营替代品成为竞争者。从消费需求的角度划分,企业的竞争者包括愿望竞争者、普通竞争者、产品形式竞争者和品牌竞争者。提供不同产品满足不同愿望的企业是愿望竞争者,如汽车制造商和房地产开发商;通过提供不同产品满足同一种愿望的企业是普通竞争者,如汽车制造商和摩托车制造商;生产同种产品,但规格、型号、式样不同的企业之间是产品形式竞争者,如不同品种、品牌的汽车制造商;生产不同品牌,但品种、规格、型号相似的企业是品牌竞争者。后两类竞争者属于同行业竞争者,不同的竞争对手与企业形成不同的竞争关系。

企业首先要关注同行业竞争者,在同行业竞争中,卖方密度、产品差异、进入壁垒这三个因素在很大程度上影响了行业内的竞争激烈程度。如果卖方密度大,即同一行业或同一类产品经营中卖主数量很多,在市场需求量相对稳定时势必导致行业竞争加剧;如果产品差异化程度小,产品之间的替代性就会增加,在其他条件不变的状况下,行业内的竞争也会比较激烈;如果行业的进入壁垒高,新企业难以进入,行业内现存的企业就可能维持一个较高的价格,竞争相对较弱。企业必须加强对行业竞争态势和竞争者的研究,了解对本企业形成威胁的主要竞争对手及其策略,扬长避短,创建竞争优势。

企业同样不能忽略不同行业的竞争者。科技和创新会增强替代产品的竞争力,DVD对VCD的冲击就是一个很好的诠释。因此,企业必须密切关注这些行业的科技发展动向。

3.2.6 公众

公众是对企业营销有实际或潜在利害关系和影响力的团体或个人,见图3-6。这些制约力量的存在,决定了企业必须采取积极措施,与公众保持良好的关系。公众主要由金融机构、媒体、政府机构、社团、社区居民、一般公众、企业内部公众等组成,他们会关注、监督、影响、制约企业的营销活动。因此,持之以恒地开展公共关系活动是企业的一项长期性任务。例如,通过定期发布财务报

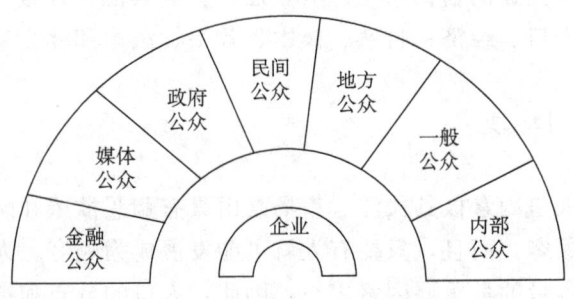

图 3-6　微观环境中的公众

告、稳健运用资金、及时还贷等行为,在融资机构中树立信誉。又如,与媒体建立友善关系,争取更多地对企业有利的正面报道,再如,开展公益活动,积极支持社区的重大活动,争取社区公众的理解和支持等。

案例精粹　　　　　　　　**三星公司在中国的公关营销**

三星公司在中国市场大搞公共关系活动,不仅提升了企业知名度,而且树立了不错的企业形象。1998年它赞助了北京"迎亚运万人长跑大赛";邀请著名乒乓球运动员刘国梁做三星电子在悉尼奥运会的形象大使;邀请与会工作人员参观三星高科技展示中心;赞助2002年韩日世界杯赛中国官方球迷拉拉队等。北京申奥成功后,它又宣布将长期赞助北京"7·13"申奥成功周年纪念长跑活动和北京国际马拉松等奥运相关项目;支持北京奥运三大活动之一的"奥运培训计划",即2002~2007年每年捐赠100万元用于奥运青少年培训。2004年6月9日,作为雅典奥运火炬全球传递赞助商、三星支持并参与了奥运火炬北京传递活动。在雅典奥运会后,作为2008年北京奥运会的TOP赞助商,三星还将继续支持与奥运相关的活动,不断推动中国人民的奥运热情,以保证2008北京奥运会的成功举行。除此之外,三星中国公司还在环境保护、社会福利、捐款捐赠、学术教育、文化艺术、体育和国际交流等几大领域里为当地社会作出贡献。例如,在全国17所重点大学设立了奖学金;在北京,从2003年7月起,全体员工分成6个组,每周六轮流到北京香山进行捡拾垃圾活动。与此相应的是,三星在中国这座"金矿"中的收益正连年攀升,截至2003年年底,三星在中国的营业额已经达到94亿美元,其中90%左右源自三星电子产品。

(资料来源:刘金霞,陈森.三星奥运营销的中国体验:一半是火焰,一半是海水.中国经济时报.2004-08-11)

3.3 宏观营销环境

宏观营销环境是造成市场机会和环境威胁的主要力量,它引导企业营销活动的大方向,不仅对企业的营销产生影响,还会影响其他各种微观主体。宏观营销环境因素主要有人口、经济、自然、技术、政治、法律和社会文化等。

3.3.1 人口环境

市场营销对人口因素极其关注。市场是由具有购买欲望和购买能力的人组成的,有人才能有顾客,而且,只要有人就可能发展成为顾客。人口是影响需求从而形成市场潜在容量的最重要因素之一,因此,人口的分布和结构等因素,就形成了企业市场营销活动的人口环境。著名管理学家德鲁克在他的名著《动荡时代的管理》中曾提出，人口动力可以创造新机会、新市场，且由于各种新政策的需要，会改变企业的信仰和习惯。从人口特征的分析中，我们可以把握：第一，未来消费者的倾向；第二，可能展现或消退的社会问题；第三，主要经济变量的变动本质。从影响消费需求的角度看，人口环境分析可从以下三个方面入手。

1. 人口规模和增长速度

人口规模是影响基本生活消费需求、医疗、基础教育需求的决定性因素。在人均购买力水平相当的前提下，人口越多的国家和地区，市场容量必定越大。即便因购买力不同，一个有着大量人口的发展中国家的市场总体购买力也许比不上一个人口较少的发达国家的市场总体购买力，但却会因为庞大的人口基础而呈现出对基本生活消费品和由此派生出来的生产资料的巨大需求，从而形成极有吸引力的市场机会。因此，人口规模首先影响市场需求结构。随着商品化程度的提高，人口规模对市场的影响也会越来越大。人口的增长速度快，也就意味着在一定时期内人口规模增长迅速。虽说较大的人口规模和较快的人口增长速度对许多企业是一种发展的机遇，但过多的人口和过快的人口增长速度也会由于对资源和环境造成过大压力，而给企业营销带来威胁。

目前，世界人口已经超过 66 亿，预计 2030 年将增至 81 亿。发展中国家的人口出生率呈上升趋势，90% 的新增人口来自于这类国家；与此相反，发达国家的人口出生率呈下降趋势，有些国家甚至出现负增长。这种人口发展趋势，一方面意味着全球消费者对生活必需品的需求以及派生的对生产资料的需求呈现不断扩大的趋势，另一方面也说明，经济发展程度不同的国家，其消费者的需求结构存在明显的差异性。

中国人口环境的两个重要特点是人口多、增长快。截至 2005 年 1 月 6 日，中国人口（不包括香港特别行政区、澳门特别行政区和台湾省）已达 13 亿。2004 年，中国人口自然增长率为 5.87‰，进入世界低生育水平国家行列。但由于人口基数过大和人口增长惯性的双重影响，每年的人口增量依然巨大。2000 年以来，我国年均出生人口仍在 1600 万人以上。在未来十几年，我国人口规模庞大和人口持续增长并存的现象仍不会改变。到 21 世纪中叶，我国人口将接近 16 亿，之后增速才有可能减缓。

2. 人口构成

人口构成表现在自然构成和社会构成两方面，前者反映为年龄、性别结构；后者反映为民族、职业、教育程度、家庭等。不同年龄、性别、民族、职业、教育背景以及家庭生命周期阶段的消费者，会产生不同的消费需求和消费方式，从而影响企业的目标市场选择、市场定位及营销组合的配置。

人口年龄结构决定市场需求的结构。根据美国学者的研究，10 岁以下的消费者是玩具、儿童食品的主流消费者；10～19 岁的青年是牛仔裤、录音带的主流消费者；20~34岁的青年人则是家具、运动器材的潜在客户群；35~49岁的中年人则把购买力投向新汽车、服装、娱乐业；50~60岁的人群又是高级服装、旅游、娱乐业的消费者；65岁以上的老年人，对药物、助听器、按摩器等的需求最为强烈。在20世纪50年代，百事可乐公司发现美国13~19岁的人口在总人口中的比重很大，决定将青少年市场作为主要市场，提出了"新一代的可乐"的宣传口号，这种宣传策略赢得了青少年的青睐，取得了很大成功。现今的麦当劳经历了50年以来的第一次品牌重新定位，也是为了迎合"我时代"年轻人的需求。

性别差异不仅表现在对产品需求上的差异，还体现为不同性别的消费者在购买行为上的差别。如在许多国家，妇女用品商店中不仅出售女性用品，还销售家庭用品及儿童用品。

家庭是商品的主要采购单位，直接影响着许多消费品的需求量，如住房、家具、炊具、家用电器等。家庭生命周期所处的阶段更影响着家庭的消费结构。处于不同生命周期阶段的家庭，其购买力投向以及对营销的反应都有所不同。与家庭生命周期阶段相关的还有家庭规模，它也影响家庭购物和消费模式。

无论是中国还是全球市场，在人口构成方面都呈现出以下趋势：

（1）人口老龄化加速。以我国为例，截至2009年，全国60岁及以上老年人口达到1.6714亿，占总人口的12.5%，整个社会已经步入老龄化社会。据专家预测，到21世纪中叶，我国60岁以上的老年人将达到4亿左右，占总人口的1/4，约占世界老年人口总数的22.3%。这一趋势意味着从全球范围看，"银色市场"潜力巨大。当然，对一些生产摩托车、体育用品等青少年用品的行业和企业来说，这一趋势意味着环境威胁。

（2）家庭规模小型化。随着妇女就业、晚婚晚育及生育率下降、离婚率上升，单亲家庭和独身者的涌现，家庭规模越来越呈小型化趋势。而家庭规模小型化不仅增加了对家庭用品的需求，还影响着家庭消费形态。如小家庭对大型、门类齐全的家用器具的需求会减少，而对娱乐、旅游及其他服务的需求会增加。

3. 地理分布

市场消费需求与人口的地理分布密切相关。一方面，人口密度与人口的流动影响着市场需求量；另一方面，居住在不同地区的人群，由于地理环境、气候条件、自然资源、风俗习惯不同，在消费需求的内容和数量上也存在差异。一个国家在城市化的发展过程中，必然会出现人口的大规模流动，从而对人口流入地区带来更多的市场营销机会。20世纪末，世界城市化平均水平约为47%，发达国家和地区平均约为75%，发展中国家在38%左右。截至2008年年底，我国居民的城镇化率已达45.68%。自1998年以来，我国城市化水平以年均1.5~2.2个百分点的速度增长，这一趋势还将延续下去。城市化的过程实际上就是市场需求不断拓宽和加深的过程。

3.3.2 经济环境

从企业营销的角度看，经济环境最主要的构成要素是社会购买力。它甚至是影响市场的最重要因素，因而也是制约和影响企业营销活动的关键因素。

社会购买力受多种因素的影响。从总体上看，社会购买力的大小取决于国民经济的发展水平，以及由此决定的人均国民收入水平。经济发展越快，人均收入越高，社会购买力水平越高，企业的营销机会越多，反之则越少。1978年改革开放以来，我国国民经济发展迅速，1978年国内生产总值3645.2亿元，2008年国内生产总值300 670亿元，1978～2008年，国内生产总值增长了81倍。与此相对应，社会购买力成倍增长，市场规模迅速扩大，1978年，全社会消费品零售总额为1558.6亿元；2008年，社会消费品零售总额达到108 488亿元。30年间，社会消费品零售总额增长了69倍（均按当年价格计算）。

我国经济的快速发展给国内外企业带来了巨大的营销机会。国内生产总值反映了全国市场的总容量和总规模，人均国民收入水平则从总体上影响和决定着一个国家居民的消费结构和消费水平，从而影响社会消费品的需求数量和结构。按照国际经验，当人均国民收入达到3000美元以上，对住房、汽车等耐用消费品和劳务会产生旺盛的市场需求，这种趋势在我国大中城市中表现得已经非常明显。此外，社会购买力的实现还与市场供求状况、物价水平、储蓄、信贷、税收等一系列经济变量密切相关。

对企业营销者而言，对经济环境的关注需着重分析以下三个与购买力密切相关的因素。

1. 消费者个人收入

消费者购买力源于其收入。消费者个人收入指城乡居民从各种来源所得的收入，往往以城镇居民家庭人均年收入、农村居民家庭人均年纯收入等指标来反映。

考察消费者的个人收入，不能仅看货币收入，还要看实际收入。实际收入就是货币收入对通货膨胀的剔除。当然，如果存在通货紧缩的情况，实际收入则会超过货币收入。从一个较长的时期来看，对消费者消费行为产生影响的根本因素还是实际收入。

对测量市场需求更有意义的指标是个人可支配收入和个人可任意支配收入。个人可支配收入指个人收入减去缴纳税收和其他经常性转移支出后，所余下的实际收入，可用做消费或储蓄。个人可任意支配收入则指个人可支配收入扣除衣、食、住、行等基本生活开支后剩余的部分，它是影响消费需求变化的最活跃的因素。这部分收入越多，人们的消费水平就越高，企业营销的机会也就越多，特别是对那些经营与享受和发展相关的产品和服务的企业。

由于经济发展的阶段性以及地区差异性，企业在分析收入因素时不能简单了事，需要研究不同时期、不同地区、不同阶层消费者收入水平的变化，从而为选择目标市场和有针对性地开展营销活动提供指导。

2. 消费者支出模式

消费者收入在很大程度上影响着其支出模式和消费结构。德国统计学家恩斯特·恩格尔通过研究发现：家庭收入越低，人们用于食物的支出在家庭收入中所占的比重越大；反之，则越小。随着家庭收入的提高，人们用于食物支出的比重会下降，而用于教育、卫生、娱乐等服务的支出比重会上升，即一个家庭收入越少，其支出中用于购买食物的比例越大，此为恩格尔定律，食物支出占消费总支出的百分比即恩格尔系数。可见，一个国家或地区消费者的恩格尔系数较低，意味着提供非生活必需品特别是服务行业和企业有着较好的市场机会。

当然，消费者支出模式还会受家庭生命周期、家庭所在地区，以及人们的价值观念等其他因素的影响。

3. 消费者的储蓄与信贷

消费者的可支配收入与储蓄的增减变动密切相关。如果在一定时期内居民的储蓄增加，则意味着当期的购买力减少；反之，则会增加当期的购买力。以我国为例，我国虽然人均可支配收入不高，但储蓄率却很高。这虽然意味着国内市场潜量巨大，但当期的购买力却受到极大抑制。

消费者信贷的变化也会影响购买力。消费者信贷实际上是把未来收入用于当期消费，因此，信贷对购买力的影响与储蓄对购买力的影响呈相反的方向。如果能够获得消费信贷，意味着当期的购买力增加，从而给企业营销带来更大的机会。我国近几年商品房和轿车需求的快速增长与国家住房和汽车信贷政策的启动，以及银行消费信贷的发展不无关系，而当国家要抑制住房需求虚高时，紧缩信贷政策便应声而出。

3.3.3 政治法律环境

企业营销活动总是在一定的政治与法律环境下运行的。政治和法律环境由那些强制和影响社会上各种组织和个人行为的法律、政府组织、公众团体组成。它们规范、强制和约束着企业行为。

政治环境主要体现为外部政治形势，包括政局、政治体制、经济管理体制、政府与企业的关系等。我国目前政局稳定，符合社会主义市场经济发展要求的政治体制和经济管理体制正在建立之中。随着改革的不断深入，企业正面对一个更加开放、民主、法制化、决策科学化的政治体制和经济管理体制。这种政治环境将有利于国内企业的稳定经营,也给国外企业的中国化经营提供了良好的发展机遇。对那些从事国际营销的中国企业来说,对国际政治风险的评估是营销决策的重要环节之一。它首先要求关注东道国政治权力产生的影响,如东道国政府有可能会通过采取某种措施约束国外企业,如进口限制、外汇控制、劳工限制、绿色壁垒等;其次,还要十分留心与东道国有关的政治冲突,它们或多或少都会影响企业的跨国营销。

法律环境主要表现为国家或地方政府颁布的各项法律、法规和条例等,对企业营销影响尤其明显的是经济立法。这些立法旨在建立并维护社会的经济秩序,保护经济,保护消费者利益及社会利益。每一项新的法律、法规和条例的颁布或者修改,都可能影响企业的营销活动。企业研究并熟悉法律法规,不仅可以保证依法经营管理,而且还可以依此保障自身权益。现今的国际社会并不存在一部通行的国际法规,因此,企业在开展跨国营销时,必须对东道国的法律制度和有关国际法规、惯例和准则有所了解。

除了正式的法律和规定之外,社会准则和职业伦理也会制约企业的营销活动。近来一些知名企业商业丑闻的出现和民众对环境问题的关注,强化了伦理和社会责任问题,几乎企业营销活动的每一个方面都会涉及此类问题。因此,企业不仅要恪守行业规范,还应当着手制定政策和准则,用以处理日益复杂的社会责任问题。

3.3.4 自然环境

营销中面对的自然环境主要指自然物质环境。营销活动需要一定的自然资源,会受到自然资源的制约,同时也对自然环境的变化负有责任。当代的自然环境面临一些世界性的难题,营销人员必须给予充分关注。

(1) 自然资源日益短缺。首要的是原材料的短缺,不仅石油、煤炭和各种矿物等不可再生资源出现严重短缺,像森林、食物这样的可再生资源也出现短缺,甚至洁净的空气和水等原本以为取之不尽的资源也面临枯竭的危险。

(2) 环境污染日益严重。在世界范围内,工业化和城市化几乎和环境污染同步发展的。大气污染、海洋污染、土壤污染,人类周遭环境被侵蚀殆尽,人类以环境为代价构建起高度发达的工业文明和消费文明。

(3) 政府加强了对自然资源的管理和干预。资源短缺、环境污染的加剧引起了全球各国政府的高度关注,政府干预和管理不断增强。可持续发展已经成为世界各国的行动纲领。当然,我们也应该看到,不同国家政府对环境保护的关心和努力程度是不同的。不仅许多贫穷的国家不关注环保问题,就是一些发达的国家也缺少大量的资金和统一的意见来支持世界范围内的环保活动。

我国虽然从总体上说算得上是一个自然资源丰富多样的国家,但人均资源拥有量却不高。加之粗放型的经济增长方式,更加剧了经济发展与资源短缺的矛盾。无论是矿产资源,还是植物资源,或是水资源,我国都处于短缺状态。随着工业化和城镇化的发展,我国的环境污染日趋严重,这不仅严重影响到人民的身体健康,还破坏了生态平衡和经济的可持续发展。这些都给企业营销带来了新的压力,迫使它们在营销活动中奉行绿色营销理念,恪守营销道德,维护社会利益。

3.3.5 技术环境

"科学技术是第一生产力",科学技术的发展不仅直接影响企业内部的生产和经营,还通过与其他环境力量的相互作用,给企业营销活动带来间接影响。

技术的发展既可能给企业营销提供机会,也可能给企业营销带来威胁。一项新技术的应用可能催生一种新产品,从而给企业带来巨大的经济效益,但同时也可能使企业原来很畅销的产品退出市场。

技术进步还会影响企业的营销策略,例如,大部分的产品生命周期大大缩短,产品更新换代加快;产品销售渠道扁平化,零售商业业态发生结构性的变化,物流的效率与自动化程度不断提高;促销方式和广告媒体日趋多样化等。

因此,企业应密切关注所在领域和相关领域技术环境的发展变化,分析其对企业营销产生的具体影响,及时调整自己的营销方案,并以技术为依托,不断开发新产品,启用新的营销方式。

当今时代高新技术的发展,促进了产业结构趋向尖端化、智能化、服务化,营销管理者必须紧跟技术进步的步伐,及时采用新技术,并更多地考虑应用尖端技术,特别是智能化技术,加强对用户的服务,通过技术提升企业营销竞争力,有关内容详见第15章。

3.3.6 社会文化环境

社会文化因素内容丰富,它包括一个国家或地区的民族特征、风俗习惯、宗教信仰、语言文字、文化教育、价值观念、伦理道德等。文化因素无时不在深刻影响着人们的消费心理和消费行为,从而影响企业的营销活动。文化是不断变迁的,它会发生或大或小、或快或慢的变化,这也迫使企业调整其营销行为。文化对营销参与者的影响是多层次、全方位、渗透性的。企业对社会文化环境的分析可以从下列方面入手：

（1）教育水平。教育程度不仅影响劳动者的收入水平，还会影响其消费心理、消费行为和消费结构，从而影响企业的目标市场选择，以及营销策略的制定和实施。

（2）宗教信仰。宗教是文化中深层次的东西，它作为一种行为准则约束和影响人们的活动。宗教影响着人们的消费需求、禁忌、观念和消费方式，进而对企业营销产生深刻的影响。

（3）价值观念。价值观是人们对社会生活中各种事物的态度和看法。价值观与文化密切相关，不同文化之间有相当大的差异性。不同价值观的消费者，也会有迥异的消费需求和购买行为，企业营销者有必要采取不同的营销策略。

（4）消费习俗。消费习俗是风俗习惯在消费领域的表现，体现在人们的衣、食、住、行、婚、丧、嫁、娶、节日、人际交往等各个方面，不同国家、民族、地区的人有着不同的消费习惯，因此形成不同的消费需求偏好和价值判断，从而影响企业的营销策略。

（5）消费流行。消费流行是社会时尚在消费活动中的反映，集中表现为在消费选择过程中消费者对某些商品、劳务或服务方式的集中需求，从而形成一个又一个的消费热点。消费流行在服饰、家电、保健品、休闲娱乐方式等方面表现得尤其突出。消费流行的时间可长可短，流行的空间可大可小。消费流行，一方面影响着企业营销活动的方向；另一方面，企业的营销活动对消费流行的形成、扩展也起到推波助澜的作用。

3.4 环境分析与营销对策

3.4.1 机会与威胁分析

市场营销环境对企业营销的影响通过机会和威胁表现出来。市场机会指营销环境中对企业有利的因素；环境威胁指营销环境中对企业不利的因素。

市场机会对不同企业产生影响的程度有所差异。企业在每一个特定的市场机会上取得成功的概率取决于企业优势，即企业是否具备实现营销目标所必需的资源，企业是否比竞争对手在利用同一市场机会上有较大的差别利益。同样，环境威胁对不同企业产生影响的程度也是不同的，如原材料价格上涨对经营管理水平低的企业的威胁要超过经营管理水平高的企业。

对市场机会和环境威胁可以采用矩阵方法进行评估。评估市场机会从两方面进行：一是市场吸引力，即潜在的获利能力；二是可能性，即企业优势的大小。

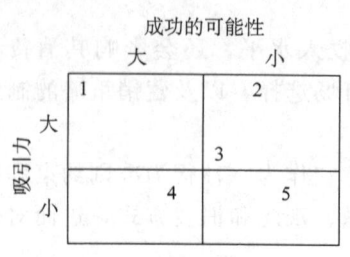

图 3-7 机会分析矩阵图

图 3-7 中处于位置 1 的机会是最好的市场机会，企业应当紧抓不放，全力以赴；处于位置 2 和 3 的机会，企业需要密切关注，一旦企业优势提升，便可以适时利用；处于位置 4 的机会，一旦潜在的获利能力达到企业目标的要求，也必须及时把握；而处于位置 5 的机会，不仅潜在利益小，成功概率也小，企业可以忽略放弃。

对环境威胁的评价也可以从两方面展开：一是影响程度，即可能带来的损失大小；二是发生的概率，即出现损失的可能性，如图 3-8 所示。图 3-8 中处于位置 1 和 3 的威胁不仅出现的概率高，可能的损失也大，是最大的威胁，企业必须作出应对决策；处于位置 2 的威胁发生损失的概率比较低，但一旦发生，损失较大，因此必须密切关注，防止事态扩大；处于位置 4 和 6 的威胁，也必须密切关注，并预先制定应急措施；处于位置 5 的威胁，由于威胁出现的可能性小，即便真的出现损失也小，因此可以忽略不计。

如果把机会矩阵和威胁矩阵结合起来，我们可以得到以下评价营销环境的新矩阵，如图 3-9 所示。

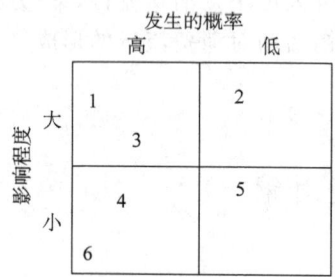

图 3-8 威胁分析矩阵图

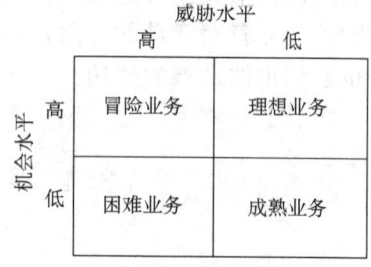

图 3-9 企业业务类型

3.4.2 企业营销对策

针对主要的威胁和最好的机会，企业还需要深入分析，审时度势地采取相应的营销对策。

1. 应对机会的策略

对面临的市场机会，首先，企业必须慎重地评价其质量。美国著名市场营销学家西奥多·莱维特曾经说过："这里可能有某种需要，但是没有市场；或者这里可能是一个市场，但是没有顾客；或者这里可能有一位顾客，但目前其实还不是一个市场。"其次，企业还要区分市场机会和企业机会。市场机会并非都是最佳的企业机会，只有理想的业务和企业具有竞争优势的业务才是最适宜的企业机会。最后，企业还要区分目前市场机会和未来市场机会，既要注重现有的市场需求，又要预测未来可能出现的消费倾向，把握未来的市场机会。

2. 应对威胁的策略

企业对面临的主要威胁有三种可能选择的对策：

（1）反抗。企业通过自身努力扭转不利的环境因素发展态势，如中国造纸企业在面临外国造纸公司以超低价格抢占市场的环境威胁下，联合向政府有关部门提出反倾销起诉，扭转了经营的不利局面。

（2）减轻。通过调整营销策略改善企业对环境的适应性，以减轻环境威胁，降低风险程度。如造纸企业针对国家和地方政府森林保护及环境治理等方面的相关规定，从国外进口原浆，或开发再生纸品种。

（3）转移。将企业资源转移到风险相对较低的市场领域。例如，造纸企业在面临森林保护的环境威胁时进入房地产市场，减少造纸业务。

案例精粹　　　　**日系手机企业悉数退出中国市场**

2008年1月29日，日本京瓷公司宣布将撤出中国手机市场。日本京瓷公司是全球最大的CDMA手机制造商之一，2001年正式进军中国，与中国振华科技合资成立了京瓷振华通信设备公司生产CDMA手机，其中京瓷投入3亿多元，该合资公司依托中国联通曾经一度很风光。该公司产品以具有拍照和音乐播放等功能的高性能机型为主，由于缺乏价格优势，在与低价位手机的竞争中，销售一直处于低迷状态。京瓷振华一度推出低端手机，但由于采用的是第三代通信标准，而目前国内占主流的仍是第二代手机，因此未能挽回颓势。

京瓷是最后一家退出中国市场的日系手机企业。早在2005年，东芝和松下率先退出中国手机市场。2006年，三菱和NEC也相继退出中国手机市场。京瓷的撤出，意味着日本手机厂商在中国这一巨大市场上，在与以诺基亚、摩托罗拉为代表的欧美厂商的竞争中"完败"。

》小结

1. 企业处于复杂和动态的环境当中。市场营销环境由微观环境和宏观环境构成，它们或给企业带来有利于发展的市场机会，或给企业带来不利于其发展的环境威胁。

2. 企业首先需要适应环境，企业的营销活动本身就是适应环境变化，对不断变化的环境作出积极反应的动态过程。同时，企业的营销活动也可以影响环境的变化过程。企业能否与环境保持动态协调,关乎企业的生存和发展。

3. 企业的微观营销环境由供应商、营销中介人、顾客、竞争者、社会公众,以及企业内部各部门构成。它们与企业形成协作、竞争、服务、监督的关系,直接影响和制约着企业服务目标市场的能力。

4. 企业的宏观环境力量由人口环境、经济环境、政治和法律环境、自然环境、技术环境和社会文化环境构成,它们作为不可控制的强大力量影响和制约着企业的营销活动。

5. 企业需要通过环境分析评估市场机会和环境威胁,前者是各项有利因素的总和,后者是各项不利因素的总和。机会和威胁矩阵是一个良好的分析工具,通过分析和评估,企业可以把握住最好的市场机会,回避最大的环境威胁,从而趋利避害地开展营销活动。

关键词

市场营销环境　marketing environment
环境机会　environment oppotunities
环境威胁　environment threat
微观营销环境　micro-environment
宏观营销环境　macro-environment
人口统计环境　demographic environment
经济环境　economic environment
技术环境　technologic environment
法律环境　legal environment
社会环境　social environment
文化环境　cultural environment
自然环境　natural cultural environment
营销中间商　marketing intermediaries
公众　publics
个人可支配收入　disposable personal income
个人可任意支配收入　discretionary income

思考题

1. 市场营销环境对企业有何意义？
2. 竞争者和消费者对企业营销活动产生怎样的影响？
3. 经济环境对企业营销产生怎样的影响？
4. 具体分析技术环境对一个你熟悉的产业的影响。
5. 你认为我国旅游业发展受哪些因素的影响？
6. 你认为肯德基在中国市场有哪些机会和有哪些威胁？
7. 试用机会和威胁矩阵剖析一个营销实例。

案例

茅台的"变"与"不变"

两千多年的中国酒文化，沉淀出许多著名的白酒品牌，而茅台独享"国酒"尊贵多年，与其特殊的历史地位以及对社会经济、人文环境的深远影响密切相关。尽管如此，茅台品牌历久弥新，与其"变"的战略息息相关。

初入市场，茅台思"变"

1989年，全国白酒市场突然变脸，由卖方市场直接进入买方市场，贵州茅台酒厂也遇到了前所未有的困难：资金短缺、原料紧张、能源紧缺、市场疲软，销售从高峰一下跌入低谷。为应对市场环境的变化，茅台酒厂制定了"一品为主、多品开发，一业为主、多种经营，一厂多制、全面发展的发展战略"。除老品种53度茅台外，43度、38度茅台，茅台女王酒、茅台不老酒等相继问世。这些举措，虽然使茅台在以后几年中的市场占有率渐渐提高，但却没有解决根本问题。1998年茅台集团的经营遭遇到前所未有的困难。同年6月，茅台酒厂提出了"难中求进、改中求进、抢中求进"的"三步走"战略，"以市场为中心，生产围绕营销转，营销围绕市场转"也第一次不仅仅作为口号写进茅台的"发展纲要"。

1999年12月，茅台集团与8家股东组建成立了投资主体多元化的贵州茅台酒股份有限公司，全面走向市场化，并于2001年8月在上海证券交易所成功上市，在体制创新上迈出了关键性一步。2004年，茅台集团开始实施"启动新万吨茅台酒工程，打造百亿茅台酒集团"的世纪新战略。2005年，茅台酒产量达到1.24万千升，销售收入突破50亿元。

随着人们的消费观念越来越理性，消费向名酒回归已是大势所趋。正是看准了市场的这一走势，一些名酒企业纷纷扩能增产，在"量"上"急功"，以赚取高额的"近利"。但在茅台的酒业"法典"中，扩能增量却不是他们赚取利润、赢取市场的武器。长期稳定的质量是茅台贵为"国酒"的根本，对传统工艺的坚守是茅台品质的保证。可增量受限，茅台又该如何实现大发展呢？他们选择了"做好酒的文章，走出酒的天地"的发展战略，既做好酒业，又瞄准国际发展趋势，发展多元化经营，让"茅台"品牌能量得到充分释放、发挥。为此，他们采取了多项举措：一是推出"年份酒"。从2001年开始，所有面市的茅台酒都将明显地标上出厂年份，并将实行浮动价格——出厂后第二年，市价上浮10%，以后逐年以此类推，从而不断提高茅台酒的市场价值。二是推出适合各种消费水平、档次需求的酱香型系列酒。在继续稳定发展现有的高档消费的茅台酒之外，他们加大了对15年、30年、50年、80年等高档茅台酒的市场开发力度，使茅台品牌的酱香酒在高、中、低各个档次上形成系列，以满足不同层次消费者的需求。三是继续向酱香型白酒之外的其他香型白酒，以及白酒之外的其他酒类生产领域拓展。根据不同地区、不同消费水平消费者的不同需要，茅台有针对性地搞了浓香型系列"习酒"、"茅台液"、"茅台醇"、"茅乡酒"等的生产营销，发展10万千升"茅台啤酒"、1000千升滋补型的"茅台不老酒"，大力推出"茅台干红"葡萄酒，组成以茅台酒为核心的强大的"茅台"品牌群体。

"走出酒的天地"，就是瞄准21世纪生物科学的发展趋势，结合茅台酒的酿造实际，向生物工程、生物制药、基因工程及微生物发酵等前沿领域投入资金，以延长产业链，跨行业、跨地区培育新的经济增长点。

创新价格战略，坚守"国酒"地位

长期以来，茅台的市场价格一直落后于五粮液，加之近年来，一些名酒企业相继推出高价产品，并以此跻身于第一阵营。在高价酒品的重重包围之下，茅台如果再不发力，在"不买最好，只买最贵"的消费逻辑之下，难保出现"价格倒挂"现象。提价，成为捍卫自己"国酒"地位的必要手段。

2001年8月，通过反复的市场调研，各种茅台酒的价格被全面提高，其中每瓶普通53度500毫升装茅台酒提高40元。但仅10天之后，市场便接受了这一价格。2003年10月，茅台再次涨价，将高度茅台酒从218元提高到268元，涨幅达23%，而低度茅台酒的提价幅度达到34%。此次提价使2004年高度茅台酒和低度茅台酒的毛利率达到83.39%和81.50%，显示了其产品自主定价能力对公司业绩的助推作用。2006年春节过后，茅台宣布其产品价格上调15%，53度茅台每瓶从过去的268元涨至308元，低度茅台均价也会从198元/瓶涨至228元/瓶，更高端的茅台"年份酒"涨幅则在30%以上。这次涨价甚至拉动了股票市场上"自主定价权"概念个股的集体上扬，涨价几天后，贵州茅台走出一波火箭发射行情，创造了中国股市股价历史纪录，成为中国2006年大牛市最引人注目的股票。公司财务资产100亿元,但市值超过了700亿元,上缴税收和人均利税列同行业第一。

茅台的这次涨价被业界称为是"符合行业的发展趋势"的神来之笔。

(资料来源:曲勤波,田洪涛,李晓飞. 茅台的"变"与"不变". 华夏酒报. 2007-02-02)

案例思考题:

1. 茅台集团成功的原因是什么?
2. 茅台集团"变"的是什么?"不变"的又是什么?

第4章

消费者市场及购买行为

尽管金融危机使全球经济萎靡不振,但中国富裕家庭的数量仍在不断攀升。有人预测,到2015年,中国将会拥有全球第四大的富裕群体。有资料显示,中国富裕消费群体的家庭收入17%花在外出就餐上,10%花在休闲娱乐上。中国的富裕消费者大约80%都在18～45岁之间,比例远远高于美国和日本。不仅如此,这些富裕人群的消费习惯可以很快改变。例如,仅仅在几年以前,中国消费者还是到国外去购买大部分奢侈消费品。而如今,他们消费的奢侈品有60%都是在中国内地购买的。与此同时,中国的富裕群体也已经出现行为分化的情况。如他们选择品牌的参照标准差异极大,有些中国富裕消费者仍然在追求身份地位的象征,而另一些消费者却并不想炫耀自己的财富……

市场是企业微观营销环境中的核心内容之一。企业营销活动的出发点和归宿点都是市场。研究市场,从根本上讲就是研究市场上的购买者。而研究购买者,核心又是研究其购买行为。只有准确掌握购买者的购买行为,企业才能找到最适宜的顾客群,并有针对性地制订产品、价格、渠道和促销策略,提高市场营销效率。

为进一步研究市场,首先需要对市场进行分类。按照购买者购买行为的特征,市场可以分为两大类:消费者市场和组织市场,本章首先分析消费者市场。

4.1 消费者市场与消费者购买行为模式

4.1.1 消费者市场的特点

消费者市场是为了生活消费而购买产品和服务的个人或家庭的集合。生活消费是社会生产的终极目标,因而消费者市场也被称为最终市场。由于个人消费的纷繁复杂,消费者市场呈现以下特点:

(1) 广泛性和分散性。人类的生存和发展离不开生活消费,不仅消费的资料种类繁多,吃穿住用无所不包,而且消费者也是人数众多、各色各样,这势必导致消费者市场具有广泛性的特征。同时,由于单次消费量、支付能力及储存条件等的限制,消费者的购买还呈现出零星、频繁的特征,从而形成消费者市场的分散性。

(2) 复杂性和差异性。消费者在年龄、性别、职业、收入、教育程度、个性等因素上千差万别,由此形成不同的消费需求和消费行为,在购买商品的数量、质量、花色、品种、品牌等方面存在巨大的差异,从而导致消费者市场的复杂性。而即使是同样年龄和性别的消费者,也会因为不同的地理、文化和经济背景,在生活习惯、购买特点和商品需求等方面有着明显的差异性。

(3) 发展性和多变性。人类的需要是由低向高渐进发展的,消费者市场也呈现由粗到精、由低级到高级的发展性。以吃为例,由吃饱到吃好,再到吃营养、吃品位、吃文化,饮食市场就是沿着这一趋势向前发展的。与此同时,消费者的需求又是多变的,这一方面是消费者求新求变的心理使然,另一方面则是企业的诱导所致。发展性和多变性都体现了消费需求的变化。

4.1.2 消费者市场的购买对象

消费者市场上的产品纷繁复杂、品种繁多。一般情况下,一家购物中心就会经营数十万品种、规格的消费品。根据消费者购买行为的差异,我们可以把消费者市场的产品划分为便利品、选购品、特殊品和非渴求品四种类型。

便利品是消费者经常购买、价格低廉、购买时不需作太多选择的产品,如肥皂、糖果、报刊和快餐等。对此类产品的购买,消费者最关注的是便利性。因此,在营销上,该类产品应当广开渠道,以确保消费者想买的时候随时就能买到。

选购品是消费者购买频率较低、需要经过认真挑选的产品,如家具、服装、大家电、酒店等。消费者在购买前对该产品并不了解，商品的单价也比较高，消费者往往会花费比较多的时间和精力用于搜集信息，并就产品的质量、性能、款式、花色、价格等进行比较。因此，在营销上，该类产品应当在较少的店面分销，但需要提供深度的销售支持以帮助消费者进行选择。

特殊品是具有独特的品牌识别特征，消费者对其有独特偏好的产品，如特定品牌和款式的汽车、钢琴、高级相机、特定餐厅等。对特殊品，消费者一般不再作比较，认为其他产品无法替代，他们只把时间花费在找到他所要的产品上。因此，在营销上，沟通显得十分重要。

非渴求品是消费者或者不了解，或者不感兴趣的产品。大多数创新产品在广告介入之前都是非渴求品，如保险、百科全书等产品或服务。在对这类商品的营销上，广告宣传、人员推销等非常关键。

4.1.3 消费者购买行为模式

尽管对消费者市场进行分析是个复杂的问题，但我们还是能够简化这个过程，从如下七个方面进行识别：

(1) 谁在购买？即购买者（occupants）；
(2) 他们在购买什么？即购买对象（objects）；
(3) 为何购买？即购买目的（objectives）；
(4) 谁参与购买？即购买组织（organizations）；
(5) 他们怎样买？即购买方式（operations）；
(6) 他们何时购买？即购买时间（occasions）；
(7) 他们在何地购买？即购买地点（outlets）。

此即"市场7Os"问题，也是我们分析市场的基本思路。

市场营销学研究消费者市场，核心是研究消费者的购买行为，即消费者购买商品的活动和与这种活动有关的决策过程。购买行为是与购买商品有关的各种可见的活动，如收集信息、比较方案、购买等，这些活动不是凭空产生的，它是消费者心理、个人特性、社会文化因素共同作用的结果。因此，分析消费者的购买行为不仅要分析各种与购买商品有关的可见性活动，还必须分析那些不可见性活动，即那些影响购买行为产生的各种因素，以便给出"市场7Os"的答案。

在对消费者购买行为的分析理论中，"刺激-反应"模型是一种比较经典的分析模型，具体内容见图4-1。市场营销因素和外部环境因素的刺激作用于消费者的意识，购买者根据自己的特性处理这些信息，经过一定的购买决策过程，最后产生购买者反应，即购买决策，包括产品选择、品牌选择、卖主选择、时间、数量选择等。刺激作用于消费者意识的部分被称为购买者黑箱，它由两部分组成：

一个是购买者特性，主要影响购买者对刺激如何反应；另一个是购买者决策过程，影响购买者的最终决定。我们分别在以下两节加以阐述。

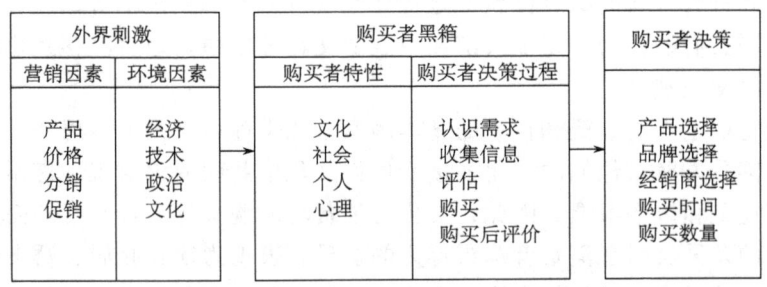

图 4-1 消费者购买行为模式

4.2 影响消费者购买行为的因素

消费者购买行为受多种因素的影响，概括起来主要有文化因素、社会因素、个人因素和心理因素，其中文化、社会因素属于外在因素，个人和心理因素属于内在因素，见图 4-2。

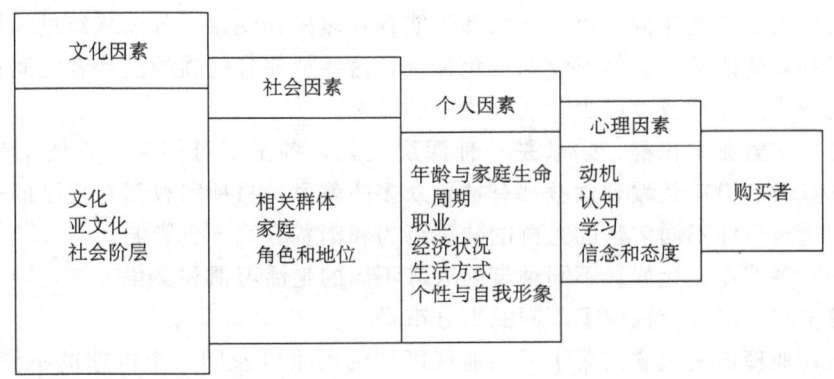

图 4-2 影响消费者行为的因素

4.2.1 文化因素

宏观环境因素多多少少都会对消费者的购买行为产生影响，其中社会、文化因素的影响尤其强烈。文化因素对消费者购买行为的影响主要体现在如下方面。

1. 文化

文化是在一定的物质、社会、历史传统基础上形成的价值观念、道德、信仰、思维和行为方式的综合体。文化犹如空气一般看不见摸不着，但又无时无刻不在影响着人们的行为。每个人都在一定的文化环境中，通过潜移默化的方式形成了基本的文化观念。

文化是决定人类欲望和行为的基本因素，几乎存在于人类思想和行为的每一方面。大部分人尊重他们的文化，接受他们文化中共同的价值观，遵循他们文化中的道德规范和风俗习惯。因此，文化对消费者的购买行为具有强烈而广泛的影响。文化的差异会引起消费者购买行为的差异，表现为饮食起居、婚丧嫁娶、社会交往、建筑风格、节日等物质和文化生活各方面的不同特点。文化也是会变迁的，随着对外开放和国际交往的扩大，文化之间也会出现兼容并蓄。我国在改革开放之前，老年女性的着装与西方老年女性的着装有着很大的差异，我们普遍追求朴素庄重，而西方人更喜欢衣着艳丽。现在，仅仅30多年，我国老年人的着装观念就已发生了巨大的变化，她们更喜欢穿颜色鲜艳、有一定时尚性，使人看起来显得年轻的服装，这与西方老年女性的着装理念越来越接近。

2. 亚文化

在一个大的文化背景下还会存在一定的局部文化，这些局部文化有着较强的文化同一性，此即亚文化。每一个国家都可能包含下列亚文化群：

（1）民族亚文化群。每个国家都可能存在多民族现象，各民族经过长期发展形成了各自的语言、风俗习惯和文化传统，这些会使各民族的消费者之间在欲望和购买行为上存在或多或少、或大或小的差别。

（2）宗教亚文化群。宗教是一种深层文化，各国都可能存在不同的宗教群体，基督教、伊斯兰教和佛教都有数量众多的教民。每种宗教都有自己的教规和戒律，这对信仰不同宗教的人群的购买行为和消费方式产生影响。

（3）种族亚文化群。不同种族的人有不同的生活习惯和文化传统，因此，那些移民国家，多种族构成了不同的细分市场。

（4）地理亚文化群。居于不同地理区域的国家以及同一个国家的不同省份，由于自然地理环境、生活习惯和经济发展水平的差异，人们在生活习惯、爱好等方面各显不同，这也影响其购买行为。一个地理分布广袤的国家比之地理分布狭小的国家在消费者需求上要更复杂。

3. 社会阶层

社会阶层是社会中按层次排列的、具有同质性和持久性的群体，社会学家一般根据职业、收入来源、教育水平、财产数量、居住区域等因素划分社会阶层。同一阶层的人在生活习惯、消费水准、消费内容以及价值观念、兴趣和行为方面比较接近，甚至对某些商品、品牌、商店、传媒等有共同的偏好。美国社会学家曾将美国社会划分为九类：看不见的顶层、上层、中上层阶级、中产阶级、上层贫民、中层贫民、下层贫民、赤贫阶层和看不见的底层。[1] 根据中国社会科学院《当代中国社会阶层研究报告》，目前中国形成了十大社会阶层：国家与社会管理者阶层、经理人员阶层、私营企业主阶层、专业技术人员阶层、办事人员阶层、个体工商户阶层、商业服务人员阶层、产业工人阶层、农业劳动者阶层和城乡无业失业半失业者阶层。[2]

在服装、家具、休闲活动和汽车等领域，同一阶层的消费者表现出明显的产品和品牌偏好趋同。

案例精粹　　　　　　　　**贵人酒的推广之道**

中国地域之宽广与文化的多元性，一直是现行所有营销体系的难点，而现行所有的营销分析理论往往陷入了对社会属性所产生的消费行为与族群的细分。但实际上，相同社会属性的人又会因为区域文化与身心模式的差异产生截然不同的消费选择。

如山东受齐鲁文化影响很大，但是齐鲁文化的齐文化与鲁文化的差异很大。齐地，有先王遗风，而邹鲁有周公遗风。齐文化是简其理，鲁文化是推周制，造成了齐文化轻灵、功利色彩重，而鲁文化伦理色彩重，其文化对区域经济造成了不同的影响，如以青岛为代表的齐地与山东内陆的鲁地即有很大不同。在山东板桥酒业集团的《九万元撬动市场》的案例中，充分显示了地域文化对消费者行为的影响。该公司推出的贵人酒能够在潍坊快速推广，其中一个重要原因是在传播的核心上对区域文化的准确把握。潍坊的文化大体属于鲁文化体系，在深层的文化心理中存有原始的巫文化心理迹象。推出该产品时恰逢中秋临近，加上中秋临近的文化暗示，便出现了借助巫文化迷信心理暗示的"莫愁前途无知己，开局自有贵人来"的"贵人酒"，以及关于贵人借时、借势、借心的一系列事件行销。在7天内只花了不到9万元宣传费便在中档酒市场一战决胜。

（资料来源：余力．把握文化差异 决胜区域营销．中国营销传播网．http://www.emkt.com.cn.2004-12-22）

4.2.2 社会因素

1. 相关群体

相关群体指对个人的态度、意见和行为有直接或间接影响的人群。相关群体有两种类型：成员群体和非成员群体。成员群体是个人具有成员资格并受到其直接影响的群体，它又有主要群体和次要群体两种。主要群体是对成员产生重要影响的群体，如家庭、朋友、亲戚、邻里、同事、同学等；次要群体是对成员产生

---

[1] 保罗·福塞尔．格调——社会等级与生活品位．北京：中国社会科学出版社，1998.12
[2] 陆学艺．当代中国社会阶层研究报告．北京：社会科学文献出版社，2002. 2

次要影响的群体,如职业协会、学生会、商业俱乐部等。非成员群体是个人不具有成员资格,但却期望成为其中一员的群体,如追星族。

相关群体会对消费者行为产生影响,突出表现为它为个体提供了行为标准,这又通过信息性影响、规范性影响和价值表现影响三种方式体现出来。信息性影响指个人会将相关群体的价值观和行为信息作为参考。例如,朋友圈子中,如果其中一个或多个朋友购买了某品牌的产品,自己就会认为这个品牌的产品的性能和质量不错,也决定购买,这种影响的强弱取决于被影响者与群体成员的相似性以及影响者的专业背景。规范性影响指个体接受了相关群体的价值观和行为方式后可以获得奖赏或避免惩罚,这种奖惩的结果对规范成员的行为起到作用。又如,如果一个人觉得他购买某个品牌会受到圈子里人的嘲笑,他往往会避免这种购买行为的发生。价值表现影响指无须任何奖惩,个人就会接受和仿效群体的价值观和行为方式。显然,与规范性影响相比,群体的价值观和行为已经内化为个体价值观和行为规范了。

相关群体对消费者购买不同商品的影响有不同,如对购买具有价值符号的服饰、耐用消费品等商品的影响较大,相关群体还会影响消费者对品牌的选择。

在某种相关群体中具有影响力的人物被称为"意见领袖",他们可能在某个领域拥有专长,也可能是名人,还可能是拥有良好声誉的人,总之他们会引起群体内追随者、崇拜者的效仿。营销人员总是试图识别目标顾客的相关群体,并针对他们实施相应的营销策略。

2. 家庭

家庭是消费者购买商品的基本决策单位和使用单位,也是最重要的相关群体之一。家庭对一个人消费行为的影响会持续一生,或者受其出生家庭的影响,或者受其后来家庭的影响。

家庭有不同的类型,因而有不同的决策模式。社会学家曾经把家庭分为四种类型:各自为主型,即每个家庭成员对自己所需的商品独立作出购买决策,其他人不加干涉;丈夫支配型,即家庭购买决策权主要由丈夫掌控;妻子支配型,即家庭购买决策权主要由妻子掌控;共同支配型,即大部分购买决策由家庭成员共同协商决定。现实是,随着妇女社会地位的提高,妻子在购买决策中的作用日益提升,以往"男主外女主内"的传统家庭类型日益向"妻子支配型"或"共同支配型"转化。

家庭主要成员的职业、文化也会影响购买决策模式。一份国外的研究报告显示,在受教育程度比较低的家庭里,妻子一般掌控日用消费品的购买决策权,丈夫则对耐用消费品的决策起主导作用。而在受教育程度较高的家庭里,妻子决定贵重商品的购买,一般日用品家庭成员自主、随意决策。

在耐用品的购买决策中,性别也起着一定作用。一般来说,丈夫主要在汽车、电视等商品的购买决策中更具影响力,而妻子则对洗衣机、厨卫用具及地毯等商品的决策更有影响,在住房、家具等商品的购买中双方的影响力相当。丈夫一般在是否购买、购买时间、购买地点等方面影响较大,妻子则一般对所购商品的款式、颜色等方面更有影响。

3. 角色和地位

个体在不同的环境中扮演着不同的角色身份,而在特定的时间内某一特定的角色将占主导地位。一位在职场担当领导职务的男性,在家庭中则是丈夫和父亲。每个角色都代表着一定的地位,同时也反映了社会的综合评价,人们通常选择代表自己地位的产品。领导职务的角色比父亲的角色有更高的社会地位,因此,该男性会购买适合自己社会地位与角色的汽车。

4.2.3 个人因素

个人因素包括人口统计特征、生活方式及个性和自我观念等。

1. 人口统计特征

消费者的人口统计特征表现在年龄和家庭生命周期阶段、性别、职业、受教育程度和经济状况等方面。

不同年龄、性别的消费者在购买欲望、兴趣和爱好方面有很大差异,他们在购买商品的种类上也有区别,购买决策过程也不尽相同。从年龄看,儿童是玩具的主要消费者,青少年是文体用品的主流市场,成年人是家具和住房的主要购买者,老年人则是保健用品的最大市场之一。青少年受广告影响较大,购买决策的随意性和模仿性强;老年人则较少受广告影响,购买决策比较理性。从性别看,大多数男性购买决策过程比较迅速,而女性则相对缓慢一些。

家庭生命周期指从消费者年轻时离开父母独立生活到年老的家庭生活的全过程。西方营销学家突破了把家庭简单分为单身和结婚有子女的两阶段模式,把家庭生命周期划分为七个阶段:

(1) 单身青年,大量购买时装和文体、娱乐活动。

(2) 已婚无子女家庭,是电器、家具、汽车、旅游产品的主力购买者。

(3) 满巢Ⅰ,即有6岁以下子女的年轻夫妇,是婴幼儿用品的主要需求者。

(4) 满巢Ⅱ,即有6岁以上子女的青年夫妇,对食品、清洁用品、教育和娱乐产品有巨大需求。

(5) 满巢Ⅲ,即子女长大但尚未独立的中年夫妇,在孩子用品和教育方面支出较多,并开始更换耐用消费品。

(6) 空巢,即子女长大且离开了家庭的中年夫妇,对非生活必需品、礼品、保健品和旅游有一定的需求。

(7) 单身老人,多数已退休,失去配偶,主要购买特殊食品、保健用品和医疗服务。

职业和受教育程度也影响消费模式。如蓝领工人和白领职员对酒的偏好就有一定差异;受教育程度较高的消费者对书籍、报刊等文化用品的购买量往往大于受教育程度较低的消费者。

个人经济状况体现在消费者可支配收入、储蓄、资产和借贷能力等方面,它是决定购买行为的首要因素,对购买种类、数量、购买商品的档次和品牌都有直接影响。

2. 生活方式、个性和自我形象

即使是处于同一社会阶层或亚文化群中的消费者在生活方式上也会有所不同。生活方式是个人生活的形式,它表现为一个人在生活中表现出来的活动(activity,工作、嗜好、购买行为、运动、社会活动)、兴趣(interesting,食品、服装、家庭、休闲)和看法(opinion,有关自我意识、社会问题、商务和产品等)。生活方式是影响个人行为的心理、社会、文化、经济等多种因素的综合反映,它表现的内容也比社会阶层或个性要多得多。我们在现实生活中可能会接触到不同的生活方式群体,如节俭型、奢华型、守旧型、革新型、高成就型、自我主义型、有社会意识型等。不同的生活方式群体对产品和品牌会有不同的需求,如节俭型消费者很少有对奢侈品的需求,守旧型的消费者不太会对创新产品感兴趣。营销者需要深入了解产品与不同生活方式群体的关系,从而有针对性地开发和推广产品。

个性是个人独特的心理特征,它使人们对环境作出比较一致和持续的反应。个性通常可用自信心、控制欲、自主、顺从、保守、适应、交际等特征来描述。消费者的个性直接或间接地影响其购买行为。如保守的人往往不容易接受新产品,自信的人购买决策过程较短,控制欲强的人喜欢在决策中居于支配地位。有六种购买风格是基于个性进行划分的:①几乎不变换产品的种类和品牌的习惯型;②经冷静分析、理性思考后购买的理智型;③重视价格胜过其他的经济型;④易受外界刺激而购买的冲动型;⑤将商品和情感联想在一起的想象型;⑥缺乏主见或无固定偏好的不定型。

自我形象是人们对自己的看法,其观念前提是"我有什么就是什么"。人们往往希望保持或增强自我形象,并把购买行为作为表现自我形象的重要方式。因此,消费者对那些符合或能改善其自我形象的产品或品牌更感兴趣。

4.2.4 心理因素

对消费者购买行为产生影响的心理因素有很多,主要有消费者的需要和动机、认知、学习、信念和态度等心理过程。

1. 需要和动机

人类的行为是由动机支配的，动机则由需要引发。需要是人们由于缺少而导致的一种不平衡状态，当它达到一定程度时，便成为一种驱策力，当这种驱策力被引向一种可以减弱或消除它的刺激物时，便成为一种动机。因此，动机是一种推动人们为达到特定目的而采取行动的迫切需要，动机是行为的直接原因。

心理学家在解释人的行为时往往用动机而非需要这个概念，原因在于：需要本身不一定引起个体的行为；需要是抽象的，它仅仅为行动指明总的目标，但不规定实现目标的方法；个体的行动既可以由内在需要驱使，也可以由外在刺激引发。

动机理论有多种模式，如马斯洛的需要层次论、弗洛伊德的精神分析理论和赫茨伯格的双因素理论。

美国行为科学家马斯洛把人的需要分成五个层次，依次是生理需要、安全需要、社会需要、尊重需要和自我实现需要，如图4-3所示。

生理需要是为了生存而对基本生活条件产生的需要，如吃、穿、住等。安全需要是为维护人身安全、健康和财产安全而产生的需要，如医药保健、个人和财产保险。社会需要是参与社会交往，取得社会承认和归属感的需要，如得体的服装、礼品等。尊重需要是在社交活动中受人尊重，取得一定的社会地位、荣誉和权力的需要，如显示自己社会地位的高档消费品等。自我实现需要是发挥个人的最大能力，实现理想和抱负的需

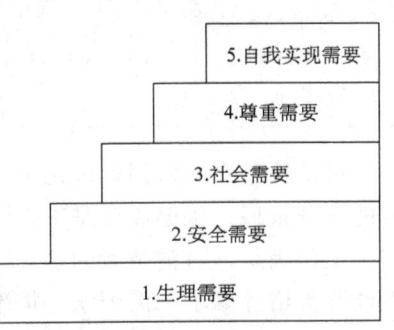

图4-3 马斯洛需要层次理论

要，如教育、知识等。人类的需要由低向高排列，越低层次的需要越重要，低层次的需要基本满足以后，才会产生高层次的需要。当然，不同的人、不同的社会、不同的时代，需要层次的顺序可能会有所不同。需要层次理论可用于指导企业的营销活动，据此有的放矢地开发产品和服务。

弗洛伊德认为，人类行为的真正心理力量大部分是无意识的。无意识由冲动、热情、被压抑的愿望和情感构成，因此，人们并不完全了解自己的动机。例如，某中年男性要购买一辆汽车，他可能把自己的动机表述为爱好或工作需要。但从深层次分析，他可能是希望显示自己的年轻心态。消费者购买商品时，不仅会关注产品的功能和质量，还会注意那些与产品有关的其他事项，如产品的大小、形态、重量、材料、颜色甚至购物环境，企业在产品开发时切勿忽视这些。

> **案例精粹**　　　　　　**对消费者购买动机的研究**
>
> 　　动机研究是一项为探求消费者深藏的潜意识动机而专门设计的定性研究。由于消费者通常不知道或不能描述他们行为的原因，动机研究者可以利用各种各样的"非定向技术"和"投影技术"来揭示消费者对不同购买环境和品牌的潜在情感和态度。这些技术包括句子完成法、词组联想法、墨迹或动画解释法，让消费者描述某品牌的典型使用者，或者描述他们关于品牌或购物环境的幻想。如一家公司要求消费者将他们最喜欢的品牌描述成动物或汽车，以了解不同品牌的知名度。
>
> 　　还有一些更基本的研究动机的技巧，如观察和交谈。例如，为了进一步扩大市场份额并挖掘未被发现的消费者需求，家电巨头惠而浦公司聘请一位人类学家作研究。这位人类学家深入消费者家庭，观察他们如何使用家电，并与每一位家庭成员交流。最后，惠而浦公司发现，在繁忙的家庭里，并不是只有妇女才洗衣服。据此，公司开发了彩色洗衣机和脱水控制开关，以吸引孩子和男性消费者。
>
> 　　美国世嘉广告公司通过观察150个孩子的寝食行为，并与他们一起去大商场购物，了解了他们购买电子游戏的行为动机，他们还发现孩子们喜欢迅速地做事。因此，在世嘉新推出的广告中，画面快速闪过，虽然成年人根本记不住画面信息，但看MTV长大的孩子们却能牢牢记住。
>
> 　　（资料来源：Kotler P, Armstrong G. 市场营销原理. 第9版. 赵平等译. 北京：清华大学出版社，2003）

　　赫茨伯格在其双因素理论中提出了动机需要和保健需要。动机需要是工作满足的充分条件，保健需要是工作满足的必要条件，只有动机需要得到满足时才能产生工作满足。对消费者的购买行为而言也存在着动机因素和保健因素，质量、性能和价格等属于保健因素，情感、设计等大多属于动机因素。消费者在对产品的质量、性能、价格等不满意的情况下一定不会购买；但仅仅对上述方面满意也不一定购买，只有在情感上接受、对设计等也满意时消费者才会购买。不过，值得注意的是，在不同时期、产品生命周期的不同阶段，影响消费者购买行为的保健因素和动机因素可能有所不同。

2. 认知

　　消费者产生购买动机后，就要采取行动，他的行动取决于他的认知过程。认知过程是人们认知客观事物特性与联系的过程，由感觉、知觉、记忆、思维和想象等过程组成。消费者的认知过程就是对商品和刺激物以及店容、店貌等情境的反映过程，这个过程要经历感性认识和理性认识两个阶段。在感性认识阶段，消费者首先通过感官对刺激物的形状、大小、颜色、声响、气味以及情境的形象等有个别特性方面的熟悉。随着感觉的深入，各种感觉到的信息在消费者的头脑中被联系起来并进行初步的分析综合，从而产生对刺激物和情境的整体反映，这便是知觉。

在现实生活中，消费者对同种刺激物和情境会产生不同的知觉，导致他们认知过程的差异，原因在于知觉具有三个特点：选择性注意、选择性理解和选择性记忆。

面对每天大量的消费信息，人们只会注意其中的一部分。他们倾向于注意那些与其当时需求有关的、独特的或反复出现的刺激物，此即选择性注意。选择性注意意味着营销人员必须尽力吸引消费者的注意。

即便人们注意到了刺激物，也不一定产生预期的作用，因为人们会有选择地将某些信息加以扭曲，使之符合自己的意向，此即选择性理解。选择性理解意味着营销人员要了解消费者的想法，以及这些想法如何影响人们对广告和销售信息的解释。

在人们接触的大量信息中，能够保留下来的往往是符合自己态度和信念的信息，此即选择性记忆。选择性记忆意味着营销人员需要向目标市场投放重复性广告。

3. 学习

学习是指由经验所引起的个人行为的改变。消费者由于内在需要而产生购买某种商品的动机，但这种动机可能在此次购买行为结束后继续产生或从此消亡，这就是后天经验即学习的结果。学习过程是驱策力、刺激物、诱因、反应和强化诸因素相互影响和相互作用的结果，如图4-4所示。

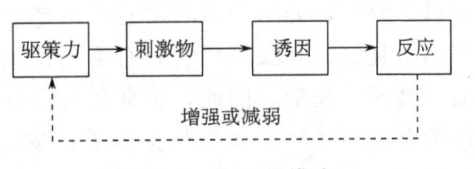

图 4-4 学习的模式

例如，一位事业有成的男性想体现一种自我实现的驱策力。驱策力指驱使人们产生行动的内在刺激力，即内在需要。当这种驱策力被指向某种具体的刺激物（即满足内在驱策力的物品），如名牌高校的 MBA 项目时，就成为一种动机。在这种动机的支配下，他决定花钱去接受 MBA 教育。但他将何时、何处和怎样作出反应，常常取决于周围各种诱因的影响，如主流媒体上的广告宣传、以前同学的介绍等。诱因就是刺激物所具有的能驱使人们产生一定行动的外在刺激，所有的营销因素都可以成为诱因。当他接受了 MBA 教育以后，感觉收获很大，就会强化这种反应（驱策力对具有一定诱因的刺激物所产生的反射行为），以后可能继续接受该校的其他培训项目。如果他感到失望，恐怕以后就很难再对该校的教育项目感兴趣了。

对营销人员来说，学习理论的指导意义在于他们可以把本企业的产品与顾客强烈的驱策力联系起来，利用刺激性诱因提供正面强化手段，从而激发人们的需求。

4. 信念和态度

消费者通过学习形成了信念和态度，而这些反过来又影响人们的购买行为。

信念是人们对事物所持的看法，如相信某高校的 MBA 项目质量水准高，物有所值。这些信念有些是建立在科学的基础上的，真实客观；有些则可能带有偏见，包含情感成分。如上述男性可能认为某学校的 MBA 教育比其他学校都好，虽然在大学排行中该校并未名列前茅。营销人员必须认真关注消费者的信念，因为它构成了产品和品牌的形象，而人们往往又依照自己的信念行动。如果发现消费者存在某些对企业产品和品牌形象不利的错误信念，并阻碍了购买行为，营销人员必须开展宣传运动，设法纠正他们的错误信念。

态度是人们对某些事物或观念所持有的相对稳定的评价、感受和倾向。消费者态度分为品牌信念、评估品牌和购买意向三个组成部分。品牌信念是态度的认知成分，评估品牌是态度的情绪或情感成分，购买意向是态度的意动成分或行动成分。一旦消费者形成了对某个产品或品牌的态度，日后他将倾向于根据态度作出重复的购买决定，而不再花更多的时间去比较、分析、判断了。如上例中的男性，如果他对某高校的教学水平持肯定态度，日后他就可能继续选择该校的教育项目。因此，如果消费者对企业的产品和品牌持肯定态度，将会有利于产品和品牌的重复销售和交叉销售；否则，销路会受到严重影响。消费者的态度一旦形成就不会轻易改变，因此，企业最好使其产品迎合既有的态度，而不是试图改变人们的态度。当然，如果改变态度能够取得经济上的巨大收益，企业也可以尝试从认知成分、情感成分和行为成分三个方面对消费者的态度进行改变。

综上所述，消费者行为受诸多方面因素的影响，其购买选择是文化、社会、个人和心理因素综合作用的结果。其中有些因素，如消费者的个人统计特征、社会、文化因素等，由于其外在性使企业难以控制或难以施加影响。企业只能了解它们、分析它们，从而识别出最佳的目标市场，并为制订营销组合提供依据。而其他一些因素，如消费者的购买动机、认知、学习、信念、生活方式等，容易受企业营销的影响。企业可以通过营销策略的设计，如产品开发、包装设计、价格制定、营业网点设计、广告宣传、商品陈列等，诱使消费者产生企业所期望的购买行为。

4.3 消费者购买决策过程

消费者的购买决策过程是购买动机转化为购买行动的过程。在购买不同类型的消费品时，参与购买决策过程的人员构成有不同，购买行为有差异，购买决策过程也不尽相同。

4.3.1 消费者购买决策过程的参与者

在消费者购买活动中,一个消费者可能扮演下列角色中的任何一种或几种:
(1) 发起者,即第一个提出购买建议的人。
(2) 影响者,即对购买决策产生影响的人,如家庭成员、同事、朋友等。
(3) 决策者,即作出购买决策的人。
(4) 购买者,即具体执行购买决策的人。
(5) 使用者,即实际使用所购商品的人。

对营销人员而言,首先要关注购买决策者,因为它对购买活动的成败最为关键。许多消费品的购买决策者很容易识别,如女性一般是化妆品的购买决策者,男性在购买烟酒等产品时最有发言权,小零食的购买一般由儿童说了算,家具则往往由家庭成员,特别是夫妻双方共同决策。有些消费品的购买决策者不那么容易识别,这时就要分析家庭不同成员的影响力。正确地识别购买决策者,可以帮助企业有针对性地制定适合目标市场的促销策略。其次,营销人员还要关注购买者,因为他们有可能在一定程度上更改购买决策,如改变购买的数量和品牌,改变购买的时间和地点。了解这一点,企业就可以有的放矢地开展商品陈列和销售现场的广告促销活动。

4.3.2 消费者购买行为类型

消费者在购买不同商品时,其购买行为的复杂程度差异很大。有些购买活动非常简单,有些购买行为则极其复杂,不仅参与购买决策的人员多,而且决策过程也长。因此,在考察购买决策过程之前,有必要先对消费者购买行为类型进行划分。阿萨尔根据购买者的参与程度和产品品牌差异程度把购买行为划分为四种类型,如表 4-1 所示。

表 4-1 消费者购买行为类型

品牌差异程度 \ 购买参与程度	高	低
大	复杂型	多变型
小	寻求和谐型	习惯型

复杂型购买发生在消费者初次购买价值大、品牌差异也大的耐用消费品的场合。由于消费者对这类产品往往不熟悉,购买时需要经历一个完整的决策过程。

在对此类产品产生需求以后，他们往往会花大量时间收集有关信息，对可供选择的品牌的各种特性进行评价，先建立起对每种品牌各种特性水平的信念，然后形成对品牌的态度，最后再作出谨慎的购买决策。当然，这种复杂的购买行为会由于决策者的时间、驱策力、购买便利性以及商品供求的不同而有所简化，从需要产生到实施购买经历一个比较短的时间。而且，当消费者第二次购买此类产品时，由于经验所致，其行为也会大大简化。对于此类购买行为，营销者应该整合各种沟通工具，宣传本品牌产品的优点，以期对消费者的购买行为产生预期的影响，促其简化决策过程。

寻求和谐型购买发生在消费者购买品牌差异不大但参与程度较高的商品的场合。由于品牌差异不明显，消费者一般不会花过多的时间收集信息并对品牌进行全面评价，他往往更关心价格、购买时间和便利性等因素。因此，这类商品的购买过程迅速而简单。但也正因为决策过于迅速，消费者在购买以后更容易出现因发现所购商品的缺点或其他商品的优点后的不协调感，从而对其购买决策的正确性产生怀疑。为追求心理平衡，消费者这时才注意寻找他所购买产品的相关信息，以期消除其心理的不和谐感，证明自己决策的正确性，如家具、地毯、装饰材料、服装、首饰以及某些家用电器的购买大多属于这类购买行为。对此类购买行为，营销者一方面要通过价格、渠道、人员推销等手段引导消费者的品牌选择；另一方面，还要通过完善的售后服务与购买者取得联系，及时提供信息，使消费者相信自己的购买决策正确无误。

多变型购买行为发生在消费者购买价值量小但品牌差异大的商品的场合。在购买这类商品时，由于价格低、花色品种繁多，即便购买失败所承担的风险也很小，消费者往往在购买时经常更换品牌。他们一般不会主动寻找信息并评价品牌，而是在消费时才加以评价。但下次购买时他又可能转换其他品牌。转换品牌并不是因为对以前的品牌不满意，只是为了尝试一下新的品牌，消费者在购买饼干、饮料等产品时往往呈现出此类特征。对此类购买行为，市场领导者和市场挑战者的策略有所不同。市场领导者应当通过占领更多货架、避免脱销以及提醒式广告来留住消费者；市场挑战者则需通过有吸引力的各种营业推广手段来鼓励消费者尝试新品牌。

习惯型购买行为发生在消费者购买价值量小、品牌差异小的商品的场合。在购买这类商品时，消费者并不需要深入收集信息和评估品牌，而是根据经验或习惯购买，消费者在购买食盐、食糖等产品时这种特征非常明显。对于此类购买行为，营销者可以通过各种营业推广手段吸引消费者试用，或开展连续性的广告宣传强化消费者的记忆，或通过增强产品的差异性来引起消费者的注意，从而引发其购买。

第 4 章 消费者市场及购买行为

> **案例精粹**　　　　　　**宝洁和雀巢的广告**
>
> 营销人员试图通过一定的方法改变消费者的购买行为类型，从而形成对自己有利的结果。比如，他们通过将产品与某些相关问题联系起来，实现参与程度低的产品向参与程度高的产品转化，宝洁公司就将佳洁士牙膏与防蛀联系在一起，将海飞丝洗发水与去头屑联系在一起，将飘柔洗发水与柔顺发质联系在一起，将潘婷洗发水与营养发根联系在一起，将舒肤佳香皂与杀菌联系在一起。这种做法不仅提高了顾客的参与程度，也增加了品牌差异性。再如，营销人员将产品与某些个人情景相联系，如雀巢咖啡在推出其系列广告时，表现两个邻居逐渐产生浪漫的恋情，由此为雀巢咖啡赋予了浪漫的元素，使人们在看到或购买雀巢咖啡时，会联想到浪漫。不过，这种策略至多也只能把消费者的低参与程度提高到中等参与程度，而不能无限提升。
>
> （资料来源：Kotler P, Armstrong G. 市场营销原理. 第 9 版. 赵平等译. 北京：清华大学出版社，2003）

4.3.3　消费者购买决策过程

消费者的购买决策过程有一定的规律性，这个过程早在实际购买发生之前就已经开始，而且一直延伸到购买结束之后。购买决策过程一般经历确认需要、信息收集、评价方案、决定购买和购后行为五个相继的阶段，见图 4-5。

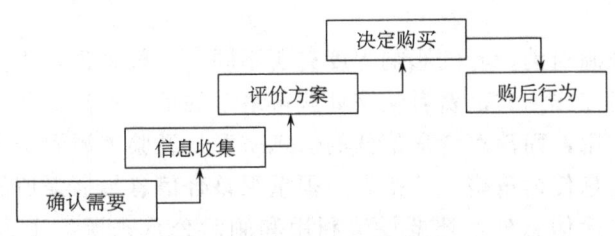

图 4-5　消费者购买决策过程

当然，这个颇为复杂的购买决策过程模式更适合于分析复杂型购买，复杂型购买完整地经历这五个阶段，而其他类型的购买或者省略了其中的一些环节，或者可能颠倒了它们的顺序。

1. 确认需要

当消费者意识到自己的实际状态与期望之间出现差异时，就产生了需要。这种需要既可以是由内部刺激产生的，如饥饿、干渴；也可以是由外部刺激产生的，如看到一则某产品的广告从而引发其购买意愿。当这种需要强烈到一定程度时，就成为一种驱策力，驱使人们采取行动予以满足。

在这一阶段，营销人员的任务一是研究消费者的需要，了解消费者与本企业产品有关的现实和潜在需要——它们由什么引起，程度如何；二是了解消费者需要随时间推移以及外界刺激强弱而波动的规律性，并以此为基础设计诱因，引发需要，加快消费者需要转化为行为的过程。

2. 信息收集

消费者的需要被激发起来后，他会不会接着收集信息仍取决于多种因素。如果消费者的需要很强烈而且商品很容易获得，他就可能马上采取购买行为，而不去收集信息。否则，消费者就可能暂时保留这个愿望。随着这个愿望由弱转强，消费者还可能采取两种做法：一种是消费者适度注意，即对该类商品信息比较敏感，但只是被动接受信息，比平时更加关注该产品的广告，及别人对其的使用评价；另一种是积极地收集信息，如阅读介绍材料、浏览各种广告、向亲朋好友询问，甚至亲自去商场了解。消费者收集多少信息，取决于他的驱策力的强度、已获知信息的数量和质量，以及进一步收集信息的难度。

在这一阶段，营销人员的任务是：

（1）了解消费者获取信息的来源及其作用。消费者一般从四种途径获得信息：①个人来源，即从家庭成员、朋友、邻里、同事和其他熟人处得到信息。②商业来源，即从广告、销售人员的介绍、商品展览和陈列、商品包装、说明书等得到信息。③公众来源，即从大众传媒的客观报道，以及各级政府组织和民间团体的评比或评论中得到信息。④经验来源，即自己通过触摸、试验和使用商品得到信息。

这些信息来源对消费者的影响程度有所不同。一般来说，由企业控制的商业性来源信息起通知作用，消费者从该处获得最多的信息；其他非商业性信息来源起验证和评价作用，而消费者最信任的信息来源是经验来源和个人来源。

（2）设计信息传播策略。营销者必须重视整合信息传播渠道的重要性，除了利用商业来源传播信息外，还要设法利用和刺激公众来源、个人来源和经验来源，特别要开展口碑管理。

3. 评价方案

经过信息收集阶段，消费者逐步缩小了可供选择品牌的范围，接下来就是对这些可选品牌进行评价。虽然并没有一个所有消费者都适用的统一评估模式或评估过程，但一般而言，消费者的评价行为涉及如下方面：

（1）产品属性。指产品所具有的能够满足消费者需要的特性。产品实际上是由一系列属性构成的，如打印机的属性体现在打印速度、清晰度、对纸张要求等方面。在价格不变的情况下，增加产品的属性能提升对顾客的吸引力，但却会增加企业的成本。不过，消费者对产品各种属性的关心程度有不同，这就是属性权重。在不同时期、不同细分市场的消费者对同一产品属性的属性权重有所不同，营销人员必须了解其目标顾客主要对哪些属性感兴趣，进而确定本企业产品应具备属性的主次。

(2) 品牌信念。即消费者对某品牌产品属性和利益所形成的认知。消费者的品牌信念是对该品牌的每个属性进行综合评价后形成的总体看法,这种信念可能与该品牌的实际性能相符合,也可能并不符合实际情况。

(3) 效用要求。即消费者对某品牌每一属性的效用功能应当达到何种标准的要求。它表明品牌的属性达到什么标准时消费者才能满意。

有时候,消费者通过精确的计算及逻辑思考进行品牌评价;有时候,消费者的购买只不过是凭直觉或冲动。如果是理性决策,营销者就必须了解消费者采用的评估方法,见下面的例子。

假设某消费者已经把数码相机的品牌选择范围缩小为四种,而他所关注的属性是像素、价格、款式和使用的便利性,并且,他已经按属性确定了对各品牌的信任程度,见表 4-2。

表 4-2 某消费者对数码相机的评估

数码相机	特性			
	像素	价格	款式	使用便利性
A	10	8	7	5
B	8	9	8	4
C	6	8	10	6
D	4	4	7	9

注:所有项目满分为 10 分。

该消费者最简单的评估办法是认定所有属性中某一种属性,如像素或价格最为重要,他就会选择此项属性得分最高的品牌(如 A 品牌或 B 品牌),而不管其他。但大部分消费者不会只考虑一种属性,而是权衡多种属性,作出判断。此时,消费者可能采用以下评估方法中的一种:

(1) 期望价值法。消费者依次赋予数码相机四种属性以不同的权重,如像素 0.4,价格 0.2,款式 0.3,使用便利性 0.1,然后将权重与每种品牌每种特性的信念值相乘后求和,得出对每种品牌的评分,如 A 品牌 $=0.4\times10+0.2\times8+0.3\times7+0.1\times5=8.2$。用此方法分别计算出其他品牌的得分,得分最高的品牌显然就是消费者最满意的。在本例中 A 品牌得分最高,因此被消费者选中。

(2) 理想品牌法。消费者根据自己的需要设想出一种理性的品牌,但并非所有特性的得分都需要达到最高水平。假定他给四种特性规定的理想水平分别是 10 分、8 分、8 分和 5 分,然后将四种品牌的实际得分与理想品牌的分数对比,同理性品牌最接近的实际品牌,就是消费者偏爱的品牌。在本例中,也是 A 品牌最符合他的理想。

(3) 结合法。消费者规定出可接受品牌的最低限度的特性水平，如要求四种特性分别高于 7 分、7 分、8 分、4 分，结果是他只考虑结合了这些最低限度要求的品牌 B。

4. 决定购买

消费者对购买方案进行评价以后，便会作出购买他所偏好的产品的决策。但现实中，消费者并不一定全部实现购买行为，即便购买也不一定是他最初选定的品牌。主要原因有以下三点：

（1）其他人的态度。如果消费者的亲朋好友强烈反对，消费者可能会放弃购买行为。

（2）意外情况发生。如果消费者遭遇意外，如经济状况发生变化、急需用钱或计划购买的品牌出现负面消息，消费者也可能暂缓购买。

（3）预期风险大小。在购买性能复杂、价格昂贵的商品时，消费者往往会承担较大风险，为减少风险，他们往往会采用避免或减少风险的办法，暂缓购买就是其中之一。

当消费者决定购买后，他还需要进行一系列相关决策，包括购买的品牌、购买地点、购买数量、购买时间，甚至支付方式。

在这个阶段，营销者要设法降低消费者的购买风险，并在价格、服务、促销等方面采取措施，以引发消费者产生购买行为。

5. 购后行为

现代营销理论越来越关注消费者购后过程。消费者购后过程经历三个环节：购后使用和处置、购后评价及购后行为。

消费者在购买产品并使用以后会对所察觉的产品实体性能与以前对产品的期望进行比较。如果产品性能与期望基本吻合，消费者就会基本满意；如果产品性能超过预期，他就会非常满意；产品性能低于预期，他就会不满意。消费者满意与否会导致截然不同的购后行为。如果消费者对产品满意，他会信赖产品，以后有可能发生重复购买，或继续购买该品牌的其他产品，或向其亲朋好友称赞并推荐该品牌，从而形成良好的口碑；如果消费者对产品不满意，下一次他就不会再购买，甚至连该品牌的其他产品也不再购买。此外，他还可能抱怨、投诉甚至向厂商索赔，或劝阻其他人也不去购买该产品，这种消极的口碑会对企业产生非常不好的影响。

在这个阶段，营销者应采取各种措施，尽可能使顾客购买后感到满意。一方面，他们可以通过实事求是地宣传管理顾客的预期；另一方面，企业要开展各种售后服务活动，指导顾客正确使用产品，征求顾客的意见和建议，迅速处理消费者的投诉，并赔偿消费者遭受的损失。

小结

1. 消费者市场是为了生活消费而购买产品和服务的个人或家庭的集合。它是产业市场乃至整个经济活动为之服务的最终市场。消费者市场具有广泛性和分散性、复杂性和差异性、发展性和多变性的特点。

2. 从企业营销角度研究消费者市场，核心是研究消费者的购买行为，以此来说明购买者、购买对象、购买目的、购买组织、购买方式、购买时间和购买地点。"刺激-反应"模式是研究消费者购买行为非常经典的模型。

3. 消费者的购买行为，受外在因素和内在因素的共同影响，外在因素包括文化、亚文化群、社会阶层、相关群体、家庭等社会和文化因素；内在因素包括年龄和家庭生命周期阶段、性别、职业、受教育程度和经济状况等个人统计特征以及动机、认知、学习、信念和态度等心理因素。这些因素的共同作用产生消费者独特的购买行为。

4. 消费者的购买行为有多种类型，根据消费者卷入购买的程度和产品品牌的差异程度，可以把消费者的购买行为分为复杂性、寻求和谐型、多变型和习惯型四种类型。

5. 在复杂的购买行为中，消费者购买决策的典型过程由确认需要、信息收集、评估方案、决定购买和购后行为五个连续的阶段所组成。营销人员必须识别这五个阶段并采取相应措施。

关键词

消费者市场 consumer market
消费者购买行为 consumer behavior
亚文化 subculture
社会阶层 social class
相关群体 reference groups
生活方式 lifestyle
个性和自我观念 personality and self-image
马斯洛的需要层次论 Maslow's hierarchy of needs
动机 motive
感觉 perception
复杂型购买行为 complex buying behavior
多变型购买行为 variety-seeking behavior
寻求和谐型购买行为 dissonance-reducing buying behavior

习惯型购买行为　habitual buying behavior

思考题

1. 联系实际分析消费者市场的特点。
2. 你从消费者行为模型中得到什么启示？
3. 影响消费者购买行为的内在因素和外在因素有哪些？
4. 在为一个咖啡产品设计广告时，有消费者人口统计和消费者生活方式两类资料，你认为哪类资料更有用？为什么？请举例说明。
5. 相关群体对消费者行为产生怎样的影响？
6. 知觉的特性对消费者行为产生怎样的影响？
7. 考察下列购买行为各属于哪种，并解释原因：购买一套商品房、去轮胎经销商那里买轮胎、走进一家超市买了一包新出品的饼干、工间操时从自动售货机上买一罐饮料。

案例

麦肯锡：中国消费行为的四种变化趋势

2008年，麦肯锡对中国消费者行为进行的第三次年度调查显示，以下四种趋势正在重塑着中国消费市场格局。

第一，地区差异日趋重要。

现时，中国许多企业依然按照城市级别来细分客户，他们假设全国各地富裕的一线城市居民，有相似的消费态度和行为，尽管这一趋势在分析以收入为基础的消费者行为，如购买高端产品的意愿时依然有效。但最新调查显示，消费者态度和行为的地区特点，正变得比城市级别差异重要得多。例如，中国西南地区的消费者在购买某一产品前，对其口碑的依赖度（42%）要远远高于国内37%的平均水平。而漂亮的外观设计对西南地区的手机用户来说，是他们购买的最重要因素，占被访者的32%，国内平均水平却仅为18%。

过去，企业一直可以按照各城市的相对经济地位来划分市场，即依靠"城市分级"体系。但随着中国财富向各地区的扩散和城市化的持续进展，在确定最佳市场战略时，地区特点已变得比城市级别差异更为重要。在麦肯锡研究的八大主要购买因素中，有六项地区差别比城市等级差异显得更为重要，如影响力来源的因素以及有关新产品接受度的因素等。

在考察花钱购买高端品牌意愿等收入驱动因素时，城市等级依然十分重要。

第二，高收入者对高端产品的偏好加强。

随着高收入人群可支配收入水平的提高，这些消费者正表现出对高端商品的购买倾向。这些消费者中的15%表示，他们愿意花高出商品现有平均价格一倍以上的钱来购买很多产品，包括牙膏、剃须刀、手机、电视及电子产品等。

在某些极端案例中，高收入个人甚至愿意花平均价格3倍以上的钱，来购买个人护理产品。这些高端消费者并没有被限制在中国的一、二线城市，即使在三线城市，高收入者甚至愿意支付相当于平均价格4.5倍的价格购买某些个人护理产品。

事实上，当被问及什么能促使消费者购买一款新的面霜时，有近2/3的受访者表示，亲友的推荐起到决定作用，而这一比例在美国和英国则仅为38%。相反，英国和美国的消费者会有2/3被免费发放的试用装所左右，而在中国这一比例仅为1/5。

年轻消费者尤其容易受高端商品的吸引，18～24岁的年轻人中有1/3称自己愿意花费相当于月收入1.4倍的价格购买最新潮的手机。麦肯锡称，随着家庭财富的增长和选择范围的扩大，高端产品市场得到了发展。如今，消费者中15%的人愿意为高端电子消费产品支付至少高出60%的价格，为某些个人护理产品支付高达3倍以上的价格。

月收入在5000元人民币以上的消费者更愿意为顶级产品支付溢价，到2015年，这类高收入者将占到所有城市消费者的1/3和消费总金额的一半。

第三，品牌忠诚度下降。

由于生活水平的提高和新品牌的不断涌现，中国消费者购物范围在扩大，而对品牌的忠诚度正在下降。在受访者当中，表示会继续购买目前所购品牌的比例，消费电子类品牌比去年同期下降了25%，食品饮料类则下降了53%。

与西方消费者相比，中国的消费者在挑选产品时，对产品实用功能方面的重视程度远远高于感性方面的因素。在此次调查涉及的个人护理、食品饮料和消费电子产品所有14个产品类别中，消费者列举的前三位购买因素都是从功能方面考虑的，如"质量好"、"性价比高"等。

几年前，品牌在中国就显得非常重要，相对其他市场而言，中国毫无疑问是更受品牌影响的国度。中国有2/3的消费者在商店购物时愿意只挑选一种或少量几种提前决定购买的品牌，而英国或日本的消费者中这一比例则不到一半。

中国消费者根据产品性价比而非品牌的购物倾向，正变得越来越明显。"受促销影响"类型的消费者人数提高了37%，而看重促销远胜于品牌的倾向，在低收入消费群体中更为明显。随着可供选择的品牌数量的增大，消费者在考虑各种产品类别时，最终会不可避免地考虑更多品牌。消费者对特定品牌的忠诚度正在减弱，食品、饮料企业首当其冲，只有不足1/4的受访者表示，他们将继续购买原来的品牌——这一数字是 2007 年统计数字的一半。

　　大品牌是优质可靠产品的代名词。调查显示，品牌忠诚度的下降在大品牌中不那么明显。此外，如果某个大企业经营多种商品，那么该企业旗下某品牌产品的现有用户在考虑其他产品类别时，会更多地考虑该企业的其他品牌。例如，LG 手机用户对 LG 冰箱的关注度几乎是非 LG 手机用户的 3 倍。

　　第四，与消费者建立联系的新途径。

　　电视依然主导着中国的广告媒介市场，调查显示，超过一半的中国消费者表示，如果哪种品牌的食品或饮料没在电视上看见过，他们就不会购买。无论何种商品大类，中国消费者对电视广告的依赖度要远远高于美国或英国消费者。

　　但同时，包括"病毒式营销"和店内样品等新媒体和创新促销技术的普及，正在改变着营销人员联系消费者的方式。中国购物者在最大程度上受到产品展示陈列以及销售人员的影响，56% 的受访者称，店内促销活动对于他们的购物决定起着至关重要的作用，甚至超过电视广告的作用。

　　麦肯锡公司在其 2008 年中国消费者调查报告中还称，中国是一个充满活力的市场，它不断考验着我们的认识，并促使我们作出改变。在开展年度调查的三年间，麦肯锡见证了日渐敏锐和成熟的消费群体的崛起。

　　(资料来源：麦肯锡管理咨询公司. 四种趋势正改变中国消费格局. V-MARKETING 成功营销. http://www.ceconhne.com. 2008-10-15)

案例思考题：

1. 在分析影响消费者行为的地理因素时，我们需要更关心哪些因素？
2. 经济因素对消费者购买行为产生怎样的影响？
3. 中国消费者在品牌忠诚方面有哪些特点？
4. 电视广告在中国消费者购买行为中起着怎样的作用？

第5章

组织市场及购买行为

随着电子信息技术的发展,产业市场的销售渠道和交易模式正在发生变化,网上采购这一现代化采购模式呈现出蓬勃生机。中国石化物资采购电子商务网于2000年8月15日正式投入运行,经过8年的持续推进,网上采购工作实现了快速发展。网上采购成交金额从2001年的76亿元,提高到2007年的1450亿元,增幅19倍;网上采购物资品种从最初的钢材、煤炭、机电设备等8个大类约5000个品种,扩大到全部56个大类76万余个品种,增加152倍;网上交易用户从2400个发展到2.7万个。截至2008年5月28日,中国石化物资采购电子商务网站累计成交突破5000亿元。

（资料来源：根据中石化官方网站资料编写．http://www.sinopecgnoup.com）

在流通领域中,购买产品和服务的主体不仅有个人消费者,还有各种社会组织,如企业、中间商、政府机关和社会团体等。这些用户构成了整个市场体系中一个庞大的子市场,即组织市场。他们购买大量的原材料、机器设备、办公用品以及相应的服务,用于生产、出租、转卖,或者执行政府职能、社会职能。与消费者市场相比,组织市场的需求和购买行为另具特色。我们需要对组织市场的购买行为进行深入探析,方能制订出适当的营销策略。

5.1 组织市场的构成和特点

5.1.1 组织市场的构成

组织市场指企业为从事生产、销售等业务活动,以及政府部门和非营利组织为履行职责而购买产品和服务所构成的市场。根据购买动机的不同,组织市场又可以进一步划分为产业用户市场、中间商市场、政府市场和非营利组织市场。

产业用户市场,指购买产品或服务用于制造其他产品或服务,然后将产品和服务或销售或租赁以获取利润的单位和个人。这个市场通常由农业、林业、渔业、制造业、建筑业、房地产业、运输业、通信业、金融业、保险业和其他服务业构成。

中间商市场,指购买产品直接用于转卖或租赁以获取利润的单位和个人,由各种批发商和零售商组成。

政府市场是指为执行政府职能而购买或租用产品的各级政府部门。政府通过税收、财政预算掌握了相当比例的国民收入,从而形成潜力巨大的政府采购市场,它是一种特殊的非营利组织市场。

非营利组织市场是指由为维持正常运作和履行职能而购买产品和服务的非营利组织所构成的市场。非营利组织既不同于企业,也不同于政府机构,它是具有稳定的组织形式和固定成员,独立运作、发挥特定社会功能,以推进社会公益而不以营利为宗旨的事业单位与民间团体。

5.1.2 组织市场的特点

与消费者市场相比,组织市场,特别是产业用户市场,具有以下不同于消费者市场的特点。

1. 市场需求

(1) 购买者数量少,购买数量大。一方面,组织的数量比个体消费者的数量要少得多,组织市场营销人员比消费品营销人员接触的顾客要少得多;另一方面,组织市场单个用户的购买量却比消费者市场单个购买者的需要量大得多。例如,汽车轮胎企业在面向消费者市场时,它可能要接触上百万个使用轿车的车主,但它在产业市场的命运可能仅仅维系于为数不多的几个汽车厂家,因为一家汽车厂商的轮胎订单就可能达数千万元。

(2) 购买者地理位置集中。组织购买者往往集中在一定的地理区域,从而导致这些区域的采购量占据整个市场的很大比重。以我国为例，京、沪、穗、津等城市是产业用品需求比较集中的城市，珠江三角洲、长江三角洲、环渤海经济圈则是产业用品需求比较集中的地区。

（3）需求价格弹性小。组织市场对产品和服务的需求量受价格变动的影响较小，在短期内更是如此。如在消费者皮鞋需求总量不变的情况下，皮革市场的产品价格下降，皮鞋制造商不会因此而购买更多的皮革，除非皮鞋价格的下降使消费者对皮鞋的需求极大增加。在需求链条上距离消费者越远的产品，价格弹性越小；而且，原材料的价值越低或原材料成本在制作成品成本中所占的比重越小，其需求弹性就越小。

（4）派生需求和波动需求。派生需求也称衍生需求，组织市场的需求是从消费者对最终产品和服务的需求中派生出来的。如果最终用户对某企业产品的需求下降，该企业就会削减生产计划，它在市场上的需求也会下降；反之，则会上升。比如，消费者的服装需求引起服装厂对纺织面料、各种辅料以及服装制造设备的需求，连锁引起有关部门和企业对纺织原料、塑料、钢材、仪表、电子元器件等产品的需求，由此形成一定长度的产业链条。因此，当消费者的收入发生变化时，不仅消费者的需求受到影响，为消费品提供原料、设备、辅料、动力、零配件的产业市场也受到影响，最终整个国民经济都受到影响。

组织市场的需求不仅是派生的，而且其波动比消费者市场要大。如果消费品需求增加某一百分比，为满足这一增加的需求，生产厂家的投资会以更大的百分比增长，这在经济学上被称为加速原理。如当消费者对彩电、冰箱等耐用消费品的需求增加了，生产这类产品的厂家就可能要新增生产线，这笔投资远远大于单纯的更新折旧费，同时，原材料的购买也会大幅度增加。有时这类消费品的需求仅增长20%，生产企业的投资需求就有可能扩大200%。如果消费品需求下跌10%，制造企业的生产可能全面收缩，其对设备和原材料的需求更是全面暴跌。组织市场的这种特征增加了中间产品的营销难度。

2. 购买单位

（1）更多的购买参与者。组织市场的购买决策受更多人的影响。大多数企业有正式的采购组织，即"采购中心"，重要的购买决策一般要由技术专家和高级管理人员共同作出。为了应对受过良好训练的采购人员，供应商必须对其销售人员进行严格培训。

（2）专业采购。组织市场上的采购是理性的，采购人员大都经过专业训练，具有丰富的专业知识，对所要采购产品的性能、质量、规格和技术要求了如指掌，不像消费者市场有那么多的冲动购买。

3. 购买决策行为

组织市场的购买决策类型可以分为以下三种：

（1）直接采购。组织市场的购买者往往直接向供应商采购，不经过中间环节，特别是在采购价格昂贵或技术复杂的项目时。

（2）购买过程复杂但规范化。一方面，组织购买常常涉及大量的资金、复杂的技术、准确的效益评估，以及"采购中心"中不同层次人士之间的人际关系。因此，组织采购往往要经历较长时间。调查显示，工业销售从报价到产品发送通常以年为单位。另一方面，组织购买过程比较程式化，大宗产业购买通常要求提供详尽的产品说明书、书面采购订单，包括对供应商筛选和正式批准的过程。

（3）互惠购买。组织市场中的产业用品购买者之间往往相互依存，在采购过程中经常互换角色、互惠采购，即"你买我的产品，我就买你的服务"。有时这种互惠体现在三方甚至更多，比如，丙是甲的顾客，甲是乙的潜在顾客，乙是丙的潜在顾客，甲便可能提出互惠购买：乙买丙的产品，甲就买乙的产品。

5.2 产业用户市场的购买行为

5.2.1 产业用户市场购买行为模式

产业用户市场购买行为模式也是一种"刺激-反应"模式，如图5-1所示。在该模式中，营销活动和其他环境刺激对产业购买者产生影响，并引起购买者产生某些反应。产业购买者所受到的刺激与消费者一样，都来自两个方面：营销刺激和外界环境刺激。这种刺激进入组织后产生的反应表现为产品或服务的选择、供应商的选择、订单的数量、配送和服务、付款条件等。刺激如何转化为反应，则要看购买组织是怎样活动的。在购买组织内部，购买活动由两部分组成：一是采购中心，二是购买决策过程。采购中心由涉及购买决策过程的所有人组成；购买决策过程则受到组织内部因素、人际关系和个人因素的综合影响。

研究产业用户市场的购买行为，需要逐项回答以下问题：产业用户市场的购

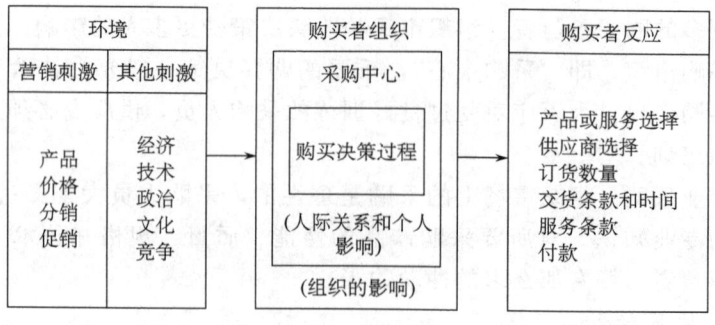

图5-1 产业用户市场购买行为模型

买对象有哪些？谁参与产业购买过程？产业购买行为的主要类型有哪些？影响产业购买的主要因素有哪些？产业购买者如何制定他们的购买决策？

5.2.2 产业用户市场的购买对象

产业用户市场的购买对象如下：

（1）生产装备。包括企业的主要生产设备、厂房建筑和价值昂贵的装备，如大型计算机、成套设备等。该类产品大都价格昂贵，对性能要求高，对采购方的生产效率及产品质量的影响至关重要。它是采购企业的一项重大决策，往往由多人参与采购，过程复杂且相当程式化。

（2）原材料、加工过的材料及零部件。如原木、矿石、原油、谷物等原料；钢材、玻璃、胶合板、皮革、焦炭等加工原料；小型电机、汽车轮胎、紧固件、仪器、仪表等零部件。该类产品大多有规定的标准、等级和规格，企业需要定时、定点重复采购。采购方对供应商的供应时间、供货能力、价格、数量、折扣以及运距等比较关注。

（3）附属设备和消耗品。附属设备主要是一些价格较低，在生产过程中不起关键作用的设备，如工具、运输车辆、办公家具等。该类产品在采购时一般会有规格标准方面的要求，采购行为比较简单。消耗品是那些单价低、消耗快、需要经常购买的产品，如办公用品、清洁用品、润滑油等。该类产品的采购属常规购买，购买决策过程简单。

（4）服务。在很多情况下，服务与实体产品一起被购买，但也有很多纯服务，如金融服务、财产保险、建筑设计、维修服务、广告、运输、人员培训、市场调研、审计及各项咨询服务等。服务产品的无形特征使得服务销售和采购比较复杂。服务质量是服务采购中非常重要的因素，它不仅表现为技术质量，还表现为职能质量。因此，对服务供应商来说，要从多方面构建服务质量体系。

5.2.3 产业用户市场的购买类型

企业购买决策的复杂性取决于其决策类型，企业主要有三种决策类型：直接重购、修正重购和新购。

（1）直接重购。即用户按过去的订货目录继续订购。需要重复购买产品时，采购方通常选择熟悉并满意的供应商，持续采购，而且不变更购买方式和订货条款，甚至建立自动订货系统。直接重购对原有供应商和新的供应商的影响有很大不同。对原有供应商来说，他们应当努力保证产品和服务的质量，并尽量简化买卖手续，争取稳定供应关系。对新的供应商来说，他们几乎没有什么机会。当然，他们可以通过提供一些新产品或消除不满意来争取下一次获取订单的机会，也可以通过接受小订单来打开业务。

（2）修正重购。当组织类用户的购买决策者认为选择替代品能带来很大的益处时，往往发生修正重购。修正重购即用户为了更好地完成采购任务，部分调整采购方案，如改变需采购产品的规格、型号、价格等，或重新选择供应商。修正重购通常比直接重购涉及更多的决策参与者。与直接重购相比，修正重购在给原供应商增加了压力的同时却给新供应商提供了机会。修正重购对原有供应商提出了更高的要求，供应商需要做好市场调查和预测，根据生产者需求的变化，努力提高产品的质量，降低成本，并不断开发新产品，从而迎合采购商变化的需求。对新的供应商而言，修正重购则意味着获得新业务的一个机会，需认真对待。

（3）新购。即第一次购买某种产品或服务，这是最复杂的购买行为。在决策过程中，采购的成本或风险越大，参与决策的人数就越多，他们收集信息的工作量也越大。这种购买行为为所有潜在供应商提供了平等竞争的机会，同时也意味着最大的挑战，他们在设法对采购方施加尽可能多的影响的同时，还需为他们提供尽可能多的帮助。

5.2.4　产业用户市场购买决策的参与者

产业用户的采购决策组织称为采购中心，它包括那些参与组织决策制定过程的所有个人和单位。采购中心的成员一般包括：

（1）使用者是指未来使用产品或服务的组织成员。在许多情况下，是使用者首先提出采购建议，并协助确定产品规格的。

（2）影响者是指直接或间接影响采购决策的人。他们参与采购计划的拟订，协助确定采购商品的技术要求、规格等因素。企业中的技术人员大多是重要的采购影响者。

（3）决策者是指有权决定采购项目和供应商的人。一般情况下，采购者就是决策者，但在大宗交易或复杂的采购中，企业的关键决策者可能是总经理、采购经理、生产主管等有权签订高额订单的人。

（4）采购者是指被授权从事具体采购任务的人。采购者一般需要熟悉采购业务程序、洽谈及合同条款等内容，他们的主要作用是选择供应商和谈判。在比较重要的采购任务中，会有企业的高层管理人员参与。

（5）信息控制者是指阻止供应方推销人员与组织采购中心成员接触，或控制外界信息与采购部门信息交换的人，如采购代理人、接待人员、电话接线员、秘书等。

采购中心通常并非一个固定、正式确定的单位，不同的采购活动会有不同的人员参与其中，采购中心的规模也随着企业规模和采购任务的不同而呈现出差异性，购买中心也会随着购买过程的发展而变化，整个购买活动是一个过程而不仅仅是单个行为，因此，在购买过程的不同阶段各个单个成员所起的作用也是不同的。从规模来看，小企业的采购中心可能只有几个人，大企业则可能由一位高级主管领导一批人组成。采购中心平均参与购买决策的人数约3～5人，日常使用的产品和服务的购买，平均参与决策的人数为3人，大型项目的产品和服务购买，平均参与决策的人数约为5人。从人员组成来看，采购的产品不同，采购中心的人员组成也不同。如果购买大型生产设备，除了专业采购人员以外，还需要技术人员甚至最高主管的参与；如果购买一般的工业品，采购员一人就可以担当了。采购中心的人员组成日益呈现这样一种趋势：由来自不同部门和执行不同职能的人组成小组作出决策。

总之，采购中心的成员构成呈现以下规律：①随着购买阶段演变而变化；②在各个组织中各不相同；③因购买类型的不同而不同。

产业市场的营销人员必须准确了解采购中心。首先，必须确定这个采购中心此次购买的类型并弄清现在处在购买过程中的哪个阶段。其次，认真了解谁是采购决策的主要参与者、他们影响哪些决策、他们各自的影响程度如何，据此制定具有针对性的、有效的对策。

> **案例精粹**　　　　　　　　**组织采购与消费者采购决策的区别**
> 　　有许多物品既可能是消费品，也可能是产业用品。当被作为不同性质的产品时，其市场类型就发生了变化，而购买行为也就有了不同的特征。
> 　　同样是采购食用油，当家庭需要购买食用油时，家庭主妇或者其他家庭成员会到当地的超市按照价目表选择一种品牌；而当麦当劳需要购买食用油时，公司就会进行竞价，对商品进行详细的说明，并与供应商发展长期的伙伴关系，整个决策中会包括管理人员、研发人员和营养学家。

5.2.5　影响产业购买的主要因素

产业用户市场的购买行为也受到多种因素的影响，这里既有与消费者市场相似的因素，也有因组织存在而形成的独特因素，综合起来体现在环境、组织、人际和个人因素四个方面，见图5-2。

1. 环境因素

产业用户市场的购买行为受宏观环境影响很大，如国家的经济前景、市场需求水平、技术发展、竞争态势、自然环境动向、政治法律状况等。当经济不确定性增加时，产业购买者将会削减新的投资项目，尽力降低库存。技术的进步则会

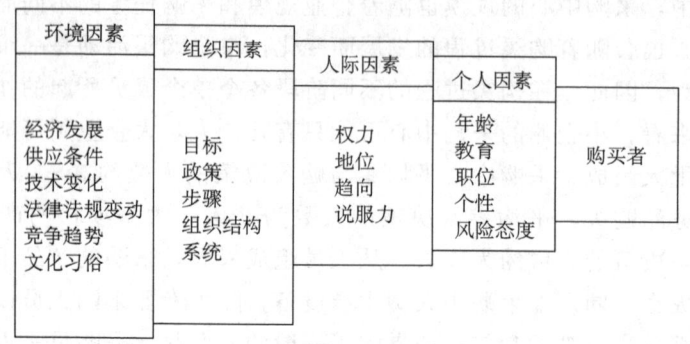

图 5-2 影响生产者购买行为的主要因素

导致企业购买需求改变,使其修正重购和新购行为不断增加。技术变化的速度也影响着组织内采购中心成员的组成和作用。当技术变革的步伐加快时,采购部经理在购买过程中的作用会逐渐下降,而技术工程人员的作用会更重要和明显。自然资源的短缺有可能导致企业所需关键原材料的短缺,因此,许多企业倾向于购进和保有大量的稀缺材料,以确保充足的原料供应。国家法律法规也会规范企业行为,抑制或增强部分需求,如环境保护法规的出台加剧了企业对环保材料的需求。稳定的政治局势,扩大了国际经济贸易交往的深度和广度,大幅度提高了进出口业务量,也刺激了国内企业的采购需求。

2. 组织因素

组织因素是那些与产业用户组织本身相关的因素,如组织目标、政策、流程、组织结构和制度等。产业营销人员必须了解以下问题:采购企业的目标和战略是什么?它们需要什么样的产品?它们的采购程序是什么?有哪些人参与采购活动,他们的评估标准各是什么?采购企业对其采购人员有哪些政策与限制?

现今,采购领域正发生着巨大的变化,应引起产业用品销售人员的重视。

(1) 采购部门升格。物流环节受到企业前所未有的重视,其中一个重要的表现就是许多企业将采购部门升格为副总裁级别,新的采购部门也将原先单纯追求低成本的导向转变为寻求能够提供最佳价值的供应商。不少企业把采购和存货控制、生产计划、运输等多个部门整合为物流部门。为此,供应商也需进行相应调整。

(2) 交叉职能角色。采购部门及其人员比以往更多地参与新产品的设计与开发过程,其任务更具有战略性、技术性,责任也更大。

(3) 集中采购。一些公司开始将以往分散在各事业部的采购工作集中起来,设立统一的采购部门进行集中采购,以保证产品质量、扩大采购批量和降低采购成本。集中采购日益盛行,主要因为需求的共同性、节约成本的目的导向、供应商的行业结构变化（如果供应商所在行业呈寡头垄断态势，集中采购可以加强组织的采购力量，寻求更好的价格、服务等条件）以及采购技术的发展。集中采购意味着供应商将与素质更高、级别也更高的采购人员打交道。

（4）网上采购。网络技术的发展为网上采购奠定了技术基础。这种采购一方面可以提高企业的采购满意度和效率；另一方面也可能破坏买卖双方的忠诚关系，并存在网络安全隐患。

（5）长期合同。越来越多的企业采购者趋向于与供应商订立长期购买合同，形成战略同盟，甚至建立电子订货系统。

（6）敏捷制造要求下的准点供货。制造商建立起的敏捷制造系统要求供货商准点供货，即原材料送达用户工厂的时间与该用户需要这种原材料的时间正好吻合。

（7）多点供货。即供应商签下的一个订单需要将货物送抵多处接货地点。由于客户企业规模扩大，开展跨地区营销，甚至全球营销，或者是连锁经营，如零售业，再加上整个组织内集中采购的发展趋势，多点供货的情况越来越普遍，而这目前还是我国一些供应商的弱项。

3．人际因素

人际因素体现在内部和外部两个方面。企业内部的人际因素主要指参与购买决策的各种角色（产品使用者、影响者、决策者、采购者和信息控制者）的职务、地位、态度、利益和他们之间的相互关系。企业外部的人际因素指上述企业内部的五种角色与企业外部各类人员之间的关系。无论是内部还是外部人际因素，他们都会在不同程度上影响决策者对采购任务的最终决定。因此，供应商的营销人员应当了解每个人在购买决策过程中扮演的角色及相互之间的关系，利用这些因素促成交易。

了解采购中心各成员影响力的一种方法是了解他们的权力类型。权力类型一般分为五种：奖励（提供金钱的、社会的、政治的、心理上奖励的能力）；惩罚（对于不服从给予金钱的或其他惩罚的能力）；人际吸引力（由于别人喜欢你而服从你的能力）；专长（由于技术上的专长，无论是真正的还是名义上的，而让别人服从的能力）；组织地位（由于在公司中的法定地位而具备的有关权力）。

通过评价采购中心组织内的权力文化，营销人员可以更清楚地了解采购中心成员的构成，预测他们各人所扮演的角色，并估计每个成员对最终决策的影响程度。

4．个人因素

采购中心的每个成员都带有个人的动机、理解和偏好，这受有关人员的年龄、教育、收入、专业、个性和对风险的态度等的影响。有些采购者行为理性，在选择供应商时考虑周全，理性决策；有些采购者个性强悍，在谈判中往往希望压倒对方。营销人员需要了解这些因素对采购中心成员的影响。

采购中心的每一位成员都有独特的个人性格，都有个人特殊的经历和特定的组织职能。他们对采购对象的评价尺度是不同的，这些评价尺度有可能会相互冲突。一般来说，产品的使用者强调及时交货和高效的服务；工程师则注重产品质量、标准化；采购人员关心的则是价格优惠和有利的装运条件。

西尔斯认为，每个人对产品的理解和评价尺度的差异来源于他们不同的教育背景、面对的信息类型和来源、对有关信息的解释和记忆以及对以往采购经历的满意程度。工程师和工厂经理、采购员有着不同的教育背景，阅读不同的杂志，参加不同的会议，拥有不同的职业目标和价值观。因此，销售商的报价可能会在很大程度上吸引住了采购经理，但对工程师则没有任何吸引力。[①]

每个采购人员都希望降低采购过程中的风险。一般来说，购买者会采用如下四种方法来降低采购风险：①降低外部不确定性（如访问参观供应商的工厂）；②降低内部不确定性（如与其他采购人员协商、讨论）；③防止不良后果的外部处理（如通过多个供应商供货）；④防止不良后果的内部处理（如向组织内部高层领导咨询）。

采购人员为了降低采购风险会寻找熟悉的供应商，一则供应来源比较可靠，二则采购者可以有比较熟悉的办法降低风险。这一惯常行为对潜在的供应商十分不利。

5.2.6 产业用户市场的购买决策过程

最复杂的组织用户采购需要经历八个阶段，直接重购和修正重购可以省略其中的某些环节，见表5-1。下面我们分析典型的新购过程。

表 5-1 生产者购买决策过程

购买阶段	购买类型		
	新购	修正重购	直接重购
1. 确认需要	是	可能	否
2. 描述基本需要	是	可能	否
3. 确定产品规格	是	是	是
4. 寻找供应商	是	可能	否
5. 征求供应建议	是	可能	否
6. 选择供应商	是	可能	否
7. 签订合约	是	可能	否
8. 运行检查	是	是	是

---

① 曲云波，郑宏. 工业品营销实务. 北京：企业管理出版社，1998.10

(1) 确认需要。当企业中某些人认识到问题或需要并寻找到解决问题和实现需要的方法时,购买过程就开始了。需要的产生可能是内部刺激所致,如顾客对产品规格有了新的要求,发展新产品需要新设备和原料,设备发生故障需要更新等。需要也可能由外部刺激引发,如采购人员参观展览会、浏览广告,或接受供应商推销人员的访问后发现了更好的产品。因此,尽早地接触产业用户的购买过程可以使营销人员对产业的需求有更好的了解,从而也更有把握获得订单。此外,加强推销和宣传也不失为一种激发潜在需求的好办法。

(2) 描述基本需要。描述基本需要就是确定所需产品的种类和数量。如果是简单的重复采购,这个过程很简单。如果是复杂项目,购买者需要和工程师、操作人员甚至高层管理者共同确定项目的条件。供应商此时应设法向采购者介绍产品特性,协助他们确定需要。

(3) 确定产品规格。说明所购产品的品种、性能、特征、数量和服务,这常常需要采购中心作价值分析,价值分析的目的是降低成本。通过价值分析,确定能否对它进行重新设计或实行标准化,从而将生产成本降到最低。随后,专业人员将确定最佳产品的特征并制定详细的说明书,作为采购人员的采购依据。对产业营销人员来说这是一个非常关键的阶段,认识这些购买影响者并认清他们之间的相对关系和重要程度是最好的竞争优势。此外,供应商也可以将价值分析作为工具,帮助寻找新客户。

(4) 寻找供应商。采购人员通常利用工商名录或其他资料查询供应商。如今,越来越多的公司通过国际互联网来寻找供应商。为此,供应商应充分重视"工商企业名录"和计算机信息系统,为自己入选采购商名单打下基础。

(5) 征求供应建议。产业用户向合格的供应商发函,请他们提交供应建议书。对于复杂、贵重产品的新购,采购方往往要求每一潜在供应商提出详细的书面建议,经选择淘汰后,请初选合格的供应商提出正式的供应建议书。为了提高自己的入选概率,产业市场的营销人员必须熟悉供应建议书的书写要点和提交程序。提交的文件不能只是包含技术内容,还要能使采购方产生购买信心。

(6) 选择供应商。采购中心人员对供应商提供的有关资料进行具体分析和评价,最后作出决策。他们主要考虑供应商的产品质量和规格、价格、信誉、服务、交货能力、地理位置等属性。采购人员在不同情况下,对上述条件的重视程度会有所不同。

过去,为了保证充足的供应和获得优惠的价格,很多公司喜好选择多一些的供应商。现在,由于供应链理论和技术的推广使这种情况发生了变化,许多公司都在大量缩减供应商的数量,并期望他们选中的供应商在产品开发阶段就能和自己密切配合、共同工作。作为供应商,必须了解这一变化,更充分地做好准备。

(7) 签订合约。产业用户根据所购产品的技术说明书、订购数量、交货时间、退货办法、产品保证条款等内容与供应商签订最后的订单。为了设备的维修、修理或操作,采购者常常签订一揽子合同。一揽子合同能建立一种长期关系,可以节约订货洽谈的时间和金钱,还可以减少采购者的订货成本和仓储成本。

(8) 运行检查。生产者用户对各个供应商的供货状况进行检查,通过询问使用者,按照一定的标准对供应商的履约情况进行评估,以决定维持、修正还是中止供货关系。供应商需要关注采购者的评估标准,以保证自己能让客户满意。有关研究表明,产业供应商对于顾客意见或投诉的处理速度至关重要。迅速处理、解决问题、纠正错误会提高获得新订单的概率;如果反应迟缓,则会降低顾客的满意度。

5.3 中间商市场的购买行为

中间商介于生产者和消费者之间,专门从事商品流通活动。从根本上来说,它承担着顾客采购代理人的职能。中间商在地理位置上比产业购买者分散,比消费者集中。他们比较关心产品的价格及折扣、交货,以及供应商的市场支持,如广告合作等。中间商的购买行为与购买决策,同样受到环境因素、组织因素、人际因素和个人因素的影响,其复杂的购买决策过程与产业市场中的新购十分接近。尽管如此,中间商的购买行为与决策仍与产业购买者有一定的差异。

5.3.1 中间商的购买类型

(1) 新产品采购,即中间商采购以前从未购买过的某类新产品。此类决策首先要决定是否采购,其后再决定向谁采购。中间商往往综合分析市场需求、毛利、市场风险等因素后再作决策。购买决策过程的主要步骤与产业用户市场的购买大致相同。

(2) 选择最佳供应商,即中间商已经确定了采购的产品,只是在寻找最合适的供应商。选择最佳供应商往往基于两个原因:一是受制于经营场地,中间商只能选择经营若干品牌;二是中间商(特别是大型零售商)为自有品牌选择供应商。

(3) 改善交易条件的采购,即中间商希望现有供应商在原有交易条件上有所让步,从中获得更多的利益。中间商会在同类产品供应商增多,或其他供应商提供更优惠的交易条件时向现有供应商提出此类要求。

(4) 直接重购,即中间商的采购部门按照过去的订货目录和交易条件,继续向原先的供应商购买产品。只要中间商对原来的供应商并无不满,在其存货水平低于订购点时就会要求续购。

5.3.2 中间商购买过程的参与者

中间商的采购参与者会由于其规模的不同而有所差异,其采购组织也有正式和非正式之分。有些情况下,中间商(小型零售商)把采购任务交由外部专业人员(采购代理)承担,以期获得更合适的商品,或更低的价格实惠。以连锁超市为例,参与购买过程的人员主要有:

(1) 商品经理。他们是总部的专职采购人员,负责各类商品的采购任务,收集不同品牌的信息,最终选择适当的品种和品牌采购。当然,有些情况下商品经理不具有采购的最终决策权,而是要由采购委员会决定。

(2) 采购委员会。采购委员会由公司总部的各部门经理和商品经理组成,负责审查商品经理提出的新产品采购建议,并最终作出决策。一般情况下,商品经理对决策起到关键性作用,采购委员则起着平衡各种意见的作用,对新产品评估和购买决策的影响重大,并负责向供应商说明拒绝购买的理由。

(3) 分店经理。分店经理掌握着分店一级的采购权。由分店经理掌控采购能提高商品对不同地区市场环境的适应性和快速反应性,也便于提高分部经理的积极性,并有利于对其业绩进行考核。但在今天强调集中管理的背景下,分店经理即便掌握一部分商品采购权,比例通常也很有限。

5.3.3 中间商的购买决策过程

中间商对新产品的采购也需经历八个阶段,这与生产者用户的采购是一致的。而最佳供应商选择、改善交易条件的采购及直接重购则会跳过某些阶段。

(1) 认识需要。当中间商通过销售分析发现现有产品不适销对路,或通过广告、展销会、供货企业的推销和对消费者的询问等多种渠道了解到有更适销对路的新产品时,就产生了购买欲望。

(2) 确定需要。指中间商根据其配货策略决定其产品组合的广度、深度和相关性。中间商的配货策略主要有四种:①独家配货,即在同类产品中只销售同一品牌或同一厂家的产品。②专深配货,即销售不同品牌不同厂家的不同花色品种的同类产品。③广泛配货,即经营某一行业的多系列、多品种的产品,它比专深配货的产品组合要宽。④混合配货,经营跨行业、没有关联性的多种产品。与广泛配货相比,其产品组合的关联性弱。

(3) 说明需要。指中间商写出采购说明书,详细说明所要购买产品的品种、规格、质量、价格、数量和购进时间。中间商对采购的时间非常关注,因为销售时机将直接影响产品的销路。中间商对购买数量的确定则要考虑消费需求、存货水平以及成本/效益的比值。

(4) 寻找供应商。指采购人员根据采购说明书的要求寻找合适的货源。只要不是直接重购,这个过程都可能存在,只是复杂程度有所不同。

(5) 征求供应建议。指邀请合格的供应商提交供应建议书,中间商进行初步筛选。

(6) 选择供应商。中间商的职能是为卖为买,因此它最关心的是商品采购能否让其实现快速销售以及毛利率。一般来说,中间商在选择供应商时比较关心如下问题:供应商的合作欲望和合作态度、产品质量及与其目标顾客的吻合程度、价格及折扣和信用条件、交货及时性、促销支持、售后服务、退货制度等。

(7) 签订合约。与生产者用户相似,中间商也倾向于签订长期合同,以保证稳定的货源,并降低存货成本。

(8) 运行检查。指中间商对各个供应商的绩效、信誉、合作态度等进行评价,以决定是否继续交易。

5.4 政府市场和非营利组织市场购买行为

5.4.1 政府市场购买行为分析

政府采购给很多企业带来机会,在许多国家,政府都是商品和服务的主要购买者。政府采购和产业购买有许多相似之处,但也有不少差异。政府采购往往按照年度预算进行,在购买中,通常提出详细的要求,通过竞争性的招标,经过反复谈判,考察投标者的实力,经过认真评估才作出选择。因此,企业营销者必须找出政府采购中关键的决策者,掌握影响其购买行为的各种因素,了解他们的购买决策过程。

政府采购的根本目的是为了维护国家安全和社会公众的利益,具体包括:加强国防与军事力量;维持政府的正常运转;稳定市场;对国外进行商业性、政治性或人道性的援助等。政府采购的主体有两类:行政部门的购买组织和军事部门的购买组织。

1. 影响政府购买行为的主要因素

政府采购行为也要受到环境因素、组织因素、人际因素和个人因素的影响,此外还受以下因素的制约:

(1) 社会公众的监督。政府采购花费的是纳税人的钱财,必然受到广大社会公众的关注。从国家权力机关、政治协商会议、行政管理和预算办公室，到媒体公众以及公民和社会团体，都是政府采购的监督者。一般而言，政府的重要预算项目必须提交国家权力机关审议通过，并在经费使用上接受它们的监督。为此，政府采购部门常常要求供应商提供全面详尽的书面材料。

(2) 受到国际国内政治形势的影响。政府采购的对象门类众多，有军事装备、通信设备、交通运输工具、办公用品、日用消费品、劳保福利用品和其他劳务需求等，其采购投向和数量则受国内外政治形势的影响。如果国际政治形势紧张导致国内安全受到威胁甚至引发战争，政府采购中军备开支和军需品的需求就会增大；如果政局稳定，政府采购中用于建设和福利的支出必然较多。

(3) 受到国际国内经济形势的影响。一方面，国际国内的经济波动，会导致一国的财政收入增加或减少，从而影响政府支出；另一方面，一国经济形势不同，政府用于调控经济的支出也会随之增减。近些年来，我国在经济低迷时期曾经采用国家大量投资进行基础设施建设的方式来拉动经济增长。

(4) 受到自然环境的影响。一国在遇到自然灾害时，政府采购中用于抗灾的支出必然会增加。

2. 政府采购方式

政府采购方式主要有公开招标选购、议价合约选购和日常性采购。

公开招标选购是政府采购人或其委托的招标机构通过传播媒体发布公告或发出信函，说明拟采购商品的名称、规格、数量和有关要求，邀请供应商在规定的期限内投标。有意投标的企业在规定的时间内填写标书，密封后送交发标机构。招标机构在规定的日期开标，选择报价最低且其他方面符合要求的供应商为中标单位。在公开招标选购中，政府招标文件中会说明对所需产品的要求和对供应商能力与信誉的要求。因此，供应商在投标之前，必须考虑：第一，本企业的产品品种、规格是否符合招标单位的要求；第二，能否符合招标单位的特殊要求，如长期的维修服务等。

议价合约选购是政府采购人同时和若干供应商就某一采购项目的价格和有关交易条件开展谈判，最后与符合要求的供应商签订合同，达成交易。这种方式通常发生在复杂的购买项目中，它往往涉及巨大的研究开发费用和风险。

日常性采购是政府采购人为了维持日常办公和组织运行的需要而进行的采购。这类采购金额较少，一般是即期付款，即期交货，其购买行为与产业用户市场的"直接重购"或中间商市场的"最佳供应商选择"类似。

政府采购更要遵循公开、公平、公正和效益原则，因此政府采购部门常常要求供应商提供全面的书面材料。这引起供应商对政府采购中公文烦琐、决策滞后以及采购人员经常变动等诸多抱怨。政府经常也会采取改革措施简化采购过程，并把与采购相关的各种信息提供给供应商。供应商必须了解政府采购运行系统，从而确保自己制定的标书具有竞争力。政府采购比较重视价格,但有时非经济标准也起着重要的作用。供应商需要把精力花在技术上,力求降低成本。政府采购的支出主要由其决策者而非企业营销者决定,因此,供应商需要预测政府的需求和可能实施的工程,以期在产品选型阶段就参与其中,并通过加强沟通来展示和提升企业形象,为日后的中标奠定基础。

5.4.2 非营利组织购买行为

汉斯曼根据组织收入的来源方式和管理方式对非营利组织进行的分类得到了普遍的认可。按照收入来源,非营利组织分成"赞助型"和"商业型"。前者指组织收入的大部分来自外界的捐赠,如红十字会、敬老院等;后者指通过销售产品或服务为自己筹集绝大部分资金,如医院。按照组织管理方式,非营利组织则可分成"自理型"和"企业型"。"自理型"指组织是由自己的服务对象管理,如"乡村俱乐部";"企业型"指组织成立专门的董事会,由其聘请总经理进行管理。当然,它们之间也会出现交叉的情况。

非营利组织和政府的购买活动往往由采购委员会担纲,采购委员会实际上就是一种正式的购买中心。这样做的目的在于:①征求不同的观点和广泛的经验运用到购买决策过程当中;②更为科学地决策;③减轻买卖双方关系的压力。

非营利组织的购买具有如下特点:

(1) 预算低。许多非营利组织的资金来自外界捐款,相对于无限的福利需求来说,其采购经费总是低的,也不能突破。

(2) 价格低廉且保证质量。非营利组织由于经费有限,在采购中必然要求商品价格低廉。同时,它购买商品并不是为了利润,也不是使成本最低化,而是为了维护组织运行和履行组织职能。因此,它们要求采购的商品必须保证一定的质量和性能。

(3) 控制严格。为了更好地发挥资金的效用,非营利组织在采购上往往控制严格,采购人员只能按照规定的条件进行采购,不得自行更改。

(4) 程序复杂。与政府采购一样,非营利组织的采购也烦琐复杂,参与者众多,它的许多决策由集体作出,常常由管理者、专业人员甚至外部咨询顾问一起参与对供应商的评估。

非营利组织的购买方式与政府采购的方式相同,也有公开招标选购、议价合约选购和直接重购三种主要方式,此处不再赘述。

> **案例精粹　　　广东药品"阳光采购"一年减轻患者药费 30 多亿元**
>
> 　　2007 年起,广东省在全国率先开始实行药品"阳光采购"新模式,由生产企业直接报名报价,建立"绿色通道"品种目录和重点监控限额采购目录,并引入市场机制开展网上竞价、面对面谈判、网上采购网上交易,推行减少流通环节的配送方式等。
>
> 　　经过两年的运作,广东省药品"阳光采购"取得积极成效。目前,参加全省药品"阳光采购"活动的药品生产企业有 3300 多家,药品经营企业有近 2000 家,全省县及县以上医疗机构和珠三角地区乡镇卫生院 100% 全面实行药品网上采购。
>
> 　　实施药品"阳光采购"后,广东相关药品一年采购的总金额为 220 亿元。据入围结果统计,"阳光采购"的药品价格平均降幅两成左右,其中竞价品种平均降价率达到四成,减轻患者药费支出 30 多亿元。
>
> 　　由于以往医用耗材招标采购工作由各市分散进行,存在规则不统一、过程烦琐、企业负担重、社会成本高、难监管,以及同一品种在全省各地不同价格等问题。为此,2009 年将首先从高值、使用量大的医用耗材开始突破,分类进行采购。
>
> 　　(资料来源:佚名. 广东药品阳光采购一年减轻患者药费 30 多亿元. http://nen.cyyzs.com/nens/2009-2-5/20092590352.html. 2009-02-05)

▶ 小结

1. 组织市场定义的基础是谁在市场上购买。根据购买动机的不同,组织市场可以进一步划分为产业用户市场、中间商市场、政府市场和非营利组织市场。

2. 组织市场在市场需求、购买单位的性质和购买决策上与消费者市场有着明显的差异。

3. 产业用户的购买类型有直接重购、修正重购和新购三种。采购中心中有多个参与者。在影响产业用户购买行为的诸多因素中,组织因素有着特殊地位。最复杂的购买决策过程要经历八个阶段。

4. 中间商的购买类型分为新产品采购、最佳供应商选择、改善交易条件的采购和直接重购四种类型。中间商类别不同,购买决策的参与者也不同,其购买决策过程与产业用户市场相似。

5. 政府市场的采购方式通常有公开招标选购、议价合约选购和日常性采购。其购买行为要受公众因素、国内外政治、经济、自然等因素的影响。非营利组织的购买特点主要体现为预算大、价格低廉、质量保证、严格控制和程序复杂。

6. 供应商在进行营销时只有了解不同市场的购买行为特征,才能制定出有效的营销战略和销售策略。

关键词

组织市场　organizational market
产业用户市场　industrial market
中间商市场　reseller market
政府市场　government market
非营利组织市场　institutional markets
派生需求　derived demand
采购中心　buying center
互惠　reciprocity
直接重购　straight rebuy
修正重购　modified rebuy
新购　new task buying

思考题

1. 请说明某办公用品公司在向产业市场和消费者市场销售个人电脑、办公桌椅、打印纸时的异同。
2. 生产者用户不同的购买类型对企业营销会产生怎样的影响？
3. 请列举一复杂产业购买的案例，并完整描述出每一个决策环节。
4. 现在越来越多的产业购买通过互联网来完成，你认为这种网上采购有什么优势和弊端？
5. 中间商的购买类型对购买决策过程产生怎样的影响？
6. 请你谈谈对政府"阳光采购"的看法。

案例

A 广场的项目采购

某省会城市 A 广场项目的土建工程已经几近完工，正在准备对项目的外墙装饰工程材料进行议标采购。该大厦是大型商业办公建筑，共 30 层，6 层以下是用做大型商业广场经营，6 层以上作为写字楼。项目外墙基本确定用较为常用的玻璃幕墙和铝板幕墙混合装饰，但施工单位和材料供应商都还没有确定，为确保质量和降低成本，投资方准备将主要材料铝板产品自行采购。

甲公司是经营铝板工业品的公司，正在全力以赴运作，争取一举拿下该项目。

早在该项目土建工程刚刚开始不久，甲公司的销售人员就已经摸清了该项目的基本情况，包括项目的投资人及性质、资信状况、项目总投资预算、项目用途、项目进度安排、项目指挥部成员及角色等，获悉该项目位于该省会城市的中心区，是一栋形象工程，投资人很注重大厦的外观效果，而装饰方案设计能力正是甲公司的优势所在，而且大厦基本确定采用玻璃和铝板作为幕墙材料。于是公司技术总监率领一个由技术高手组成的团队与项目指挥部进行了几次面对面的沟通，并在投资方公司内部作了一次专场幕墙产品知识介绍会，使投资人对幕墙材料的各方面知识有了比较全面的了解，同时建立了高层的联系，取得了沟通机会。在接下来的两三个月里，甲公司又就幕墙材料的最新发展趋势等技术问题到投资方公司进行了推介和沟通，并根据大厦的定位，提交了几个设计方案效果图，期间投资方也就一些问题甚至与幕墙不相干的问题咨询过甲公司，双方渐生"一家人"的感觉。

甲公司当年研发成功一种新型产品——自清洁技术铝板，属于行业空白，能够增强大厦的美观效果，降低大厦的使用成本，并且投资方在考察中也表现出浓厚兴趣。投资方经过考察，初步确定四家铝板供应商并进行项目报价。报价时甲公司经过分析，该项目投资方经营业绩良好，资金充沛，加上该项目定位比较高，估计其会比较重视材料的质量，因此在报价中提出了两种方案：一种是常规产品；另一种是新产品——自清洁技术铝板，而且将后者价格故意高报。最终的结果正如甲公司所估计的，投资方决定采用新型产品，但提出价格要降低，最终在多轮的讨价还价中，以按供货进度分期付款方式确定了甲公司的产品中标，中标价格比常规产品高出15%左右，已是高溢价产品了。

在该项目的谈判中，甲公司在货款的支付上是作了让步的，作为提高客户价值，增强竞争优势的砝码，但这是甲公司经过慎重分析而作出的决定。当初甲公司分析认为该项目投资方多元化经营，主业业绩良好，资金充沛，而且该公司市场信誉一贯优良，多年来被银行评为AAA级客户，被当地政府评为"重合同守信用企业"单位，所以才决定在货款的支付方式上作出重大让步的，这一点使甲公司在谈判中掌握了其他几方面的主动权，从而促成了交易的达成。

A广场是该省会城市当年的"十大重点工程"，要求当年必须完工，对工程进度要求极高，因此对材料供应商的供货信誉保证要求也非常高，这一点客户在考察前就对各个单位多次强调。针对这一点，在客户的考察中，甲公司的营销人员重点介绍了公司的设备先进性和生产能力保障，以及公司同多家原材料供应商的稳定合作关系，打消其风险顾虑。同时为了向客户充分展示履约的及时性，甲公司还将曾经供货的其他几个重大工程项目介绍给客户，便于客户去侧面了解佐证,这种诚恳的态度和现实的诚信履约记录深深打动了客户,最后甲公司还主动提出将对自己要求更严格的违约条款写入合同,更增添了客户的信心。

经过不懈努力,甲公司顺利获得了 A 广场相关采购项目。

(资料来源:李天,马松林. 工业品营销的特点与策略. 现代营销(学苑版). 2007,(12))

案例思考题:
1. A 广场项目采购属于哪类采购行为?它有什么特点?
2. 甲公司是如何获得 A 广场项目采购业务的?

第6章

目标市场营销战略

经过30余年的发展,中国海尔集团已经成长为中国第一大家电制造厂商。依靠冰箱起家的海尔集团,目前共生产六大系列冰箱产品,分别是变频冰箱系列、统帅系列、王中王系列、王子系列、旅游冰箱系列和领航系列。每系列冰箱产品又包括若干不同品种,变频冰箱系列,涵盖了白马王子、变频冰箱以及宇航变频三大品种,其中任一品种还包括若干不同容积规格的冰箱产品。

不同系列、不同品种、不同规格的冰箱产品,都能为消费者提供基本的冷藏和冷冻功能,为什么海尔还要生产这么多不同的冰箱产品?它们难道不会相互竞争?海尔如果集中力量只生产一个系列,甚至只生产单一品种的冰箱,市场效果是否会更好?

其实,这些问题的答案都与消费者需求有关。虽然都需要冰箱,但有的消费者可能因为住房面积小,需要小型冰箱;有的消费者需要功率更为强劲的冰箱;有的消费者要求节能性能更好的冰箱,如此等等。可见,不同的消费者对于冰箱有着不同的要求,单一冰箱品种势必很难满足所有消费者的需求。所以,海尔推出不同系列的冰箱产品,分别针对具有需求差异的不同消费者群体,并通过不同品牌名称以示区别,而且针对竞争对手,海尔为每一系列的冰箱产品在消费者心中谋取了独特的形象位置——过硬的产品质量、高品质的服务水准,这样海尔冰箱才取得了良好的市场业绩。

(资料来源:据海尔公司官方网站提供资料编写. http://www.haier.com)

有效的营销战略要能回答三个问题:一是我的顾客在哪里;二是如何参与竞

争；三是我的资源能力是否允许我以这种方式为我的顾客提供价值。探寻这三个问题答案的过程，就是企业制定营销战略的过程，所制定出来的营销战略称之为目标市场营销战略。

6.1 目标市场营销及其决策过程

目标市场营销战略旨在帮助企业以有效的方式参与市场竞争，提高营销效率和效果。受消费者需求差异、市场竞争影响以及自身资源能力所限，企业唯有集中力量，为具有相似需求的消费者创造并传递价值，才有可能提高营销精确性。基于这种思想，目标市场营销诞生了。

6.1.1 企业营销战略的发展历程

1. 大量营销

企业通过大量生产、大量分销、大量促销品种和规格单一的产品，可以把产品生产成本、分销成本、促销成本最小化，从而降低产品售价，并创造出最大的潜在市场，企业也因此获利丰厚，这种营销方式就是大量营销。

2. 产品多样化营销阶段

企业采用不同于大量营销的方式，生产规格、式样、质量各不相同的产品，使消费者可以在不同产品之间进行选择，这就是产品多样化营销。

随着工业化的发展，西方国家生产力水平在第二次世界大战前得以不断提高，市场竞争亦日渐加剧，市场逐渐由卖方市场向买方市场过渡，导致大量营销方式取得成功所需的前提条件丧失，企业不得不为了生存，转而寻求营销方式和手段的变化，由此迈入产品多样化营销阶段。这种做法由通用汽车公司在20世纪30年代首开先河。

3. 目标营销阶段

目标市场营销战略倡导企业要在市场分析的基础上，运用恰当的变量细分整体市场，将之分割为若干小的细分市场，同一细分市场中的消费者具有类似需求，而不同细分市场的消费者具有相异需求，在此基础上，选取其中一个或者若干个细分市场作为企业的目标市场，并根据细分市场的竞争情况，为所提供的产品或服务进行有效的目标市场定位，围绕定位设计差异化的营销组合方案。

目标营销体现了现代营销理论的精髓，指出企业要从需求和竞争两个角度来认识市场、适应市场和驾驭市场，才能提高营销的精确性和成功概率。

随着市场细分化程度越来越高，企业针对更小规模的细分市场开展营销活动，就是微观市场营销。当以每个消费者为目标市场，提供极富个性的产品时，就是定制营销了。它是目标市场营销发展到极致的产物，也被推崇为21世纪互联网时代的营销方式。但我们认为，并不是任何行业都适宜采用微观市场营销或定制营销，也不是任何企业都适宜采用。

案例精粹　　　　　　　　**汽车市场的营销变革**

20世纪初，汽车还只是达官显贵们的专用物，很难想象有一天它会成为普通消费者的代步工具。推动这个梦想成为现实的功臣是福特公司。福特通过生产方式创新，采用大规模流水线生产，大量制造单一型号的黑色T型轿车，极大地降低了生产成本，使福特能以极低的价格在市场上销售汽车，从而刺激汽车市场规模的扩大。市场规模的急剧扩大，又有效地支持了汽车产能的进一步扩张。其成功正好说明了大规模营销方式，在一定历史条件下能够帮助企业获得成功。

随着市场竞争越来越激烈，消费者收入水平不断提高，不再仅仅把汽车当做代步工具。有的消费者关注汽车价格和基本质量，有的消费者关注汽车性能和款式，有的消费者强调品牌和地位……汽车市场已由大众市场走向了多元化的小众市场。汽车制造商也由福特大规模营销时代，走向了如今的目标市场营销时代。

6.1.2 目标营销的战略决策过程

目标营销战略决策过程包含三个重要步骤：一是市场细分；二是目标市场选择；三是市场定位，人们也因此称之为STP营销。

1. 市场细分

市场细分是指采用恰当细分变量将整体市场划分为若干能够相互区分的细分市场，从而帮助企业更好地认识市场，提高营销的精确性。市场细分的理论依据是需求的异质性，随着消费需求的日趋差异化，市场细分的作用也越来越为企业所重视。

市场细分的步骤：一是找出能反映消费者需求特征的变量，并根据选定的一个或者若干个变量，将整体市场划分为若干细分市场，使每个细分市场由具有相似需求特征的消费者构成，不同细分市场则由需求特征相异的消费者组成；二是根据评估标准，对细分市场的有效性进行评估，如果符合评估标准，则市场细分有效，否则需要重新选择变量，再次进行市场细分。

2. 目标市场选择

目标市场选择是指在市场细分基础上，按照一定标准，选择一个或者几个细分市场作为企业的目标市场，从而促使企业集中自身资源能力，在具有发展潜力并适合企业的细分市场上开展经营活动。

3. 市场定位

市场定位就是企业为其提供的产品在一定的目标市场上确定的竞争定位，或者是根据企业产品的特色和优势，为产品在消费者头脑中确立一个独特的位置。

目标市场选对了，但由于竞争者众多，企业的产品仍然可能淹没在众多的竞争产品中，不为目标顾客所关注。因此企业需要对竞争者提供的相似产品和服务有清晰的认识，也需要对自身资源能力的优劣势有清晰的认识，据此作出正确的市场定位决策，以便于企业围绕定位设计营销组合方案，并向目标顾客传递这种定位，进而在顾客心中形成自己独特的个性特征，以获得竞争优势。

6.2 市场细分

6.2.1 消费者市场细分

通常有两大类变量可以用来细分消费者市场：一类是反映消费者人文特征的变量，包括地理、人口统计、心理变量等；另一类是反映消费者对产品的反应，即反映消费者行为特征的变量，包括消费者与市场的密切程度、使用数量、购买时机、购买频率和追求的利益等。

1. 地理变量

可用于细分消费者市场的地理变量有国家、地区、城市、乡村、城市规模、人口密度、气候、地域文化等。按照国家来划分，就形成了不同的国别市场；按照地区来划分，就形成了不同的区域市场；按照城乡来划分，就形成了城市市场和农村市场。

地理变量虽然容易识别，但大多数地理变量是一种静态变量，而且同一地理环境中的消费者还会由于其他因素的影响，而对同一类商品表现出不一样的需求特征，因此还需结合其他变量进一步细分市场。

2. 人口统计变量

用于细分市场的人口统计变量有年龄、性别、教育、职业、收入、家庭生命周期等。这些人口统计资料很容易测量，数据收集方便，资料来源可靠，而且消费者的需求特征及对产品的需求偏好往往随人口统计特征的变化而变化，因此依据人口统计变量来细分消费者市场是众多企业普遍采用的方法。

(1) 年龄。消费者对某些商品的欲望和需求往往会随年龄的变化而变化，这给了企业按照年龄细分市场的机会。比如，玩具市场就是一个典型的按照年龄细分的市场，有儿童玩具市场、成人玩具市场之分。在儿童玩具市场中，还可以进一步按年龄来细分：0~1岁儿童玩具市场、1~2岁儿童玩具市场、2~4岁儿童玩具市场等。企业可以据此设计玩具，而且这种细分方式也方便消费者选择玩具。

(2) 性别。依据性别细分消费者市场，企业对某些商品市场具有很强的可操作性。以护肤用品市场为例，男性和女性由于性别差异，对护肤用品的特征、作用等有不同要求，因此就形成了男性护肤品市场、女性护肤品市场。服装、杂志、手表等市场，也往往采用性别细分。随着女性独立意识的增强，并希望通过所用商品来表达女性的独特魅力，这种按性别细分市场的方式不断向其他行业渗透。汽车就是一个很好的例子——现在有专门针对女性设计的汽车，比如Polo，不仅在外形设计，而且在广告和传播等方面都完全女性化，似乎在告诉人们：Polo就是女人用的汽车。

(3) 收入。收入水平高低直接决定购买力大小，进而影响消费者的购买行为，因此按照收入细分消费者市场也是企业普遍采用的方法。比如，精品店、折扣店就是瞄准不同收入水平的消费者。

(4) 家庭生命周期。家庭结构不同，将直接影响家庭支出模式，而家庭结构又随着家庭生命周期所处阶段的不同而有差别，因此按照家庭生命周期细分消费者市场也是一种有效的方法。

上述各种人口统计变量，可以采用单变量，也可以采用多变量组合来细分消费者市场，这主要取决于企业所经营产品的固有特征，以及企业对市场的认识。比如，有的化妆品企业认为仅用"性别"细分市场还不够精确，因此，采用"性别"+"年龄"+"收入"组合变量来进行细分，就形成了基于性别、年龄和收入不同组合的各类化妆品细分市场。

3. 心理变量

导致消费者需求多样化的原因，除了上面讲到的地理、人口等较易测量的变量外，还有很多较难测量的变量，但它们却是细分消费者市场的重要依据，如消费者心理特征。因此按照消费者心理特征来细分消费者市场不仅有理论的依据，而且有实践的必要，这种细分方法称为"心理细分"。

细分消费者市场的心理变量有个性、社会阶层、生活方式等。

(1) 个性。前已述及，人有各种各样的个性特征，这些个性特征往往潜在地影响人们的消费观念和购买行为，因此人们倾向于选择那些能够与其个性相吻合的商品。实际上，当企业采用人的个性来细分市场时，肯定能够吸引具有类似个性的消费者。例如，万宝路香烟，就吸引了众多具有独立、豪爽个性的男性烟民，因为万宝路香烟通过产品设计、广告宣传等营销手段，已经使产品本身就具有了独立、豪爽的个性。

(2) 社会阶层。社会经济的发展，不可避免地造成了人与人之间的差异，因职业、经济、社会地位的不同，形成了不同的社会阶层，每个阶层拥有本阶层的独特规范，这种阶层规范又会约束人们的行为，从而影响人们对消费产品的选择，这就为企业提供了按照社会阶层细分消费者市场的理论依据。社会阶层会影响人们对汽车、服装、家具、娱乐、阅读和零售商等的选择，企业可以根据社会阶层来细分市场，为特定的阶层设计产品和营销方案，可以营造出适合不同阶层的产品和服务。

(3) 生活方式。即便人们个性相同、社会阶层相同，但由于兴趣、观念、生活态度的差异，也会选择不同的生活形式，从而导致生活方式的差异，生活方式的差异往往又通过对有形的吃、穿、住、行、用的不同选择而表达出来。因此，就消费者市场而言，根据生活方式来细分，更加能够勾勒出具有营销意义的消费者特征。前面已经谈到，人们的生活方式可以通过 AIO 项目测试反映出来。按照生活方式不同，可以把消费者划分为"传统型"、"新潮型"、"节俭型"、"奢侈型"、"严肃型"、"活泼型"、"爱好家庭生活型"等消费群体。

案例精粹　　　　　　　　**从电视频道看市场细分**

20世纪80年代，电视渐渐成为中国老百姓生活中的一部分。晚上7点，准时收看中央台的新闻联播；一到周末，不管大人还是小孩，都围坐在电视机旁，津津有味地看着《加里森敢死队》、《排球女将》等进口电视连续剧；除夕之夜的央视"春节联欢晚会"成了家家户户的必看节目。

21世纪的今天，虽然电视在人们的生活中仍是不可或缺的组成部分。但是，如今老百姓可以选择的电视频道以及电视节目都增多了，体育频道、新闻频道、娱乐频道、电影频道、文艺频道、教育频道、女性频道、政法频道、生活频道……小小荧屏随着社会的进步也越来越丰富多彩。这些变化说明：综合型电视频道已远远不能满足消费者的个性化需求，根据不同细分变量，电视也从大众媒体时代跨入了小众媒体时代，媒体越来越细分化。

---

4. 消费者行为特征变量

(1) 消费者与市场的密切程度。按照消费者与市场的密切程度，可以将市场细分为常规消费者、初次消费者和潜在消费者三种。企业一般根据自身实力决定如何在这些市场上开展经营活动。例如，实力雄厚的企业，可以在保持常规消费者市场的基础上，通过有效的营销手段，刺激潜在消费者的购买欲望，使之转化为初次消费者。而那些实力不够的企业，则可以集中资源专注于常规消费者市场。

(2) 使用数量。按照消费者使用产品数量多少，市场可以细分为大量使用者、中量使用者和少量使用者市场。大量使用者占整个使用者群体的比例并不高，但消费量所占比重却很高。有一项啤酒饮用调查显示，68%的被调查者不饮用啤酒，剩下 32% 饮用啤酒者中约有 50% 的人是少量饮用者，他们仅饮用了全部消费量中的 12%，另外 50% 的人是大量饮用者，却消耗了全部消费量的 88%。这项调查表明，大量消费者是企业最值得重视的消费者群体，因此在常规市场上，企业更需要针对大量使用者开展营销活动。

（3）购买时机。采用购买时机细分消费者市场有两层含义：一层含义是节假日购买时机；另一层含义是非惯常购买时机，即通过特定利益宣传，促使消费者在非惯常购买时机消费产品，促进产品购买和使用量的增加。就第一层含义而言，消费者在重大节假日都有节日购买行为，如中国消费者在春节、中秋节、元旦等重大节日里，购买商品的数量较平时有很大增长。企业因此可以针对这些固定的重大节日开展营销活动，促使商品销售额的提升。购买时机的另一层含义，主要针对的是消费者使用时机，如消费者一般习惯早餐饮用橙汁，企业可以开展一些针对购买时机的促销活动，宣传橙汁是一种新鲜饮料，在其他时间也可以饮用，促进消费者使用时机的多样化，从而增加企业销售量。

（4）追求利益。不同消费者在购买同类商品时，可能会追求不同的利益。利益细分方法要求明确消费者在产品消费过程中所追求的主要利益。例如，据一项市场调查，在牙膏市场上存在四种利益细分市场，即经济型、药物型、美齿型和口感型。实践证明，利益直接决定了消费者的购买行为，因此，利益细分方法受到企业界的普遍欢迎和采用。

6.2.2 产业市场细分

由美国两位学者波罗玛（Bounoma）和夏皮罗（Shapiro）提出的产业市场细分变量表（表 6-1），对产业市场细分有很高的参考价值。

表 6-1 产业市场主要细分变量

人口变量
- 行业：我们应把重点放在购买该种产品的哪些行业？
- 公司规模：我们应把重点放在多大规模的公司上？
- 地理位置：我们应把重点放在哪些地区？

经营变量
- 技术：我们应把重点放在顾客所重视的哪些技术上？
- 使用者或非使用者地位：我们应把重点放在经常使用者、较少使用者、首次使用者还是从未使用者身上？

续表

- 顾客能力：我们应把重点放在需要很多服务的顾客上，还是只需少量服务的顾客上？

采购方法
- 采购职能组织：我们应把重点放在那些采购组织高度集中的公司上，还是那些采购组织相对分散的公司上？
- 权力结构：我们应侧重那些工程技术人员占主导地位的公司，还是财务人员占主导地位的公司？
- 与用户的关系：我们应选择那些现在与我们有牢固关系的公司，还是追求最理想的公司？
- 总的采购政策：我们应把重点放在乐于采用租赁、服务合同、系统采购的公司，还是采用密封投标等贸易方式的公司上？
- 购买标准：我们是选择追求质量的公司、重视服务的公司，还是注重价格的公司？

形势因素
- 紧急：我们是否应把重点放在那些要求迅速和突击交货或提供服务的公司上？
- 特别用途：我们将应把力量集中于本公司产品的某些用途上，还是将力量平均花在各种用途上？
- 订货量：我们应侧重于大宗订货的用户，还是少量订货者？

个性特征
- 购销双方的相似点：我们是否应把重点放在那些某人员及价值观与本公司相似的公司上？
- 对待风险的态度：我们应把重点放在敢于冒风险的用户还是不愿冒风险的用户上？
- 忠诚度：我们是否应该选择那些对本公司产品非常忠诚的用户？

产业市场细分变量表清楚地表明，细分产业市场需要考虑两大类因素：一类是反映产业用户宏观特征的因素，即行业、规模和地理位置；另一类是反映产业用户微观特征的因素，即经营变量、采购方式、形势因素、个性特征等。在实际操作中，企业一般也遵循由宏观到微观的顺序来细分产业市场。

6.2.3 市场细分有效性标准

市场细分是实施目标营销的第一步，其有效性直接影响到企业营销战略的成败。无论对消费者市场还是产业市场，都可以采用单变量，也可以采用多变量组合来细分，但并不是每种细分方法和细分结果对企业都具有实际意义，因此需要对市场细分的有效性进行衡量，衡量的标准有四个。

1. 可衡量性

可衡量性指细分市场的规模大小、购买力水平及其他市场特征值要能够被衡量。如果不能衡量，就不能清晰地勾勒出细分市场的轮廓，细分对企业也就没有实际意义。

要满足可衡量性标准，必须选择有效的细分变量或者变量组合，使细分出来的市场规模大小、购买力水平等指标能够大致测量出来。如以"爱好家庭生活"为细分变量，就不能对市场进行有效细分，因为很难估算出有多少消费者属于爱好家庭生活类型，因此这种细分方式也就没有多大实际意义。

2. 可获得性

可获得性指细分出来的市场应该是企业营销通过努力可以到达的市场，具体来讲，企业要有能力在该市场运作，广告信息要能够被传播到该市场，分销渠道要能够触及该市场。如果企业很难在该市场开展营销活动，这种细分也就没有多大实际意义。如专门针对"白领"阶层设计服装，就可获得性而言，会比较有效，因为作为"白领"群体，有特定的消费观念和购买习惯，市场中也有专门针对他们的媒体、报刊、杂志、购物和休闲场所等。这些基本条件的存在，为企业的营销活动提供了很好的载体，否则看似存在的市场，也只能是镜中花、水中月，可望而不可即。

3. 可盈利性

可盈利性指细分市场要能够为企业提供合理的利润。摩托罗拉公司曾经启动了"铱星全球通信系统"项目，而导致该项目最终失败的原因就是该细分市场不能为企业提供可持续发展的合理利润。

4. 可行性

可行性指要能为细分市场设计出行之有效的营销组合方案，以使同一细分市场内的顾客对该方案的反应大体一致。否则，只能说明要么是细分变量选择有误，需要重新选择；要么就是细分还不够精确，需要进一步细分。

6.3 目标市场选择

对整体市场进行有效细分后，企业将面临两大问题：一是选择哪些细分市场作为自己的目标市场，选择目标市场应该遵循什么原则；二是如何覆盖目标市场，这又涉及首先要了解目标市场的覆盖模式，然后确定目标市场的覆盖战略。

6.3.1 选择目标市场的原则

目标市场是指企业决定在其中提供产品和服务的市场，目标市场内的消费者对企业的营销方案具有大约一致的反应。目标市场是在市场细分基础上，根据一定的选择原则确定的。一般来说，选择目标市场的基本原则有三个。

1. 市场规模和成长性

市场规模越大，提供给企业运作的空间也越大，容易形成规模经济，降低生产和营销成本，企业获得利润的可能性也越大；市场成长性越好，提供给企业未来发展和获利的空间也越大。企业根据历史和现实的销售数据，运用统计分析工具，可以大致判断出细分市场的规模和成长性。但由于市场规模和成长性只是相对指标，企业在选择目标市场时，还要结合市场竞争结构及企业目标和资源能力来考虑。

2. 市场竞争结构

一个规模适宜、成长性良好的市场，有时并不一定是最有吸引力的市场，原因在于衡量市场是否具有吸引力，还需看市场是否具备长期盈利潜力。而市场长期盈利潜力与市场竞争结构密切相关，所以，企业在选择目标市场时需要结合市场竞争结构来分析。

竞争战略专家迈克尔·波特认为，一个市场（行业）的长期盈利前景是由该市场（行业）竞争结构中的五种竞争力量相互作用所决定的，市场（行业）竞争结构中的五种竞争力量分别是：市场中的现有竞争者、潜在进入者、替代品、供方和买方。

市场中现有竞争者数量的多少，直接决定了市场竞争的激烈程度和盈利潜力，也决定了该市场吸引力的大小。其他四种竞争力量也分别以不同的方式影响该市场的竞争状况，进而影响该市场的长期盈利前景。比如，潜在进入者时刻威胁着市场竞争结构的稳定，那些进入壁垒很低的市场，所受到的潜在进入者的威胁很大，该市场上现有的竞争者不仅要相互竞争，还要为竖立市场进入壁垒展开竞争；如果进入壁垒低，而退出壁垒却很高，市场竞争就更激烈了。替代品的威胁不仅表现在限制了市场的价格上限，而且随着替代品所在市场（行业）的发展，有可能导致现有市场的衰亡。供方和买方力量的相对强弱程度，直接影响市场上现有竞争者的谈判地位，市场上供方和买方力量很强时，会降低市场上现有竞争者的谈判地位，挤压市场的利润空间。

3. 企业目标和资源能力

仅以市场规模和成长性及市场竞争结构作为选择目标市场的标准，有可能导致企业忽视自身目标和资源能力的限制。一个规模、成长性和竞争结构都适宜的市场，有可能并不适合某一具体企业，原因在于：一是企业的发展目标决定了企业的资源投入方向，如果该市场与企业发展目标相悖，进入该市场将分散企业的资源，进而会影响到企业长远目标的实现；二是即使该市场与企业发展目标相符，但如果企业不具备获得市场竞争胜利所必需的资源能力，也不得不放弃该市场。因此要作出正确的目标市场选择，不仅需要考虑市场规模、成长性及竞争结构，还必须结合企业自身的目标和资源能力。

6.3.2 目标市场覆盖模式

根据产品和市场两大指标划分，有五种目标市场覆盖模式（图6-1）。

第6章 目标市场营销战略

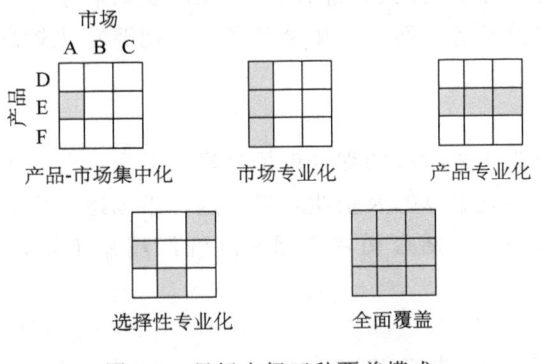

图 6-1 目标市场五种覆盖模式

1. 产品-市场集中化

在产品-市场集中化模式下，企业为单一市场提供单一产品，是一种完全专业化模式。比如，某服装厂只生产老年冬季服装，就是一种产品-市场集中化模式。具有专业化生产技能，但受限于资金实力的小企业采用这种策略，往往可以取得良好的市场业绩。但这种产品-市场集中化覆盖模式，也需承担由于消费者偏好发生改变所导致的市场风险，因此企业需要在适当的时机进军其他市场。

2. 市场专业化

企业选择某一类市场（顾客群）为目标市场，并为这一市场生产开发所需要的各种产品，这种目标市场覆盖模式就是市场专业化模式。例如，针对老年人市场，企业不仅生产老年服装，而且生产鞋、帽、袜等老年人需要的衣着产品。这种市场专业化模式可以帮助企业树立良好的专业化声誉，多产品经营在一定程度上也分散了市场风险。但相对于产品-市场集中化模式，对企业的生产能力、经营能力、资金实力提出了更高要求。小企业可以经由产品-市场集中化模式，沿市场专业化路径进行拓展，实力强大的企业则可以一开始就选择这种市场覆盖模式。

3. 产品专业化

企业专门生产一类产品供应不同的顾客市场，即是产品专业化模式。比如，企业为老年人、中年人、年轻人、儿童甚至婴幼儿市场生产他们所需的服装。产品专业化模式有利于企业创造专业化生产和研发的优势。企业一般也可经由产品-市场集中化模式，沿产品专业化路径进行拓展，具备条件的企业也可以从一开始就选择这种市场覆盖模式。

4. 选择性专业化

选择性专业化指企业选择若干个符合市场细分选择原则的市场为目标市场，并为各个市场分别提供所需的产品。选择性专业化模式的最大优点是能够分散市场风险，但所选的细分市场间有可能缺乏内在的逻辑联系，属于非相关的多元化发展，很难获得规模经济，而且对单个市场的规模要求比较高，还要求企业具备很强的驾驭市场的能力。

5. 全面覆盖

全面覆盖指企业选择所有的细分市场为目标市场，分别为这些市场提供不同的产品，一般只有实力雄厚的大企业才采取这种市场覆盖模式。比如，通用汽车公司在全球汽车市场、宝洁公司在全球家庭洗涤用品市场，都采取了全面覆盖模式。

6.3.3 目标市场选择策略

不同的目标市场覆盖模式需要相应的目标市场选择策略予以配合，一般有三种目标市场选择策略（图6-2），即无差异营销、差异化营销、集中营销。

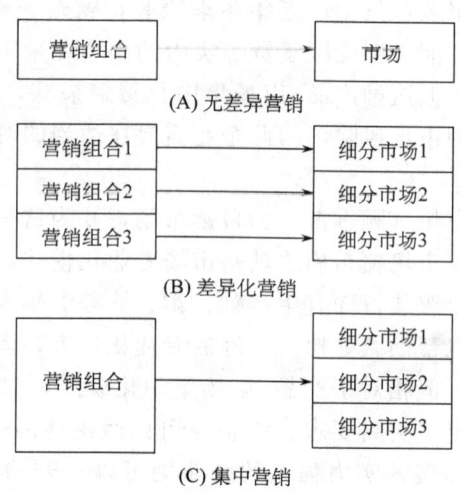

图6-2 三种目标市场覆盖策略

1. 无差异营销

当企业不考虑细分市场间的差异性，把整体市场视为同质市场，用单一产品、单一营销组合方案开展市场营销活动时采用的就是无差异市场营销。如食盐市场就可以被视为差异性很小的同质市场，企业可以针对该市场采用统一的营销方案。

采用无差异营销可以节约企业成本。大量生产和销售单一产品，降低了生产、运输、库存以及销售成本；统一的广告宣传，也减少了促销费用；不需要对市场进行细分，也就减少了市场调查、产品研发等的成本。但对大部分产品市场，这种策略并不适用。

2. 差异化营销

以市场细分为基础，选取其中几个细分市场为目标市场，为这些目标市场设计不同的产品和营销组合，以满足各个细分市场的差异化需求，就是差异化营销。

例如，宝洁公司为洗涤市场推出了10多个品牌，每个品牌分别针对一个细分市场。实施这种战略带给宝洁的好处是：首先，很好地满足了各个细分市场消费者的需求，为赢得顾客忠诚奠定了基础；其次，有效地抵御了竞争者在不同细分市场的进攻；最后，树立起企业在洗涤市场良好的整体形象，促进整体销售收入增长。

毋庸置疑，像宝洁公司一样采取差异化营销的企业可以获得各细分市场目标顾客的忠诚、有效抵御竞争对手攻击、树立市场良好整体形象等利益，但实施差异化营销会提高企业的营销成本和管理难度。设计、生产不同产品，很难做到像无差异营销一样采取大规模生产方式，势必增加生产成本；市场调研费用、促销费用、分销费用都会随着选择更多细分市场而增加。企业能否采用这种目标市场选择策略，需要结合自身实力和目标通盘考虑。

3. 集中营销

集中营销是一种资源积聚型目标市场选择策略，即企业专注于某一个细分市场，为该市场量身定做产品，实施高度专业化的生产和销售。实施这种策略，企业可以获得专业领域的声誉，在小的细分市场里占据很大的市场份额，也有可能因此而获得可观的利润。

一般来说，中小企业很难与大企业进行全面抗争，有效的做法之一就是集中资源于小的细分市场。大企业没有注意到的，或者是不愿顾及的小细分市场，往往能够使中小企业获得成功。当年日本的汽车公司就是通过开发轻便、省油的小型轿车击败美国三大汽车公司的。

当然，这种策略也面临一定的市场风险，尤其是当市场不景气、消费者需求偏好发生变化时，有可能导致企业陷入困境。因此采用这种策略的企业，一是要关注环境变化，适时调整经营方向；二是要在适当的时机，遵循一定的发展逻辑，进军其他细分市场。

6.3.4 目标市场覆盖战略的选择原则

企业选择目标市场覆盖战略时需要全面考虑企业资源能力、产品差异性、产品生命周期、市场差异程度、竞争对手的策略选择等多种因素。

1. 企业资源能力

哪种模式适合企业，需要根据自身资源能力作出决策。资源能力有限的企业更不能分散自己的资源于众多细分市场，也不能进入自己不能把握的细分市场，而应采取集中营销，走专业化经营道路。

2. 产品差异性

战略的有效性还取决于产品本身的差异程度。如果是标准化的产品，市场主要围绕产品价格和服务展开竞争，企业采取无差异营销战略就比较合适。如果产品之间差异程度很高，就可以采取集中营销或者差异性营销。

3. 产品生命周期

战略选择还要结合产品所处的生命周期的阶段来考虑。处在生命周期的引入阶段，一般采用无差异营销或者集中营销，但在产品生命周期的成长和成熟阶段，市场竞争越来越激烈，企业选择差异性营销更合适。

4. 市场差异程度

如果一个市场中的消费者有类似的需求偏好，对营销组合有大约一致的反应，企业就应采用无差异营销战略；否则应采用差异性营销或者集中营销。

5. 竞争对手的战略选择

市场竞争是一个相互博弈和制衡的过程，战略选择需要据竞争对手的不同战略选择而变化。如果竞争对手采用无差异营销，那么，企业采取差异性营销或集中营销，可以提高产品在细分市场上的竞争力；如果竞争对手采取差异性营销，企业则应进一步细分市场，采取更为细致的差异性营销或者集中营销，才能展开有效的竞争。

6.4 市场定位

企业选择好细分市场，并明确了目标市场覆盖战略后，还需要在目标市场上为产品谋划一个有利的市场地位，以便在消费者心中形成鲜明的产品个性特征，从而提高产品的市场竞争力。

6.4.1 市场定位的基本策略

市场定位的实质是竞争定位，因此可以采用三种基本定位策略来应对竞争，即直接对抗定位、避强定位和再定位。这三种定位均需要通过差异化手段来实现，包括产品差异化、人员差异化、形象差异化、服务差异化等。

1. 直接对抗定位

直接对抗定位指采取与细分市场上最强大的竞争对手同样的定位，通过与最强大竞争对手的直接较量提高自己的竞争力，赢得消费者认同。如百事可乐与可口可乐间的竞争、"汉堡王"与麦当劳的争斗，就是直接对抗定位的例子。由于竞争对手实力很强，且在消费者心目中处于强势地位，因此，实施直接对抗定位策略有一定的市场风险，这不仅需要企业拥有足够的资源和能力，而且需要在知己知彼的基础上，实施差异化竞争，否则将很难化解市场风险，更别说取得市场竞争的胜利了。

2. 避强定位

避强定位指避开细分市场上的强大竞争对手，避免与之展开直接竞争的定位。比如，七喜一直定位自己为"非可乐饮料"，避免了与可口可乐和百事可乐的正面交锋。这种定位方式为大多数企业采用，成功的可能性也较大，原因就在于市场竞争风险相对较小，但是要找到被市场接受的新的独特定位并非易事。

3. 再定位

再定位指对产品的原有定位进行调整，重新为产品定位，以改变被动局面或寻求新的市场增长。需要对产品进行再定位的原因有：一是原先的定位不准确，不被消费者接受；二是遭受到竞争者的严厉打击，导致产品陷入市场困境；三是由于产品销售范围意外扩大，如定位于青年人的服装，意外获得了老年人的青睐，就有必要对产品重新定位了。

6.4.2 市场定位决策过程

1. 辨析市场定位的竞争优势

所谓竞争优势，就是在市场竞争过程中相对于竞争者所表现出来的优势，具备竞争优势的产品或服务自然会受到消费者欢迎，由此推论，市场定位必须以竞争优势为基础，否则这种定位就失去了市场意义。

那么，企业应从哪些方面着手构建相对于竞争者的优势呢？一般可以从四个方面探寻，即产品、服务、人员和形象。企业通过在其中某一个或者某几个方面与竞争者形成差异，可以为企业赢得竞争优势，同时为市场定位奠定基础。

1）产品差异

对那些易于实现高度差异化的产品，如汽车、服装、手表等，应力求在产品形式、风格、质量、特色等方面形成产品差异，为企业赢得竞争优势地位。比如，斯沃琪手表，始终追求与众不同的设计风格，具有时尚新颖的外观，从而赢得了大批消费者的青睐。德国大众汽车，因精良的生产制造技术、高质量的产品、稳定的产品表现，获得了世界级的声誉。

对标准化程度较高的产品，如钢材、农副产品等，产品差异不大，可以从服务、人员、形象上着手寻找竞争优势，还可以通过一些对消费者有意义的差别形成产品的个性特征。比如，某公司宣扬它们的鸡肉比其他品牌的鸡肉更鲜嫩、更天然，在鸡肉产品市场上树立起独特的个性特征，得以以高出其他品牌产品的价格销售产品。

2）服务差异

服务已经成为赢得市场竞争的有力武器。企业不仅要树立服务意识，更要从服务上寻求差异，如可以从订货、交货、安装、客户培训、客户咨询、维修、特种服务等方面寻求服务方式的不同，创造服务差异。例如，一家药店通过免费咨询、问诊、24小时便民窗口等服务形式，创造了差异性竞争优势；海尔因其星级服务体系，在家电行业享有盛名；上海大众遍布各大城市的维修服务网点，打造了大众的服务品牌，成为一把竞争利器；IT业世界巨头IBM，不仅技术一流，更因其高质量的安装服务而闻名。

3）人员差异

产品和服务方面的差异可以形成企业的竞争优势，而创造出产品和服务差异的是企业的人员。消费者不仅通过消费产品和服务认识企业，也通过与企业人员的接触认识企业。因此，人员差异也是企业寻求差异化的重要领域，帮助企业获得市场竞争优势。

形成人员差异的重要途径是把好招聘和培训关，通过招聘和培训，使企业人员在专业技能和知识、责任心、沟通能力、态度等方面形成差异，从而能够为企业创造出具有价值的差异化产品，也能更好地服务于消费者。例如，微软有一支实力强大的研发队伍，所以才能不断创造性地研发出具有市场生命力的新产品；日本航空公司，既没有美国"联航"的实力与规模，也不及韩国"韩航"的价格低廉，但在与它们竞争的过程中，丝毫不落下风，原因就在于日航高素质的员工队伍，能够为旅客提供细致周到的服务。

4）形象差异

借助特定的工具，如品牌、标志、媒体、事件等，向外界宣传企业及其产品的个性特征，以在消费者心里形成深刻的企业印象，创造形象差异，获得差异化优势。如万宝路鲜明的"牛仔"形象、麦当劳的"金色拱门"、IBM "蓝色的IT巨人"、英特尔的"intel inside"等都在消费者头脑中创造了个性鲜明的企业和产品形象，企业竞争优势也因此得以巩固。

2. 选择恰当的竞争优势

企业或许发现了多种差异化手段，但不是每一差异化手段都能形成竞争优势，而不能成为竞争优势的差异化是不可以作为市场定位基础的。企业可以按照如下标准衡量一种差异化是否值得作为定位基础：①价值性，该差异要能够给目标顾客带来较高价值的利益；②独有性，竞争者不能提供这种差异；③卓越性，没有提供同样利益的更好的差异化办法；④可沟通性，消费者能够感知到这种差异；⑤不可复制性，竞争者难以复制同样的差异；⑥可支付性，消费者有能力为这种差异支付溢价；⑦可获利性，该差异可以为企业带来经济利益。

例如，摩托罗拉推出的"铱星通信系统"，在技术上该系统拥有足够的差异性优势，但为什么仍然失败，原因在于消费者没有能力为该差异支付高溢价，也感受不到该差异实实在在的好处。某旅店对外宣称是世界上最高的旅馆，不仅没有吸引更多的消费者，反而吓跑了原本住店的旅客，因为该差异对消费者不具有价值，反而有可能使消费者感到不安全。

还有一个问题需要考虑，就是企业应该宣传一种差异还是多种差异，也就是以一种差异还是以多种差异为定位基础。有两种明显不同的观点：一种观点认为应该坚持只宣传一种差异，定位于一种差异；另一种观点认为应该宣传多种差异，以多种差异作为定位基础。

只宣传一种差异，定位于一种差异的立论基础是，消费者趋向于记住"第一位"的品牌。每一品牌必须而且只能被赋予唯一的差异化个性，否则不仅难以做到第一位，也无法表达清晰一致的定位特征。美国西南航空就是"低成本"的代名词；佳洁士牙膏具有防蛀齿的功能；沃尔沃汽车追求"安全第一"；3M公司"追求卓越，不断创新"。这些企业和品牌的成功都很好地印证了"独特销售主张"观点的正确性。

与"独特销售主张"相反的观点认为，如果多个企业宣称拥有同一差异性竞争优势，就使得相互间难以区别，也不能为消费者购买决策提供更多有价值的信息。所以，企业应该赋予品牌更多的内涵，定位基础应该更宽泛：三星手机因"时尚、高科技、创新"而成为世界手机业领导品牌之一；IBM是融"服务与技术"于一身的高科技公司；华为凭借"低成本、高质量、完善服务"，成为世界通信领域的后起之秀；利弗2000肥皂，具有"清洗、润湿、除臭"三大功能。通过拓宽定位基础，当然可能吸引更多消费者，但也面临品牌定位模糊的风险。

3. 传递市场定位

确定了市场定位，还需正确有效地向目标市场传递该定位，能够承担此重任的工具就是营销组合。围绕定位，设计并执行协调一致的营销组合，可以有效地传递定位。沃尔玛的口号是"天天低价"，被誉为"低成本"零售商，为此要低价出售商品，不能选址于昂贵的商业地段，还必须以连锁形式经营大众化的商品，经常开展低价促销活动等——这一整套营销组合很好地向消费者传递了沃尔玛"低成本"定位的特点。

小结

1. 有效的营销战略要能回答三个问题：一是我的顾客在哪；二是如何参与竞争；三是我的资源能力是否允许我以这种方式为我的顾客提供价值。

2. 企业营销战略经历了大量营销阶段、产品多样化营销阶段和目标市场营销三个阶段。

3. 目标市场营销战略决策过程包含三个步骤：一是市场细分；二是目标市场选择；三是市场定位。

4. 细分消费者市场有两大类变量：一类是反映消费者人文特征的变量，另一类是反映消费者行为特征的变量。细分产业市场的变量则有行业、公司规模、地理位置、经营变量、采购方法、形势因素、个性特征等。衡量市场细分有效与否的标准体现在可衡量性、可获得性、可盈利性以及可行动性等方面。

5. 企业选择目标市场时需要考虑市场规模和成长性、市场竞争结构、企业目标和资源能力等因素。根据产品和市场两大指标划分，有五种目标市场覆盖模式：产品-市场集中化、市场专业化、产品专业化、选择性专业化和全面覆盖。一般可以采用无差异市场营销、差异化市场营销或者集中市场营销战略与五种目标市场覆盖模式相匹配。企业要根据企业资源能力、产品差异性、产品生命周期、市场差异程度、竞争对手的战略选择等的不同，来决定采用何种目标市场覆盖战略。

6. 有三种基本的目标市场定位战略供企业选择：直接对抗定位、避强定位和再定位。三种定位战略需要通过产品差异化、人员差异化、形象差异化、服务差异化等竞争优势来实现。目标市场定位要经历辨析目标市场定位的竞争优势来源、选择恰当的竞争优势、传递目标市场定位三个阶段。

关键词

市场细分　market segmentation
目标市场选择　selecting markets
市场定位　market positioning
市场专业化　market specialization
产品专业化　product specialization
选择性专业化　selective specialization
全面覆盖　full coverage
产品-市场集中化　product-market concentration
无差异营销战略　undifferentiated marketing strategy

差异化营销战略　differential marketing strategy
集中营销战略　concentrated marketing strategy

思考题

1. 为什么目标营销战略能够提高营销的精确性？
2. 如何有效细分消费者市场？
3. 目标市场选择的基本原则有哪些？
4. 目标市场覆盖模式有哪五种？各自适合于什么样的企业？企业应该如何制定有效的市场拓展计划？
5. 如何才能有效地进行目标市场定位？

案例

在 MSN 上卖盒饭

午餐时段，北京上地信息产业园里人声鼎沸。

员工们成群结队地从办公大楼里走出来，在旁边各种档次和风味、拥挤不堪的餐馆里开始就餐。他们的面孔看上去都很年轻，大多数都在 IT 企业工作。这些天性自由、个性十足的年轻人往往有着另类的喜好和加班习惯，大部分人不喜欢企业的员工食堂，他们喜欢并期待着新鲜玩意儿。

揣摩这些年轻人的口味并不容易，不过，快餐公司"正午的盘子"（简称"盘子"）好像没费什么劲就赢得了他们的信任和青睐。这家去年 6 月才开业的小公司一开始也平淡无奇，无非是在写字楼下向行人散发订餐菜单。但情况随后很快就发生了改变，几天后，其收到的订单数量一下子就增加到 200 份；去年年底，"盘子"的分店增加到 5 家，每天吃"盘子"的人达到 3000 人。

"盘子"没有实体店铺，它留下的联系方式也只有一个：MSN Message ID 号。实际上，它的菜单上也留下了一个电话号码，不过是用小得看不清的小字体印刷的，而拨打这个电话订餐的顾客并不多。"盘子"的飞速成长令同行非常吃惊，"我不相信 MSN 是他们的主要订餐方式"，武汉哆哥饭包快餐公司老板刘黎曾浏览过"盘子"的主页，他认为用 MSN 订餐并不是一个好主意，结果他得到的答案是："盘子"超过 95% 订单是通过 MSN 来的。

通过粘贴、复制 MSN ID 号，"盘子"的顾客开始口口相传，一传十、十传百。渐渐地，每个人的 MSN 聊天列表里都多出一位"午餐秘书"。这实际上是一个 MSN 机器人程序，它不仅完成了大部分常规的订餐命令的处理，如"dc"就是订餐的汉语拼音命令，还节省了大量的人工接线员席位。当这些 IT 员工对机器人（事实上，很多客人至今还不知道其面对的"盘子"是一个机器人）第一次说"你好！"时，"盘子"的生意就开始了。

与 MSN 机器人一起工作的，还有几名人工接线员，他们要留心有的顾客会突然冒出"给我送一份火锅"这样的"无理要求"。同时，他们还要监控每天订餐的高峰时段 10：30~13：00、17：00~19：00，MSN 机器人处理的订单是否都能准确无误地发送到每个配送中心。

当每天处理的订单达到几千份时，"盘子"的生意就成了大买卖。由 16 名厨师组成的制作团队在距离上地数公里的封闭厨房里严阵以待，在这里生产供几千人享用的食物，并将在高峰时段前运抵配送中心，再由每个配送中心的运输部队送到每幢楼的门口。这时，等候在门口的送餐员就开始飞奔目标，当他们出现在顾客面前时，顾客和"盘子"的聊天可能还没有结束，"明天您想吃点什么？""我可以多要一杯可乐吗？"

不仅如此，"盘子"面对的是众口难调的三餐市场，顾客每天都会向 MSN 机器人提出各种要求，如饭菜的咸淡、冷热程度、饮料搭配等，也会有人百般挑剔。每一笔网络订餐的背后，都是由成倍的后台工作来支持的，每份快餐都由一系列紧密相连的小任务组成，如天气、电梯、搭配饭菜等小细节，只要有一个细节出问题，那么顾客最后拿到的快餐质量都会大打折扣。据统计，北京每个月有 10% 的快餐公司倒闭，同时又有 10% 的新快餐公司诞生。对于竞争激烈的快餐行业，新颖的宣传方式只是成功的第一步。

"盘子"公司的 Logo 是一位打高尔夫球的女孩，背景是一个大大的餐盘。设计者希望用这个 Logo 来表示"白领生活，享受午餐时光"的理念。这倒更像是迎合某种"懒人文化"的品位，让一个贴心伺候主人的 MSN 机器人从此和顾客形影不离，既能使唤它送来午餐，还能解闷聊天。

与一年前相比，"盘子"的 IT 系统和管理水平已经上了一个大台阶，最大的表现就是 IT 系统与管理流程几乎完全融合。"'盘子'的业务虽然简单，但从 MSN 机器人下订单，直到快餐送到顾客手里，所有的信息都由 IT 系统来调度和分析。"李佳西说。

为特定目标客户提供方便快捷、个性化的服务，提高顾客满意度并有效地挽留住了客户是"盘子"公司始终不变的经营方针，也正因为如此，"盘子"在运营一年后，已经从"抢占市场"开始进入"稳定运营"阶段。

但是，"盘子"想从"小盘子"做成"大盘子"，势必会面对更多的挑战，"行业竞争并没有绝对的优势可言"，武汉哆哥饭包快餐老板刘黎说："目前，'盘子'拥有市场先入、订餐模式新颖等诸多优势，但麻烦也会随之增加，例如，

MSN 机器人并不是一个可靠的订餐系统（网络瘫痪怎么办？信息丢失怎么办？）。"

（资料来源：博林. 在 MSN 上卖盒饭！创业商机网. http://news.78.cn. 2008-11-13.）

案例思考题：

1. "盘子"公司以新颖的销售方式赢得了白领网民的午餐市场，请运用市场细分和市场定位的相关理论对"盘子"的营销模式进行评价。

2. "网上卖快餐"的模式很容易被模仿，面对今后越来越激烈的竞争，"盘子"公司如何通过差异化来保持已有的优势呢？

3. 针对白领网民，除了可以网上卖快餐外，还可以卖什么？请就选定的经营产品设计一整套营销方案。

市场营销调研

时下，网购在国内越来越流行。买书、音像制品，许多人会去当当、卓越；买电子产品，人们会去京东商城；买包包，"潮人"们会去麦包包；买婴儿用品，妈妈们也许首先想到红孩子；想淘各种各样的货品，多数人会去淘宝。还有不计其数的各种各样的网上商店供消费者选择……

与此同时，也有越来越多的店家和个人想在网上开店。是采用收费的还是免费的平台？卖哪些产品才能更有销路？通过哪些渠道取得货源？如何给产品定价？怎样进行产品的宣传和推介？所有这一切决策都要建立在营销调研的基础上。

市场营销信息，是市场营销活动的依据。在获取市场营销决策所需的信息时，营销经理面临双重问题：可得的信息数量远远超过了需要的容量，而其中与营销有关的必要信息相对来说却非常少，市场营销活动同时面临着信息过剩和信息不足。为此，企业必须建立和完善市场营销信息系统，从而提高决策的科学性。

市场营销调研是企业获取营销信息的一个手段。市场营销经理必须懂得市场营销调研。市场营销调研有三项任务：一是扫描市场，发现、识别和分析市场机会；二是建立营销信息系统，监控环境变化趋势；三是为制定营销战略提供建议和方案，对可能的营销组合进行可行性检验。

7.1 市场营销信息

7.1.1 信息领域

信息领域，即所需信息的领域。每个公司的市场信息领域，应依照公司特定的需要和目标制定和形成，不可能有一个标准的框架。但就市场营销活动来说，市场信息领域大体包含以下类别，如表7-1所示。

表 7-1 企业市场营销信息领域

类 别		涉 及 范 围
市场信息	·市场潜量	关于产品潜在市场的信息，包括在现有市场中公司已有产品的地位及前景
	·消费者态度及行为	关于公司已有或潜在产品的消费者和顾客的信息、态度、行为及需求，还包括投资者对公司投资优势的看法
	·分销渠道	渠道代理商的可获性、有效性、态度及偏好
	·宣传媒体	媒体的可获性、有效性及成本
	·市场资源	可获性、有效性及成本
	·新产品	公司新产品的非技术性信息（包括已为其他公司所销售的产品）
竞争信息	·竞争性商业战略及计划	目标、业务类型；公司的"蓝图"及宗旨
	·竞争功能	营销：目标市场，产品，价格，地点，促销。战略及计划：融资，制造，研究与开发，人力资源战略、计划和方案
	·竞争运作	对竞争者经营的细致分析，包括生产、运输、雇员派遣、士气等
规定信息	·税收	政府对收益、红利及利息的税收的决策、意图和态度
	·其他规定及法律	影响公司经营、资产及投资的所有法律法规法令等信息
资源信息	·人力资源	个人或群体的可获性、求职者、人才档案等
	·资金	可为公司所用资金的可获性和成本
	·原材料	可获性和成本
	·兼并与收购	举牌及其他有关潜在收购、合并或合资的信息
一般状况	·经济因素	涉及较广范围因素，如资本流动、增长率、经济结构及经济地理等宏观经济信息
	·社会因素	社会、习俗、态度及偏好的社会结构
	·政治因素	从"投资气候"角度考虑的政治变化
	·科学技术因素	主要发展及趋势
	·管理实践	关于职员补助、报告程序等管理实践和程序
	·其他信息	无法归到其他类别中去的信息

7.1.2 信息来源

1. 人

在外部信息的获取中,人是最重要的来源。公司的主管人员是重要的市场营销信息来源,他们知道企业对什么感兴趣和应该对什么感兴趣。分销商、消费者、供应商和政府官员也是重要的信息来源。这些来源的信息,主要由第一线经营人员获得。人获取的信息中,有70%是在面对面的谈话中获得的。

2. 文件来源

外部文件对每个公司都是有价值的信息来源。外部文件包括政府报告、行业协会报告、上市公司年报、学术著作和一切公开和不公开的出版物。企业内部文件是市场营销信息的另一重要来源。如何组建企业的信息系统对大多数企业都是一种挑战,共享企业内部信息,并使其成为企业市场竞争的资源变得越来越重要。

文件信息的大量涌出产生了信息爆炸问题,这值得营销经理去关注。

3. 感觉来源

直接感觉作为一种市场营销信息的来源,提供的比例非常有限,但它为来自人和文件来源的信息提供了必不可少的背景。直接感觉有三种类型:一种是可以很容易地从其他来源获得的信息,但它要求对实际现象有感官感觉,以将此信息记录在感应者的脑海中;另一种是无法现成地从其他来源获得的信息。这两种直接感觉是能从直接感觉来源获得的消息。第三种直接感觉是人们从形势观察中获得的背景信息。

案例精粹   **"80后"网络生活调查报告**

中国社会观察网一项针对"80后"网络生活的调查,得出如下一些结论。

84%的"80后"会在空闲无聊的时候选择上网,97%的经常通过QQ的方式与朋友联络,69%的尝试过网上购物,95%的遇到不懂的问题会上网找答案,这说明,上网已经成了"80后"生活的一个重要部分。

抽样调查"80后",门户网站是他们上网浏览最多的网站,而其中腾讯网、新浪网和网易较受关注。43%的"80后"会通过新浪网看新闻,分别有79%和77.6%的"80后"选择在腾讯网、网易上看时事新闻,65%的选择在新浪网上看时事新闻,87%的选择在腾讯网上看娱乐新闻。

1626网、瑞丽女性网、hers爱物网是比较受欢迎的潮流网站。瑞丽女性网是专门针对女性的门户网站,但是"80后"更加关注它的衣服流行咨询,而不是新闻。Hers爱物网主要流行于中国北方,1626网主要在珠三角地区流行。

据调查"80后"有过网购经验的占64%,其中,97%的人都有在淘宝网上购物的经验。

抽样调查显示,67%的"80后"喜欢在迅雷上看电影,78%的喜欢在优酷网上看视频、分享视频,77%的喜欢在土豆网上看视频、分享视频。

(资料来源:佚名."80后"网络生活调查报告.中国时尚品牌网.http://confont.chinasspp.com.2009-03-09.)

7.2 市场营销信息系统

市场营销信息系统是由人、机器和程序组成的,为营销决策者收集、挑选、分析、评估和分配及时准确、有价值的信息的系统。营销人员为了对企业的市场营销活动进行有效管理,需要各种有价值的信息,而市场营销信息系统就承担了提供信息的任务。

市场营销信息系统由内部报告系统、营销情报系统、营销调研系统和营销决策支持系统四个子系统组成,见图7-1。市场营销信息系统界于市场环境和营销管理人员(即信息使用者)之间,各种营销数据由环境流向企业营销信息系统,经过市场营销信息系统的加工、处理,最终转换成有用的营销信息,并通过市场营销信息流程传递给营销管理人员。营销管理人员据此制订营销方案,营销方案中产生的各种数据信息又经过市场营销沟通流程回到市场环境中。

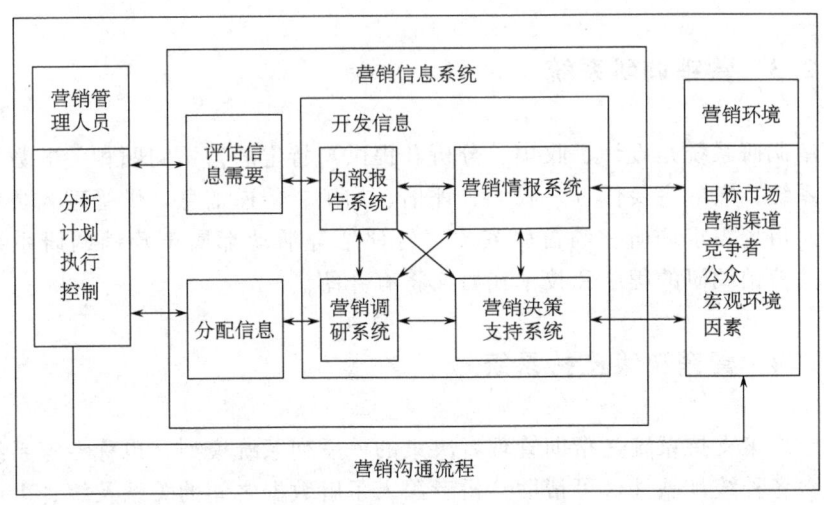

图 7-1 市场营销信息系统

7.2.1 内部报告系统

企业内部报告系统是使用最为频繁的信息系统。该系统的主要作用是向管理人员提供有关销售、成本、存货、应收账款等各种反映企业经营状况的信息。这些信息通常来自企业内部的会计、生产、销售、客户服务等部门。通过分析这些信息,管理人员能正确认识营销活动的现状,发现重要的机会和问题。

企业设计内部报告系统时要确保面向用户,科学高效,在营销人员想要的信息、实际需要的信息和经济地获得信息之间寻求平衡统一。

7.2.2 营销情报系统

营销情报系统是反映企业外部环境发展状况的各种信息来源或程序。管理人员获取情报信息的途径有:
(1) 公众出版物中提供的信息,如书籍、报刊、互联网络等。
(2) 顾客提供的信息。
(3) 销售部门和人员提供的信息。
(4) 批发商、零售商提供的信息。
(5) 专门的信息咨询公司提供的信息。

企业设计营销情报系统时要确保采取正规的步骤来提高情报收集的质量和数量。

7.2.3 营销调研系统

营销调研系统是设计、收集、分析和提供与特定的营销问题相关的数据资料的信息系统。它的主要任务是收集、评估、加工、传递信息,供管理人员作出决策使用。市场需求调研、销售研究、广告评估等活动都属于营销调研系统的范畴。有关营销调研的程序和技术在后文将有介绍。

7.2.4 营销决策支持系统

营销决策支持系统是帮助管理者决策的一系列系统模型,也称专家系统。该系统包含各种统计软件,可帮助分析者深入了解数据之间的关系及统计上的可靠性。假定一位营销经理需分析一个问题并采取相应的行动,他把问题即影响问题解决方案的各种信息输入该系统模型,模型就能给出接近解决问题的标准化数据，然后，营销经理应用新生成的数据制订最合适的行动计划，在确定最佳销售区域、零售网点配置、广告预算分配、是否进行新产品开发等这些问题上较多地使用模型分析。近来，营销决策支持系统中发展最快的是数据库营销，即建立有关现有与潜在顾客个人信息及购买模型的大型计算机文件。企业通过数据库营销更好地选择目标市场，从而更精准地开展营销活动，以此来获得更高的收益。

7.3 市场营销信息的案头调研

市场营销调研是指企业进行系统、客观地收集和分析市场营销相关资料的过程。其目的是向企业决策者提供可靠而有意义的信息资料和数据，使其成为企业决策者制定市场营销策略的科学依据。市场营销调研有案头调研和实地调研两种形式。

7.3.1 案头调研

市场营销信息研究从案头开始。案头资料指的是市场营销信息的第二手资料，即现成资料。案头调研是指对第二手资料的调查活动。随着社会信息化的程度越来越高，"秀才不出门，便知天下事"的谚语已成为现实。

1. 案头调研的任务

对市场营销经理来说，案头调研与实地调查一样，同样需要专业知识、实践经验和营销技巧，它还需要耐心、创造力和毅力。当所需的市场资料有限，而且已有可靠的文字资料时，案头调研往往是比较有效的调研方法。

(1) 为实地调研提供背景材料。

(2) 在一定程度上代替实地调研。如在新产品的开发调查中，用第二手统计数据和新、旧产品技术性能数据进行对比分析后，有时也能写出很好的调查报告。

(3) 可采用市场趋势分析方法对总体参数进行估算。如要了解市场总的潜力，就可以借助市场统计资料用趋势分析方法来推算总体。

2. 案头调研的程序

尽管每个调研课题都有它特殊的一面，而且需要有它自己的解决方法，但是有一些基本的程序是调研人员必须共同遵循的。

(1) 评价现成资料。在信息爆炸的时代，调研人员必须根据企业的特殊需要对眼前的现成资料给出评价。评价的标准主要有内容（资料是否可靠、全面和精确地包括了课题的要求）、水平（资料的专门程度够不够格）、重点（资料是否针对与课题最有关的各个方面)、时效性、准确性、方便性等。

(2) 搜集情报的途径。从一般线索到特殊线索，这是每个调研人员搜集情报的必由之路。当着手一个正式调研项目时，调研人员寻找的第一类资料是向他提供总体市场概况的那类资料，包括基本特征、一般结构、发展趋势和交易情况等。他可能会从报纸或杂志的调查文章开始工作，随着调研的深入，资料的选择性细化，详细程度也越来越深入。

(3) 资料筛选。资料收集后，调研人员应根据课题的需要，剔除与课题无关的资料及不完整的情报。例如，调研人员在分析进入哪些市场的报告中，可以分析下列因素：产品的可接受性、分销渠道、价格、竞争情况等。

(4) 撰写案头报告。报告是所有调查工作的过程和调查成果赖以表达的工具。撰写这类报告应注意以下几点：简单明了，如图表有利于阅读者了解分析结果；吸引力强，如用新闻标题的方式书写引人注目的题目，以提高阅读人的注意和兴趣；结论明确。

3. 案头调研的局限性

案头调研的优点主要是省时省力、花费少。但由于第二手资料原是因其他目的而收集的，因此在使用于某个特定目的时有一定局限性。这表现为资料在原来的收集方法（样本、资料、收集工具等）、时间等方面与目前的研究课题要求有差别。因此，研究者在使用第二手资料时一定要注意判断其有效性。

7.3.2 企业的案头调研方法

企业案头调研可细分为企业内部资料搜集与外部资料搜集。

1. 企业内部资料搜集

企业内部资料是经过常规性收集整理后存于企业内部的资料，既包括企业生产经营方面的资料，也包括企业已收集到的市场环境方面的资料。

1) 有关部门本身经营活动的资料

部门生产经营活动方面的资料很多，下面是一些主要内容：

(1) 营销方面：包括部门各种营销决策和营销的各种记录、文件、合同、广告等资料；

(2) 业务方面：包括生产作业完成情况、工时定额、操作规程、产品检验、质量保证等资料；

(3) 设计技术方面：包括产品设计图纸及说明书、技术文件、档案、试验数据、专题文章、会议文件等资料；

(4) 财务方面：包括各种账目、收入、成本、利润、资金方面资料，财务制度文件等；

（5）设备方面：包括场地、设备文件、设备安装、测试、使用、维修的各种记录、设备改装、报废文件等；

（6）物质供应方面：包括库存保管、进项出项记录、各种制度等。

除此以外，还包括计划统计、劳务工资、培训、后勤、公共关系、横向联合等方面。

2) 市场环境方面的资料

在部门内部可能已经有很多关于市场环境方面的资料，这些资料主要有如下几个方面：

（1）顾客方面：包括产品的购买者、使用者、市场分片、购买动机、购买量等资料，这些都可以从部门的顾客分析报告或顾客档案中获得；

（2）市场容量方面：包括市场大小、增长速度、趋势等；

（3）竞争方面：包括同行业的直接竞争者和替代产品制造的产品结构、服务的市场、市场营销策略、企业的优劣势等；

（4）分销渠道方面：包括销售成本、运输成本、配销渠道上中间商的情况等；

（5）宏观环境方面：包括经济形势、政府政策、社会环境、行业技术及相关技术的发展、国际环境等。

市场分析报告、顾客档案及以前的市场研究报告常常是获得现存市场环境资料的重要途径。

2. 外部资料搜集

外部资料是指公共机构提供的已出版和未出版的资料。这些公共机构可能是官方的，也可能是私营的。它们提供资料的目的，有的是作为政府的一项工作，有的是为了营利，也有的是为了自身的长远利益。一个好的市场调研部门一定要熟悉这些公共机构，熟悉在这些机构里的工作人员，熟悉他们所能供应的资料种类。现列举几种外部资料来源：

（1）国家统计机关公布的统计资料，包括普查资料、统计资料汇编等。

（2）行业协会发布的行业资料，它们是同行企业资料的宝贵来源。

（3）图书馆里保存的大量资料，能够提供有关各种产品、受众机构等更具体的资料。

（4）出版社提供的书籍、文献和报纸杂志。

（5）专业组织的调查报告。随着我国经济改革的深化，消费者组织、质量监督机构等专业组织也会发表有关的统计资料和分析报告。

（6）研究机构的调查报告。许多研究所和从事市场调研的组织，除了为各单独委托人完成研究工作外，为提高知名度，还经常发表市场报告和行业研究论文。

在收集外部资料时,系统地使用索引、文摘、指南和其他检索工具非常重要。研究者应该把其他研究者可能研究过的,与本课题有关的各种文献类型和标题列出来,然后借助于各种索引、文摘等查找与研究主题有关的文献。

7.4 市场营销实地调研

7.4.1 市场营销实地调研的步骤

实地调研一般分为五个阶段,共有10项具体工作,见表7-2。

表7-2 实地调研的工作步骤

阶 段	具 体 工 作
调研准备阶段	发现问题,收集案头资料,确定调研课题
调研计划阶段	编写项目建议书,制订调研计划
调研实施阶段	探测性调研,结论性调研
调研处理阶段	数据整理分析,撰写调研报告
追踪调研阶段	检验调研结论

1. 发现问题

一个精明能干的管理者能从纷繁的活动中找出问题的征象。寻求调研课题的目的有以下三种:

第一种是正在进行的业务出现了问题,必须及时调查、分析原因和采取措施;

第二种是存在潜在的问题,需要进一步观察研究,以便防微杜渐或捕捉战机;

第三种是为了规划新的行动,从而需要通过研究事物发展的规律去探索问题。

问题的征象可来自不同的渠道,真正有价值的问题常常容易被人疏忽,因此,需要调研部门持续地关心和剖析来自各方面的信息,以发现与企业有重大关系的潜在问题的征象。

2. 收集案头资料

营销调研部门发现了值得调研的问题以后,第一步应是收集与此有关的案头资料。一般的做法是:①从信息系统中找出本公司的销售和生产记录;②查阅公开发行的统计资料;③查阅与此调查有关的其他资料;④收集竞争者和竞争产品的资料;⑤收集访问人名单和编写实地调研计划所需的资料。

3．确定调研课题

调研课题的确定至关重要。对调研问题定义太宽,不仅浪费时间和精力,还可能得不到真正需要的信息。对问题定义太窄,又会束缚调查者的手脚,无法开阔人的思路。为此,营销经理必须明确五个问题:①为什么要做调查;②谁想了解这些问题;③要查清哪些问题;④向谁调查这些问题;⑤查清以后有何用处。

4．编写项目建议书

营销调研部门在科学确认需要进行实地调研的前提下,还要编写"调查项目建议书"。项目建议书的内容包括:问题和情况、方法和步骤、目的和要求、资金和时间等。建议书应当简单明确。

5．制订调研计划

一个好的调研计划必须由专业人员设计,计划中需要确定如下内容:

(1) 数据来源,明确调查地点和调查对象;

(2) 调研方法,是采用观察法、调查法还是实验法;

(3) 调研工具,是用调查表还是用机械设备;

(4) 抽样计划,明确抽样的方法、范围、数量和程序;

(5) 接触调查对象的方法,是用电话、邮寄还是个人接触;

(6) 时间安排,起止时间和各项活动的时间安排;

(7) 预算,包括资料费、交通费、调查费、印刷费等。

市场调研包含众多的单项活动,它们按一定的顺序排列,有指定完成的日期。在调研计划中要制订进度表,如表 7-3 所示。当不能按计划完成时,可以考虑在某些环节上加快速度或缩小调查规模。

表 7-3 某企业市场调查时间进度表

任务作业	计划天数	日期（月/日）	开始	结束
1. 开始工作				
2. 预试样本计划				
3. 收集预试样本数据				
4. 起草预试调研表				
5. 选择预试样本				
6. 选择预试访问人				
7. 决定预试调研表				
8. 复制预试调研表和表格				
9. 准备预试训练手册				

续表

任务作业	计划天数	日期（月/日）	开始	结束
10. 训练预试访问人				
11. 预试实地访问				
12. 实地访问报告制表				
13. 访问人成绩估价				
14. 预试样本估价				
15. 预试调研表估价				
16. 决定样本设计及数据				
17. 选择访问人				
18. 选定样本地点				
19. 起草调研表				
20. 复制调研表及表格				
21. 准备实地训练手册				
22. 训练访问人				
23. 实地访问				
24. 抄写及调整计算程序				
25. 编校调研表				
26. 打印收回数据				
27. 验证访问及样本				
28. 检验数据记录				
29. 评价访问人的成绩				
30. 在计算机上运算数据				
31. 分析计算机打印出来的计算结果				
32. 写报告书				
33. 复制报告书				
34. 分送报告				
35. 得出结论				

6. 探测性调查

有些市场营销调查不能马上确定问题所在和调查的范围，可先进行一次小规模的非正式调查，即探测性调查。对某些大型的市场营销调研，预先安排探测性调查更有必要。

探测性调查的结论应十分明确。或是经过此次调查能够确定该课题的结论，无须再作进一步的调查工作;或者经过分析,认为必须对调查目标重新进行检查,以验明其实用价值;或者经过分析,认为该调研课题是肯定的,下一步是如何进行结论性调查。

7. 结论性调查

与探测性调查相比,结论性调查属于正规的市场调研活动。现代化的正规市场调研计划往往把重点放在消费者的态度、行为和其最终会对经营产生什么影响上。正规的调查计划要求明确以下几项:①调查目标,收集资料的种类、数量和范围;②调查地点和对象;③调查方法;④日期要求等内容。

设计调查表或称拟定问卷,在实地调查中起决定性作用。这是一项智慧和艺术相结合的工作,它在很大程度上影响着调查结论的准确性。

营销调研一般采用抽样调查。抽样调查的关键是如何正确地选择少数具有代表性的对象,一旦选择不妥,将会产生严重的误差。在实地调查中,调查方法的选择也十分重要,调查方法主要有调查法、观察法和实验法。

在调查实施过程中,调研部门要根据网络图检查、监督调研人员是否按计划进行调查。

8. 数据整理分析

数据资料整理就是把各种调查所得的数据资料归纳为反映总体特征的数据的过程。数据的整理分析一般包括以下五步:

(1) 分类。把资料分开或合并在有意义的类目中。分类是数据资料整理的基础,也是保证资料科学性的重要条件。分类有事先分类和事后分类两种。

(2) 编校。包括检查、改错和修正三个方面的工作。首先,要对资料进行鉴别、筛选;其次,剔除其中的虚假因素;最后,检查资料的完整性,看其是否有重复和遗漏之处,对前后有矛盾、逻辑错误的资料要及时修正或舍去。

(3) 统计。统计方法有机器处理和手工处理两种。电子计算机处理数据快速准确,手工方法一般可采用划码法和分卡法等。

(4) 推断。推断是考察调查总体的内部结构和分析各有关因素关系的工作,这是数据整理分析工作中的关键环节。只有运用各种方法进行一定程度的信息融合,才能找出它们之间的内在联系,显出信息的价值。常用的推断分析方法有相关分析、回归分析、判别分析、聚类分析、时间序列分析等。

(5) 鉴定。通过抽取样本来推断总体的调查必然带有误差,为证实所抽取的样本是否能代表总体,需要采取一些方法进行鉴定,一种是凭经验鉴定误差,如把所得的样本数据与标准数据相比较,以验证其代表性;另一种是用适当的公式计算标准误差和置信水平,如果计算结果在误差范围之内,便可认为数据是可靠的。

9. 撰写调研报告

市场营销调研报告的内容、质量，决定着调研结果的有效程度。市场营销调研报告按其内容来分，可分为专题报告和一般性报告。

1) 专题报告

专题报告又称技术性报告，在撰写时应注意尽可能详细和客观。专题调研报告大至包含以下内容：

（1）封面，写明调研题目、承办部门、人员、日期；

（2）序言，叙述调查背景和简单的经过；

（3）摘要，简洁概括地说明调研结论和建议事项，它也许是决策层人士所阅读报告的唯一部分，因为他们太忙，且对复杂的细节不感兴趣；

（4）正文，包括调查目的、方法、步骤、样本分布情况、调查表内容、统计方法及数据、误差估计、在技术上无法克服的问题、调查结果、结论和建议等；

（5）附录，应尽可能多地列入有关论证和说明正文的资料，其中有调查表副本、统计资料原稿、访问者约会的记录、参考资料目录等。

2) 一般性报告

一般性报告应力求条理清晰，通俗易懂，有吸引力。有时也可从本部门的利益出发，特别强调调查结果中对本部门有利的事实，以起到宣传广告之效果。

报告内容所包括的项目要求或小标题可用新闻标题的方式以引人注目，关于调查方法、分析整理过程、资料目录等，只要作简要说明便可，而对调研结果的结论和建议可以适当详写。

7.4.2 实地调研的方法

实地调研方法主要有访问法、观察法和试验法三种。

1. 访问法

访问法又称调查法，即直接向被调查人提出问题，并以所得到的答复为调查结果。这是最常见和最广泛采用的一种方法，包括面谈访问、电话访问、邮寄调查、日记调查、计算机访问、投影法等。

1) 面谈访问

面对面的调查是获得信息的最可靠的方法，在有深度要求和准确度要求的调研活动中，面谈访问是必不可少的。面谈调查的主要优点有：①调查者能够获得被调查者除了回答以外的许多有价值的信息。②可以用比较复杂的调查表，从而使讨论有深度。③通过直接沟通能够获得比较确切的信息。④当面访问往往能满足被调查人无拘无束回答问题的欲望，从而获得一些秘密信息和他们的购买意愿、态度、生活方式等信息。⑤通过向被访问人展示公司产品的样品、图表和说明书,起到广告宣传的作用。⑥面谈访问也是一种感情投资,能使消费者与经营公司建立感情联系。

面谈访问有个人访问和小组访问两种方式。个人访问是到顾客家中、办公室或街头进行面谈。访问人必须得到受访人的合作,以便进行几分钟到几小时的面谈。小组访问是邀请6~10人,用几小时讨论某一产品、服务、组织或营销手段。主持访问的人必须具备良好的条件,如能客观地问话,了解讨论的主题和行业情况,并有消费者行为的相关知识。当今,小组访问已成为大规模调查前的重要一步,是一种深入了解消费者心理的基本营销调研方法。

2) 电话访问

电话访问是通过电话从被调查者那里获得信息的方法。电话访问有下面一些优点:由于调查多限制在当地,调研费用相当低,时间也相当短,电话访问对在短时间内收集资料的情形很有效;电话访问在询问过程或对调查者的控制上有统一性,这使负责电话访问的主管能控制调查者们所作的访问从而保证所规定的询问步骤得到执行。

电话访问的缺点:被访问总体不完全;不能利用视觉的帮助;测量应答者态度的有些问题难以使用;电话提问的时间不能过长。此外,由于访问是通过电话进行的,调查者很难判断获得信息的有效性,调查者只得相信应答者对收入、拥有产品、消费类型等问题的回答。而在个人访问中,这些是可以由调查者来判断的。

提高电话访问效率的最有效的方法是提前寄一封信或一个卡片提醒应答者将要发生的电话访问和访问的目的。

3) 邮寄调查

邮寄调查是将设计好的正规问卷邮寄给被调查者,请他们答好后再寄回的收集信息的方法。

邮寄调查的优点:第一是面广;第二是没有因调研员在场而引起的偏见,被访者也许会更乐意回答一些个人问题;第三是应答者对问题的回答会更确切;第四是费用较低,特别是当被访者分布很广时,邮寄访问很经济。

邮寄问卷访问的缺点:一是所花的时间太长;二是由于样本选取错误造成偏见,当然这种偏见并不是邮寄问卷所特有的;三是结构性的缺点,表现为问题设计必须简单易懂,问卷不能太长,当使用开放式问题时,其结果很难列成表格;四是未回答引起的歧见。对任何没有百分之百地回答的问卷调查来讲,所得到的结果不一定代表整个要调查的总体,相反可能只代表一个独特的群体。

邮寄问卷的问题之一是回收率低。要提高邮寄问卷的回收率,可以采用以下方法:一是跟踪——通过跟踪信提醒应答者回答问卷(当然,采用跟踪方法得来的额外信息的价值应与其费用相权衡);二是提前通知——预告邮件接收者有问卷将至;三是金钱的激励——随问卷附上有某种价值的东西,确能增加回收率。但是尽管金钱激励能增加回收率,但并不一定能保证答案的正确性。

4) 日记调查

日记调查是调查人和被调查人事先约定并付与一定报酬后,由被调查人用日记方式记录某段时间某种情况的调查。在固定样本连续调查中,这种方法经常被采用。日记调查的优点是能够得到连续性的资料,对推算总体比较有效、可靠。但成本较高,内容有一定限制,管理不方便。

5) 计算机访问

国外一些调研公司在购物中心建立了交互式计算机终端。愿意被采访的人坐在一个终端旁,阅读显示屏幕上的问题,输入他的回答。已有越来越多的人喜欢这种"自动仪器"式的访问方法。

6) 投影法

投影法的关键是先展示给应答者某种模糊的非结构性的物体、情形、语句或人,并请他作解释。这种方法的基本依据是人们在谈论他人、从他人角度看问题或处理某些事情时会间接表达他们自己,因此可以揭示应答者真实的情感与意见。投影法使用的场合是应答者没有能力直接给予有意义回答的问题或情形。常用的投影方法有词语联系、填空试验、角色扮演和第三者角度。

(1) 词语联系。采用这种方法时,研究者让被调查者看某个词或短语,并请他回答他最先联想到的一个或几个词或短语。这种方法在使研究者了解人们对产品名称、商标、广告词的反应方面特别有用。

(2) 填空试验。最简单的填空试验是让应答者用一个短语(通常是最先想到的)来完成一个句子。句子通常以第三人称、物体或活动为主语,比如,一般人认为电视____;不能上大学的人是____;各种保险公司等。这种试验也可以是完成一个故事或图形等。填空试验对获得被调查者的性格、生活方式、观点等方面的信息比较有用。

(3) 角色扮演。角色扮演是请被调查者扮演他人的角色来处理某件事情,研究者从中观察这些扮演者处理一些非常挑剔的顾客的办法、使用的语言等。扮演者对付顾客的态度及行为被认为是他作为顾客也能接受的态度和行为,这些信息在经过分析后被推荐给推销员参考。

(4) 第三者角度。这种方法与角色扮演有所不同,在这里被调查者被问及他的朋友、邻居或一般人在某场合对某事件或某情形会如何反应、如何想等。如"您认为您的邻居对在住处附近设一个小卖部有什么想法?"研究者可以判断应答者如何把他自己投影到这个第三者上,从而揭示出应答者的真实想法。

7) 案例研究

案例研究是对少量典型的被研究对象进行深入的调查研究，以发现具有普遍性的问题的方法。案例研究对产生研究假设有很大作用，例如，某公司想研究该公司成功的地区销售经理应具有的特点。研究之初，研究者对市场相似但销售成绩完全不同的两个地区的销售经理（即一个很成功，而另一个则很不出色）进行跟踪调查。通过访谈、观察他们的实际工作（包括与顾客联系、制订计划、开会、旅行等），还进行了一系列的个人性格方面的测验，从而发现了这两个经理各自的特点及相互之间的差别。这些信息被用于后面对该公司的销售经理的全面调查研究中。

案例精粹　　　　　　　**"神秘顾客"调查法**

服务行业的发展使得"神秘顾客"检测得到极大的发挥空间。为保证服务质量，企业通常会在内部进行常规检测。常规的企业内部检测侧重于企业内部的管理规程、操作手段、行为准则等，这种方式是达到客户满意的手段之一。但是企业内部检测往往规模宏大，同时保密性极差，被检单位和员工事先作了充足的准备，企业领导和检测人员很难从中检测出真实的情况。最重要的是难以了解客户的亲身感受，从而无法制订出真正符合市场实际情况、符合广大客户心意的工作方法和业务流程，无法真正提高客户满意度，从而达到提高知名度扩大市场份额的目的。

因此第三方的"神秘顾客"检测成为企业常用的一种保持员工活力、评价单个店面、单个员工及基层管理人员绩效的有力的管理手段。

"神秘顾客"检测能帮助我们解决如下问题：

了解被检测地点或渠道对已经制定的规程、标准流程的执行情况；

对执行情况不良的渠道作出修正和为企业内部处罚提供依据；

通过"神秘顾客"了解消费者需要和不需要的服务项目；

持续监督服务质量，调整服务规范；

更新、跟进客户服务体系。

××石油公司为确保其零售网络内的各个加油站向顾客提供优质产品和专业化服务，拟引进独立第三方咨询顾问公司，对所辖七个省市的加油站开展周期性的"神秘顾客"实地访问（MMP），并科学测评所有加油站的各项服务指标。

友邦顾问公司共使用了33名"神秘顾客"，对近千座加油站进行为期三个月的检测工作，并提交了"神秘顾客"调查报告。

（资料来源：佚名. 市场. http://www.up-point.com. 2003-12-12）

---

2. 观察法

观察法是从侧面观察人们现在和过去的行为，以收集市场营销情况的一种方法。它与调查法的不同之处是，调查法的被询问人感觉到"我正在接受调查"，而观察法不一定让被调查人感觉到。它包括直接观察法、仪器观察法、实际痕迹测量法等。

1) 直接观察法

直接观察法是指调研人员到现场观察发生的情形以收集信息。如有些调研人员通过参加展览会观察以下情况：哪些公司展出产品，展台面积是多少，样品的特点等。这种方法费用少，但能收集到许多最新的情报。

2) 仪器观察法

现代科学技术使电子仪器和机械设备成为营销调研的工具。"眼相机"能自动摄下人们的眼部活动和注意力所在，以测定人们对广告的反应。"听度器"是安装在接受调查的家庭电视机上的电子仪器，它用于记录收看时间和频道。在运动场所使用的电子收音机、光学扫描器等是营销调研工具的一大发明。当一个顾客通过出口结账处时，光学扫描器就阅读他的购货清单，记下品牌、规格和价格。这些数据都进入计算机，由计算机帮助分析以改进存货控制和即将制定的营销政策。

3) 实际痕迹测量法

实际痕迹测量法是指调研人员不是直接观察消费者的行为，而是通过一定的途径来了解他们的痕迹和行为。例如，某公司为了调查某种媒介能否更好地把信息传播出去，便选择了几种媒介做同一广告，并在广告中附上回条，顾客凭回条可到公司参加有优惠折扣的活动，根据回条的统计数，公司就可找出最佳的广告媒介。

3. 实验法

实验法的主要观念来自自然科学实验室的实验方法。它与前两种方法的不同点在于设有实验用的市场，通过控制一些自变量来研究一些应变量的反应。至于实验的方法可使用调查法，也可以使用观察法，或两种方法并用。它分为正式市场实验和非正式市场实验。

1) 正式市场实验

正式市场实验是调研人员选择某一特定市场，控制一个或几个营销自变量，研究其他营销应变量的因果关系。虽然市场上不能控制的因素实在太多，如消费者的偏好、政府的政策等，但探索因果关系是访问法和观察法所不具备的。事实证明，经过精细的设计可降低市场实验发生的误差。实验法的应用范围较广，凡是某一种商品在改变包装、设计、价格和广告策略时都可应用。

2) 非正式市场实验

正式的市场实验需要实验者测量该实验的误差大小，从实验样本结果去推断母体数值。这种做法统计复杂、费用大。而非正式实验不做实验误差的测量，虽然稍欠精确，但费用和时间节省不少。例如，某饮料厂为了与冒牌产品形成明显区别，准备改变包装瓶并在电视上做了广告，然后用实验法测定其效果。选定5

家食品店为实验组,另选 5 家食品店为控制组,实验组卖新瓶装汽水,控制组卖旧瓶装汽水,实验期为 1 个月。实验结果,新包装瓶的汽水卖出 1 万箱,旧瓶装汽水卖出 6000 箱。实验效果 = 实验组数量 - 控制组数量,即 10 000 - 6000 = 4000(箱),实验的结论是新瓶装的汽水已被消费者所接受。

市场是不断变化的,而通过市场营销调研方法所获得的市场面貌是静止的。在千变万化的消费者面前,当按照实地调研的结论采取行动时,这个调查可能已经过时了。因为消费者的看法和爱好在不断改变,竞争者的策略和影响也在不断改变。这些情况说明,提交调研报告后调查工作并未结束,调研人员还要追踪调查的结论与营销活动的实践是否吻合,提出的经营建议是否被领导采纳,应用的程度和实际效果的比较如何。对调查结果进行追踪、及时反馈,可以从中总结经验、纠正偏差,提高调研人员的分析能力和加强对全部营销活动的监督与控制。

7.5 市场调查问卷设计

7.5.1 问卷的作用与设计程序

问卷是采用询问调查法时记录问句以便向被调查人发问并记录答案的文卷,也就是用来搜集第一手资料的文卷。问卷的用途有二:一是根据它向被调查者发问;二是用它记录答案,也就是第一手调查资料,这些第一手资料是为实现调查目的所必需的。同时,问卷可使调查内容标准化、系统化,便于统计处理和汇总分析,具有投入少、产出多、见效快的优点。采用问卷调查是决策科学化、民主化的一个重要方面。

问卷是市场调查中一种以表格形式了解市场情况并使搜集资料更容易、更方便的工具。根据实际情况设计一份完美的问卷是关系到询问调查能否成功的重要条件之一,在很大程度上决定着调查问卷的回收率、有效率和回答的质量。问卷设计的是否切合实际,会影响被调查人的回答、调查结果的误差程度及其可用性。因此,问卷调查要精心安排、严格组织,以保证准确、及时地完成调查任务。

问卷设计的目标是使问卷能够顺利、正确、圆满地完成调查任务,因此在设计时必须把握住该项调查的主题,围绕主题引导被调查者坦率地谈出自己的意向。

设计问卷需遵循一定的程序,一般应按下列步骤进行:

第一步,清楚该项调查的目的,把握住调查的主题,明确通过问卷所要搜集的特定的第一手资料。例如,要明确通过调查需弄清市场的哪一方面的情况;要解决什么样的问题；应有针对性地搜集哪些资料。

第二步，问卷设计人员需亲自到市场上进行自由访问调查，询问一些与调查主题有关的问题，打开设计思路。通过自由访问调查，便于把调查的主题以询问形式分解成更详细的细目。

第三步，拟定问卷文稿，即将调查的主题用适当的口吻，按一般人思考事物的顺序拟成问卷。问卷文稿拟成后，还要采用逻辑分析和经验判断等方法对问卷进行可行性研究。内部的可行性研究通过后，即可进入下一步。

第四步，将问卷文稿在少数被调查人中试填。这种试填实际上也是在进行小范围的实地调查。小范围实地调查的目的并不是为了搜集资料，而是为了进一步检验问卷文稿的可行性，因此试填的对象应有代表性。根据试填中对该项调查的难易度、回答内容的可信程度等方面的反馈，对文稿再次进行必要的修改后，才作为正式问卷使用。

7.5.2 问卷卷面设计

1. 问卷的结构

一份完整的问卷，一般由说明词、搜集资料部分、被调查者特征分类资料部分、电子计算机编码、作业证明的记载五部分构造而成。

(1) 说明词。说明词一般在问卷的开头，或者作为问卷的附信，目的是让被调查人了解调查的意义，引起重视和兴趣，争取支持与合作。人员访问与小组座谈的说明词在具体内容上略有区别。

(2) 搜集资料部分。它是问卷最主要的组成部分，也是使用问卷的目的所在。这一部分设计得如何，直接关系到该项调查有无价值和价值的大小。搜集什么样的资料，是通过问句设计来表示的，包括调查的问题和回答的方式等内容，这些将在下节详细论述。

(3) 被调查者特征分类。被调查者包括两大类：一是个人，二是单位。如果被调查者为个人，则其特征分类资料包括性别、年龄、文化程度、职务或技术职称、个人或家庭收入、民族等项；如果被调查者是企事业等单位，则包括行业类别、资金、营业额、营业面积、经营商品种类、职工人数等项。有了基本特征资料，就可以进行分组研究，如按收入水平，可分为高收入、中等收入和低收入等组进行分析，研究消费水平、消费结构、收入弹性等。

(4) 电子计算机编码。开展问卷调查时，计算处理工作量一般比较大。因此，在问卷上设计电子计算机编码，当取得第一手调查资料后，便于使用电子计算机处理、汇总、分类、排序、分析等用。

(5) 作业证明的记载。作业证明的记载主要是调查人与被调查者的记载，如调查人的姓名、调查时间；被调查者的姓名或单位名称、地址，采用匿名调查则不写被调查者姓名。作业证明用以说明该项作业完成的情况、调查人的责任，并有利于检查、修正调查资料等。

2. 问题设计

问题有以下四种类型：

(1) 自由式问题（open or free answer types of question）。在采用自由问题时，应答者可以用自己的字眼自由发表意见，问卷上没有已拟定的答案。例如，你喜欢看哪一类电视节目？这种方法的优点是应答者的回答受提问者的影响甚小，而且透过自由式问题也能收集到一些为调查者所忽略的答案和资料。自由式问题也有缺点：一是调查者的偏见，这可能由调查者记录失真或理解错误造成；二是资料整理和分析上有困难，由于各个应答者的答案可能不同，所用字眼各异，因此在答案分类时难免出现困难，整理过程相当耗费时间，而且免不了包括整理者自己的偏见在内；三是应答者的社会阶层比重问题。一般而言，上层与中上层的应答者由于他们的教育程度较高，在回答问题时所发表的意见较多且较有条理，因此极可能构成答案中中上阶层应答者答案的比重较大，从而形成调查偏见。

(2) 封闭式问题。封闭式问题与自由式问题相反，其答案已事先由调查者拟定，被调查者可以选择一项或者多项。采用封闭式问题，应答者只能从问卷上已准备好的答案中选择，因此在资料整理与分类上较易处理，在调查时又可节省时间，多问一些问题。其主要缺点是缺乏应答者的自发性表达，他们的答案极可能并不在所拟定的答案之中，因而只好选择一种并非真正代表自己意见的答案。决定采用自由式问题抑或封闭式问题时，必须考虑到问题答案的分散程度，如果答案的可能性极多，用封闭式问题会使答案范围流于狭窄，未能发掘出应答者的真正答案。

(3) 事实性问题。这类问题主要要求应答者回答一些有关事实，例如，你通常什么时候看电视节目？事实性问题的主要目的在于求取事实资料，因此问题中的字眼定义必须清楚，便于正确回答。市场调查中，许多问题均属"事实性问题"，如人口统计特征等。

(4) 意见性问题。在市场调查问卷中，往往会询问应答者一些有关意见或态度的问题，例如，你是否喜欢××电视节目？意见性问题事实上即态度调查。应答者是否愿意表达他真正的态度固然要考虑，了解应答者的态度强弱也很重要。通常而言，应答者会受到问题所用字眼和问题次序的影响，因而答案有所不同。

3. 构造问题应注意的事项

(1) 要避免一般性问题。如果问题的本来目的是求取某种特定资料，设计一般性的问题就无意义。例如，某酒店想了解旅客对该酒店的房租与服务是否满意，因而作如下询问：你对本酒店是否感到满意？这样的问题，显然有欠具体。

（2）用语要简单，定义要清楚。问句中的字眼必须简单，且为常用者，避免双关字，以免应答者误解，语句应如日常对话一般。例如，在市场调查中，"家庭"与"收入"的定义必须清楚。究竟"家庭"包含哪些成员？"收入"是指"缴税前之收入"抑或"缴税后之收入"？非经常性收入是否也应列为"收入"的一部分？对这些问题，显然各个应答者的了解或定义各不相同，自然会影响到答案的准确性，因此调查用语的定义必须清楚明确。另外，一般说，问卷较短，应答者较易理解。但有时为了使应答者能准确回答，用较长句子较易为应答者所理解。

（3）避免用多意语字眼。有许多字眼，各人对其了解各不相同，如"公平"、"普通"、"时常"、"很多"及"一般来说"等，在问卷中均应避免使用。例如，你通常喜欢看什么电视节目？显然"通常"这字眼对不同的应答者来说，有不同的定义。如果将以上问句改成以下语句则可减少调查错误：你昨天主要看了什么电视节目？

（4）避免使用引导性问题。如果问题使用的字眼并非"中性"，而有向应答者提示答案的方向，或者暗示出调查者自己的观点的话，这些问题都可归类为"引导性问题"。例如，多数人喜欢看 NBA 比赛，你也喜欢看吗？为了避免这类问题，不应列出建议性的答案，要不然就列出较多的答案，在此种情况下可采用多项选择方法。

（5）困窘性问题。所谓困窘性问题是指应答者不愿在调查员面前作答的某些问题，如关于私人的问题，或不为一般社会道德所接纳的行为或态度，或属有碍声誉的问题。例如，每个月打几次麻将？如果一定要想获得困窘性问题的答案资料，可采用以下几种方法：第一种是运用"间接问题法"，并不直接询问应答者对某事项的观点，而改问他认为其他人对该事项的看法如何，例如，你能想出她们打麻将的原因吗？接着再提问"你同她们的看法是否一样？"第二种方法是"卡片整理法"，将困窘性问题的答案分为"是"与"否"两类，然后递给应答者一堆卡片，上面印有问题的答案"是"或"否"，要求应答者从中选取一张，掷入一小木箱中。在递给应答者卡片后，调查员可暂时走开，让应答者自己取卡片投入箱中，以减少困窘气氛。

（6）避免断定性问题。有些问题乃先假定应答者已有该种态度或行为，例如，你每天看多长时间电视？正确处理这种问题的方法是在断定性问题之前加一条"过滤"问题，例如，你每天看电视吗？如果应答者回答"是"，用断定性问题继续问下去才有意义，否则在过滤问题后就应停止。

（7）假定性问题。有许多问题乃先假定一种情况，然后询问应答者在该种情况下，他会采取什么行动，例如，如果××晚报涨价至五角，你是否将改看另一种未涨价的晚报？应答者对这种问题多数会答"是"。这种探测应答者未来行为的问题，应答者的答案事实上没有多大意义，因为多数人皆愿尝试一种新东西，或获得一些新的经验。

4. 问题的次序

问题排列的先后次序会影响到应答者的答案。通常问卷的头几个问题可采用自由式问题，旨在使应答者多讲话、多发表意见，使应答者感到十分自在，不受拘束，能充分发挥自己的见解。但最初安排的自由式问题必须较易回答并有趣味性，不可具有高度敏感性，如困窘性问题。核心问题往往置于问卷中间部分，分类性问题如收入、职业、年龄通常置于问卷之末。

在决定问题次序时，可考虑运用"漏斗法"。所谓"漏斗法"，顾名思义乃指最初所提的问题范围广泛，应答者怎样回答都行，然后逐渐把范围缩小，到最后问的属特殊专门性问题。例如，某市场调查公司欲调查消费者对蹦极是否会对身体产生不良后果的意见时，可以用一种较广泛的问法开始：你对蹦极的看法怎样？这个问题给予了应答者回答可能损害身体的想法的机会，下一步便可把问题缩窄一些，例如，你在童年时代跳过蹦极吗？你让你的小孩参加蹦极吗？应答者的答案如果是"否"的话，应加一问题："为什么？"以便应答者有机会提及身体损害的答案。然后可把问题再缩窄一些：你认为参加蹦极有什么害处吗？最后问的问题更加狭窄，比如，有人说参加蹦极对身体会有损害，但也有人说没甚影响，你的看法怎样？或者，你认为参加蹦极会使身体受到损害，还是认为多数人参加蹦极不会令身体受到损害？

以上问题的内容逐渐缩窄，尽量使应答者自动提及参加蹦极与身体之间的关系。事实上用以上提问方式还可获得一些受访者何以要参加蹦极的原因，这些原因在应答者心目中，也许比担心身体损害这一因素更加重要，亦未可知。

在问卷中，有关同类性质的问题往往有若干条，为避免一条一条询问而浪费时间，应在每类问题之前加上一个前文提过的"过滤"问题。如在上例中应先问：你参加过蹦极吗？或者，你在过去两年内参加过蹦极吗？如果答案为"是"，才采用"漏斗法"询问下去，否则大可省略，跳过有关的问题，而从另一类问题开始发问。自然在这类问题之前可再加上"过滤问题"。如果问卷上问题甚多，可能使应答者产生疲倦，以致对某类问题，一开始就回答"否"，借使调查工作早点完。为避免产生这种偏差，在问卷上将一些问题的次序加以转换。在某些问卷上置于前面，另一些则置于中间，还有一些可置于后面。

5. 评价问卷的原则

设计一份好的市场调查问卷，是市场调查工作顺利进行的一个重要条件。在评价问卷时，应考虑以下几方面的内容：

（1）调查人的发问和记录。

(2) 有利于被调查人理解、回答。

(3) 有利于收集到必要的资料。

(4) 有利于资料的整理分析。一份设计优良的问卷,从资料整理来看,当调查完成之后,审核、整理和分析比较方便。

问卷设计的是否好,最基本的一条,就是看它是否有利于提高问卷的回收率,以及问题的回答率。问卷的回收率和有效率随着调查单位的不同(如党政机关、社会群众团体、企事业单位)、被调查对象的不同、问卷内容的吸引力和难易程度不同、采用的调查方法不同,以及对被调查者填答有无鼓励措施而有明显的区别,可采取经验估计方法确定。

分发问卷对象数量计算公式为

$$M = NR \times S$$

式中,M 为分发问卷对象数;N 为计划研究对象数;R 为问卷回收率;S 为回收问卷的有效率。

》 小结

1. 市场营销信息,是市场营销活动的依据。信息来源有人、文件来源和感觉来源三种。

2. 市场营销信息系统是获取市场营销信息的一个重要途径。市场营销信息系统是由人、机器和程序组成的,为营销决策者收集、挑选、分析、评估和分配及时准确、有价值的信息系统。市场营销信息系统由内部报告系统、营销情报系统、营销调研系统和营销决策支持系统四个子系统组成。

3. 市场营销调研是指企业进行系统、客观地收集和分析市场营销相关资料的过程。市场营销调研有三项任务:一是扫描市场,发现、识别和分析市场机会;二是建立营销信息系统,监控环境变化趋势;三是为制定营销战略提供建议和方案,对可能的营销组合进行可行性检验。市场营销经理必须懂得市场营销调研。

4. 市场营销调研有案头调研和实地调研两种基本类型。案头调研是指对第二手资料的调查活动。案头调研有多项任务和基本程序,同时案头调研也有一定的局限性。企业的案头调研方法主要有企业内部资料搜集、外部资料搜集和系统地使用检索工具等。

5. 市场营销实地调研一般要经历发现问题、收集案头资料、确定调研课题、编写调查项目建议书、制订调研计划、探测性调查、结论性调查、数据整理分析和撰写调研报告九个阶段。实地调研的方法有访问法、观察法和实验法。

6. 市场调查问卷设计对调研至关重要，它体现在设计程序、问卷卷面设计、问卷的结构、问题设计、评价问卷的原则等多方面。

关键词

市场营销调查　marketing research
市场营销信息　marketing information
信息领域　information channel
信息来源　information at source
市场营销信息系统　marketing information system
案头调研　desk research
实地调查　field research
市场营销调研程序　marketing research process
访问法　survey research
观察法　observational research
实验法　experimental research
市场调查问卷　market research questionnaire

思考题

1. 调查3～5个男性或女性朋友，了解他们对男用、女用护肤品的感觉。为每一系列的产品构造一个知觉图，依据护肤品知觉图，分析现有产品在哪些领域还不能够提供充分的服务？根据使用者所用的相关维度以及特殊品牌，依据这些维度的定位，你能发现什么性别差异（如果有的话）？

2. 假定你是某位厂商的顾问，他想为一种新的条形巧克力设计包装，目的是打进已饱和的市场，你会就颜色、象征意义及图案设计等包装因素进行什么调查呢？

3. 沿着你所在城市的主要商业街道步行一趟，沿街铺面哪个能吸引你的注意？为什么？

案例

可口可乐公司一次不成功的市场调查

市场调查

20世纪70年代中期以前，可口可乐一直是美国饮料市场的霸主，市场占有率一度达到80%。然而，70年代中后期，它的老对手百事可乐迅速崛起，1975年，可口可乐的市场份额仅比百事可乐多7%；9年后，这个差距更缩小到3%，微乎其微，如下表所示。

时间	20世纪50年代	1975年 市场占有率	领先值	1979年 市场占有率	领先值	1984年 市场占有率	领先值
可口可乐 百事可乐	可口可乐是百事可乐的2倍	24.2% 17.4%	6.8%	23.9% 17.9%	6.0%	21.7% 18.8%	2.9%

百事可乐的营销策略是：

(1) 针对饮料市场的最大消费群体——年轻人，以"百事新一代"为主题推出一系列青春、时尚、激情的广告，让百事可乐成为"年轻人的可乐"。

(2) 进行口味对比。请毫不知情的消费者分别品尝没有贴任何标志的可口可乐与百事可乐，同时百事可乐公司将这一对比实况进行现场直播。结果是，有八成的消费者回答百事可乐的口感优于可口可乐，此举马上使百事可乐的销量激增。

种种迹象表明，口味是造成可口可乐市场份额下降的一条最重要的原因。这个99年秘不示人的配方似乎已经合不上今天消费者的口感了。于是，可口可乐公司在1982年实施了"堪萨斯工程"。

"堪萨斯工程"是可口可乐公司秘密进行市场调查行动的代号。在这次市场调查中，可口可乐公司出动了2000名调查员，在10个主要城市调查顾客是否愿意接受一种全新的可口可乐。调查员向顾客出示包含有一系列问题的调查问卷，请顾客现场作答。例如，有一个问题是：可口可乐配方中将增加一种新成分，使它喝起来更柔和，你愿意吗？另一个问题是：可口可乐将与百事可乐口味相仿，你会感到不安吗？你想试一试新饮料吗？

根据调查结果，可口可乐公司市场调查部门得出了如下数据：只有10%~12%的顾客对新口味表示不安，而且一半以上的人认为以后会适应新可口可乐。这表明顾客们愿意尝试新口味的可口可乐。

可口可乐公司技术部门决意开发出一种全新口感的、更惬意的可口可乐。1984年9月，他们终于拿出了样品。这种新饮料比可口可乐更甜、气泡更少，它的口感柔和且略带胶黏感，这是因为它采用了比蔗糖含糖更多的谷物糖浆。可口可乐公司组织了品尝测试，在不告知品尝者饮料品牌的情况下，请他们说出哪种饮料更令人满意。测试结果令可口可乐公司兴奋不已，顾客对可口可乐的满意度超过了百事可乐。而以前的历次品尝测试中，总是百事可乐高于可口可乐。可口可乐公司的市场调查人员认为，这种新配方的可口可乐至少可以将公司在饮料市场所占的份额向上推动一个百分点，这意味着多增加2亿美元的销售额！

为了万无一失，可口可乐公司倾资400万美元进行了一次规模更大的口味测试，13个大城市的19.1万名顾客参加了这次测试。在众多未标明品牌的可乐饮料中，品尝者们仍对可口可乐青睐有加，55%的品尝者认为可口可乐的口味胜过传统配方的可口可乐，而且在这次测试中新可口可乐又一次击败了百事可乐。

"新可乐"上市

新可口可乐马上就要投产了，但此时可口可乐公司面临一个新问题：是为"新可乐"增加一条生产线呢，还是用"新可乐"彻底取代传统可乐呢？

可口可乐公司决策层认为，新增生产线肯定会遭到遍布世界各地的瓶装商们的反对（可口可乐公司在美国生产可口可乐原浆，然后运到世界各地在当地灌入瓶中出售，从事灌装业务的企业就是瓶装商），因为会加大瓶装商的成本。经过反复权衡后，可口可乐公司决定用"新可乐"取代传统可乐，停止传统可乐的生产和销售。

1985年4月23日，戈伊朱埃塔在纽约市的林肯中心举行了盛大的新闻发布会，正式宣布"新可乐"上市了。可口可乐公司向美国所有新闻媒体发出了邀请，共有200余位报纸、杂志和电视台记者出席了新闻发布会，消息闪电般传遍美国。在24小时之内，81%的美国人都知道了可口可乐改变配方的消息，这个比例比1969年7月阿波罗登月时的24小时内公众获悉比例还要高。

"新可乐"上市初期，市场反应非常良好。1.5亿人在"新可乐"问世的当天品尝了它，历史上没有任何一种新产品会在面世当天拥有这么多买主。发给各地瓶装商的可乐原浆数量也达到5年来的最高点。但很快销售开始下降，公司每天收到来自愤怒的消费者的成袋信件和1500多个电话。一个叫做"旧可乐饮用者"的组织发起各种抗议活动，分发T恤，并威胁要进行集体起诉，除非可口可乐重新采用旧配方。可口可乐公司不得不在三个月后重新提供旧配方，并将它起名为经典可乐。不久其销量就超过了新可乐，是其2倍多。

公司迅速的反应使其避免了更大的灾难。公司增强了对经典可乐的宣传，并将新可乐作为辅助性产品，经典可乐重新成为公司的主要品牌——也是美国饮料的领先品牌。新可乐成为公司的"进攻性品牌"——对手是百事——广告中明确地比较了新可乐与百事可乐的味道区别。即使这样，新可乐也只占据了2%的市场份额。在1990年春天，公司重新包装了新可乐，并将其作为延伸品牌，以

"可乐Ⅱ"的新名字重新推向市场。现在经典可乐占据了美国软饮料市场的20%以上；而可乐Ⅱ只占据了微不足道的0.1%。

（资料来源：Kotler P, Armstrong G. 市场营销原理. 第9版，赵平等译. 北京：清华大学出版社，2003. 有删改）

案例思考题：
1. 可口可乐的调查出了什么问题？
2. 本案中可口可乐的调研结果与其后的企业行为是否协调？

第8章

产品及服务决策

  2009年4月20日,吉利携微型车、小型车、中级车以及豪华车在内的22款整车亮相上海车展,从单一品牌变身为一个拥有全球鹰、帝豪、上海英伦三大子品牌的汽车集团。

  吉利控股集团总裁杨健告诉记者:"新吉利各子品牌彼此并列平等,分别代表不同的品牌特性和风格,对应全新的Logo。"其中,"全球鹰"代表"时尚、激情、梦想","帝豪"是"豪华、稳健、力量"的象征,"上海英伦"则传递"经典、英伦、贵族"的产品理念。

  为支撑全新的子品牌体系,吉利推出了一套国际化的全新整车产品命名体系,采用"2个字母+3位数字"的命名方式。吉利副总裁赵福全介绍,该命名体系借鉴国际知名品牌的经验,按照这套命名规则,后续的产品可以得到有序命名,并自然明确家族关系,将有效支撑吉利未来数量庞大的车型产品。

  (资料来源:李书福.吉利押宝多品牌.经济观察报.http://www.emkt.com.cn.2009-04-30)

  产品是市场营销组合中最重要,也是最基本的因素。因为企业在制定营销组合策略时,首先必须决定发展什么样的产品或服务来满足目标市场需求。因此,能否正确地制定和实施产品策略与企业营销成败关系重大。同时,产品策略是其他营销组合因素的基础,它直接或间接地影响到其他因素的管理。

8.1 产品整体概念

关于产品的概念，传统的解释经常局限在某种物质的形态和具体的用途上，人们一般把产品理解为由劳动创造、具有使用价值和价值的有形物品。这一概念强调产品是有形的物品。基于这一狭义认识，生产者可能只关注产品的物质特征及生产成本。但是，在现代市场营销学中，产品概念具有极其宽广的外延和深刻而丰富的内涵。广义的产品是指通过交换提供给市场的，能够满足消费者或用户某一需求和欲望的一切东西。这里的产品具有两种形态：有形产品和无形产品。前者包括产品实体及其品质、款式、特色、品牌和包装等；后者包括可以带给顾客的心理满足感、信任感，以及各种售后支持和服务保证等。

从市场营销学的角度出发，产品是一个整体概念。它由三个层次组成，如图8-1所示。

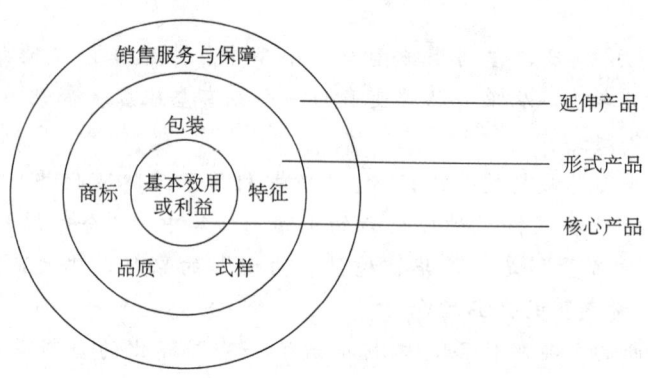

图8-1 整体产品概念的三个层次

（1）核心产品。也叫实质产品，是指向顾客提供的产品的基本效用或利益，是构成产品最本质的核心部分。从根本上说，每一种产品实质上都是为顾客解决问题而提供的。比如，人们购买制冷空调机不是为了获取装有某些电器零部件的物体，而是为了在炎热的夏季，满足凉爽舒适的需求。因此，企业营销人员向顾客销售的任何产品，都必须具有反映顾客核心需求的基本效用或利益。

（2）形式产品。形式产品是指核心产品借以实现的形式或目标市场对某一需求的特定满足形式。形式产品由五个特征所构成，即品质、式样、特征、商标及包装。即使是纯粹的劳务产品，也具有相类似的形式上的特点。产品的基本效用必须通过特定形式才能实现，市场营销人员应努力寻求更加完善的外在形式以满足顾客的需要。

（3）延伸产品。也叫附加产品，是指顾客购买产品时所能得到的附加服务和附加利益的总和，包括产品说明书、保证、安装、维修、送货、技术培训等。由于技术的发展，企业之间竞争激烈，不同企业提供的同类产品在核心利益上越来越接近，很难有很大的差别，因此，正确发展延伸产品便成了企业获得竞争优势的有效手段。美国营销学家里维特曾指出："未来竞争的关键，不在于工厂能生产什么产品，而在于其产品所提供的附加价值：包装、服务、广告、用户咨询、消费信贷、及时交货和人们以价值来衡量的一切东西。"

产品整体概念的三个层次，十分清晰地体现了以顾客为中心的现代营销观念。这一概念的内涵和外延都是以消费者需求为标准的，由消费者的需求来决定的。可以说，产品整体概念是建立在"需求＝产品"这样一个等式基础之上的。没有产品整体概念，就不可能真正贯彻现代营销观念。

8.2 产品组合

8.2.1 产品组合概念

1. 产品组合、产品线及产品项目

产品组合是指一个企业提供给市场的全部产品线和产品项目的组合或结构，即企业的业务经营范围。企业为了实现营销目标，充分有效地满足目标市场的需求，必须设计一个优化的产品组合。产品组合又是由若干产品线和产品项目构成的。

产品线是产品组合中的一大类，是指能够满足同类需要，在功能、使用和销售等方面具有类似性的一组产品，产品线内一般有很多不同的产品项目。根据不同的标准如功能相似性、用户相似性、分销渠道相似性可以将密切联系的产品项目归为一个产品线，如海尔有彩电、冰箱、洗衣机等许多产品线。

产品项目是指产品线中不同品种、规格、质量和价格的特定产品。例如，某自选采购中心经营家电、百货、服装、体育用品等，这是产品组合；而其中"家电"或"服装"等大类就是产品线；每一大类里包括的具体品牌、品种为产品项目。

2. 产品组合的宽度、长度、深度和相关性

产品组合有四个衡量变量：宽度、长度、深度和相关性。产品组合的宽度是指产品组合中所拥有的产品线的数目。产品组合的长度是指产品组合中产品项目的总数。如以产品项目总数除以产品线数目即可得到产品线的平均长度。表 8-1 所显示的产品组合总长度为 18，每条产品线的平均长度为 $18 \div 4 = 4.5$。产品组

合的深度是指一条产品线中所含产品项目的多少。产品组合的相关性是指各条产品线在最终用途、生产条件、分配渠道或其他方面相互关联的程度。例如，某家用电器公司拥有电视机、收录机等多条产品线，但每条产品线都与电有关，这一产品组合具有较强的一致性。如果某公司同时生产精密机床和化妆品，则这两条产品线的关联性就很小。

表 8-1　某企业产品组合表

	彩　电	冰　箱	洗衣机	服　装
产品线的长度	21寸	双王子	单缸	男西装
	25寸	金王子	双缸	女西装
	29寸	单开门	全自动	男休闲装
	35寸纯平	双开门	滚筒	女休闲装
	数码电视			男中山装

根据产品组合的四种尺度，企业可以采取四种方法发展业务组合：① 加大产品组合的宽度，扩大企业的业务范围，实行多样化经营，分散企业投资风险；② 增加产品组合的长度，使产品线丰满充裕，成为产品线更全面的公司；③ 挖掘产品组合的深度，占领同类产品的更多细分市场，满足更广泛的市场需求，扩大总的销售量；④ 增强产品组合的一致性，使企业在某一特定的市场领域内增强竞争实力和赢得良好的声誉。因此，产品组合决策就是企业根据市场需求、竞争形势和企业自身能力对产品组合的宽度、长度、深度和相关性方面作出的决策。

8.2.2　优化产品组合的分析

产品组合状况直接关系到企业销售额和利润水平，企业必须对现行产品组合作出系统的分析和评价，并决定是否加强或剔除某些产品线或产品项目。优化产品组合的过程，通常是分析、评价和调整现行产品组合的过程，优化产品组合包括以下两个重要步骤。

1. 产品线销售额和利润分析

产品线上的每一个产品品种对总销售额和利润所作的贡献是不同的。产品线销售额和利润分析主要是指分析、评价现行产品线上不同产品项目所提供的销售额和利润水平。图 8-2 是一条拥有五个产品项目的产品线，根据图 8-2 所示，第一个产品项目的销售额和利润额分别占整个产品线销售额和利润的 50%、30%，第二个产品项目的销售额和利润均占整个产品线销售额和利润的 30%。如果这两个产品突然受到竞争者的打击,产品线的销售额和利润就会迅速下降。因此,在一条产品线上,如果销售额和盈利高度集中在少数产品项目上,则意味着产品线比较脆弱。为此,公司必须细心地加以保护,并努力发展具有良好前景的产品项目。最后一个产品项目只占整个产品线销售额与利润的5%,如无发展前景,可以剔除。

2. 产品线品种定位图

产品线品种定位图是一种有效的分析工具,有助于企业了解自己的产品线与竞争者产品线的对比情况,明确竞争形势。

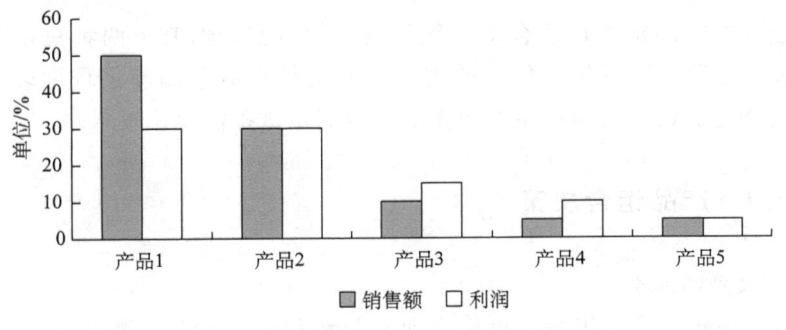

图 8-2 产品项目分析

H 造纸公司有一纸板产品线。纸板的两大属性是纸张重量和成品质量。纸重一般为 90、120、150、180 四个级别,质量则有高、中、低三个水准。图 8-3 为纸板产品全部品种定位图,表明 H 公司的两个产品品种都为超重级,质量一个中等偏上,一个低等;H 公司在轻、中、重三个级别各有一个品种,质量在

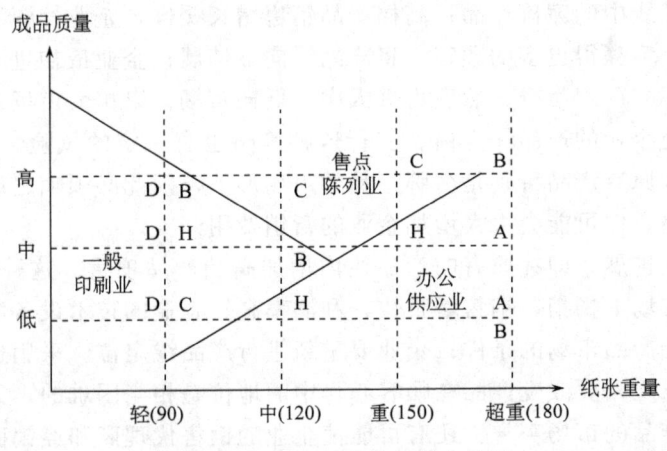

图 8-3 纸板产品线的品种定位图

低等和中等间变动。

产品品种定位图有如下作用：

（1）可以明确显示出互相竞争的产品品种。如 H 公司轻量级、中等质量的纸板与 D 公司的纸板相竞争，而重量级、中等质量的纸板没有直接的竞争对手。

（2）它能提示新产品品种的开发方向。图 8-3 中表明重量级、低质量的纸板无人生产，如果这种纸板确实有一定的市场需求，企业有能力生产并能合理定价，那么它就应积极开发这一新的产品品种。

（3）产品线品种定位图还有助于企业根据各类用户的购买兴趣和需要来识别细分市场。

H 公司的产品定位较适合于一般印刷业的需要，但其他两种只定位在办公品供应业的边界上，可见对售点陈列业、办公品供应业的满足程度较差，如果 H 公司有能力的话，应考虑生产更多品种以满足这些需要。

8.2.3 产品组合决策

1. 扩大产品组合

一般来说扩大产品组合，可使企业充分地利用人、财、物资源，分散风险，增强竞争能力。扩大产品组合有两种方式：一是产品线扩展；二是产品线填补。

1）产品线扩展决策

每一企业的产品线一般都会定位于该行业范围的某个部分。产品线的扩展就是企业超出现有范围来增加它的产品线的长度，具体的扩展办法有如下三种。

（1）向下扩展，即在原有的产品线下面增加低档产品项目。实行这一决策需要具备以下市场条件：利用高档名牌产品的声誉，吸引购买力水平较低的顾客慕名购买此产品线中的廉价产品；高档产品销售增长缓慢，企业的资源设备没有得到充分利用，为赢得更多的顾客，将产品线向下伸展；企业最初进入高档产品市场的目的是建立厂牌信誉，然后再进入中、低档市场，以扩大市场占有率和销售增长率；补充企业的产品线空白。实行这种策略也有一定的风险，如处理不慎，就会影响企业原有产品特别是名牌产品的市场形象，因此必须辅之以一套相应的营销组合策略，但可能会大大增加企业的营销费用开支。

（2）向上扩展，即在原有的产品线内增加高档产品项目。这种策略适用于：高档产品在市场上畅销，销售增长快，利润率高；企业的技术设备和营销能力已具备加入高档产品市场的条件；企业要重新进行产品线定位。采用这一策略也要承担一定的风险，要改变产品在顾客心目中的地位是相当困难的，处理不慎，还会影响原有产品的市场声誉，还有可能使企业的销售代理商和经销商没有能力经营高档产品。

(3) 双向扩展，即原定位于中档产品市场的企业掌握了市场优势以后，向产品线的上下两个方向延伸，一方面增加高档产品，另一方面增加低档产品，扩大市场阵地。成功的双向扩展战略可使企业成为某类产品市场的领导力量。

2) 产品线填补决策

产品线填补决策是在现有产品线的范围内增加一些产品项目，以强化产品线的策略。采取该策略主要基于以下考虑：通过扩大经营增加利润；满足消费者的差异化需求；防止竞争对手乘虚而入；利用过剩的生产能力等。但进行这一决策时应注意：要合理调配企业的各种资源，防止企业新旧产品之间的过度竞争；要根据实际存在的差异需求来增加产品项目，以使消费者能明显感觉到其产品线内各个产品项目之间的差异；必须使新的产品项目有足够的销量，尤其要注意的是决定发展某种产品项目时，一定要考虑此种产品的市场需求状况，而不能仅仅是为满足企业内部产品定位的需要。

2. 缩减产品组合

较长、较宽的产品组合会在市场繁荣时为企业带来更多的盈利机会，但在市场不景气或原料、能源供应紧张时期，或者产品线中有使利润减少并有卖不掉的存货时，企业可以考虑缩减产品线，把更多的资源投入到利润率较高的产品线上，以增加产品的获利能力。有时，产品线在以下几种情况下有不断延长的趋势：生产能力过剩促使产品经理开发新的产品项目；经销商和销售人员为适应顾客的需要，要求增加产品项目；产品线经理为了扩大销售和提高利润增加产品项目。但是，随着产品线的加长，营销费用也随之增加，这样会相应减少利润。在这种情况下，需要对产品线的发展进行相应的遏制，剔除那些得不偿失的产品项目，使产品线缩短，以提高获利水平。

3. 产品线现代化

这一策略强调把现代化科学技术应用到生产过程中去。在有些情况下，有的企业虽然产品组合的广度、深度和长度都很适宜，但是，产品线的生产方式已经落后，并且影响了企业的生产和市场营销效率。这种情况下，就必须实施产品线现代化决策，对现有产品线的技术进行更新或改造。

当企业决定实施产品线现代化决策时，有两种方式可供决策：一种是逐步实现；另一种是以最快速度、用全新设备更换原有的产品线。选择逐步实现的方式可以节省资金，但也容易被竞争者发现和模仿；而快速实现产品线现代化决策，需在较短的时间内投入大量的资金，但可以快速产生市场效果，并对竞争者形成威胁。

8.3 品牌与商标决策

8.3.1 品牌的含义

1. 品牌的定义

品牌是一种名称、术语、标记、符号或设计，或是它们的组合运用，其目的是用以识别某个销售者或某群销售者的产品或服务，并使之与竞争对手的产品或服务区别开来。品牌是一个集合概念，它包括品牌名称（brand name）和品牌标志（brand mark）两部分。品牌名称是指品牌中可以用语言称呼的部分，也称"品名"；品牌标志，也称"品标"，是指品牌中可以被认出、易于记忆但不能用言语称呼的部分，通常由图案、符号或特殊颜色等构成。

2. 品牌的整体含义

品牌，就其实质来说，代表着销售者（卖者）对交付给买者的产品特征、利益和服务的一贯性的承诺，久负盛名的品牌是优等质量的保证。不仅如此，品牌还传递着丰富的市场信息。品牌的内涵可从以下六个方面来把握：

（1）属性。品牌代表着特定的商品属性，这是品牌最基本的含义。例如，奔驰牌轿车意味着工艺精湛、制造优良、昂贵、耐用、信誉好声誉高、再转卖价值高、行驶速度快等，这些属性是奔驰生产经营者广为宣传的重要内容。

（2）利益。品牌一定要体现出某种特定的利益。顾客购买商品实质是购买某种利益，这就需要把属性转化为功能性或情感性利益。或者说，品牌利益相当程度地受制于品牌属性。

（3）价值。品牌体现了生产者的某些价值感。例如，奔驰代表着高绩效、安全、声望等。品牌的价值感客观要求企业营销者必须分辨出对这些价值感兴趣的购买者群体。

（4）文化。品牌还附着特定的文化，从奔驰汽车给人们带来的利益等方面来看，奔驰品牌蕴涵着"有组织、高效率和高品质"的德国文化。

（5）个性。品牌也反映一定的个性。如果品牌是一个人、一种动物或一个物体，那么，不同的品牌会使人们产生不同的品牌个性联想。

（6）用户。品牌暗示了购买或使用产品的消费者类型。我们更愿意看到驾驶奔驰轿车的是有成就的企业家或高级经理。

六个层次的品牌内涵使企业必须考虑品牌特性的深度层次。购买者更重视品牌利益而不是品牌属性；而且竞争者很容易模仿或复制这些属性；另外，现有的属性还会随着时间的推移、技术的进步而变得毫无价值。品牌最持久的含义是其价值、文化和个性，它们构成了品牌的基础，揭示了品牌间差异的实质。

3. 品牌与商标

品牌与商标是极易混淆的一对概念，两者既有联系，又有区别，品牌并不完全等同于商标，或者说品牌有别于商标。

品牌与商标都是用以识别不同生产经营者的不同种类、不同品质产品的商业名称及其标志。尽管如此，品牌和商标的外延并不相同。品牌是市场概念，是产品和服务在市场上通行的牌子，它强调与产品及其相关的质量、服务等之间的关系，品牌实质上是品牌使用者对顾客在产品特征、服务和利益等方面的承诺。而商标属于法律范畴，是法律概念，它是已获得专用权并受法律保护的品牌，是品牌的一部分。

在我国，商标通常有"注册商标"与"非注册商标"之分。注册商标是指受法律保护、所有者享有专用权的商标。非注册商标是指未办理注册手续、不受法律保护的商标。国家规定必须使用注册商标，必须申请商标注册，未经核准注册的，不得在市场销售。我国习惯上对一切品牌不论其注册与否，都称为商标。

而商标专用权，也称商标独占使用权，是指品牌经政府有关主管部门核准后独立享有其商标使用权。这种经核准的品牌名称和品牌标志，受到法律保护，其他任何未经许可的企业不得使用。因此，企业要使自己的产品品牌长久延续，必须通过国家许可的方式获得商标专用权，以求得法律的保护。

8.3.2 品牌的作用

1. 品牌对营销者的重要作用

对从事市场营销活动的企业来说，品牌的有益作用主要表现在以下几方面：

(1) 品牌有利于保护品牌所有者的合法权益。品牌经注册后获得商标专用权，其他任何未经许可的企业和个人都不得仿冒侵权，从而为保护品牌所有者的合法权益奠定了客观基础。

(2) 品牌有助于扩大产品组合。如消费者对某一品牌产生了偏爱，则该品牌所属的产品组合的扩大将容易为消费者所接受。

(3) 品牌有利于约束企业的不良行为。品牌对品牌使用者的市场行为起到约束作用，督促企业着眼于企业长远利益、着眼于消费者利益、着眼于社会利益，规范自己的营销行为。

(4) 品牌有助于促进产品销售，树立企业形象。借助品牌，消费者可了解所属品牌下的商品；借助品牌，消费者记住了品牌及商品，也记住了企业；借助品牌，面对产品的不断更新换代，消费者也会在其对品牌信任的驱使下产生新的购买欲望，在信任品牌的同时，企业的社会形象、市场信誉得以确立并随品牌忠诚度的提高而提高。

此外，品牌还有利于企业实施市场细分战略，不同的品牌针对不同的目标市场，有利于进占、拓展各细分市场。

2. 品牌给消费者带来的益处

（1）品牌便于消费者辨认、识别所需商品，有助于消费者选购商品。随着科学技术的发展，商品的科技含量日益提高，对消费者来说，同种类商品间的差别越来越难以辨别，商品品牌的存在使消费者可借助品牌来辨别、选择所需商品或服务。

（2）品牌有利于消费者选购商品，降低消费者购买成本。由于消费者经过多次购买，对品牌有了一定的知识，他们很容易辨别哪类品牌适合自己，对品牌的了解大大地减少了搜索相关信息的成本。

（3）品牌有利于促进产品改良，有益于消费者。企业为了适应消费者需求的变化，适应市场竞争的客观要求，必然会不断更新或创制新产品，以变更、增加承诺，品牌最终会带给消费者更多的利益。

8.3.3 品牌资产

1. 品牌资产的含义

品牌资产是一种超过商品或服务本身利益以外的价值。它通过为消费者和企业提供附加利益来体现其价值，并与某一特定的品牌紧密联系。若某种品牌给消费者提供的超过商品或服务本身以外的附加利益越多，则该品牌对消费者的吸引就越大，从而品牌资产价值也就越高。如果该品牌的名称或标志发生变更，则附着在该品牌上的财产也将部分或全部丧失。品牌给企业带来的附加利益，最终源于品牌对消费者的吸引力和感召力。也可以说，品牌资产是企业与顾客关系的反映，而且是长期动态关系的反映。

2. 品牌资产的特点

品牌资产作为企业财产的重要组成部分，主要有以下几个基本特征：

（1）无形性。品牌资产是一种无形资产。这种无形性，一方面增加了人们对它予以直观把握的难度；另一方面，品牌资产的所有权获得和所有权转移也与有形资产存在着差异，一般由品牌使用者申请注册，由注册机关按法定的程序确立其所有权。

（2）投资与利用的交错性。品牌资产作为一种无形资产，其投资与利用很难分开。品牌资产的利用并不一定是品牌资产减少的过程，而且，如果品牌管理利用得当，品牌资产非但不会因利用而减少，反而会在利用中增值。

（3）品牌资产评估的复杂性。一方面，品牌资产的特殊构成决定了品牌资产难以准确计量。品牌反映的是一种企业与顾客的关系。这种关系的深度与广度通常需通过品牌知名度、品牌联想、品牌忠诚和品牌品质形象等多方面予以透视，而且，品牌资产的这些组成部分又是相互联系、相互影响、彼此交错而难以截然分开的。另一方面，反映品牌资产价值的品牌获利性（品牌未来获利能力）受许多不易计量的因素影响，如品牌在消费者中的影响力、品牌投资强度、品牌策略、产品市场容量、产品所处行业及其结构、市场竞争的激烈程度等，这都使准确计量品牌资产有一定的难度。

（4）品牌资产的波动性。尽管品牌资产是企业以往投入的沉淀与结晶，但并不表明品牌资产只增不减。事实上，市场竞争的状况、企业品牌决策的失误、消费者兴趣的变化，都有可能使企业品牌资产发生波动，甚至大幅度下降。

（5）品牌资产是营销绩效的主要衡量指标。品牌资产的大小是各种营销技术营销手段综合作用的结果，它在很大程度上反映了企业营销的总体水平。品牌资产是营销绩效的主要衡量指标。

8.3.4 品牌设计

品牌设计充满了艺术性和创造性，它不仅需要设计者非常熟悉产品的特性，而且需要有较高的文字和艺术修养，有丰富的人文社会生活知识。在品牌设计过程中，一般应坚持以下几个基本原则：

（1）简洁醒目，易读易记。品牌的重要作用是有助于识别商品，为此，要使人们见到后能留下深刻的印象，起到广告宣传的作用，必须简洁明了，一目了然，为此在设计时应采用流行的色彩、明快的线条、精练的文字、抽象的图案，要避免过于写实，画面要色彩匀称，图案清晰，线条流畅，使品牌的整体结构形象化、艺术化、通俗化。在语言上，文字要精练，要易于拼读、辨认、记忆，并且琅琅上口，悦耳动听，饶口、低沉的读音将使商品的宣传推广大打折扣。

（2）构思巧妙，特色鲜明。在构思上要匠心独运，勇于创新，体现品牌的独特个性。平庸无奇的品牌不但无法引起消费者注意，而且会留给消费者产品一般化的感觉。只有独特别致、新颖美观、充满感召力的品牌，才能给消费者以美的享受，并使消费者更快地记住这个品牌。

（3）富蕴内涵，饱含情感。在我国很多品牌设计取材于已有的人名地名、山川河流、风景名胜、植物花卉、符号图形或神话典故，此时品牌大多有其独特的含义和解释，具有丰富的个性和文化内涵，这样的品牌通常能唤起消费者的美好联想，并使其在购买或消费时产生一种文化认同和价值选择。

（4）品牌设计要与目标市场的文化背景相适应。由于世界各国的历史文化传统、语言文字、风俗习惯、价值观念和审美情趣不同，对于一个品牌的认知、联想必然会有很大差异，因此品牌设计尤其是出口商品的品牌设计特别要注意避免使用当地忌讳的图案、色彩，以及令顾客产生歧义的文字内容。我国企业在语言方面不仅要注意翻译成外文时是否产生歧义，还要注意会不会因汉语拼音与英文混淆而产生歧义。

8.3.5 品牌策略

1. 品牌有无策略

企业是否需要为自己生产经营的产品建立品牌？历史上许多产品不用品牌，制造商或经销商直接把产品从麻袋、箱子中取出来销售，市场对同类产品没有任何辨认的凭证。欧洲中世纪的行会经过努力，要求手工业者在其产品上加印标记，以保护他们自己并使消费者不受劣质产品的侵害，这使最早的品牌标记得以产生，逐渐发展到今天只有个别产品不使用品牌。

尽管品牌能够给品牌所有者、品牌使用者带来很多好处，但并不是所有的产品都必须使用品牌，这要视企业和产品的具体情况而定。实践中，有的营销者为了节约包装、广告等费用，降低产品价格，吸引低收入购买力，提高市场竞争力，也常采用无品牌策略。如在超市里就有无品牌产品，它们多是包装简易且价格便宜的产品。

必须说明的是，商品无品牌也有企业对品牌认识不足、缺乏品牌意识等原因。当然，商品有无品牌不是一成不变的。随着品牌意识的增强，近年来，我国企业品牌化程度不断提高，原来不使用品牌的一些农产品，如大米、肉类产品，以产地来作为其品牌的情况越来越多。

2. 品牌归属策略

确定产品应该有品牌以后，就涉及如何抉择品牌归属问题。对此，企业有三种可供选择的策略，其一是企业使用属于自己的品牌，这种品牌叫做企业品牌或生产者品牌；其二是企业将其产品售给中间商，由中间商使用他自己的品牌将产品转卖出去，这种品牌叫做中间商品牌；其三是企业对部分产品使用自己的品牌，而对另一部分产品使用中间商品牌。

随着市场经济的发展，市场竞争日趋激烈，品牌的作用日益为人们所认知，中间商随着自身势力的增强对品牌的拥有欲望也越来越强烈。近年来，中间商品牌呈明显的增长之势。许多市场信誉较好的中间商（包括百货公司、超级市场、服装商店等）都争相设计并使用自己的品牌，如美国的零售企业 Sears 公司经销的商品 90% 都标有自己的品牌。同时，强有力的批发商中也有许多使用自己的品牌，以期增强对价格、供货时间等方面的控制能力。

营销企业选择生产者品牌或中间商品牌时，即品牌归属生产者还是中间商，要全面考虑，权衡利弊，最关键的问题要看生产者和中间商谁在市场中居主导地位、拥有更好的市场信誉和拓展市场的潜能。一般来讲，在生产者或制造商的市场信誉良好、企业实力较强、产品市场占有率较高的情况下，宜采用生产者品牌；相反，若生产者或制造商资金实力薄弱，则应以中间商品牌为主，或全部采用中间商品牌。

3. 品牌统分策略

企业是决定所有产品都使用一个品牌，还是各种产品分别使用不同的品牌，此即品牌统分策略。通常有四种可供选择的策略。

（1）统一品牌。统一品牌即企业所有的产品（包括不同种类的产品）都统一使用一个品牌。对于那些拥有较高声誉的著名企业，采用统一品牌策略可以充分利用其名牌效应，使企业所有产品都能获得一定的市场优势，这样有利于降低新产品的宣传费用；同时也有助于显示企业实力，塑造企业形象。但若其中某一种产品出现问题，就可能影响全部产品和整个企业的信誉。

（2）个别品牌与多品牌。个别品牌是指企业对各种不同的产品分别使用不同的品牌；而多品牌策略通常是指企业同时为一种产品设计两种或两种以上互相竞争品牌的做法。企业使用个别品牌策略可以避免由于产品质量不同或目标市场差异而采用统一品牌的风险。企业运用多品牌策略也能够避免统一品牌下的负面株连效应，还可以在产品分销过程中占有更大的货架空间，进而压缩或挤占竞争者产品的货架面积，为获得较高的市场占有率奠定基础，而且多种不同的品牌代表了不同的产品特色，可吸引多种不同需求的顾客，提高市场占有率。

此外，多种不同的品牌同时并存必然使企业的促销费用升高且存在自身竞争的风险，所以，在运用多品牌策略时，要注意各品牌市场份额的大小及变化趋势，适时撤销市场占有率过低的品牌，以免造成自身品牌过度竞争。

（3）分类品牌。分类品牌即指企业对其不同类别的产品分别采取不同的品牌名称，以便在不同大类产品领域中树立各自的品牌形象，有时即使在同一类产品中，由于品质等级的差异，不同的等级也要使用不同的品牌。如娃哈哈集团，其纯净水用娃哈哈品牌，耐酸饮料用非常可乐品牌。在对品牌进行分类时既可以按产品分类，也可以按市场分类。

（4）个别品牌名称与企业名称并用。即企业决定其不同类别的产品分别采取不同的品牌名称，且在品牌名称之前再加上企业的名称。企业多把此种策略用于新产品的开发，这样能使新产品享受企业已有的市场声誉，而采用不同的品牌名称，可以使各种新产品显示出不同的特色。

4. 品牌延伸策略

品牌延伸是指一个现有的品牌名称使用到一个新类别的产品上，品牌延伸策略是将现有成功的品牌，用于新产品或修正过的产品上的一种策略。品牌作为无形资产是企业的战略性资源,如何充分发挥企业的品牌资源潜能并延续其生命周期便成为企业的一项重大战略决策。品牌延伸是实现品牌无形资产转移和发展的有效途径,它一方面在新产品上实现了品牌资产的转移,另一方面又以新产品形象延续了品牌寿命,因而成为企业的现实选择。例如,海尔品牌在冰箱上获得成功之后,又利用这个品牌成功地推出了海尔牌的洗衣机、电视机、热水器、计算机等新产品。目前,越来越多的企业都在进行品牌延伸。

品牌延伸有如下好处:

(1) 有助于减少新产品的市场风险,如可以大大缩短被消费者认知、认同、接受、信任的过程,有效地防范新产品的市场风险,并且可以有效地降低新产品推广的成本费用。与同类产品相比,它与之站在同一起点上,甚至略优于对手,具备了较强的竞争能力。

(2) 品牌延伸有助于强化品牌效应,增加品牌这一无形资产的经济价值。

(3) 品牌延伸能够增强核心品牌的形象,能够提高整体品牌组合的投资效益。

然而,品牌延伸是一把双刃剑,也存在弊端:

(1) 损害原有品牌形象。当某一类产品在市场上取得领导地位后,这一品牌就成为强势品牌,它在消费者心目中就有了特殊的形象定位,甚至成为该品类的代名词。将这一强势品牌进行延伸后,就有可能对强势品牌的形象起到巩固或减弱的作用。如果品牌延伸运用不当,原有强势品牌的形象信息就被弱化,形成此消彼长的"跷跷板"现象。

(2) 造成品牌认知模糊化。当一个名称代表两种甚至更多的有差异的产品时,必然会导致消费者对产品认知的飘忽不定。当延伸品牌的产品在市场竞争中处于绝对优势时,消费者就会把原强势品牌的心理定位转移到延伸品牌上。这样,无形中削弱了原强势品牌的优势。

(3) 有悖消费心理。一个品牌取得成功的过程,就是消费者对企业所塑造的这一品牌的特定功用、质量等特性产生特定的心理定位的过程。如企业把强势品牌延伸到和原市场不相容或毫不相干的产品上时,就有悖消费者的心理定位。

(4) 株连效应。将强势品牌名冠于别的产品上,如果不同产品在质量、档次上相差悬殊,就使原强势品牌产品和延伸品牌产品产生冲突,不仅损害了延伸品牌产品,还会株连原强势品牌。

(5) 淡化品牌特性。一个品牌在市场上取得成功后,在消费者心目中就有了特殊的形象定位,消费者的注意力也集中到该产品的功用、质量等特性上。如果企业用同一品牌推出功用、质量相差无几的同类产品,该品牌就会被淡化,产生品牌稀释。

因此品牌延伸既能为企业带来较大的利益,同时也有较大风险。企业在实施时一定要着眼于长远，结合生产、营销、财务和人力资源等因素综合考虑。

8.4 包装策略

包装是产品策略的重要组成部分，它不但保证了产品的使用价值，而且还增加了产品的价值，良好的包装是获得市场竞争力的有效手段。

8.4.1 包装的含义、种类与作用

1. 包装的含义

包装是指对某一品牌商品设计并制作容器或包装物的一系列活动。也可以说，包装有两层含义：一是指盛放或包裹产品的容器或包扎物；二是指设计、生产容器或包扎物并将产品包裹起来的一系列活动。商品包装应该包括商标或品牌、形状、颜色、图案和材料等要素。

2. 包装的种类

（1）包装按其在流通过程中作用的不同，可以分为运输包装和销售包装两种。运输包装又称外包装或大包装，是指为了适应储存、搬运过程的需要所进行的包装，主要有纸箱、袋装、防潮、防震装置等包装方式。销售包装又称内包装或小包装，指为了顾客便于携带、使用、陈列的产品包装。这类包装一般美观大方，它不仅能保护产品，而且能更好地美化和宣传商品，便于陈列展销，吸引顾客，方便消费者认识、选购、携带和使用。

（2）按包装所处的层次的不同可分成：首要包装，即产品的直接包装，如牙膏皮、香烟盒等；次要包装，即保护着首要包装的包装物，如牙膏盒、香烟的条包装；装运包装，即为便于储运、装卸和防止破损而进行的包装。

（3）按包装技术包装可分成：防水包装、防潮包装、防锈包装、缓冲包装、真空包装等。

近些年来，随着各种商业业态的发展，销售包装既有适合个人消费的小包装出现，也有方便家庭消费的较大包装单位的出现；人类环保意识的增强，又使包装出现简单化、轻便化的趋势，并强调包装材料的可回收性、可利用性。

3. 包装的作用

包装作为商品的重要组成部分，其营销作用主要表现在以下几个方面：

（1）保护商品。良好的包装可以使产品在流通和使用过程中以及在消费者保存产品期间不致损坏、变质、散落，保护产品的使用价值。

（2）促进销售。商品给顾客的第一印象，不是来自产品的内在质量，而是它

的外观包装。产品包装美观大方、漂亮得体，不仅能够吸引顾客，而且还能激发顾客的购买欲望。可以说，包装是无声的推销员。

（3）增加价值。由于装潢精美、使用方便的包装能够满足消费者的某种心理要求，因此，消费者一般愿意为良好包装带来的方便、美感、可靠性和声望而支付较高的价格。而且，包装材料本身也包含着一部分利润。为此，可以说，包装能够增加企业的利润。

8.4.2 包装的设计原则

由于产品包装的用途不同，对各类包装的要求也不同。为合理、充分地发挥产品包装的作用，在设计过程中必须遵循以下原则：

（1）安全原则。包装的主要目的是保护商品，安全是产品包装设计必须考虑的首要原则。因此包装材料的选择及包装物的制作必须适合产品的物理、化学、生物性能，以保证产品不损坏、不变质、不变形、不渗漏等。一方面，保证商品质量完好、数量完整；另一方面，保护环境安全。

（2）方便原则。包装的形状、结构、大小应为运输、携带、保管、使用提供方便。如为方便顾客和满足消费者的不同需要，包装的体积、容量和形式应多种多样；包装的大小、轻重要适当，便于携带和使用；为适应不同需要，还可采用单件、多件和配套包装等多种不同的包装形式。

（3）美观有特色原则。销售包装具有美化商品的作用，因此在设计上要求外形新颖、大方、美观，具有较强的艺术性，并能突出产品个性。

（4）匹配原则。包装与商品价值和质量水平要相适应，一般来说，包装不宜超过商品本身价值的 13%～15%。若包装在商品价值中所占的比重过高，会使人产生名不符实之感；相反，价高质优的商品自然也需要高档包装来烘托商品的高雅贵重。

（5）尊重消费者的原则。由于不同国家、不同民族以及不同亚文化群的消费者都有不同的宗教信仰和风俗习惯，在包装设计中，对此必须加以尊重，切忌出现有损消费者宗教情感以及消费者忌讳的颜色、图案和文字。

（6）符合法律规定，兼顾社会利益的原则。包装设计作为企业市场营销活动的重要环节，在实践中必须严格依法行事。例如，应按法律规定在包装上标明企业名称及地址；对食品、化妆品等与人民身体健康密切相关的产品，应标明生产日期、保质期及产品使用原料、成分等。不仅如此，包装设计还应兼顾社会利益，努力减轻消费者负担，节约社会资源，禁止使用有害包装材料，实施绿色包装战略。

8.4.3 包装策略

包装作为整体产品的一部分，企业在设计、制造和销售过程中应配合整个市场营销策略，采用相应的包装策略。

1. 类似包装策略

类似包装指企业生产经营的所有产品，在包装外形上都采取相同或相近的图案、色彩，便于消费者识别本企业产品。类似包装策略不仅可以节省包装设计成本，树立企业整体形象，扩大企业影响，而且还可以充分利用企业已拥有的良好声誉，有助于消除消费者对新产品的不信任感，进而有利于带动新产品销售。这种策略只适宜于质量相同的产品，对于品种差异大、质量水平悬殊的产品则不宜采用。

2. 配套包装策略

配套包装就是指企业将几种有关联性的产品组合在同一包装物内的做法。这种策略能够节约交易时间，便于消费者购买、携带与使用，有利于扩大产品销售，还能够通过捆绑新旧产品，促使新产品顺利进入市场。

3. 分类包装策略

分类包装策略是指根据消费者购买目的的不同，对同一种产品采用不同的包装。如购买商品用做礼品赠送亲友，则可精致包装；若购买者自己使用，则简单包装。此种包装策略的优缺点与等级包装策略相同。

4. 等级包装策略

等级包装指企业对自己生产经营的不同质量等级的产品分别设计和使用不同的包装。显然，这种依产品等级来配比设计包装的策略可使包装质量与产品品质等级相匹配，对高档产品采用精致包装，对低档产品采用简略包装，其做法适应不同需求层次消费者的购买心理，便于消费者识别、选购商品，从而有利于全面扩大销售。显然，该策略的实施成本高于类似包装策略。

5. 再使用包装策略

再使用包装指产品使用完后包装物还有其他的用途，我们常见的果汁、咖啡等的包装即属此种。由于这种包装策略增加了包装的用途，可以刺激消费者的购买欲望，有利于扩大产品销售，同时也可使带有商品商标的包装物在再使用过程中起到延伸宣传的作用。

6. 附赠品包装策略

附赠品包装策略是指在包装上或包装内附赠实物或奖券，以吸引消费者购买。该包装策略对儿童和青少年以及低收入者比较有效，这也是一种有效的营业推广方式。

7. 改变包装策略

改变包装指企业包装策略随着市场需求的变化而改变的做法。当某种产品销路不畅或长期使用一种包装时，企业可以改变包装设计、包装材料，使用新的包装。这样可以使顾客产生新鲜感，从而扩大产品销售量。

8.5 服务决策

8.5.1 服务的分类与特征

1. 服务的内涵

1960年，AMA最先给服务下定义为"用于出售或者是同产品连在一起进行出售的活动、利益和满足感"。菲利普·科特勒认为，"服务是一方能够向另一方提供的基本上是无形的任何行为或利益，并且不导致任何所有权的产生。它的生产可能与某种物质产品相联系，也可能毫无联系"。A.佩恩认为，"服务是一种涉及某些无形性因素的活动，它包括与顾客或他们拥有财产的相互活动，它不会造成所有权的变更。条件可能发生变化，服务产出可能或不可能与物质产品紧密相连"。

2. 服务的特征

服务的特点较多，以下几方面对制订营销方案影响较大。

（1）无形性。也称不可触知性，它是指若与有形的消费品或产业用品比较，服务的特质及组成服务的元素往往是无形无质的，让人不能触摸或凭肉眼看见其存在。因此，广告宣传不宜过多介绍服务的本体，而应集中介绍服务所能提供的利益，让无形的服务在消费者眼中变得有形。但实际上，真正无形的服务极少，很多服务需借助有形的实物才可以产生。对顾客而言，购买某些产品，只不过因为它们是一些有效的载体，这些载体所承载的服务或者效用才是最重要的。

（2）同步性。服务具有直接性，服务的过程是顾客同服务人员广泛接触的过程。服务的供应者往往是以其劳动直接为购买者提供使用价值，生产过程与消费过程紧密连接，如照相、理发；在另一些情况下，虽然生产和消费可能在空间上有所分离，如餐饮业，但服务提供与消费需求仍然相互对应、不可分割。这一特征表明，顾客只有而且必须加入到服务的生产过程中，才能享受到服务；而且一个出售劳务的人，在同一时间只能身临其境在一个地点提供直接服务。因此，直接销售通常是唯一的分销途径。

（3）易逝性，或称不可储存性。服务的生产与消费同时进行及其无形性，决定了服务不能在生产后储存备用，消费者也无法购后储存。甚至某些服务产品的使用价值，如不及时加以利用，就会"过期作废"，造成损失，如车、船、飞机上和剧院中的空位，宾馆中的空房间，电话线路的闲置等。因此，服务业的规模、定价与推广，必须力求达到人力、物力的充分利用；在需求旺盛时，要千方百计解决因缺乏库存所引致的供求不平衡的问题。

（4）异质性。它主要指服务的构成成分及其质量水平经常变化，很难统一界定。和实行机械化生产的制造业不同，服务是以人为中心的产业。由于人的感觉、知觉存在差异，同一服务，由不同的人操作，品质难以完全相同；同一人做同样服务，时间、地点、环境与心态变化，其服务水平也难完全一致。因此，服务的产品设计须特别注意保持同一稳定的品质，力求标准化，维持高水准，建立顾客信心，树立优质服务形象。

8.5.2 服务项目决策

服务项目决策指营销人员通过调查顾客以辨明可能提供的主要项目以及它们的相关重要性。服务项目是企业为顾客提供的各种服务产品的品名。服务项目决策就是决定提供什么样的顾客服务。

做好服务项目决策需要确定本企业能够提供的服务项目以及对顾客的重要性，前者由企业列出清单，后者要让顾客按重要性分出等级。要在顾客认为重要的服务项目上，优先做好服务。

服务项目决策要以竞争者所提供的服务项目为参照。因为某项服务对顾客来说可能很重要，但如果其他供应商也提供了同一的较高水平的服务，则此时服务项目的重要性决定不了选择何种服务项目，而是要选择竞争者没有进入的"空白服务项目"。

案例精粹　　　　**浦东发展银行深圳分行网上交互式客户服务中心**

网上交互式客户服务中心是该行开发的一个新的服务渠道，内容包括银行基本业务、根据客户定制提供经济和金融信息、在线个人信贷等业务申请及咨询、免费邮箱服务。其中免费邮箱服务是网上客户服务中心的基础，它提供了一个银行与客户进行双向交流的渠道。通过免费邮箱，银行既可从中及时了解客户需求，又可准确传递客户需求信息。

与其他渠道相比，网上客户服务中心能有效提高银行与客户交互服务的即时性，能加强银行服务客户的主动性和准确性，并大大拓展了服务功能。因此，网上客房服务中心是银行服务有益的尝试，它弥补了银行其他服务渠道与客户存在的沟通与交通的限制，能让客户充分感受银行"以客户为中心"的良苦用心。

（资料来源：浦东发展银行官方网站．http://www.spdb.com.cn）

8.5.3 服务水平决策

顾客不仅要求企业在产品销售中提供各种重要的服务项目，而且还希望这些服务具有令人满意的数量和质量。企业通过向顾客调查了解顾客对企业哪些服务不满意，以提高这些项目的服务水平，这就是服务水平决策。它实质上是决定提供什么样的服务水平。高的服务水平，会使顾客更加满意，从而提高重复购买率。

定期对顾客抽样调查是了解企业顾客服务水平的一种有效方法。其做法是：先列出反映顾客服务水平的各项特征，如首次服务得体、处理意见迅速、及时执行保单、胜任所需的服务工作、服务有求必应、客气友好地服务、廉价服务、服务后进行打扫等，对每一服务特征的重要性划分为"十分重要"、"重要"、"次要"、"不重要"四级；然后对执行情况也分为"优"、"良"、"中"、"劣"四级，并对服务特征的重要性和执行情况分别给予一定分值，由顾客进行评定对比。这样就可以发现有什么服务项目，顾客认为十分重要，而服务水平太低，从而使企业营销管理者明确应把力量集中在何处，各个服务项目应达到什么样的服务水平。

8.5.4 服务营销组合决策

市场营销实际是一种交换关系，物质产品营销的理论和原则同样适用于服务营销。但由于服务所具有的特征，服务营销组合也会显示出其不同的特点，它包括以下方面：

（1）产品。服务产品必须考虑的要素是提供服务的范围、服务质量、服务项目、服务水平、品牌、保证以及售后服务等。服务产品包括核心服务、便利服务和辅助服务。核心服务体现了企业为顾客提供的最基本效用；便利服务是为配合、推广核心服务而提供的便利；辅助服务用以增加服务的价值或区别于竞争者的服务，有助于实施差异化营销战略。

（2）定价。由于服务质量水平难以统一界定，质量检验也难以采用统一标准，加上季节、时间因素的重要性，服务定价必须有较大的灵活性。而在区别一项服务与另一项服务时，价格是一种重要的识别标志，顾客可以以一项服务的价格感知到其价值的高低，同时价格也可以提高或降低人们的期望，而价格与质量间的相互关系也是服务定价的重要考虑因素。

（3）分销。服务分销以直销最为普遍，而且渠道很短。虽然直销在某些服务市场相当普遍，但有很多服务企业的分销渠道往往包括一个或一个以上的中介机构。中介机构主要有代理、代销、专营、经纪、批发、零售等形态，如歌舞剧团或乐团演出、博览会展出、体育文艺比赛等，往往经中介机构推销门票。在分销因素中，服务提供者的所在地以及地缘的便利性都是影响服务营销效益的重要因素。地缘的便利性不仅是指实体意义上的便利，还包括传导和接触的其他方式，因此分销渠道的类型以及其涵盖的地区范围都与服务便利性密切相关。

（4）促销。服务促销包括广告、人员推销、营业推广、宣传、公共关系等营销沟通方式，要根据企业的营销目标、资源状况、购买者特点、本企业服务和其他营销组合因素、竞争对手的情况等，确定在促销组合中以何种方式占主导地位。为增进消费者对无形的服务的印象，企业在促销活动中要尽量使服务产品有形化。

（5）人员。服务业的生产或操作人员，在顾客看来可能就是服务产品的一部分。服务企业的特色，往往体现在操作者的服务表现和服务销售上，操作人员可能承担服务表现和服务销售的双重任务，尤其是那些经营"高接触度"服务业务的企业。因此，企业必须重视人员的甄选、训练、激励和控制。另外，顾客与顾客间的互动关系也应受到重视。一位顾客对服务质量的认识，很容易受到其他顾客的影响，因此企业要建立口碑传播机制。

（6）有形展示。有形展示会影响消费者对一家服务企业的评价。其包含的因素有：实体环境（建筑、结构、颜色、造型、风格等），服务提供时所需用的装备实体（如汽车租赁公司所需要的汽车），以及其他实体性的信息标志。如麦当劳公司针对儿童的快乐餐设计的游戏、迷宫等图案盒面，把目标顾客的娱乐和饮食联系起来，取得了很好效果。

（7）过程。在服务企业，服务的传递过程相当重要。整个系统的运作政策和程序方法的采用、服务供应中器械化程度、员工决断权的适用范围、顾客参与服务操作过程的程度、咨询与服务的流动等，都是企业必须特别关注的问题，企业要运用服务过程分析即通过分解组织系统和架构，鉴别顾客同服务人员的接触并从这些接触点出发来改进企业服务质量。

》小结

1. 在企业市场营销活动中的产品、价格、分销和促销这四个可控因素中，产品因素处于核心地位，其他三个因素都是以产品决策为基础的。

2. 产品是一个整体概念，包括核心产品、形式产品、延伸产品三个层次。这使企业对产品的认识不是局限在产品特定的物质形态和具体用途上，而是归结为消费者需求的实际利益与满足上。产品整体概念清晰地体现了以顾客为中心的现代营销观念。

3. 产品组合是指一个企业提供给市场的全部产品线和产品项目的组合或结构，即企业的业务经营范围，一般用广度、长度、深度和关联度等来衡量。当企业拥有多种产品时，就必须解决产品之间的结构问题。很多企业都拥有自己的产品项目、产品线和产品组合方式，产品线是产品组合的基础，实际产品组合的最优化离不开产品线的决策，其决策内容包括产品线的延伸、填充与缩减。

4. 品牌是形式产品的重要组成部分，包括品牌名称、品牌标志，商标是名牌的法律术语。品牌的基本功能是区分不同企业的同类产品，企业的品牌策略包括品牌有无策略、品牌归属策略、品牌统分策略。

5. 形式产品的另一重要组成部分是包装，为充分利用包装进行促销活动，企业应根据实际情况选择适当的包装策略，遵守一定的包装原则。

6. 同时，服务也是现代社会中企业的一个强有力的竞争手段，企业的服务决策包括服务项目决策、服务水平决策、服务营销组合决策，其中服务营销组合决策又包括服务产品、价格、定价、分销、人员、有形展示、过程七个方面的内容。

关键词

产品　product
产品整体概念　total product concept
产品组合　product mix
核心产品　core product
形式产品　tangible product
附加产品　augmented product
品牌　brand
商标　trademark
包装　packaging
服务营销　service marketing

思考题

1. 何谓产品整体概念？产品整体概念的营销意义是什么？
2. 什么是产品组合？产品组合的宽度、长度、深度和一致性对企业营销活动的意义是什么？
3. 何谓优化产品组合？可以通过哪些步骤或途径来实现？
4. 设计品牌应遵循哪些原则？

5. 品牌对营销企业有何作用？
6. 包装有哪些种类？有何作用？
7. 服务有哪些特点？它是如何影响企业的营销决策的？

# 案例

娃哈哈的品牌延伸战略

娃哈哈公司前身是杭州当地校办企业的经销部，1990年凭借"喝了娃哈哈，吃饭就是香"一句广告词，使"娃哈哈"享誉大江南北。1991年在杭州市政府的支持下，娃哈哈公司兼并了全国罐头生产骨干企业之一的杭州罐头食品厂，组建成立了杭州娃哈哈集团公司，使娃哈哈的产品延伸到饮食行业。1995年，娃哈哈以"我的眼里只有你"的纯洁形象顺利进军纯净水行业，并很快占据全国市场，该年底娃哈哈已包含儿童营养液、果奶、纯净水、八宝粥等30多种产品。娃哈哈在实施品牌延伸的步骤如下所述。

(1) 注重品牌资产积累。娃哈哈在创建时就十分注重企业产品的品牌效应，并充分认识到企业发展必须具有有影响力的品牌作支撑。娃哈哈在最初的产品名称设计时花费了很大的工夫，向社会广泛征集产品的名称，并通过专家对产品的名称进行市场学、心理学、传播学和社会学等方面论证，最后确定"娃哈哈"这个产品名称。随后，通过研发系列新产品，扩大娃哈哈的市场影响力，"娃哈哈"在消费者心目中的影响日益增强，企业采取了一系列加速该品牌资产的积累措施。

娃哈哈在品牌积累的进程中十分重视产品的质量。为了确保产品的质量，使产品更能体现品名"可信、安全、欢乐"的内涵，企业采取了一系列保障产品质量的措施：引进先进的技术设备，确保产品的质量；运用科学的生产方法，严格操作；通过组建"公司—分厂—车间"三级质量监督网路，对产品实施质量监督，并实施产品质量否决制；开展爱岗敬业教育，运用职业道德保障产品的质量。娃哈哈通过控制产品质量措施，使顾客对其产品的品质认知度进一步加深。

(2) 注重关联性产品的开发。娃哈哈在实施品牌延伸策略时，主要以同产品类别和同行业类别的产品延伸为主，这样就使延伸产品和核心品牌产品的属性与品牌内涵具有很大程度的相似性。娃哈哈始终坚持延伸产品与核心品牌关联性原则，自从推出儿童营养液，成功迈出品牌积累的第一步后，就开始着力进行关联性的产品开发。娃哈哈推出了系列乳饮料、娃哈哈乳酸菌奶饮品、陪伴宝宝成长系列的哈哈宝贝乳饮品及娃哈哈系列果汁等产品与核心品牌具有高度的关联性。由于娃哈哈的营养、健康、欢乐的品牌诉求很快深入人心，加之其完备的营销网

络的建立，迅速占领了市场，很大程度上提升了娃哈哈的品牌知名度和顾客的忠诚度，迅速占领市场，使企业的品牌生命周期延长和增值。

（3）利用关联性营销网络，迅速推广延伸产品。娃哈哈人经过努力开辟出了一条具有创新型的"联销体"模式的营销网络，建立了以经销商为主要环节的营销网络，即"总部—各省分公司—特约一级批发商—特约二级批发商—三级批发商—零售终端"营销网络的建立使企业的触角伸入到全国各个角落，其开发的相关联的产品都可以通过这个渠道进行迅速的配送和分散，以最快的速度到达消费者面前，迅速占领市场。

（4）注意规避风险。娃哈哈为了确保品牌在顾客心目中的形象和地位，在主品牌不变的前提下，增强副品牌的策略来固化娃哈哈品牌的地位，防止出现品牌个性的淡化。企业推出产品大都以"娃哈哈"为商标，在保证其品牌核心价值不变的前提下给新产品冠以其他品名。在娃哈哈乳饮料系列的开发中使用"哈哈宝贝"、"爽歪歪"、"乳娃娃"等品名，"爽歪歪"、"乳娃娃"两种儿童乳饮料以其富含的多种营养元素赢得了广大儿童的喜爱。目前，"爽歪歪"和"乳娃娃"的品名已被广大儿童普遍接受，进一步加深了主品牌的市场影响力。

娃哈哈在品牌延伸上始终坚持"小步快跑"的经营理念，最初的产品只是在儿童营养品牌内进行产品延伸，生产和上市了娃哈哈系列果奶。随着市场影响力的扩大，娃哈哈进入到儿童食品领域。通过这一系列有步骤的品牌延伸，企业的产品由最初的"娃哈哈"营养液扩展到娃哈哈系列饮料、食品，使得企业的品牌效应迅速增强，随之而来的是娃哈哈八宝粥系列食品，以至成人饮料"娃哈哈纯净水"产品的问世给人一种水到渠成的感觉。

（5）注重品牌形象的维护，为了使其延伸产品不影响其品牌的形象，力争使延伸产品的形象与品牌的形象保持一致性，给消费者的品牌联想引入更多的关联产品。娃哈哈以可靠、安全、快乐、活力为延伸产品形象定位的主导理念，以生产有真正价值的产品、满足消费者需求的产品开发宗旨推广新产品，确保延伸产品形象与品牌形象的一致性，保持住顾客对企业品牌的忠诚度，扩大顾客对企业品牌的联想范围。

（6）多元化经营，品牌延伸至童装与医药保健品领域。2002年，娃哈哈继续秉承为广大中国少年儿童带去健康和欢乐的企业宗旨，选择了与孩子们生活、成长紧密相关的童装业作为跨行业发展的起点。引进欧美的设计人才，以一流的设备、一流的设计、一流的面料，高起点进入童装业，按国际"环保标准"组织生产，并采取零加盟费的方式吸引全国客商加盟，在全国首批开立了800家童装专卖店，成为中国最大的童装品牌之一。娃哈哈进入医药保健品领域，生产了娃哈哈儿童营养液——喝了娃哈哈，吃饭就是香；娃哈哈维生素C含片——今天你VC了吗；娃哈哈儿童维生素——帮助中国儿童健康成长；娃哈哈儿童钙片——水果口味,快乐补钙;娃哈哈氨咖愈敏溶液(平安感冒液)——要平安不感冒。

(资料来源:根据娃哈哈官方网站资料整理.http://www.wahaha.com.cn)

案例思考题:
1. 你认为娃哈哈品牌延伸的成功之处是什么?
2. 你认为娃哈哈品牌延伸存在的问题是什么?
3. 相关企业借鉴娃哈哈品牌延伸经验时应该注意的事项是什么?

第 9 章

产品生命周期及新产品开发

在 2008 年北京车展上,比亚迪继 F3DM、F6DM 后再推纯动力车 e6,为汽车工业的可持续发展续写新的篇章。

据悉,e6 是比亚迪自主研发的一款纯电动 crossover,它兼容了 SUV 和 MPV 的设计理念,是一款性能良好的跨界车。它的续驶里程超过 300 公里,为同类车型之冠。e6 是环保的先行者,e6 项目的动力电池和启动电池均采用比亚迪自主生产的铁电池,不会对环境造成任何危害,其含有的所有化学物质均可在自然界中被环境以无害的方式分解吸收,能够很好地解决二次回收等环保问题,是绿色环保的电池。该电池慢充为 220 伏民用电源;快充为 3C 充电,15 分钟左右可充满电池的 80%。

在节能方面,它百公里能耗为 20 度电左右,只相当于燃油车 1/3~1/4 的消费价格;在安全上,车上搭载的铁电池经过高温、高压、撞击等试验测试,安全性能非常好,绝不会爆炸;车身结构采用前后贯通式纵梁,具有良好的碰撞安全性能;动力方面,它的加速时间在 10 秒以内,最高车速可达 160 公里/小时以上,动力性能强劲。

比亚迪相关负责人表示,e6 技术已经成熟,也已具量产能力,但考虑到社会环境和配套设施,e6 将在一两年后才会正式推出。

(资料来源:根据比亚迪官方网站资料整理. http://www.bydauto.com.cn)

企业利用产品因素进行营销活动,除了应从广义、整体的角度去认识产品,重视产品的质量、品牌、商标、包装和合理安排产品组合外,还应不断开发新产品,并针对产品生命周期不同阶段的营销特点进行营销管理。

9.1 产品生命周期概述

9.1.1 产品生命周期的概念

产品生命周期是指某产品从进入市场到被淘汰退出市场的全部运动过程。它是产品的一种更新换代的经济现象。

一种新产品正式上市,它的生命周期由此开始。一段时间后它不再被消费者接受而退出市场时,其生命周期便宣告结束。这里的产品生命周期实际上指的是产品的市场寿命、经济寿命,而非使用寿命。两者是不同的概念,产品的市场寿命指产品在市场上存在的时间,它的长短主要受市场因素的影响。产品的使用寿命则是指从产品投入使用到产品报废所经历的时间,它是产品实体的消耗磨损,是具体有形的变化,其长短受自然属性、使用频率等因素的影响。

产品生命周期的长短由众多因素决定,其中包括:产品本身的性质、特点;市场竞争的激烈程度;科学技术的发展程度;消费需求的变化速度;企业营销的努力程度等。从总的趋势来看,产品生命周期正在日益缩短。企业只有加快产品开发和更新换代的速度,才能立于不败之地。

9.1.2 产品生命周期阶段划分

1. 典型的产品生命周期

一般的产品生命周期主要经历四个阶段:引入期、成长期、成熟期和衰退

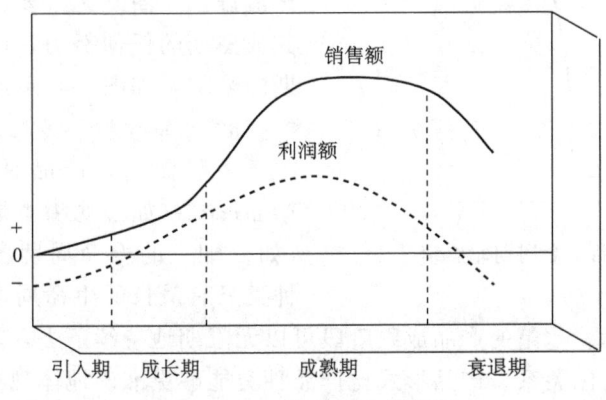

图 9-1 企业产品生命周期图

期，如图 9-1 所示。产品引入期（也称介绍期）是指在市场上推出新产品，产品销售呈缓慢增长状态的时期。成长期是指该产品在市场上迅速为顾客所接受、销售额迅速上升的时期。成熟期是指大多数购买者已经接受该项产品，市场销售额缓慢增长或下降的时期。衰退期是指销售额急剧下降、利润渐趋于零的阶段。

2. 产品生命周期的其他形态

(1) 再循环形态。再循环指产品销售进入衰退期后，企业为了保持产品的市场份额，延长产品的生命周期，加大营销力度，使产品又步入一个新的循环周期，图 9-2 表示出了这种再循环形态。

(2) "扇形"曲线。也称多循环形态，或波浪形循环形态，是在产品进入成熟期以后，厂商通过制定和实施正确的营销策略，使产品销售量不断达到新的高潮，图 9-3 表示出了这种循环形态。

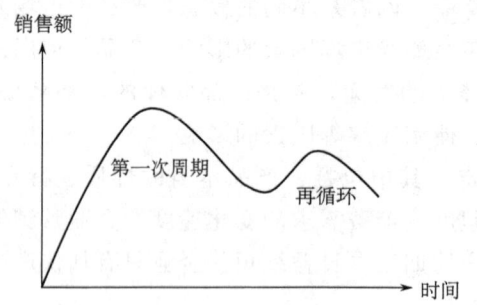

图 9-2　产品生命周期再循环

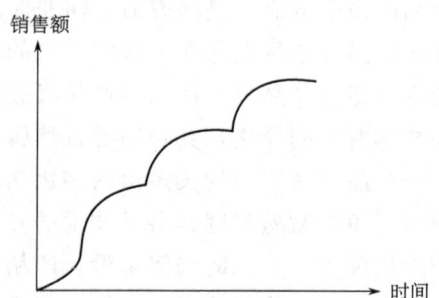

图 9-3　产品生命周期多循环

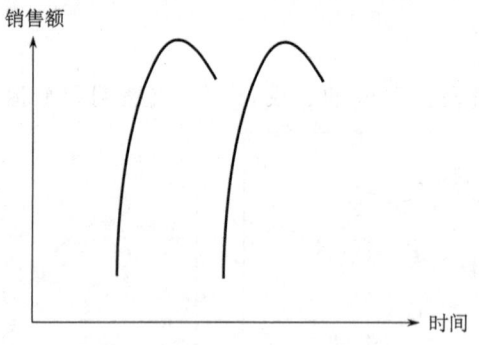

图 9-4　产品生命周期非连续循环

(3) 非连续循环形态。大多数时髦商品称非连续循环，这些产品在上市后能很快占领市场，而后很快在市场上销声匿迹。厂商既无必要也不愿意作延长其成熟期的任何努力，而是等待下一周期的来临，如图 9-4 所示。

3. 产品种类、形式、品牌生命周期

一般而言，产品种类（如香烟）、产品形式（如过滤嘴香烟）和产品品牌（如云烟）的寿命周期各不相同。产品种类具有最长的生命周期，很多产品种类如食盐、汽车、冰箱的产品成熟阶段可以无限期地持续下去，其销售量增加与人口增长率成正比关系。产品形式比产品种类能够更准确地体现标准的产品生命周期历程。例如，手控打字机在经历了典型的介绍期、成长期、成熟期之后，由于计算机的普及而进入衰退期,退出市场。产品品牌相对于前两者而言则显示了较短的生命周期历程。

4. 一般产品生命周期和高科技产品生命周期

一般产品的生命周期形态如图 9-5 所示,它具有以下特征:第一,产品引入期短,因此公司新产品研制开发成本较低;第二,成长期短,新产品的销售额和利润迅速增长,很快进入高峰,这意味着在产品生命初期即可获得最大的收入;第三,成熟期持续的时间相当长,这实质上延长了企业的获利时间和利润数量,这一趋势对企业是极为有利的;第四,衰退期非常慢,它意味着销售额和利润缓慢下降,而不是突然跌落。

企业在市场上推出新产品时,可以根据影响每一阶段长度的因素来预测产品的生命周期形态。

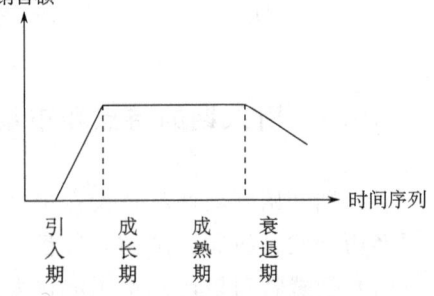

图 9-5 一般产品的生命周期形态

而且,在开发阶段,不同产品类别有很大的差异。对日用消费品,只需在原有产品基础上进行某些改进,而不需要很长的开发时间,投入的费用相对较少,顾客对此类产品较熟悉,因而可能很快地通过介绍期和成长期,而高新技术产品研制开发期较长,成本工程费用也很高,因而,一般会以较慢的速度经过介绍期和成长期。快速度过介绍期和成长期的条件是:不需要重新建立分销渠道和运输、服务等一系列新的基础结构;经销商对新产品有高度的信心,愿意接受和推销新产品;消费者对新产品抱有极大兴趣,早已在等待购买,并予以充分肯定等。这些条件较多地适用于人们所熟悉的消费品,对一般需要较长的引入期和成长期的高科技产品则不甚有效。成熟期是产品生命周期的重要阶段,这个时期越长,对企业越有利。如果消费者需求和产品质量相对稳定,企业在市场上又处于领先者地位,这意味着企业会通过一个理想、漫长的成熟期,获取满意的利润收益。最后,理想的衰退期是产品缓慢退出市场。这是因为消费者的需求和产品技术变化缓慢;另外,竞争者退出市场的障碍越低,其撤退速度就越快,这也就会缩短在本行业中的公司的衰退期。

一般来说,高科技产品往往面临着比较困难的产品生命周期,最不理想的产品生命周期曲线如图 9-6 所示。

在此形态中,研制开发时间长的

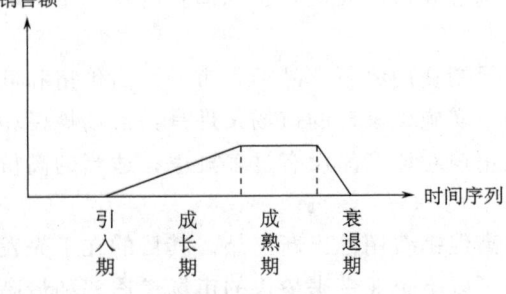

图 9-6 高科技产品的生命周期形态

产品引入期长,并且相应地要付出高成本;引入、成长期时间长,成熟期短,市场衰退快。如某些高科技公司必须投入大量的时间和成本研制开发新产品,新产品为用户所接受的介绍期相当长,在市场上持续的时间较短。最后,由于技术更新,造成产品比较快地进入衰退期。

9.2 产品生命周期各阶段的营销管理

9.2.1 引入期的特点和市场营销策略

引入期开始于新产品首次在市场上普遍销售之时。新产品进入引入期以前,需要经历开发、研制、试销等过程。这一时期的特点是:
(1) 消费者对该产品不了解,大部分顾客不愿放弃或改变自己以往的消费行为,因此产品的销售量小,而单位产品成本相应较高。
(2) 尚未建立理想的营销渠道和高效率的分配模式。
(3) 价格决策难以确立,高价可能限制了购买,低价可能难以收回成本。
(4) 广告费用和其他营销费用开支较大。
(5) 产品技术、性能还不够完善。
(6) 利润较少,甚至出现经营亏损,企业承担的市场风险最大。
(7) 同类产品的生产者较少,竞争不激烈。

在产品的引入期,一般可由价格、促销、地点等因素组合成各种不同的市场营销战略。如果仅考察促销和价格两个因素,则至少有以下四种战略:
(1) 快速掠取策略。即以高价格和高促销水平推出新产品。实行高价格是为了在每一单位销售额中获取最大的利润,高促销费用是为了引起目标市场的注意,加快市场渗透。成功地实施这一策略,可以赚取较大的利润,尽快收回新产品开发的投资。实施该策略的市场条件是:市场上有较大的需求潜力;目标顾客具有求新心理,急于购买新产品,并愿意为此付出高价;企业面临潜在竞争者的威胁,需要及早建立品牌偏好。
(2) 缓慢掠取策略。即以高价格低促销费用将新产品推入市场。高价格和低促销水平结合可以给企业带来更多利润。实施该策略的市场条件是:市场规模相对较小,竞争威胁不大;市场上大多数用户对该产品没有过多疑虑;适当的高价能为市场所接受。
(3) 快速渗透策略。即以低价格和高促销费用推出新产品。其目的在于先发制人,以最快的速度打入市场,该策略可以给企业带来最快的市场渗透率和最高的市场占有率。实施这一策略的条件是:产品市场容量很大;潜在消费者对产品不了解，且对价格十分敏感；潜在竞争比较激烈；产品的单位制造成本可随生产规模和销售量的扩大迅速下降。

（4）缓慢渗透策略。即企业以低价格和低促销费用推出新产品。低价是为了刺激市场迅速地接受新产品，低促销费用则可以减少费用。实施这一策略的条件是：市场容量大；潜在顾客易于或已经了解此项新产品且对价格十分敏感；存在潜在竞争者。

9.2.2 成长期的特点和市场营销策略

新产品经过引入期后，消费者对该产品已经熟悉，消费习惯业已形成，销售量迅速增长，这种新产品就进入了成长期。这一时期的特点是：

（1）消费者对新产品已经熟悉，销售量增长很快。
（2）大批竞争者加入，市场竞争加剧。
（3）产品已定型，技术工艺比较成熟。
（4）建立了比较理想的营销渠道。
（5）市场价格趋于下降。
（6）为了适应竞争和市场扩张的需要，企业的促销费用水平基本稳定或略有提高，但占销售额的比率下降。
（7）由于促销费用分摊到更多销量上，单位生产成本迅速下降，企业利润迅速上升。

企业营销策略的重点应放在创立名牌，提高偏爱度上，促使顾客在出现竞争性产品时更喜爱企业的产品。具体可采取以下营销策略：

（1）根据用户需求和其他市场信息，不断提高产品质量，努力发展产品的新款式、新型号，增加产品的新用途。
（2）加强促销环节，树立强有力的产品形象。促销策略的重心应从建立产品知名度转移到树立产品形象上；主要目标是建立品牌偏好，争取新的顾客。
（3）重新评价渠道、选择决策，巩固原有渠道，增加新的销售渠道，开拓新的市场。
（4）选择适当的时机调整价格，以争取更多顾客。

企业采用上述部分或全部市场扩张策略，会加强产品的竞争能力，但也会相应地加大营销成本。因此，在成长阶段，面临着"高市场占有率"或"高利润率"的选择。一般来说，实施市场扩张策略会减少眼前利润，但加强了企业的市场地位和竞争能力，有利于维持和扩大企业的市场占有率，从长期利润观点看，更有利于企业发展。

9.2.3 成熟期的特点和市场营销策略

产品经过成长期的发展后,销售量的增长会逐渐趋缓,利润开始缓慢下降,这表明产品已开始走向成熟期。

成熟期可以分为三个时期:

(1) 成长成熟期。此时期各销售渠道基本呈饱和状态,增长率缓慢上升,还有少数后续的购买者继续进入市场。

(2) 稳定成熟期。由于市场饱和,消费平稳,产品销售稳定,销售增长率一般只与购买者人数成比例,如无新购买者则增长率停滞或下降。

(3) 衰退成熟期。销售水平显著下降,原有用户的兴趣已开始转向其他产品和替代品。全行业产品出现过剩,竞争加剧,一些缺乏竞争能力的企业将渐渐被取代,新加入的竞争者较少。竞争者之间各有自己特定的目标顾客,市场份额变动不大,突破比较困难。

成熟期的特点表现为如下方面:

(1) 产品销售量增长缓慢,逐步达到最高峰,然后开始缓慢下降。

(2) 产品的销售利润也从成长期的最高点开始下降。

(3) 市场竞争非常激烈,各种品牌、各种款式的同类产品不断涌现。

鉴于上述情况,有三种基本策略可供选择:市场改良、产品改良和营销组合改良。

(1) 市场改良策略也称市场多元化策略,即开发新市场,寻求新用户,这种战略一般不调整产品本身。

(2) 产品改良策略,也称为"产品再推出",是指改进产品的品质或服务后再投放市场,整体产品概念的任何一层次的调整都可视为产品再推出。

(3) 营销组合改良,是指通过改变定价、销售渠道及促销方式来延长产品成熟期,例如,在提高产品质量、改变产品性能、增加产品规格品种的同时,通过特价、购买折扣、补贴运费、延期付款等方法来降价让利;扩展分销渠道,广设分销网点,调整广告媒体组合,变换广告时间和频率,增加人员推销,强化公共关系等多管齐下,进行市场渗透,扩大企业及产品的影响,争取更多的顾客。

9.2.4 衰退期的特点和市场营销策略

在成熟期,产品的销售量从缓慢增加到顶峰后,会发展为缓慢下降。在一般情况下,如果销售量的下降速度开始加剧,利润水平很低,就可以认为这种产品已进入生命周期的衰退期。这一时期的特点是:

(1) 产品销售量由缓慢下降变为迅速下降,消费者的兴趣已完全转移。
(2) 价格已下降到最低水平。
(3) 多数企业无利可图,被迫退出市场。
(4) 留在市场上的企业逐渐减少产品附带服务,削减促销预算等,以维持最低水平的经营。

在衰退期可以采用如下营销策略:
(1) 维持策略。即保持原有的细分市场和营销组合策略,把销售维持在一个低水平上,待到适当时机,便停止该产品的经营,退出市场。
(2) 集中策略。即把资源集中使用在最有利的细分市场、最有效的销售渠道、最易销售的品种和款式上。概言之,缩短战线,以最有利的市场赢得尽可能多的利润,同时也有利于缩短产品退出市场的时间。
(3) 榨取策略。即大幅度降低销售费用,如广告费用削减为零、大幅度精简推销人员等,虽然销售量有可能迅速下降,但是可以增加眼前利润。
(4) 放弃战略。对于衰退比较迅速的产品,应该当机立断,放弃经营。可以采取逐步放弃的方式,如把产品完全转移出去或立即停止生产;也可采取逐步放弃的方式,使其所占用的资源逐步转向其他产品。

案例精粹　　　　　　　保持产品生命周期的秘密

动画片《小美人鱼》在迪斯尼公司(Disney)沉睡10年之后,又再现其迷人魅力。它径直游到新观众的心中,并且重燃老观众的旧日激情。

塔珀器皿公司的Tupperware产品突然间面貌一新,吸引人们购买其重新设计的器皿,即使他们原来使用的塔珀器皿仍然完好如初。能做到这点并非这些新器皿拥有什么迷人的魔力,而是公司大量心血和精明策划的结晶。

请看一下它们的做法:影业巨人迪斯尼公司在进入其高品质动画片新纪元之时,将《小美人鱼》作为首部片子重新推出;塔珀器皿则通过拓展其产品线(泡菜坛或儿童玩具)及为其产品添加与新式厨房设计主题相得益彰的装饰色,不断为公司注入新的活力。

不论它们的产品已达到其生命周期的哪个阶段,企业都会千方百计重新激发和保持顾客对其产品的需求,迪斯尼和塔珀器皿的上述做法只是其中的两种。

(资料来源:heddenc. 保持产品生命周期的秘密. 世界经理人文摘,1999,(4))

9.3 新产品开发

9.3.1 新产品的概念及种类

市场营销学对新产品概念的界定比较宽泛,只要在功能或形态上得到改进,

与原有产品产生差异,并为顾客带来新的利益,即为新产品。新产品可分为以下四种基本类型:

(1) 完全创新产品,指采用新原理、新技术和新材料研制出来的市场上从未有过的产品。这是绝对的新产品,它的创新程度最高,具有其他类型新产品所不具备的经济、技术上的优势;可取得发明专利权,享有独占权利;能通过其明显的新特征与新用途改变传统的生产、生活方式,取得全新的市场机会,创造需求。但这种产品的研制是一件相当困难的工作,需要技术、资金、时间的保证,还要承担巨大的投资风险。因此,实力较强、规模较大的企业出于市场战略上的考虑,引领市场潮流,重视开发完全创新的产品固然必要,但为了应付眼前的市场竞争,也应重视开发相对的新产品,即在原有产品的基础上进行更新换代、改革与仿制。

(2) 换代新产品,指采用新材料、新元件、新技术,使原有产品的性能有飞跃性提高的产品。换代新产品的技术含量比较高,是在原有产品基础上的新发展,因此它是企业进行新产品开发、提高竞争能力的重要创新方式。现代科学技术的进步,消费者日益多变的需求,是企业对产品更新换代的良好条件和环境。

(3) 改革新产品,指从不同侧面对原有产品进行改革创新而创造的产品。以下情况均属这种类型:采用新设计、新材料改变原有产品的品质,降低成本,但产品用途不变;采用新式样、新包装、新商标改变原有产品的外观而不改变其用途;把原有产品与其他产品或原材料加以组合,使其增加新功能;采用新设计、新结构、新零件增加其新用途。改革新产品的技术含量低或不需要使用新技术,是较容易设计的新产品形式。它可以增强竞争能力、延长产品生命周期、减少研制费用和风险、提高经济效益。

(4) 仿制新产品,指企业未有但根据市场已有而模仿制造的产品。仿制是开发新产品最快捷的途径,风险也较小,只要有市场需求,又有生产能力,就可以借鉴现成的样品和技术来开发本企业的新产品。日本汽车扬威世界,它的第一步是从仿制开始的;"广货"畅销于国内外市场,其中不乏仿制的产品。但仿制不能违反专利法等法律法规,还需对原有产品进行适应性的修正。

对于获取新产品的方式,不同企业可以采用不同方式。既可以采用获取的方式,也可以采用开发的方式。前者通过兼并其他企业、购买专利等方式获得,后者通过企业的研发能力和科研力量获得。企业需要根据自己的研发能力和经济能力合理地选择获取方式、开发方式或者两者并用来发展新产品。

9.3.2 新产品开发的意义

(1) 从技术发展方面来看,新产品开发使得技术的功能得以真正实现。技术作为市场营销的重要环境,是指应用科学或工程技术研究的发明或革新。每次技术革新浪潮使新材料、新设备、新工艺、新设计层出不穷,不断取代现存的产品与行业,或者使原有产品的性能、结构、外观等发生很大变革,这些都为企业开发新产品提供了良好的外部物质环境。

(2) 从消费需求方面来看,新产品开发是企业不断满足消费者需求的根本途径。随着社会经济的发展、收入水平的提高和科学技术的不断进步,人们对商品的需求由单纯的物质需求向精神需求发展,由追求产品功能的满足到追求个性化、时尚化满足,更迫切要求企业不断扩大产品的花色品种,加快更新换代速度,开发出更多的新产品,以适应他们不断发展的新生活方式的需要。

(3) 从企业发展方面来看,企业可以通过发展新产品来谋求生存和发展。通过扩大产量在短期内可以奏效,但从长期来看,产量越多则风险越大。因为在产品的成熟期后期及衰退期里,增加产量会导致产品积压;同时,当原有产品进入衰退期,企业也会随之走向衰退。这也告诫人们:企业若不发展新产品,则无法生存,不断创新才是企业生存与发展的唯一途径。

(4) 从市场竞争方面来看,企业的竞争力在很大程度上取决于能否向市场提供适销对路的新产品。不断变化的市场环境必然要求有新产品与之相适应,更重要的是,激烈的市场竞争和日新月异的科学技术正在加速产品的更新换代,以产品创新取胜便成为企业参与竞争的锐利武器。为此,有远见的企业家都把研制新产品看成是企业竞争力强大的重要标志,不惜花费巨大的人、财、物力来开发新产品。

(5) 从企业利益方面来看,新产品开发的成功能给企业带来长远的利益。尽管新产品的成功率一般很低,甚至短期内会给企业带来较大的亏损。但据一项调查表明,成功的新产品可给企业带来65%的盈利。换言之,成功的新产品除可收回包括失败新产品在内的全部研制费用外,还能取得可观的利润,即推出新产品与利润是成正比的。正是这一结果,促使企业不怕失败,失败了还要继续投入巨资开发新产品。

9.3.3 新产品开发的组织

1. 新产品开发的组织特征

新产品的开发需要创新作为动力,创新的特点决定新产品开发组织与一般管理组织相比具有突出的特点,具体如下:

(1) 具有高度的灵活性。市场机会稍纵即逝,很难把握,因此新产品的开发必须迅速、高效。无论是直线职能式、事业部式还是矩阵式的组织机构形式都难以满足快速开发新产品的需要,因此新产品的开发组织必须具备高度的灵活性以适应企业内外环境的变化，不能按程序化的工作方式管理新产品开发。

（2）拥有充分的自主权。新产品开发过程中会时刻面临着从未出现过的新情况、新问题，必须快速决策。如果开发人员没有足够的自主权，遇到新情况层层汇报、请示，将会限制新产品开发人员的积极性，大大延缓新产品开发的进程，错过市场机遇，耽误新产品的开发。

（3）拥有较高的管理职权。新产品的开发需要大量的人力、物力和财力，新产品开发组织需要及时调配这些资源。如果没有较高的管理权，新产品开发组织将不可能及时地调配资源，这将会阻碍新产品开发的进程，所以要赋予开发组织较高的管理权。

2. 新产品开发的组织形式

（1）产品线经理。产品线经理是专门负责某类或某种产品的计划、生产、销售等一系列工作的经理人员；在许多企业里，他们也负责新产品的开发工作。但产品线经理更多地强调对现有产品线的管理，除了对品牌更改和扩充感兴趣外，很少有时间考虑新产品，往往缺乏开发新产品的专业知识与技能。

（2）新产品经理。为了克服将新产品开发任务交给产品经理的不足，一些企业在产品线经理下面设置了专门的新产品经理。这样一是能使新产品开发的功能专业化，二是使新产品经理能集中投入更多的时间与精力，有助于新产品开发的成功。

（3）新产品开发委员会。这是一种专门的新产品开发组织形式之一，通常由企业的最高管理层和一些职能部门组成，是一种高层次的新产品开发参谋和管理组织。这种方式可汇聚各部门的观点和想法，强化信息沟通，使决策更加民主化和科学化。其缺点是委员会成员之间权责不清，容易发生互相推诿的现象，且各部门目标不一致，决策较慢。

（4）新产品部。这是指设立新产品开发专职部门，该组织的主管拥有较高的管理权，直接受公司最高管理层领导。其主要职责包括寻找和筛选新创意、指挥和协调研究开发工作、进行实地产品试销和商品化。这种组织的优点是权力集中，建议集中，见解独立，有助于企业进行决策，并保持新产品工作的稳定性和管理规范化；缺点是不易协调各职能部门间的矛盾。

（5）新产品开发小组。这是根据新产品开发需要而成立的、专门负责某项新产品的研究、设计、试制、生产、销售的组织，由各业务部门的专业人员临时组成，互相协作又各司其职。一旦新产品开发成功，成为企业的常规产品，该小组就自行解散。通常比较大型的企业或高新技术产业会有多个新产品开发小组来完成多个新产品开发的任务，并根据进展情况及环境变化予以调整。

由于企业各自情况不同，企业新产品开发的组织机构也是不一样的。企业有必要从各自的实际情况和需要出发，建立适宜的新产品开发组织，以便迅速而有效地开发新产品。另外,企业也可以实行契约式新产品开发,即不通过自己的力量来开发,而是聘请社会上独立的研究开发人员或新产品开发机构来为本企业开发新产品。

3. 团队导向的"同时型产品开发"组织

传统的产品开发组织模式,虽然每个开发环节的管理责任分明,但彼此之间却缺乏有组织的团队工作精神,使得"序列化的产品开发"容易出现某些难以避免的问题。比如,试制车间经常把设计方案退还设计室,理由是不能按照预计的成本试制出样品,设计人员必须重新设计;由于产品研发期过长,顾客的要求在不断地变化,加之激烈的竞争因素,新产品不得不以低于预定的价格出售,在此情形下,销售部门对研究开发部门感到不满,而研究开发部门则指责销售部门无能。

在新产品开发中,应引入团队导向的"同时型产品开发"组织体制。"同时型产品开发"是相对于"序列化的产品开发"而言的,即在整个开发过程中,研究部门、设计部门、技术部门、生产部门、采购部门、市场营销部门和财务部门自始至终地通力合作,各种职能的交叉管理始终贯穿于产品开发过程。

9.3.4 新产品开发的程序

为了提高新产品开发的成功率,必须建立科学的新产品开发管理程序。不同行业的生产条件与产品项目不同,管理程序也有所差异,但一般企业研制新产品的管理程序大致如图 9-7 所示。

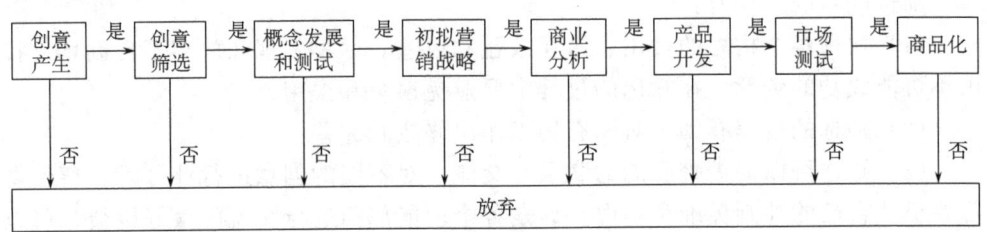

图 9-7 新产品开发程序

资料来源:菲利普·科特勒. 营销管理. 梅清豪译. 上海:上海人民出版社,2003.723. 有删改

1. 新产品构思

构思是为满足一种新需求而提出的设想。在产品构思阶段,营销部门的主要责任是:寻找,积极地在不同环境中寻找好的产品构思;激励,积极地鼓励公司内外人员发展产品构思;提高,将所汇集的产品构思转送公司内部有关部门,征求修正意见,使其内容更加充实。营销人员寻找和搜集新产品构思的主要方法有

如下几种：

（1）产品属性列举法。将某一产品的主要属性列成一览表，然后对每一属性进行分析研究，提出改进意见，从而在原有产品基础上发展新产品。

（3）强行关系法。先列举若干不同的产品，然后把某一产品与另一产品或几种产品强行结合起来，产生一种新的构思。比如，组合家具的最初构想就是把衣柜、写字台、装饰柜的不同特点及不同用途相结合，设计出既美观又实用的组合型家具。

（3）多角分析法。首先将产品的重要因素抽象出来，然后具体地分析每一种特性，再形成新的创意。例如，洗衣粉最重要的属性是其溶解的水温、使用方法和包装，根据这三个因素所提供的不同标准，便可以提出不同的新产品创意。

（4）头脑风暴法。一般是由6～10人在一起就某一问题进行讨论。运用头脑风暴法可以激发与会者极大的创造想象力，帮助人们产生许多构思。这种方法的有效运用要求与会者在会前提出若干问题并给予时间准备，会上畅所欲言，彼此激励，相互启发，提出种种设想和建议，在此基础上经分析归纳，便可形成新产品构思。

（5）征集意见法。产品设计人员通过问卷调查、召开座谈会等方式了解消费者的需求，征求科技人员的意见，询问技术发明人、专利代理人、大学或企业的实验室、广告代理商等的意见，并且坚持经常进行，形成制度。

2. 筛选

筛选是运用一系列评价标准，对各种构思进行比较判断，从中找出最有希望的构思的过程。

筛选的目的主要有：

（1）权衡各个构思的费用、潜在效益和风险，尽早发现和放弃不良创意，找出不可能成功的创意，在筛选的过程中要避免误舍和误用。

（2）筛选的过程有助于对原有构思作出修改和完善。

（3）筛选可以促进跨职能的联系与交流。对不同的创意进行评分时，评价者都要讲述自己的评判标准和理由，这是各个职能部门进行交流的很好机会，可以充分吸取相关知识。

筛选应遵循如下标准：

（1）市场成功的条件。包括产品的潜在市场成长率、竞争程度及前景、企业能否获得较高的收益。

（2）企业内部条件。主要衡量企业的人、财、物等资源，企业的技术条件及管理水平是否适合生产这种产品。

（3）销售条件。企业现有的销售结构是否适合销售这种产品。

（4）利润收益条件。产品是否符合企业的营销目标，其获利水平及新产品对企业原有产品销售的影响。这一阶段的任务是剔除那些明显不适当的产品构思。

筛选新产品构思可通过新产品构思加权评分表进行，表 9-1 是一份比较典型的新产品构思加权评分表。

表 9-1　新产品构思加权评分表

产品成功的必要条件	相对权重（A）	企业能力水平（B）											得分数（A×B）
		0.0	0.1	0.2	0.3	0.4	0.5	0.6	0.7	0.8	0.9	1.0	
企业声誉	0.20							✓					0.120
营销能力	0.20										✓		0.180
研发能力	0.20								✓				0.140
人力资源	0.15							✓					0.090
财务能力	0.10										✓		0.090
生产能力	0.05									✓			0.040
销售地点	0.05				✓								0.015
采购与供应	0.05										✓		0.045
总　　计	1.00												0.720

注：分等标准是 0.00～0.40 为"劣"；0.41～0.75 为"中"；0.76～1.00 为"良"。最低接受标准为 0.70。

表 9-1 中第一栏是某新产品成功的条件；第二栏是按照这些条件在进入市场时的重要程度分别给予不同的权重；第三栏是对某新产品成功打入市场的能力给予不同的评分；最后汇总，即 A×B，得数相加，表示这个产品投放市场是否符合本企业的目标和战略的综合评分。

在筛选阶段，应力求避免两种偏差：一种是漏选良好产品构思，对其潜在价值估价不足，失去发展机会；另一种是采纳了错误的产品构思，仓促投产，造成失败。

3．产品概念的形成与测试

新产品构思经筛选后，需进一步发展更具体、明确的产品概念。这里要明确产品创意、产品概念和产品形象的区别。产品创意是指企业从自己的角度考虑它能够向市场提供的可能产品的构想。产品概念是指企业从消费者的角度对这种创意所作的详尽的描述。而产品形象则是消费者对某种现实产品或潜在产品所形成的特定印象。企业必须根据消费者的要求把产品创意发展为产品概念。对新产品构思提出问题的回答可形成不同的产品概念，即谁使用该产品？产品的主要利益是什么？适用于什么场合？

确定了最佳产品概念，进行产品和品牌的市场定位后，就应当对产品概念进行试验。所谓产品概念试验，就是用文字、图画描述或者用实物将产品概念展示给一群目标顾客以观察他们的反应。

新产品测试的具体内容有：

(1) 新产品概念的可传播性和可信度。即测试消费者对该产品概念所提供的利益是否清楚明白，是否相信该新产品概念所能提供的利益。

(2) 潜在消费者对新产品概念的需求水平。即测试消费者对该新产品概念的需求程度。消费者需求愿望越强烈，新产品概念成功的可能性越大。

与此同时对每一个产品概念都要进行定位，以了解同类产品的竞争状况，优选最佳的产品概念。选择的依据是未来市场的潜在容量、投资收益率、销售成长率、生产能力以及对企业设备、资源的充分利用等，可采取问卷方式将产品概念提交目标市场有代表性的消费者群进行测试、评估。

4. 初拟营销规划

对经过测试的产品概念，企业要制定一个初步的营销计划，这个营销计划将在以后的阶段中被不断完善发展。

营销计划包括三个部分：

(1) 描述目标市场的规模、结构、消费者的购买行为、产品的市场定位，对前期的销售量、市场占有率、利润率的预测等。

(2) 描述该产品预期价格、分销策略及第一年的营销预算。

(3) 描述预期的长期销售额和利润目标，以及不同时期的市场营销组合策略等。

5. 商业分析

商业分析的任务是在初步拟定营销计划的基础上，对新产品概念从财务上进行分析，主要从经济效益上分析，分析新产品概念是否符合企业目标。主要包括预测销售量及估计成本和利润。

(1) 预测销售量。企业管理者要估计新产品的销售量是否能够使企业获得满意的利润。对销售量的预测，必须将新产品分为不同的类型：一次性购买的产品；非经常性购买的产品；经常购买的产品。然后根据不同类型产品的特征进行市场销售量预测，在预测的过程中参考市场上类似产品的市场容量和市场占有率，以此来预测可能的销售量。

(2) 成本利润估计。在完成销售预测后，企业还要根据营销战略计划分析各种费用，如广告费用、促销费用、财务费用、管理费用、生产成本、开发成本等，结合暂定的产品价格计算出每年的预计利润和亏损，从而对产品概念在商业上是否可行作出判断。

6. 新产品研制

新产品研制主要是将通过商业分析后的新产品概念交送研究开发部门或技术工艺部门试制成为产品模型或样品，同时进行包装的研制和品牌的设计。这是新产品开发的一个重要步骤,只有通过产品试制,投入资金、设备和人力,才能使产品概念实体化,发现不足与问题,改进设计,才能证明这种产品概念在技术、商业上的可行性如何。应当强调,新产品研制必须使模型或样品具有产品概念所规定的所有特征。

7. 市场试销

市场试销是对新产品正式上市前所做的最后一次测试,且该测试的评价标准是消费者最后是否购买该商品。尽管从新产品构思到新产品实体开发的每一个阶段,企业开发部门都对新产品进行了相应的评估、判断和预测,但这种评价和预测是否能与市场的实际情况一致,是否能得到消费者的认可,企业并无把握。而通过将新产品投放到有代表性的小范围的目标市场进行测试,企业则可能真正了解该新产品的市场前景。市场试销是对产品的全面检验,可为新产品是否全面上市提供全面、系统的决策依据,也为新产品的改进和市场营销策略的完善提供启示,许多新产品都是通过试销后改进才取得成功的。

(1) 消费品测试方法。试销是为了得到新产品的市场信息,为新产品的上市提供决策依据。在消费品的试销中,应对销售的主要决定因素进行估计:试用、首次重购、采用和购买频率。主要的测试方法有:销售波研究、模拟测试法、控制测试、市场测试法。

(2) 工业品市场测试方法。工业品的新产品试销方法有其特殊性,与消费品的设计试销方法有所不同,工业品的市场试销方法有产品使用测试法、贸易展销会。

新产品在试销前首先要作好如下决策:试销地区范围和地点;试销的时间;试销要收集的信息;试销的营销战略和进一步的战略行为等。

8. 商业化

新产品试销成功后,就可以正式批量生产,全面推向市场。这时,企业要支付大量费用,而新产品投放市场的初期往往利润微小,甚至亏损,因此,企业在此阶段应建立相关的信息资料库,对产品投放市场的时机、区域、目前市场的选择和最初的营销组合等方面作出慎重决策。具体说来,包括以下几个方面:

(1) 推出时间,指在什么时间将新产品投放市场最为合适。对于不同的新产品企业应根据实际需要和自身战略决定投放时间。如果新产品是用来替代另一产品,则应等到老产品存货销售完毕或所剩很少时将新产品推向市场,以免对老产品造成冲击;如果新产品需求具有季节性,则应选择销售旺季来临时投放。

(2) 推出地点,是指选择在什么地点推出新产品,在某一个、几个地区或者在全国投放。对于规模较小的企业,没有足够的实力在全国推广,一般选择在某一地区推广产品。对于规模较大的企业，一般在全国范围内同时推出。

（3）向谁推出，即在市场扩展中，企业必须把它的促销和分销目标对准最理想的购买者群体，这样做的目的是要利用最理想的消费者群带动一般顾客，以最快的速度、最少的费用扩大新产品的市场占有率。理想的消费者群应具有如下特点：他们是早期的采用者、大用户、意见领袖，并且和他们的接触成本不太高。

（4）推出方法，就是企业制定新产品投放市场的营销计划，首先要对各项市场营销活动分配预算，然后规定各项活动的先后顺序，从而有计划地开展市场营销管理。

案例精粹　　　　　　**健力宝"第五季"的市场推广**

2001年年底，健力宝利用媒体放出声来，要用10亿元为健力宝打造一个具有"神秘配方"的全新饮料品牌。巨额推广费 + 神秘配方，这个新产品着实吊足了媒体胃口。

2002年年初，健力宝以3100万元获得中央电视台世界杯足球赛"赛事直播独家特约播出"权。这就意味着，健力宝在世界杯期间，平均每天要为这个新品牌支出近100万元巨额广告费用。

世界杯开战，新品牌终于揭开面纱。新品牌断然和健力宝运动饮料脱离关系，与以前健力宝用运动名人推广不同，新产品则给自己打上了时尚的标签，以迎合年轻消费者的口味。在球赛直播开始前的黄金时段里，一群酷酷的跳着街舞的各种肤色的动感青年，很快就让"第五季"的广告语"现在流行第五季"广为人知。

此次健力宝高层给"第五季"投入的巨额推广费用、制造的媒体话题和电视广告等，无不预示新产品有了一个美好开端。但遗憾的是，良好的开局并没有带来理想的销售效果。

与传统消费品先推单一产品，待单一产品拥有较好销量、建立起品牌后再逐步进行品牌延伸不同，健力宝高层在这次市场启动之初，就一股脑儿推出"第五季"的众多延伸产品，包括6大系列，30多个品种，产品类别横跨茶饮料、碳酸饮料、果汁、纯净水等，可谓一问世就是子孙满堂。这种同时推广多规格、多产品的策略，因为无法判断哪种产品更容易销售，厂家、渠道均只能平均分散，从而导致推广重点不明，进而形成巨额的库存，降低现金流转速度。另外，对于生产厂家来说，因为产品规格多、品类太多，也存在难以组织生产、销售管理困难等问题。在上市之初就强行推广多种型号产品，无疑是犯了基础错误。

9.4 新产品采用与扩散

9.4.1 新产品特征与市场扩散

新产品市场扩散，是指新产品上市后随着时间的推移不断地被越来越多的消费者所采用的过程。也就是说,新产品上市后逐渐地扩张到其潜在市场的各个部分。新产品能否较快地为市场所接受,取决于很多因素,但新产品本身所具有的特征显然也是影响其市场扩散程度的一个重要因素,具体来说有以下几个方面:

(1) 新产品的相对优点。新产品的相对优点越多,在诸如功能、可靠性、便利性、新颖性等方面比原有产品的优越性越大,市场接受得就越快。

(2) 新产品的适应性。新产品必须与目标市场的消费习惯以及人们的产品价值观相吻合。当新产品与目标市场消费习惯、社会心理、产品价值观相适应或较为接近时,则有利于市场扩散;反之,则不利于市场扩散。

(3) 新产品的简易性。这是要求新产品设计、整体结构、使用维修、保养方法必须与目标市场的认知程度相适应。一般而言,新产品的结构和使用方法简单易懂,才有利于新产品的推广扩散,消费品尤其如此。

(4) 新产品的明确性。这是指新产品的性质或优点是否容易被人们观察和描述,是否容易被说明和示范。凡信息传播较便捷、易于认知的产品,其采用速度一般比较快。例如,流行服装不用说明,即可知晓,因而流行较快;而某些除草药剂,因为不能迅速看到效果,市场扩散就会比较慢。

9.4.2 消费者采用新产品的程序与市场扩散

1. 消费者接受新产品的过程

人们对新产品的采用过程,客观上存在着一定的规律性。美国市场营销学者罗吉斯调查了数百人接受新产品的实例,总结归纳出人们接受新产品的程序和一般规律,认为消费者接受新产品一般表现为以下五个重要阶段:认知—兴趣—评价—试用—采用。

(1) 认知。这是个人获得新产品信息的初始阶段。新产品信息情报的主要来源是广告,或者通过其他间接的渠道获得,如商品说明书、技术资料等。显然,人们在此阶段所获得的情报还不够系统,只是一般性的了解。

(2) 兴趣。指消费者不仅认识了新产品,而且发生了兴趣。在此阶段,消费者会积极地寻找有关资料,并进行对比分析,研究新产品的具体功能、用途、使用方法等问题,如果满意,将会产生初步的购买动机。

(3) 评价。这一阶段消费者主要权衡采用新产品的边际价值。譬如,采用新产品获得的利益和可能承担风险的比较,从而对新产品的吸引力作出判断。

(4) 试用。指顾客开始小规模的试用新产品。通过试用,顾客评价自己对新产品的认识及购买决策的正确性如何。企业应尽量降低失误率,详细介绍产品的性质、使用和保养方法。

(5) 采用。顾客通过试用收到了理想的效果,放弃原有的产品,完全接受新产品，并开始正式购买、重复购买。

2. 顾客对新产品的反应差异与市场扩散

在新产品的市场扩散过程中，由于社会地位、消费心理、产品价值观、个人性格等多种因素的影响制约，不同顾客对新产品的反映具有很大的差异，罗吉斯根据这种接受程度快慢的差异，把采用者划分为五种类型，即创新采用者、早期采用者、早期大众、晚期大众、落后的购买者（图9-8）。同时从新产品上市算起，采用者的采用时间大体服从统计学中的正态分布，约有68%的采用者（早期大众和晚期大众）落入平均采用时间加减一个标准差的区域内，其他采用者的情况类推。

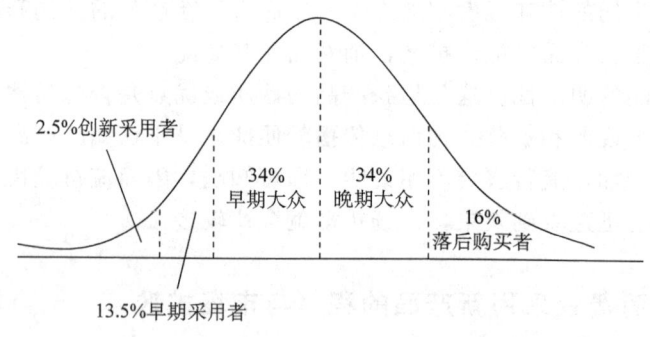

图9-8 新产品采用者的类型

（1）创新采用者。也称为"消费先驱"，占全部潜在采用者的2.5%。任何新产品都是由少数创新采用者率先使用的。他们通常富有个性，勇于革新冒险，性格活跃，消费行为很少听取他人意见，经济宽裕，社会地位较高，受过高等教育，易受广告等促销手段的影响，如果他们的采用效果较好，就会大力宣传，影响到后面的使用者，因此他们是企业投放新产品时的极好目标。

（2）早期采用者。这类人占全部潜在采用者的13.5%，他们一般是某个群体中具有较高威望的人，年轻，富于探索，对新事物比较敏感并有较强的适应性，经济状况良好，对早期采用新产品具有自豪感。这类消费者对广告及其他渠道传播的新产品信息很少有成见，促销媒体对他们有较大的影响力，但与创新者比较，持较为谨慎的态度。

（3）早期大众。这类人占全部潜在采用者的34%，这部分消费者一般较少保守思想，接受过一定的教育，有较好的工作环境和固定的收入；对社会中有影响的人物特别是自己所崇拜的"舆论领袖"的消费行为具有较强的模仿心理；不甘落后于潮流，但由于特定的经济地位所限，购买高档产品时持非常谨慎的态度。他们经常是在征询了早期采用者的意见之后才采纳新产品。研究他们的心理状态、消费习惯，对提高产品的市场份额具有很大的意义。

（4）晚期大众。指较晚地跟上消费潮流的人，这类采用者占全部潜在采用者的 34%。他们的工作岗位、受教育水平及收入状况往往比早期大众略差，对新事物、新环境多持怀疑态度或观望态度，往往在产品成熟阶段才加入购买。

（5）落后购买者。这类采用者是采用新产品的落伍者，占全部潜在采用者的 16%。他们受传统思想束缚很深，思想非常保守，怀疑任何变化，对新事物、新变化多持反对态度，固守传统消费行为方式，在产品进入成熟期后期以至衰退期才能接受。

这种采用者分类给企业的启示是，为了确保新产品快速被市场所接受，他们必须认真研究创新采用者和早期采用者的特点，并寻找适合他们的营销策略。

小结

1. 产品生命周期是指某产品从进入市场到被淘汰退出市场的全部运动过程。它是一种产品的更新换代的经济现象，通常包括引入、成长、成熟、衰退四个阶段。产品生命周期只是一种理论上的描述，实际上，产品在市场上要受到诸多社会经济因素、竞争因素、科技发展因素等的影响，不同产品、同一产品的不同阶段所经过的时间长短是不相同的。

2. 研究产品生命周期规律的意义在于根据各阶段的不同特点制定相应的营销策略。在引入期，策略重心是尽快将产品推向市场，使消费者接受新产品；在成长期，应以进一步改进产品质量、降低费用、扩大销售、提高市场占有率为主；在成熟期，应通过对产品、市场及营销策略组合的改变，力图维持或进一步提高原有的市场份额；到了衰退期，应有计划地撤出老产品，适时推出新产品。

3. 市场营销学中的新产品不是从纯技术角度来理解的，产品只要在功能或形态上得到改进，进而与原有产品产生差异，并为顾客带来新的利益，即视为新产品。开发新产品是企业得以生存和发展的关键问题之一。

4. 科学合理地安排新产品开发的程序是新产品取得成功的必要条件。新产品开发的一整套管理程序包括新产品构思、筛选、概念形成与测试、初拟营销规划、商业分析、新产品试制、市场试销、商业性投放等几大环节，其中每一环节都直接影响到新产品开发的成败，均须认真研究和实施。

5. 新产品的市场扩散是指新产品上市后随着时间的推移不断地被越来越多的消费者所采用的过程。也就是说，新产品上市后逐渐地扩张到其潜在市场的各个部分。企业要根据新产品的特点及消费者接受新产品的一般规律，有效地运用营销组合策略，加快新产品的市场推广。

关键词

产品生命周期　product life cycle
引入期　introduction stage
成长期　growth stage
成熟期　maturity stage
衰退期　decline stage
新产品开发　new-product development
筛选　screening
商业分析　business analysis
试销　market testing
商业化　commercialization

思考题

1. 什么是产品生命周期？产品生命周期各阶段有哪些市场特征？
2. 请阐述引入期和成熟期的市场策略。
3. 什么是新产品？新产品有哪几种类型？
4. 有哪几种新产品开发的组织形式？为什么在新产品开发中应倡导团队工作精神？
5. 新产品开发经过哪些主要管理阶段？每个阶段需要解决的主要问题是什么？
6. 新产品特征与消费者购买行为与市场扩散有什么关系？

案例

2010年格兰仕冰箱"光速"出击

格兰仕集团从做毛纺织起步发展成国内最大的白电企业之一。经过31年的积淀和成长，格兰仕立志将自身打造成为世界领先的综合性白色家电品牌。从首期投资10亿元兴建冰洗工业园，到高调中标2010年央视黄金段广告，每一个轨迹都在见证格兰仕的决心。

从格兰仕各个项目的发展情况来看，全球领先的综合性白电战略构想能否实现，冰箱和洗衣机在新时期的表现是关键。如此一来，承担集团冰箱和洗衣机生产销售任务的中山格兰仕日用电器，被推到了风口浪尖上……

那么，新时期格兰仕冰箱将会有哪些动作？这些动作能不能打动市场，赢得商机？

2010年，主打科技牌的格兰仕冰箱将运用业内独有的"双效光波"技术"光速"出击冰箱市场，同传统品牌分庭抗礼，并避开其他品牌的功能战争，同时尽力使品牌形象及产品优势更鲜明具体、更贴近消费者。

从科技发展速度上来看，IT化和人性化是今后冰洗发展的一个趋势，冰箱将逐渐从单一的食品储存功能转变为食品管理功能，因为IT技术的植入使得冰箱不但具备记事本和信息提醒功能，还可以根据消费者的个性需求自动生成食物采购清单。智能化的冰箱甚至可以提醒消费者冰箱内哪些食物将过保质期。科技使产品人性化，是消费者的一大福音。日电的研发团队在对冰箱功能的挖掘上是无止境的，尽快打破传统、突破冰箱的技术瓶颈是研发团队一直的追求。

2009年末，格兰仕日用电器有限公司在原60多款产品的基础上，新推出50款产品，并对产品的外观、功能、性能等方面作了大量的改进。

50款新产品主要分为八大系列：冰鉴对开门系列、中国红系列、和韵系列、和风系列、和趣系列、和庆系列、和顺系列、和美系列。八大系列的产品从113L～534L，从机械到计算机控温，涵盖了两门、三门、对开门，可以满足不同消费人群的需要。

节能方面，格兰仕推出了中国红——超级节能系列，欧盟新标准中规定了比A＋级标准还节能的A＋＋级标准，符合A＋＋标准的冰箱能效指数低于30％，即在标准状况下，实测耗电量低于额定耗电量的30％。格兰仕BCD-190SH-A采用欧洲A＋＋超级节能设计，实现节能新突破，环保节能更省钱。

外观方面，格兰仕新产品提供了全彩钢化微晶玻璃面板、不锈钢拉丝面板和VCM面板，让消费者有广阔的选择空间。

制冷方面，格兰仕218L、238L、295L等高端冰箱均采用风直冷设计，冷冻室自动除霜，自动处理化霜水；冷藏室还采用冰润直冷技术，依靠自然对流冷却，食物不易风干。

这些新产品中，就有大量型号运用了"双效光波"技术，那么"双效光波"技术到底有哪些特点？这些特点能不能帮助格兰仕冰箱在"城头变幻大王旗"的冰箱市场杀出一片天地？

据悉，"双效光波"技术为格兰仕独立研发的保鲜技术，采用"双效光波"技术的冰箱内置光波发射装置和静电杀菌器，因其直流电场的存在，可以对冰箱内的空气进行高效广谱抑菌。同时独特的电极结构设计可以有效利用空气的电离，使得在静电杀菌器内部产生电子风，促进冰箱内空气的对流和循环，抑制细菌繁殖。

静电杀菌器内置的陶瓷除臭块其低温触媒配方，可以保证冰箱在低温环境下，有效分解使用中产生的包括乙硫醇、三甲胺等异味，起到综合保鲜的目的。

区别于一般的光波保鲜的单一作用，格兰仕最新开发的"双效光波"技术主要运用 UV-光波和保鲜光波。

UV-光波能够释放 365 纳米波长的紫外线，可以起到抑菌的作用；保鲜光波根据仿生学，模拟太阳光中对植物生长有利的部分，采用特别设计的频率和强度，对果蔬进行刺激，有效保持果蔬的鲜活度和营养成分。

光波技术为格兰仕独有的成熟技术，最早运用于微波炉，并大获成功，成为格兰仕微波炉冲击全球市场的一大杀手锏。格兰仕的空调紧随其后运用该技术，并因该技术能杀灭流经空调的空气中 99% 的细菌而备受关注。今天，格兰仕冰箱经过多年的研究，成功将光波技术运用在冰箱上，其市场表现值得期待。

用新技术来协助品牌的发展运营，来推广品牌的终端形象，进一步通过技术的升级，塑造出具备差异化的品牌形象。身为专业制造冰洗的企业，格兰仕日用电器决心用创新的科技实现品牌的全面跨越！

(资料来源：2010 年格兰仕冰箱光速出击．http://www.galanz.com.cn/NewsShow.aspx?ColId=102&SecId=223&id=5164)

案例思考题：
1. 格兰仕集团为什么要进入冰箱市场？
2. 消费者会特别青睐"双效光波"技术的冰箱吗？
3. 你认为新产品成功的条件是什么？

第 10 章

定价决策

福特公司首次进入中国市场时,对市场行情的估计过于乐观了,结果推出的两个产品嘉年华、蒙迪欧都遭惨败,失利的主要原因是价格。其中,蒙迪欧的最初定价几乎接近了进口的同类车型。一年以来门可罗雀的市场表现,促使长安福特公司对产品定价重新调整。他们先将嘉年华的价格全面降下来,使调价后的销量达到去年同期的近4倍;随后,2004款的蒙迪欧全新上市时,在产品经过全面配置升级,各项装备与同级对手相比只高不低的情况下,其整体定价直接低于其主要竞争对手广州本田2.0(经典型209 800元,尊贵型229 800元)。全新的价格吸引市场的效果非常明显——蒙迪欧从下线开始就享受到了具有中国特色的服务项目:加价提车。

无独有偶,在中高档轿车纷纷降价的同时,东风标致却发出通知,要求经销商把标致307的平均优惠幅度收缩到1.2万元,而之前部分经销商最多优惠可达1.8万元,即厂家变相涨价6000元。而实际上,由于目前市场上标致307中1.6系列普遍缺货,经销商的优惠幅度只在1000~10 000元之间,并且,很多顾客已经提前交了定金等车。

价格策略是市场营销组合中非常重要且独具特色的部分,通常也是影响交易成败的关键因素。在制定价格的过程中,企业既要考虑自身的成本与利润,又要考虑消费者对价格的接受能力,并受到主要竞争对手价格策略的影响,同时还需要与其他营销策略及产品的市场定位相协调。

10.1 定价策略概述

生活在现代社会的人们，天天都要遇到价格问题。历史上，从出现商品交换开始，买与卖日益成为人们生活中必不可少的一部分，而价格则是买卖成交的关键因素之一。如今，我们穿衣要支付服装费，住房要面对房租或不菲的购房款，我们需要为出门旅行准备一笔交通费和景点门票开支，我们还要为一日三餐的每种食物付出相应的货币价格……而用于购买这些商品与服务的，则是我们所付出的辛苦劳动的价格——工资。在市场经济日益发达的今天，我们也学会了适应并利用价格规则来追求我们自身的目标：一部分人学会了在超市寻找促销商品，在农贸市场与小贩讨价还价，利用各大电信公司的打折IP卡，还会尽量选择避开机票涨价的高峰期出行；而另一部分人却专门挑选市面上最贵重的钻戒以显示身份，住五星级酒店的豪华包间享受最好的服务，永远都是直接到达机场买票登机以便节约时间和精力，从来不问机票折扣……凡此种种，使我们现在面对的"价格"已经远远超越了其最初的、最基本的内涵。

10.1.1 价格策略的重要性

在马克思的《资本论》中，价格是商品价值的货币表现，这一相对静态的价格定义，揭示了价格作为商品交换尺度的本质原因。而在传统的观念中，从历史上的大多数情况看，价格是在体现价值的基础上，通过买方与卖方互相协商共同确定的，它会随着买卖双方力量的对比而出现波动，因此西方经济学家提出了所谓的"均衡价格"概念。在均衡价格水平上，厂家与消费者均实现了自己的利益，市场处于相对平衡状态。此时如果需求或供给发生变动，则价格也将相应调整，达到新的均衡价格；反之，若均衡价格发生变化，作出调整的将是供给或者需求。西方经济学中一般均衡理论直接阐释了价格在商品交易中的重要性。

然而，经济学中众多阐述价格的理论，对企业具体定价策略的指导作用却十分有限。例如，我们已经知道了价格会直接影响市场需求，影响产品在市场上的竞争地位与市场占有率，进而影响企业的销售收入和利润，但这种影响的程度却会随着环境和市场的不同而发生改变：大部分低收入的消费者都会主要依据价格作出是否购买的决策，但随着收入提高，他们也会越来越看中非价格因素；而市场中竞争对手的价格策略，同样会迫使企业进行价格调整……凡此种种，都将使企业的价格制定变得更加复杂。

虽然随着市场的日益成熟，企业间竞争的重点已经逐步由单一的价格竞争转向了研发能力、品牌优势、核心竞争力等非价格竞争,但毋庸置疑,价格仍然是决定公司市场份额和利润率的最重要因素之一。因为在营销组合中,产品定价是唯一能获得收入的要素,而其他要素均表现为成本。对企业而言,合理的定价不仅可使企业顺利收回投资,达到盈利的目的,而且能为企业的其他活动提供必要的资金支持。因此,企业的定价策略非常值得研究。

10.1.2 影响价格决策的主要因素

企业定价时需要全面考虑各种影响因素(图 10-1),其中既有企业内部的可控因素,如成本、企业目标、产品定位等,还有需要企业去不断适应的如需求、竞争等外部因素,另外,不同行业所面临的市场模式的影响也是我们不能忽略的。

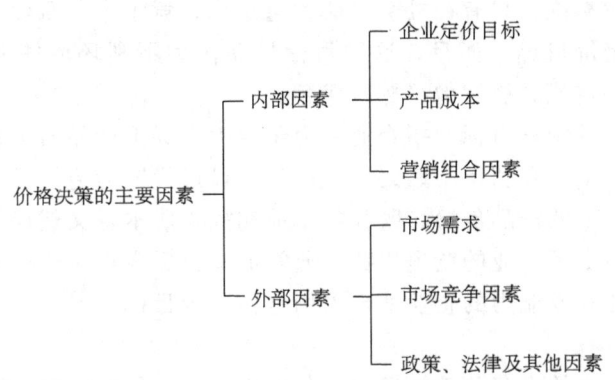

图 10-1 影响价格决策的主要因素图

1. 内部因素

影响企业定价策略的内部因素主要是指企业由自身情况出发,在定价过程中首先需要作出相应判断的因素。

1)企业定价目标

定价目标,指企业通过特定水平的价格制定或调整,所要达到的预期目的。在企业的价格制定过程中,定价目标直接决定了产品价格的方向和基调。一般来说,公司的产品与市场定位越清晰,定价目标越明确,确定价格策略越简单。概括起来,企业的定价目标大致有以下四种。

(1)短期利润最大化目标。即企业希望在短期内获取最大限度的销售利润。持这种目标的公司往往采取高价策略,以获取短期超额利润。这种定价目标适合于那些产品具有独创性且刚刚投放市场的公司,在市场上具有绝对优势,在目标顾客对价格不敏感的情况下，较易获得成功。但要注意随时根据竞争状况进行产品价格的调整，否则容易招致多方的抵制和竞争。

（2）市场占有率目标。市场占有率是企业经营状况和产品竞争力状况的综合反映。在一定程度上，较高的市场占有率可以使企业产生规模效益，提高产品销量，同时为企业带来一定的品牌知名度，其低价也能有效地排斥竞争对手，从而形成企业长期控制市场和价格的垄断能力，最终获得较高的长期利润。因此，很多企业会不惜降低价格，牺牲眼前利润，以追求更大的市场份额。这种定价目标通常适用于那些市场对产品价格高度敏感，或产品生产的规模效应较为明显的企业。

（3）维持企业生存目标。如果企业产能过剩，或面临激烈竞争，或试图改变消费者需求，则需要把维持生存作为企业的主要定价目标。此时产品难以按正常价格出售，企业往往实行大幅度的价格折扣，以保本甚至亏本价格出售商品以求收回资金。一般来说，只有在社会产能大量过剩、竞争十分激烈的情况下，企业才会选择这一定价目标。而且，这种目标只能作为不利环境中的一种过渡性目标，情况稍有好转便会被其他目标所代替。

（4）产品质量领先目标。指企业致力于成为市场上产品质量领先的公司。这些公司在研发、生产和营销中始终以"产品质量最优"为追求目标，在此基础上制定高于竞争对手的产品价格，既弥补了前期投入成本，又获得了超额利润，同时还在市场上突出了企业的竞争优势。通常那些目标客户对价格不敏感，且自身具有雄厚研究和开发能力的企业适合采用这种定价目标。

2）产品成本

为了维持企业的生存和正常经营，一般来说，产品的销售价格必须高于其生产成本与流通费用的总和即产品成本。因此，成本是价格的下限。同时，成本又分为不同类型，如固定成本、变动成本及边际成本等，每种成本对企业定价的影响幅度各不相同。与其他影响因素相比，成本因素相对稳定，属于企业内部信息，比较容易准确预测。

3）营销组合因素

在营销策略中，定价策略是最易受其他组合因素影响的。从企业追逐利润的角度来看，任何一个企业都希望自己的产品尽可能地卖出高价获取利润，而消费者则是基于对产品的认知价值来判断产品的性价比，从而决定其愿意支付的最高价格。由此，企业只有通过广告、人员推销及其他营销策略来提高产品的认知效用，其制定的高价格才能被市场所接受。同样，如果企业的产品策略和促销策略重点在于降低成本费用，企业的产品便只能通过低价格来获取市场。例如，IBM公司一直以高品质的商用机和完善的服务在业界享有良好的声誉，每年投入的巨额广告费用使它的品牌家喻户晓，它的产品在市场上占据绝对的高端也成为不争的事实；而 DELL 计算机却千方百计地采用直销、产品订制等方式节约成本，获取规模效益，凭借其低价格的优势在极少广告投入的情况下也得到了市场的认可。

2. 外部因素

影响企业定价策略的外部因素主要包括市场需求因素和竞争对手的策略等，这些因素企业无法控制，但必须考虑如何适应它们的特点并在定价中加以利用。

1) 市场需求

在买方市场下，企业定价首先要考虑市场需求，消费者愿意接受的价格制约了产品能够制定的最高价格；而反过来，市场需求也会受到价格高低的影响，只是这种影响力会随着消费者收入和商品特性的不同而有所变动。在正常情况下，市场需求会按照与价格相反的方向变动。价格提高，市场需求就会减少；价格降低，市场需求就会增加。在经济学中，市场需求的这种特性通常用需求的价格弹性来测定。

所谓需求的价格弹性是指价格变动对市场需求量变动的影响程度，以需求变动的百分比与价格变动的百分比之比值来计算。

如图 10-2 所示，如果需求的价格弹性小于 1，我们称需求缺乏弹性，此时适当提价能够增加销售收入；相反，如图 10-3 所示，当需求的价格弹性大于 1 时，我们称需求富有弹性，此时降价则有助于增加企业的销售收入。

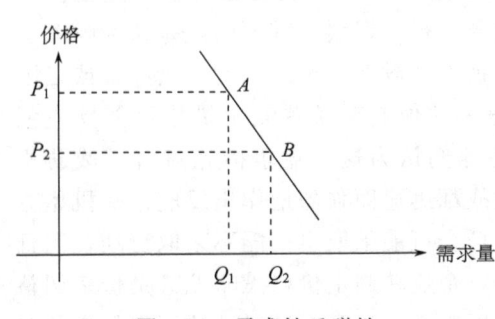

图 10-2　需求缺乏弹性

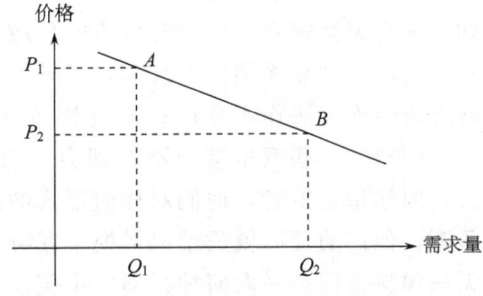

图 10-3　需求富有弹性

2) 市场竞争因素

如果说，在企业制定产品价格的过程中，生产成本是产品的价格下限，市场需求是产品的价格上限，那么具体的价格水平则可能是由竞争对手同类产品的价格确定的。具体来说，市场竞争因素对企业定价的影响体现在以下三个方面：

(1) 竞争环境。不同的市场结构决定了企业定价自由度的不同，同时也决定了企业定价中竞争因素所占的比重：完全竞争市场，这种市场上的产品同质性较强，产品价格是在竞争中由整个行业的供求关系自发决定的，任何企业都只是价格的接受者,而不是制定者;独家垄断市场,这种市场上的商品价格完全由一家企业根据自己的经营目标在法律允许的范围内制定,其他企业不仅无权定价,甚至没有机会进入该行业;垄断竞争市场,是指垄断与竞争并存且以竞争为主的一种市场状态,市场上有若干家企业进行竞争,但由于产品之间存在差别,各企业对自己的产品具有一定的价格控制权;寡头垄断市场,即由少数几家企业垄断的市场,他们在行业中占有较大的比重,左右着整个市场产品的价格。

(2) 竞争方式。包括价格竞争和非价格竞争。价格竞争是指依靠低廉的价格获得产品销量、占领市场、战胜竞争对手。采取这种竞争方式的通常是生产同类、同质产品的企业,在激烈的市场竞争中,它们往往采取低于竞争对手的定价或主动调整产品的价格以获取更多的市场份额,这就使同一市场中的竞争者必须立即采取相应的降价或付出更多的营销、服务成本等才能保住顾客。非价格竞争指在产品价格以外或销售价格不变的情况下,借助于产品有形和无形差异、销售服务、广告宣传及其他推销手段等参与市场竞争,通常在垄断市场上运用较多。非价格竞争表面上看对企业定价策略的影响不大,但随着市场竞争的深化,企业要想在保持理想价格的基础上赢得市场,就必须在定价策略中考虑到企业为保持产品竞争力所必须支付的研发、售后服务等各项成本,预先留出适当的利润空间以备支付。

(3) 竞争者的反应模式。每个竞争者都有自己的经营理念、内在的企业文化和主导信念,相应地他们针对外部变化的敏感性和反应程度也有较大差别。例如,从容型竞争者,他们对竞争的反应较弱、行动迟缓,其原因或是认为顾客忠实于自己的产品无须作出反应,或是因重视不够没有发现对手的新措施,或是因缺乏资金而无法作出反应;而选择型竞争者,他们对某些竞争措施可能反应强烈,而对另一些竞争措施不加理会,因为他们认为这些竞争措施对自己威胁不大;凶猛型竞争者,他们对任何形式的挑战都迅速而强烈地作出反应;随机型竞争者,他们的反应模式难以捉摸,在特定场合可能采取也可能不采取行动,而且无法预料他们会采取何种行动。事实证明,企业在制定价格策略尤其是价格调整策略时,若事先对竞争对手的反应模式加以判断,从而有针对性地制定相应的对策,将非常有助于企业制定正确的价格策略。

3) 政策、法律及其他因素

在现代社会中,政府扮演着调节和干预经济的重要角色。它可以通过行政的、法律的、经济的手段对企业定价及社会整体物价水平进行调节和控制。尤其是在经济全球化的今天,走向国际化经营的企业应注意了解东道国的相关政策法规,以确保企业的经营安全。

除此之外,渠道伙伴也是一个重要的影响因素。经销商和代理商作为独立的经营实体,会追求自身利益最大化。于是,产品的购销差价常常会成为产生渠道冲突的直接原因。企业给中间商的折扣过低将使其无利可图，丧失销售热情；企业提高折扣又可能导致丧失对市场销售价格的控制权，使市场上的产品价格出现混乱，最终影响企业产品的形象与定位。

因此，在制定价格策略时应充分考虑到各个方面的利益，把握好其中的"度"，才能达到对价格的有效管理和控制。

10.2 基本的定价方法

由于产品成本、市场需求和竞争状况是决定价格高低的最主要因素，企业在选择定价方法时，首先要研究如何以这些因素为导向为产品制定合理的基本价格。在实际定价中，企业往往只能侧重考虑其中一类因素，选择一种定价方法，然后通过一定的定价策略和技巧对计算结果进行修订，形成最终的价格表。

10.2.1 成本导向定价

成本导向定价，顾名思义，即以成本作为定价的基础。根据具体算法的不同，又可以分为成本加成定价法、目标收益定价法和变动成本定价法。

1. 成本加成定价法

所谓成本加成定价是指按照单位成本加上一定百分比的加成率制定产品的价格，加成就是利润。所以，成本加成法的定价公式为

$$P = C(1+R)$$

式中，P 为单位产品价格；C 为单位产品总成本；R 为成本加成率。

成本加成定价在实践中广为应用，它的特点是计算简单，简便易行，不确定性较小。缺点是这种定价方法以成本为中心，忽视了需求，难以适应市场竞争的变化，不论从长远来看还是从短期来看，不易获得最大利润。因此，应用成本加成定价法时应考虑到需求弹性和其他因素的影响而作必要的调整。

2. 目标收益定价法

目标收益定价法指根据企业的总成本和企业预计的销量，确定一个目标收益率，据此核算价格。美国通用汽车公司是这样定价的，它以总投资额的15%～20%作为每年的目标收益率，摊入汽车售价中。西方国家的许多大型公用事业也这样定价，因为它们投资大，业务具有垄断性，又和公众利益息息相关，所以政府对它们的定价有一定限制，只有依据投资额确定一定的百分比，计算收费标准。在理论上，其定价步骤如下：

第一，确定固定成本。这种成本短期内不随产量变化而变化。

第二，确定总成本。确定固定成本与变动成本的总和。

第三，估计生产能力和销量。假设企业的生产能力为100万单位产品，未来时期80％的生产能力能够运行，那么就可以向市场提供80万单位产品。

第四，计算总成本。假定生产80万单位产品的总成本是1000万元。

第五，确定目标利润。假设企业想得到20％的成本收益率，目标利润就是200万元，总收益要达到1200万元。

第六，计算单价。经由计算得知，产品的单价应为$P=$（1000万元＋200万元）÷80万单位＝15元。

目标收益定价法的一个主要缺陷，就是企业根据估计的预期销量倒推算成本来确定价格，而价格又恰恰是影响销量的一个重要因素，因此预测的销售量很难算准。通常企业都会制定一张盈亏平衡图，反映不同销售水平上的预期总成本和总收益情况，据此进行定价方案的比较与选择，如图10-4所示。其中，E为盈亏分界点，Q为保本销售量（称损益平衡时的销售量）。

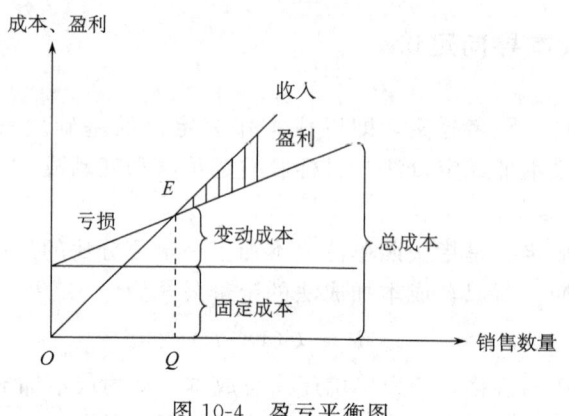

图10-4 盈亏平衡图

3. 变动成本定价法

变动成本定价法也称边际贡献定价法，即仅计算变动成本，略去固定成本，而以预期的边际贡献补偿固定成本并获得收益。当边际贡献为零时，产品价格等于变动成本。其公式为

$$产品价格 = 变动成本 + 边际贡献$$

所谓边际贡献，就是只计算变动成本而不计算固定成本时的收益，即边际贡献＝销售收入－变动成本。当边际贡献＞固定成本时，企业将盈利；当边际贡献＜固定成本时，企业将亏损；若边际贡献＝固定成本，则企业不盈不亏。

例如，生产某产品需固定成本90万元，单位变动成本10元/件，年产量10

万件,每件售价20元,目前订货量为8万件,生产能力有富余。现有用户出价16元,再订购1.5万件,企业是接受还是不接受?

若不接受,边际贡献=20元×8万-10元×8万=80万元,由于边际贡献小于固定成本,此时企业处于亏损状况,亏损10万元;若接受,边际贡献=(20元×8万+16元×1.5万)-10元×(8万+1.5万)=89万元,此时边际贡献仍小于固定成本,企业仍处于亏损状况,亏损1万元。显然,企业应接受这笔订单。因为虽然同样处于亏损,但增加了边际贡献,减少了企业损失。

值得说明的是,变动成本定价法通常只适合于竞争激烈,市场供过于求,企业生产任务不足的情况。此时企业为维持生产、保住市场而暂时采用,因此只是供短期内使用的一种灵活定价方法。

总的来说,成本导向定价法存在一个普遍的问题,就是以成本为依据的定价过于强调了企业的主观愿望,而忽略了市场需求的影响,导致产品价格较为刚性,无法随着市场需求或竞争的变化灵活调整,往往导致产品定价与市场需求脱节,给企业造成销量或利润上的损失。

10.2.2 需求导向定价

需求导向定价是一种以市场需求强度及消费者对产品的感知而不是企业的生产成本为主要依据的定价方法,主要包括认知价值定价法和反向定价法两种类型。

1. 认知价值定价法

认知价值定价法,也称理解价值定价法,这种定价方法根据顾客对产品的认知价值——也就是消费者认为产品值多少钱——进行定价。消费者在购买商品时,通常会根据自己对商品价值的不同理解,形成不同的价格认同。如果企业制定的价格刚好在这一限度内,消费者就会顺利购买。

既然这种定价方法的定价标准在于市场对企业产品价值的认知和理解,那么,企业为了顺利销售产品并获得满意利润,一方面必须通过市场调研准确地预测产品的认知价值,另一方面企业也要利用营销策略中的非价格因素提升产品的认知价值。

2. 反向定价法

反向定价法,也称倒推法。这种定价方法完全体现了"以顾客为中心"的营销理念,是指企业根据产品的市场需求状况,通过价格预测和试销、评估,先确定消费者可以接受和理解的零售价格,然后倒推批发价格和出厂价格的定价方法。因其定价程序与一般成本定价法相反,故称反向定价法。

这种定价方法一般在两种情况下采用:一种是为了满足在价格方面与现存类

似产品竞争的需要，设计出在价格方面有竞争力的产品，即企业以竞争者商品的流行售价为基础，确定更受用户欢迎的、企业将要生产的产品售价，而后在这个售价约束下，设计制造产品；另一种是在新产品设计时，先通过市场调查或征询分销商的意见，拟定出顾客可接受的价格，分销商愿意经销的价格，然后再确定出厂价格，推算出产品成本。这样的价格，顾客、经销商、生产者都乐意接受，故又称满意价格。

10.2.3 竞争导向定价

竞争导向定价是以市场上竞争对手的同类产品价格为主要依据，随竞争状况的变化确定和调整价格水平，主要有以下两种具体做法。

1. 随行就市定价法

随行就市定价法指依据行业平均价格水平或同行业中实力最强竞争者的产品价格定价。采用随行就市定价法的企业，通常是因为有些产品难以核算成本，或打算与同行业和平共处，或想另行定价又怕引起竞争对手和顾客的过激反应，因此选择这种方式。这种定价方法可以为企业节省时间，减少风险，避免竞争，为小型企业广泛采用。

另外，从市场结构上说，在一个完全竞争的市场或寡头垄断的市场，企业通常都会采用随行就市定价法。在完全竞争市场上，企业只能接受市场价格而无法影响市场价格；而在寡头垄断的市场上，少数寡头企业之间互相制约，须互相协商共同定价。

2. 密封投标定价法

这种定价方法主要适用于对工程进行投标的企业，他们根据竞争对手的报价或对招标企业标底的估计来确定投标价格，而不是按企业自己的成本费用或市场需求来定价。在国际通行的"最低价最优"的选择机制下，企业要想中标，必须使自己的报价在不低于成本的情况下，低于其他竞争对手；而在我国传统的"标底制"下，企业必须对由招标单位按有关规定制定的标底价格进行估计，争取与招标单位的标底相同或比竞争对手更为接近标底。换言之，企业必须同时考虑目标利润和中标概率，以确定最佳报价。

10.3 定价策略和技巧

在实际交易过程中，产品价格有基本价格（也称样本价格）与成交价格之分。基本价格指企业根据定价目标和影响因素，利用10.2节中介绍的基本定价方法制定出来的价格；成交价格则指企业根据不同的交易方式、数量、时间及条件，在前者的基础上加以适当调整而形成的实际售价。由于企业面临的市场环境和竞争状况在不断变化，且产品本身也有不同的生命周期阶段，虽然经过严格程序制定出的基础价格体系有着一定的科学性，但在实际运作中，统一固定的价格却显得僵硬而缺乏灵活性，甚至最终会变成市场销售的障碍。因此，基本价格必须进行适当的修正才能作为最终的成交价格，而运用灵活的定价策略和技巧，也使企业的成交定价更加合理、更具艺术性。

10.3.1 定价策略

1. 新产品定价策略

新产品定价非常重要，它关系到产品能否顺利地被消费者所接受，并可为以后扩大销售打下基础。企业在推出新产品时，有以下定价策略可供选择。

（1）撇脂定价。撇脂定价指为新产品制定远远高于成本的售价，目的在于力求短期内补偿全部固定成本，并迅速获取盈利。撇脂定价的优点是：能迅速实现预期盈利目标，有利于树立产品的高端形象，掌握市场竞争的主动权，同时也为产品降价预留了较大的空间；其缺点是在高价抑制下，产品的销售量不容易大幅度提高，同时高价厚利的信号极易诱发竞争者加入，从而缩短了新产品的成长期。因此，企业必须能够不断推出具有独特性的产品，而且这种产品必须具有市场需求弹性较小的特点。

案例精粹　　　　　　　　**英特尔公司的撇脂定价**

一位分析师曾这样形容英特尔公司的定价政策："这个集成电路巨人每12个月就要推出一种新的、盈利更高的微处理器，同时把旧微处理器的价格降至更低以满足大量的需求。"当英特尔公司推出一种新的计算机芯片时，它的定价是1000美元，这个价格使它刚好能占有一定的市场份额。这些新芯片能增加高能级个人计算机和服务器的性能，如果顾客等不及，他们就会在价格较高的时候购买。随着销售额的下降及竞争者推出的相似芯片对其构成威胁，英特尔公司就会降低其商品的价格来吸引下一层次对价格敏感的顾客。最终，价格将跌落到最低水平，每个芯片仅售200美元多一点，该芯片便成了热门大众市场的处理器。通过这种定价方式，英特尔公司从各个不同的细分市场都获取了丰厚的收入。

（资料来源：商品定价技巧：新产品定价. http://www.i18.cn. 2004-11-05）

（2）渗透定价。与撇脂定价相反，渗透定价是将产品的价格定得尽可能低一些，使新产品迅速在市场上铺开，快速提高市场份额，同时通过规模化生产来降低成本，实现盈利目标。这种定价方法的优点是：能迅速打开产品销路，有利于

提高市场占有率,且低价薄利不易诱发竞争,便于企业长期占领市场;其缺点是:投资回收期较长,未来降价余地小,同时可能会影响产品的品牌形象。因此,这种策略不适用于高档产品或追求品牌消费的目标客户,而在规模效应较为明显,且技术壁垒不高的产品中用得较多。

(3) 满意定价。满意定价策略介于"撇脂"与"渗透"二者之间,即指企业按照产品成本加行业平均利润水平制定新产品的价格,同时兼顾供应商及消费者的利益,使各方面能顺利接受。对一般商品来说,价格定得过高,不利于打开市场;价格定得太低,又可能亏损。因此,最稳妥可靠的方法便是采取满意定价策略,使消费者有能力购买,经销商也便于推销。这种定价策略的优点是价格比较稳定,在正常情况下盈利目标可按期实现;缺点是比较保守,不适于需求复杂或竞争激烈的市场环境。而且在实际操作中,这种策略则往往容易导致企业的市场定位模糊,可能同时失掉高端和低端消费者群。

2. 产品组合定价策略

这种定价策略的着眼点在于实现企业整个产品组合的利润最大化,通常有以下几种形式:

(1) 产品线定价。产品线定价策略指根据产品项目之间在质量、性能、档次、款式、成本、顾客认知、需求强度等方面的不同,确定出各产品项目之间的价差,并据此来制定各产品的价格。例如,联想计算机将其笔记本产品按照功能和配置划分为若干型号,针对高中低档产品分别制定相应价格,以满足不同消费者的需求。在具体实施过程中,企业在进行产品系列定价时,首先,应确定最低价格的产品项,吸引消费者购买;其次,确定最高价格的产品项,它在产品线中充当品牌质量和收回投资的角色;最后,对其他产品依据其在产品线中的角色分别制定不同的价格。

(2) 选择品定价。许多企业在向市场提供主要产品的同时,还会附带提供一些可供选择的产品,这些选择品的价格在综合考虑多方面因素后加以确定。例如,有的饭店酒水价格很高、食品价格较低,饭店依靠酒类收入获取利润;有的饭店酒水价格较低、食品价却较高,饭店依靠食品收入获取利润。由于选择品属于非必需附带品,顾客的自主选择余地较大,所以只有当企业提供的选择品能够满足消费者的特定需求时,消费者才会乐于接受较高的价格。

(3) 补充品定价。与选择品不同的是,有些基本产品必须配以补充品才能正常使用,如剃须刀架必须带刀片,光学相机必须与胶卷同时使用。一般来说,基础商品购买频率低,而补充产品购买频率高,价格弹性充分,因此企业常常会降低基础商品的价格,提高补充品的价格,主要依靠补充品的高价获取利润。柯达公司就曾经成功地利用了这一策略,它以很低的价格销售相机,却在胶卷上赚取收入。需要注意的是,有时企业为补充品制定过高的价格容易引起消费者的不满,甚至可能会影响其基本品的销量。如很多消费者在购买汽车时,往往会因为名牌进口汽车的配件过于昂贵而选择国内品牌。

(4) 组合产品定价。企业经常以某一价格出售一组产品,如企业为购买者提供的套装化妆品、一揽子旅游方案等。通常这种定价策略是使一组产品的总价格低于其中每一单项产品的价格之和,如此对顾客产生吸引力。这种定价策略的主要优点在可以吸引消费者购买那些本来并不打算购买的产品,增加企业销量,同时也可使企业减少交易次数,降低交易成本。

3. 差别定价策略

这种定价策略也叫价格歧视,是指企业按照两种或两种以上不反映成本费用的比例差异的价格销售某种产品或服务,通常有以下几种做法:

(1) 地点差别定价。如国内机场的商店、餐厅向乘客提供的商品价格普遍要远高于市内商店和餐厅的价格。

(2) 时间差别定价。如春节、国庆等长假日也是旅游、购物黄金假期,旅行社的报价也相应提高。

(3) 产品形式差别定价。如在每次世界杯举行期间,标有世界杯会徽或吉祥物的T恤及小纪念品的价格,会比没有印标志的其他同类商品的价格要高。

(4) 顾客差别定价。因职业、阶层、年龄等原因,顾客对同类商品的需求强度或价值认知不同,企业据此在定价时分别给予优惠或提高价格,可获得良好的效果。

实施差异定价策略通常要求市场具备以下条件:市场必须能够按照不同的需求强度进行细分;细分后的市场一定时期内相对独立;细分市场中不会有竞争者低价竞销;价格差异不会引起消费者反感;不违反法律。

10.3.2 定价调整技巧

除了这些常用的定价策略外,企业常常会采用一些定价技巧对基础价格进行适当调整,以获取消费者的认同,从而增加产品销量或提高企业收益。

1. 心理调整技巧

这即依据消费者购物时的心理状况调整商品价格,主要有以下几种形式:

(1) 整数定价。企业对高档品、耐用品通常会采用合零凑整的方法,制定整数价格,让价格上升到较高一级档次,借以满足消费者追求高档消费的心理。如世界著名的豪华汽车品牌劳斯莱司、宾利等便采用这种定价技巧,以满足购买者显示身份、地位、富有、大度的心理需求。

(2) 尾数定价。保留价格尾数,采用零头标价,也称"非整数定价"。如将一只烧鸡定价为9.95元,而不是10元,使价格保留在较低一级档次。这种策略的出发点是认为消费者在心理上总是存在零头价格比整数价格低的倾向。尾数定价一方面给人以便宜感，另一方面又因标价精确给人以信赖感，通过满足消费者的求实求廉心理，获取需求量的大幅度增加。这种定价技巧适合需求价格弹性较强的商品，超级市场和便利店等零售业态普遍采用了这种方法。

（3）声望定价。声望定价指针对消费者"价高质必优"的心理，对在消费者心目中享有声望、具有信誉的商品制定高于其他同类产品的价格。在消费者识别名优商品时，价格经常被当做商品质量最直观的反映，声望定价正是迎合了消费者的这种意识。因此，高价与性能优良、独具特色的名牌商品配合，更易显示商品特色，增强商品吸引力，产生增加销量的积极效果。

（4）习惯定价。习惯定价指按照消费者的习惯价格定价。日常消费品的价格，通常在消费者心目中已形成一种习惯性标准，高于习惯价格通常被认为是不合理的涨价，低于习惯价格又使消费者怀疑是否货真价实。因此，这类商品价格要力求稳定，避免价格波动带来不必要的损失。即使在必须变价时，也最好采取改换包装或品牌等措施，避开消费者对新价格的抵触心理，引导其逐步形成新的习惯价格。

2. 折扣折让技巧

企业为鼓励顾客及早付清货款或大量购买、淡季购买，还可以酌情降低基本价格，称为价格折扣与折让。价格折扣折让技巧主要有以下五种：

（1）现金折扣。现金折扣即对按约定日期付款或提前付款的顾客给予一定的价格折扣，其目的是通过价格优惠鼓励购买者及时付清货款，以减少企业的利率风险，加速资金周转。如典型的折扣条件是"2/10，30天"，表示付款期限30天，如客户能在10天内付清，则给予2%的折扣。

（2）数量折扣。数量折扣就是依照购买数量或金额的多少，以打折形式给予消费者的减价优惠。一般而言，购买商品的数量越大，给予的优惠折扣也就越大，因而可以鼓励消费者大量购买或集中购买。数量折扣的关键在于合理确定折扣的起点、折扣的档次及每个档次的折扣率，还可以根据目的的不同选择累计数量折扣或非累计数量折扣等。

（3）交易折扣。交易折扣也称功能性折扣，是生产企业根据中间商在产品营销中所担负的特殊功能，如销售、储存、市场推广等而给予的价格折扣，目的在于鼓励中间商更充分地发挥作用。交易折扣有两种基本形式：一是生产企业先确定零售价格，然后依据中间商在促销中所起的作用确定折扣率；二是生产企业先确定出厂价，然后再按确定的折扣率和中间商销售努力的情况制定批发价和零售价。

（4）价格折让。价格折让指企业允许消费者在购买新产品时，将旧产品抵扣掉新产品的部分价格。如苏泊尔压力锅在推出新产品时，允许顾客"以旧换新"，即购买新锅时,可用旧压力锅抵扣 50 元现金。这种方式可有效促进产品的更新换代。

3. 地区差异定价技巧

(1) 产地(FOB)定价。FOB 是国际贸易专业术语,称为离岸价格,即卖方负责在约定的装运港将货物送到买方指定的船上交货,并承担此前的一切风险和费用。交货后从产地到目的地的一切风险和费用概由顾客承担。这种方法也称产地定价,它对买卖双方来说都具有合理性,但生产企业可能会失去一些不愿承担运费的远方购买者。

(2) 统一交货定价。这种做法和前者正好相反,所谓统一交货定价,就是企业对卖给不同地区顾客的某种产品,都按相同的厂价加相同的运费(按平均运费计算)定价,它有助于克服产地定价的不足,但对近处的顾客不利。

(3) 分区定价。这种定价方法介于前两者之间,就是企业把全国(或某地区)分为若干价格区,对同一价格区内的顾客制定统一价格,对较远区域的顾客定价相对高些。但采用分区定价也有不足:一是处于同一价格区内距企业远近不同的顾客对价格的认同感不一致;二是处于两个相邻价格区的顾客对价格的认同感也不一致。

(4) 基点定价。基点定价,就是企业先选定某些城市作为基点,然后按一样的厂价加上从基点城市(距离顾客最近的基点城市)到顾客所在地的运费来定价,而不考虑货物实际上由何处交付。

(5) 运费免收定价。运费免收定价即企业负担全部或部分的实际运费。这些企业认为,虽然这种定价方法减少了销售净收入,但如果产品销售量扩大,平均成本就会降低,足以抵偿这些运费。一般采用市场渗透策略或面临激烈竞争的企业会采取这种方法。

10.4 价格变动的原因与对策

产品从上市开始,就面临着各种变化:供求关系改变,消费者心理变化,竞争环境改变,企业战略地位变动……为在市场竞争中更好地生存和发展,企业必须主动进行价格变动,抢占市场先机;同时,还必须建立竞争对手价格变动的预警机制,及时制定相应对策。

虽然表面上看,产品的价格变动只有"涨"和"跌"两种形式,但在变动的原因和时机选择上,企业却有着非常周密的安排和考虑。

> **案例精粹**　　　　　　**服装店的减价**
>
> 　　从过去到现在，服装店是频繁动用减价策略的商家，因为服装有明显的时间性和季节性。对于过时的商品来说，其市场价值大大降低，如不及时脱手，会使商店陷入困境；对于过季的商品来说，其市场价值大打折扣，因为过季商品如不及时处理，只好等明年再卖，可是明年是否流行，是否有销路还是个未知数，即使是销路看好，一年囤积商品的高额利息也会把利润全部吃掉，因此，服装店的减价销售不可避免。同时，减价销售并非无利可图，因为服装常常会带来高额利润，有时资金利润率可达到100％，甚至200％，即使减价20％～50％销售也不至于亏本。
>
> 　　（资料来源：佚名. 服装专卖店价格分析及策略. http://bj. house. sina. com. cn/biz/. 2009-02-14）

10.4.1　企业进行价格变动的原因

　　企业主动降价或提价，一方面可以把握市场先机，占据主动性；另一方面也可以使产品价格与营销战略紧密配合。一般来说，企业主动进行价格变动，除了产品自身的原因外，企业自身的状况、外界环境和市场需求的变化以及竞争的激烈程度同样不可忽视。

　　1. 引起企业降价的原因

　　（1）产品自身生命周期的变化。当产品在市场上逐渐由成长期过渡到成熟期甚至衰退期时，企业通常会根据每个阶段的市场需求和竞争状况，逐步降低产品价格，以达到理想的销售效果。

　　（2）企业生产能力过剩，需要扩大销售量，挤占竞争对手的市场份额。例如，四川长虹在快速发展的过程中，曾几次因为生产能力大幅扩张而主动挑起价格战。

　　（3）企业的成本费用比竞争者低，通过主动削价来扩大产销量，提高市场占有率。如格兰仕公司曾凭借1200万台微波炉的年产量使其单位产品总成本降至行业最低，接着便通过大幅度降价树起较高的行业进入壁垒，最终占据了微波炉国内市场60％、欧洲市场35％的份额。

　　（4）经济不景气，消费者实际或预期收入下降，购买意愿降低，此时企业应根据目标市场需求状况适度降低产品价格，借以维系市场份额。这种情况尤其对选择类商品或奢侈消费品的销售影响很大，顾客往往会推迟购买或选择低价替代商品。

　　2. 引起企业提价的原因

　　（1）由于通货膨胀，物价上涨，导致成本上升，企业为确保获取目标利润，不得不采用直接提高市场价格或间接降低产品成本的策略，如推迟报价、减少价格折扣或降低产品数量等。

（2）产品供不应求，无法满足所有顾客的需要，此时企业可通过提价抑制市场需求，获取超额利润。如广州本田汽车在市场上一度脱销，经销商便采取了每辆车加收 2 万～3 万元"提车服务费"的措施。

值得注意的是，无论出于何种原因，价格的变动都会引起利益相关者的关注，并作出反应：虽然降价会增加消费者利益，但可能引发消费者对品牌形象的怀疑；提价能使企业利润大幅度增加，但任何提价措施都会引起消费者的不满。因此，为了减少不利影响，企业在价格变动时应尽可能加强与利益相关者的沟通，争取更多的理解，同时，还应预先评估消费者和竞争者可能作出的反应，提前准备好应对措施。

10.4.2 价格变动的影响

1. 购买者对价格变动的反应

通常一种产品降价了，购买者可能理解成：①这种产品已经过时；②产品有缺陷；③企业财务困难无法继续经营；④产品价格还要降；⑤企业欲提高销量和市场占有率。而当产品提价时，购买者则可能理解成：①这种产品数量有限；②产品有价值；③产品价格还要涨。

由于购买者对价格变动可能有着截然不同的看法，同样的价格变动可能引起截然不同的顾客反应。一般而言，购买者对价值高、购买频率也较高或需求弹性较大的产品的价格变动较为敏感、反应较强；对价值低、不经常购买的产品的价格变动不太注意、反应较弱。因此，需求弹性大的商品降价有可能带来销售额的大幅度上升，也有可能导致消费者产生持币待购心理，甚至可能产生对产品或企业的误解和不信任。

对此，除了加强沟通正确引导外，企业应注意尽量使价格的变动隐蔽而间接，以减少消费者的反应度。如企业在需要提价时尽量多采取降低成本的措施（如减少附加服务种类、减少包装分量等），但其前提是不能降低产品质量，否则会损害企业的声誉与市场形象，给企业的长远发展带来不利影响。

2. 竞争者对价格变动的反应

竞争对手的反应要比购买者的反应方式复杂得多，而且，行业中竞争者数目越少、提供产品的同质性越强，购买者越是具有充分的产品知识，竞争对手的反应就越重要。企业面临的主要竞争者可能只有一两个，也可能很多个；竞争者对企业调价可能有全面的对策，也可能每次采取不同的反应。无论何种情况，企业首先应通过获取该竞争对手内部资料的方式掌握其可能的反应，也可以通过与该竞争对手接触较多的顾客、供应商、代理商、金融机构等获取信息，然后再进行针对性的评估，做到"知己知彼，百战不殆"。

10.4.3 应对竞争者价格变动的策略

1. 分析产品特征

在同质产品市场上，由于各家企业的产品没有差异或没有明显的差异，因而购买者对产品价格的高低反应敏感。一家企业削价，其他企业也必须随之降价，否则顾客就会流向削价的企业；一家企业提价，如果其他企业不都随之提价，那么所有提价的企业就不得不取消提价，否则顾客就会流向没有提价的企业。

在异质产品市场上，由于各家企业的产品存在着明显的差异，购买者在选择卖主时不仅考虑产品价格的高低，还考虑产品质量、服务、可靠性等因素，因而在异质产品市场上的购买者对较小的价格差异反应不敏感。总的来看，在异质产品市场上，企业对竞争者价格变动的反应有更多的自由。

2. 分析竞争环境

（1）竞争者调价的目的是什么；

（2）竞争者打算暂时改变价格还是永久改变；

（3）如果对竞争者的变价置之不理，对本企业的市场占有率和利率会有何影响；

（4）其他企业是否会对竞争者的变价作出反应；

（5）竞争者和其他企业对本企业的每一个可能的反应又会有何反应。

3. 选择应对策略

通常企业会根据具体情况从以下几种对策中作出选择：

（1）维持原有的营销组合不变。这种做法主要适用于以下情况：①市场对价格并不敏感；②保持价格不变，企业的市场份额不会明显下降；③跟进降价可能会过多降低企业利润等。

（2）保持价格不变，调整其他营销组合策略。它是指企业运用非价格策略，如改进产品、提高服务与加强沟通等手段来应对竞争者。这种方式适用于那些需求价格弹性较低的商品，不仅有助于减少企业利润损失，还能提升品牌形象。

（3）以相同或不同幅度降低价格。这一策略适用于：①市场对价格很敏感，维持原价会使产品失去大批顾客；②跟随降价可以使产品的销量和产量大幅度增加，从而形成规模效应；③市场份额减少后，将来很难恢复；④降价可保持原有的竞争格局等。

（4）提高价格。这是一种"反其道而行之"的应对策略，虽然有可能导致市场份额进一步丧失，但引导得当也容易使消费者更加认同企业的品牌价值。这一策略适用于：①产品具有明显特色；②产品品牌已有一定的知名度和美誉度；③在行业中处于领先地位的企业；④需求价格弹性较低的商品。

由于企业在面对竞争者的价格变动时，应对策略往往是在被动情况下作出的，而且时间非常紧迫。为减少因仓促应变带来的不利影响，企业应建立一套预警系统，随时分析监测，并预先设计反应对策，才能在动态变化的环境中谋求生存和发展。

小结

1. 价格策略是影响交易成败的关键因素。影响企业定价策略的内部因素有生产成本、定价目标及企业营销组合；影响企业定价策略的外部因素主要包括市场需求因素和竞争对手的策略等，企业必须考虑如何适应它们的特点并在定价中加以利用。

2. 企业定价的基本方法有三种：一是成本导向定价，根据具体算法的不同，又可以分为成本加成定价法、目标收益定价法和变动成本定价法；二是需求导向定价，主要包括认知价值定价和反向定价两种方法；三是竞争导向定价，主要有随行就市定价法、密封投标定价法等。

3. 在基本价格的基础上，产品的价格还要经过一定的定价策略和技巧才能最终确定。定价策略主要有新产品定价策略、产品组合定价策略和差别定价策略等，定价技巧包括心理调整技巧、折扣折让技巧和地区差异定价技巧等。

4. 为在市场竞争中更好地生存和发展，企业必须适时地对价格进行主动调整。一般说，企业主动降价的原因有：产品自身生命周期的变化、企业生产能力过剩、成本费用低于竞争者或经济不景气等；企业主动提价的原因有：通货膨胀或产品供不应求。价格变动可能引发购买者和竞争者的不同反应。在分析产品特征和竞争环境的基础上，企业应对竞争者价格变动的策略有维持原有的营销组合不变、价格不变调整其他组合策略、降低价格及提高价格四种做法。

关键词

定价目标　pricing objectives
需求价格弹性　price elasticity of demand
成本加成定价　cost-plus pricing
目标利润定价　target profit pricing
认知价值定价　perceived-value pricing
密封投标定价　seak-bid pricing
撇脂定价　skimming pricing
渗透定价　penetration pricing

产品组合定价　product-mix pricing
现金折扣　cash discount
数量折扣　quantity discount
季节折扣　seasonal discount
功能性折扣　functional discount
折让　allowance
分区定价　zone pricing
基点定价　basing point pricing

思考题

1. 影响价格决策的主要因素有哪些？
2. 企业定价的基本方法有哪些？
3. 举例说明心理定价技巧在零售企业中的应用。
4. 企业可以采用哪些产品组合定价策略？
5. 当竞争者降低价格时，企业应当如何应对？

案例

价格战的彼岸：格兰仕的价值回归

摧毁行业投资价值

格兰仕的"价格战"有两大特点：一是降价频率高，1996～2003 年 7 年时间，格兰仕共导演了 9 次大规模降价；二是降价幅度大，每次最低降幅为 25％。从格兰仕进入行业至今，微波炉的市场售价已由每台 3000 元以上，降到了每台 300 元左右。

格兰仕的数次大规模降价，的确促使微波炉的利润迅速下降，规模较小的企业根本无法抵挡这种近乎疯狂的价格轰炸。而格兰仕在生产规模达到 125 万台时，就把出厂价定在规模 80 万台的企业的成本价以下；当规模达到 300 万台时，又把出厂价下调到规模为 200 万台的企业的成本价以下。1997、1998 年，格兰仕微波炉的利润率分别为 11％、9％，1999 年，格兰仕主动将利润率调低到 6％。至此，中国市场的微波炉企业从 100 家减少到不足 30 家，格兰仕的市场份额一举突破 70％。

事实上，"价格战"的确是格兰仕早期的唯一选择。相比微波炉产业的先行者，格兰仕既无法定位高端，又没有进入海外市场的渠道，并且核心部件磁控管和变压器还得依赖进口。——如此状况，不依赖价格战，格兰仕如何破茧化蝶？

"七伤拳"的悲壮

然而，价格战毕竟是一种杀敌一千自伤八百的"七伤拳"，使用到极致的结果往往是：有垄断之名，却无垄断之利。

格兰仕在摧毁别人的投资价值的时候，也把自己逼到了墙角。自1998年起，格兰仕的市场占有率上去了，利润却一个劲地下滑。到2000年6月，梁庆德的儿子梁昭贤接班之时，格兰仕终于被同城对手美的撕开了死守多年的"防线"。

2001年，格兰仕启动"清理门户"的降价策略，市场上出现了史无前例的299元标价牌，其矛头直指美的。美的则亮剑"破格（格兰仕）行动"，你推"黑金刚"系列，我推"黑金星"系列，你设计"一键通"产品，我创出"一键神通"产品，贴身肉搏由此开局。

格兰仕号称"合10个亿资源再开杀戒"，大肆掀起"六月风暴"：买500多元的微波炉送400元左右的赠品；第二天，美的宣布"300万台订单敲开海外市场"，重拳发起"震雷行动"：买600多元的微波炉送价值600多元的赠品……

也许，格兰仕无意间扮演了一个"坏孩子"的角色，它首打低价牌，牵引着美的这位后辈，将中国微波炉行业引上了一条自戕的道路：2001年，"买500送500"；2002年，"买微波炉送千元钻表"；2003年，"光波炉大降价，千元直降至600"……

——中国微波炉巨头疯了！面对失去章法的双雄，众对手纷纷洗脚上岸。最后，在中国微波炉市场，除了执拗的LG、三星、海尔等品牌外，就剩下疯狂掰腕较劲的美的与格兰仕。

一个故事是：梁庆德到河南拜访经销商，经销商说："做你的代理没有钱赚，连请德叔吃饭的钱都没有了。"听了这句话，梁庆德黯然神伤。执行总裁梁昭贤承认，格兰仕通过价格战获得了全球50％以上的市场，但利润率只有3％，做到这个份上，不得不考虑战略转向。

从价格战到价值战

2007年，美的微波炉经过两年多的卧薪尝胆，在国内市场占有率冲至创纪录的43％。宣扬"价值竞争取代价格竞争，共享价值链"的美的，深深地震撼了格兰仕。现实处境促使其不得不上下洗脑，一改长期坚持的以"不变应万变的"价格战策略，走入了"以变应万变"的价值革新阶段。

"与其双方一直抱着中国市场800万台的总量较劲，不如一起把800万台的蛋糕做大，做到8000万台或者更多，到那时，我们都赢了！"

在2007年3月28日的中国市场年会上，格兰仕销售公司总经理韩伟明确宣布："在品牌提升和价值回归的指导思想下，格兰仕要不断推出具有世界领先水平的创新产品，并持续走中高端的价格策略。"——这可看做是格兰仕放弃价格战,重塑品牌形象的公开宣言。

"以前是数量上的优势,集中在中低档,现在的情况则不同。"韩伟介绍说,在2007年的产品结构中,700元以上的中高端产品占到75%,比2006年增加10%。"去年的中高端产品,今年已经是中档甚至低档。"

2007年格兰仕工作的基本指导思想是:首先,关注消费者,创造需求,以健康、节能、环保的产品作为主打产品;其次,专注光波、强化光波技术升级换代;最后,追求市场最大化,强化渠道。韩伟表示,"家电业发展至今已经非常成熟,再凭借以前的规模、价格武器已经很难在市场上立足,以关注需求、关注研发为动力的品牌经营是格兰仕未来发展的大势,也是格兰仕的转型真相"。

到2009年,格兰仕每年的技术投入保持在年销售额3%以上的水平,整个市场销售的重心已完成向中高端的转移。而除了研发资金增加了1倍以上,格兰仕进一步整合了美国、韩国等国外专业科研机构的技术力量,现任格兰仕首席技术官就是曾在三星任职的韩国人。

时光流转,检视过去的峥嵘岁月,格兰仕为中国家电制造写下了一个关于"价格战"与"价值战"的轮回经典。

(资料来源:佚名,价格战的彼岸:格兰仕的价值回归.http://www.jrj.com.2009-04-21.有删改)

案例思考题:
1. 格兰仕的低价竞争策略对竞争对手有何影响?
2. 通过了解格兰仕的变化历程,谈谈你对价格战的看法?

第 11 章

分销渠道设计

对靠修理汽车过活的汽车技师来说，来自 Snap-on 工具公司分销商的每周一次的拜访是绝对不能错过的。每周大约有 6000 名公司授权的经销商会驱车穿梭于一个个车库、轿车代理商、服务站。他们与众不同的白色卡车是 Snap-on 工具公司提供的各式各样工具和检测设备的流动陈列室，每辆卡车储备有价值 10 万美元的各种货品。每个经销商都有属于自己独占的经营区域，顾客知道经销商到访的时间。汽车技师由于不能离开他们的岗位去购买工具，因此，他们非常感谢 Snap-on 工具公司直接分销渠道带来的便利，并甘心情愿为送到家门口的高质量产品支付一定的溢价。

对工具爱好者来说，Snap-on 品牌如同"奔驰"汽车之于汽车狂热分子一样，承载着相同的威望。Snap-on 工具公司授权的经销商与顾客之间不断发展的个人关系也产生了信誉卓著的服务。创造性的融资巩固了这种关系，作为战略核心的组成部分，对大部分销售提供免息的借贷服务。

如今，Snap-on 工具公司的授权经销商访问的汽车技师和商店为全球 40％ 的机动车辆服务，年销售额超过 20 亿美元。最近，Snap-on 工具公司又开发出一套基于因特网的分销渠道，使它获得了更多的客户，现在消费者可以一周 7 天、一天 24 小时通过在线服务订购产品。

（资料来源：小查尔斯·W. 兰姆，小约瑟夫·F. 海尔，卡尔·迈克·丹尼尔.营销学精要.王慧敏，贺广勋，王慧英译.北京：电子工业出版社，2003.267）

分销渠道策略是市场营销策略中最具挑战性的策略。因为在现代经济体系中，大部分生产者不直接向最终消费者出售产品，而是借助中间商实现对最终消费者的销售。居于分销渠道上的中间商不是生产者的雇佣者，也不是生产者铸造的营销链条上一个环节，而是独立的机构或个人。当中间商努力发展并拥有自己的顾客时，他们在市场上就占有比生产者更重要的地位。因此，能否掌控分销渠道就成为生产者实现产品或劳务销售的关键。如果生产者能够控制中间商，使中间商有效合作，促进产品与服务流通顺畅，生产者则比竞争对手更具优势。

11.1　分销渠道结构

明确分销渠道的性质特征、分销渠道的功能，这是生产者成功地作出分销渠道决策的前提。

11.1.1　分销渠道的定义

分销渠道是指产品或服务从生产领域到消费领域的通路，由一系列的执行中介职能的相互依存企业或个人组成。这一定义包括以下三方面的含义：

（1）分销渠道上的企业和个人是指生产者、批发商、零售商等不同类型的企业和个人，他们被称为"渠道成员"。

（2）分销渠道是指一种产品的流通过程。起点是该产品的生产者，终点是该产品的消费者和用户。

（3）渠道成员相互联系、相互制约，各自承担着营销职能，起着便利交换、提高营销效率的重要作用。

11.1.2　分销渠道的特点

分销渠道具有下列特点：

（1）外部性。E. 雷特蒙·柯立（Raymond Corey）指出："一个分销系统……是一项关键性的外部资源。"[①] 生产者利用中间商分销产品或劳务，不能随心所欲地控制中间商的行为。因为中间商是独立于生产者之外，与生产者并行的企业或个人。虽然为生产者销售产品或劳务，但不是生产者营造的营销链条中

[①] 菲利普·科特勒. 营销管理. 梅清豪译. 上海：上海人民出版社，2003.569

的一个环节，不可以随意控制。当中间商拥有自己的顾客时，便在市场中占有重要位置。中间商同生产者一样追求利润最大化。分销渠道的这种外部性特征，要求生产者在选择中间商时十分慎重。

(2) 稳定性。生产者决定使用中间商的分销渠道，需与中间商签约确定买卖关系，这样双方便产生了长期合作的关系。这种长期性的关系使分销渠道具有比较稳定、不易改变的特征，即使在市场情况出现变化的时候，生产者也不能单方面撕毁协定。

(3) 关联性。分销渠道不仅与生产者确定目标市场关系密切，而且也与其他营销策略密切相关。生产者确定了目标市场，由于没有适当的渠道利用，则会令生产者改变目标市场。如石膏护墙板的生产者首先把目标市场放在所有的承包商及胚墙承造商身上，可是存放这种产品所需要的木料场却为竞争者所有。石膏护墙板的生产者只好将目标市场转移到房地产商方面，这样可以减去木料场中间商的干预。分销渠道的选定也对其营销策略有影响，如生产者对产品的价格决策取决于经销商的信誉及形态，促销决策取决于经销商所需要的训练和激励程度。

(4) 系统性。分销渠道自身也是一个系统，系统性要求系统内部处于和谐状态。生产者与渠道成员只有相互配合，步调一致，才能有效地转移产品与劳务，满足顾客的要求。

(5) 动态性。分销渠道建立后并不意味着永久性、固定性。营销环境的变化影响着渠道形式的改变与效率。生产者需要在监控环境变化的同时，关注渠道的变化，并进行调整、梳理，甚至删减或增加新渠道以及渠道成员，以保证渠道的畅通、有效，适应顾客获取商品与劳务的要求。

近些年来，渠道出现了一些新的特征，新的渠道形式不断涌现，渠道向扁平化发展，如图 11-1 和图 11-2 所示。

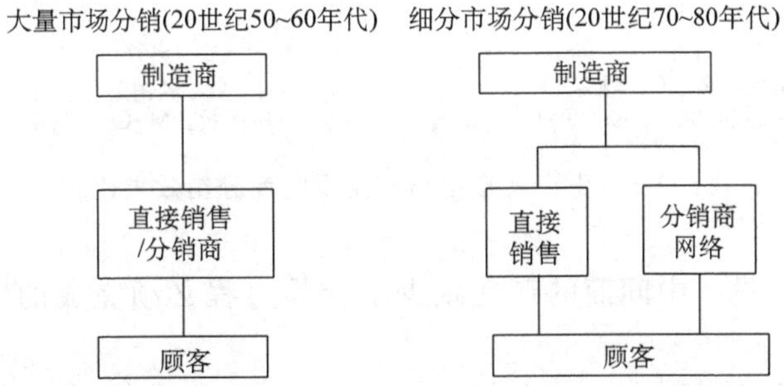

图 11-1 分销渠道发展过程（20 世纪 50～80 年代）

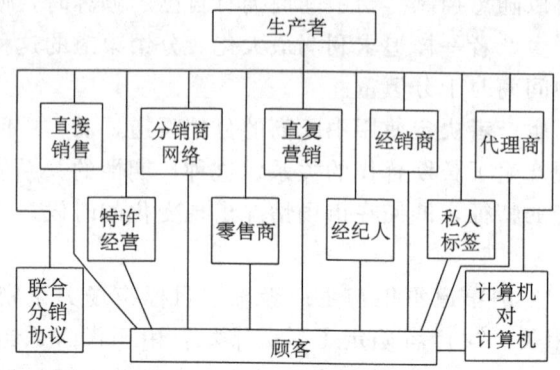

图 11-2　分销渠道发展过程（20 世纪 80～90 年代）

11.1.3　分销渠道的功能与流程

渠道成员通过执行其职能，使商品和服务流通顺畅。分销渠道克服了生产规模经济带来的与需求之间的数量、花色品种、时间和空间的差异。分销渠道把供给与消费者需求之间的差距弥合起来，达到了各种细分市场的供给与需求相互匹配，使整体经济节约化，显示了分销渠道的基本功能（图 11-3）。

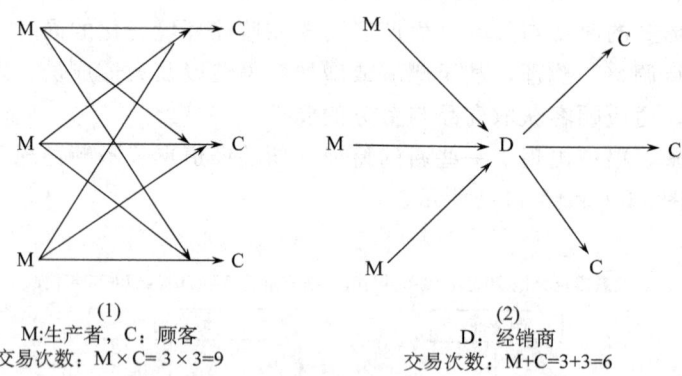

(1)　　　　　　　　　　　　　　(2)
M：生产者，C：顾客　　　　　　　D：经销商
交易次数：M×C=3×3=9　　　　交易次数：M+C=3+3=6

图 11-3　生产者自销与利用中间商分销效果比较

由图 11-3 可见，中间商的存在减少了交易过程必须完成的工作量，提高了交易效率。

1. 渠道成员的职能

渠道成员执行的职能有：

(1) 信息搜集与传播。搜集和传播有关潜在的和现实的顾客、竞争者和其他参与者及力量的供给和需求等营销研究的信息。

（2）促销。制作并传播旨在吸引顾客的有说服力的产品沟通材料，以影响消费者。

（3）协商。试图就提供产品的价格和其他条件达成最终协议，以实现所有权或占有权的转移。

（4）订货。分销渠道成员向生产者进行有购买意愿的反向沟通。

（5）筹资。获得和分配支持各级分销渠道保持存货所需要的资金。

（6）风险承担。承担与开展渠道工作有关的风险。

（7）实体分配。从事产品到顾客过程的运输与储存。

（8）付款。购买者通过银行和其他金融机构支付销售者提供产品和服务的款项。

（9）所有权转移。经过买卖，产品的所有权从一个营销机构向另一个营销机构转移。

2. 分销渠道流程

分销渠道流程由实物流、所有权流、付款流、信息流和促销流等构成，如图11-4所示。

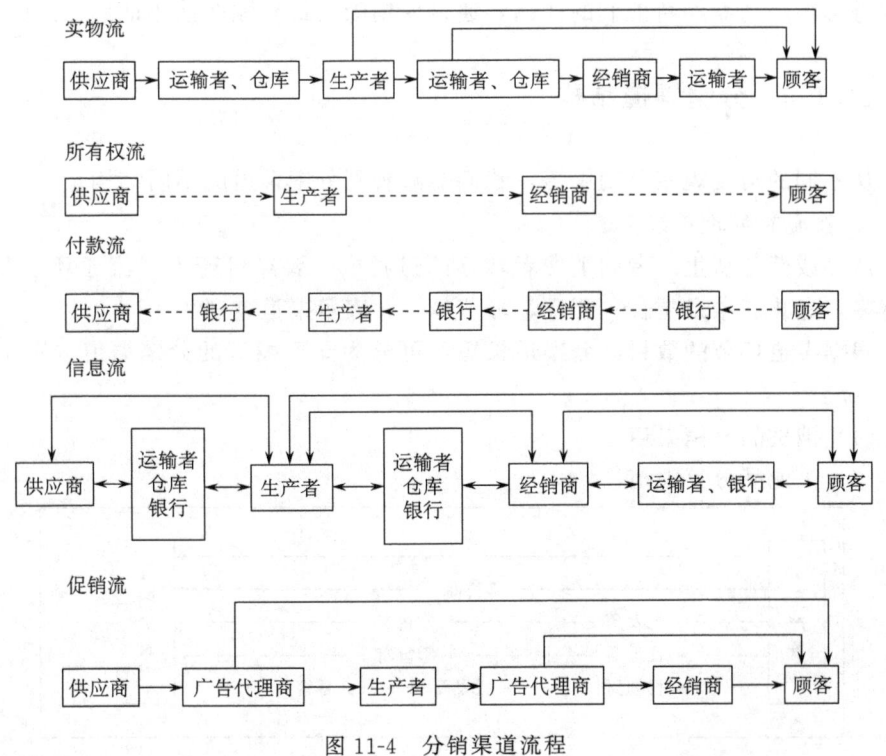

图 11-4　分销渠道流程

实物流描述了实体产品从原材料到最终顾客的流程。例如,汽车制造商将从供应商那里购置的原材料、部件、零件和引擎,通过运输公司运送到自己的仓库和工厂;汽车制成后放在仓库里,然后运到订货的经销商那里;再由经销商销售和运送给顾客。大批量订货可以直接从公司的仓库或工厂运出。运输方式可以采用一种或一种以上,包括铁路、卡车和空运。

所有权流是指商品所有权从一个营销机构向另一个机构的实际转移。生产者从供应商那里购置了原材料和零部件,其所有权也从供应商转向生产者;生产者将产成品销售给经销商,其所有权则从生产商转向经销商;经销商将商品销售给顾客,那么商品的所有权也就转移到顾客手中。但是,如果经销商只是为生产者代销商品,则经销商不具有商品的所有权,这种情况不包括在所有权流中。

付款流是指顾客通过银行和其他金融机构将货款付给经销商,再由经销商转交给制造商(扣除佣金),而制造商把货款支付给不同的供应商,还要向运输公司和独立仓库支付费用(图11-4中没有表示)。

信息流是指渠道成员相互传递信息,是双向流通的过程。

促销流是从系统的供应方向生产者、顾客方转移。供应商向生产者,也向最终顾客推介他们的企业和产品,以期影响生产者采用他们的产品。生产者通过贸易促进影响经销商经营他们的产品,通过促销吸引最终顾客使用他们的产品。

11.1.4 分销渠道结构

从不同的角度观察分销渠道,我们能够看到分销渠道的不同结构。

1. 长度不同的分销渠道

产品或劳务从生产者向消费者转移的过程中,要经过若干"流通环节"。环节越多,意味着渠道越长;相反,环节越少,表示渠道越短。

根据渠道环节的数目区分渠道长短,可分为如下类型的分销渠道(图11-5、图11-6):

(1)消费品分销渠道。

(2)工业品分销渠道。

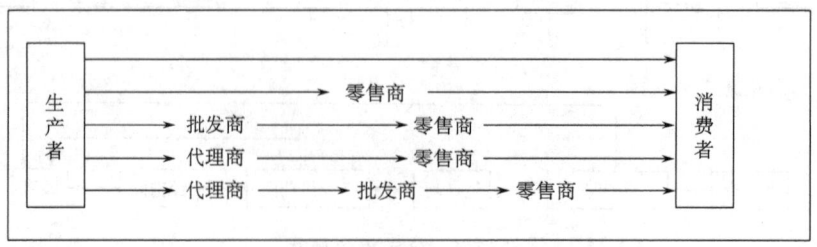

图11-5 消费品分销渠道

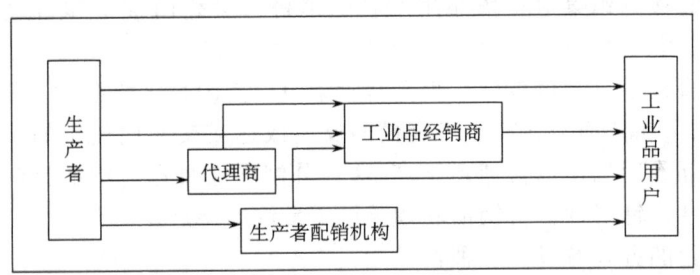

图 11-6 工业品分销渠道

2. 宽度不同的分销渠道

产品和劳务在从生产者向消费者转移的过程中，不仅要经过若干流通环节，而且也要通过同一流通环节若干中间商的努力，从而完成转移。产品或劳务通过同一环节中间商的数目多少，形成了不同宽度的分销渠道，主要有以下三种类型：

（1）宽渠道。这是指生产者在同一流通环节利用中间商的数目较多，形成渠道的宽度大，因此被称为宽渠道。一般来说消费品中的日用品和工业品中的标准化产品适合宽渠道营销。

（2）适中渠道。这是指生产者在同一流通环节中有选择地挑选较少数目的中间商从事产品的销售，渠道的宽度处于多与少之间，因此被称为适中渠道。一般说消费品中的选购品适合这类渠道。

（3）窄渠道。这是指生产者在同一流通环节上只利用一家中间商从事产品的专门销售，通常也被叫做独家销售。

3. 直接分销渠道与间接分销渠道

产品或劳务在从生产者向消费者转移的过程中，可以直接被送达至消费者或用户手中，也可以通过中间营销机构送达至消费者手中。根据是否通过中间商转卖分类，可以把市场分销渠道划分为直接分销渠道和间接分销渠道。

直接分销渠道是生产者将其产品或劳务直接销售给最终消费者或用户。这种渠道类型在工业品营销渠道中居主要地位。其主要原因是大部分工业产品品种单一，有些是生产者根据用户企业的特殊需要组织生产加工的，因而不需要中间商的介入；有些是生产者提供的产品技术复杂，在产品销售的同时还要提供安装、维修和技术培训等服务，直接分销能更好地满足客户要求；还有些生产者提供的产品的用户集中，用量较大，采用直接分销方式物流更快捷。

直接分销渠道也在一些消费品中被采用。例如，鲜活商品、食品、手工业制品等。随着电子技术的发展，直接分销方式在消费品中的使用范围日渐变宽。

传统的直接分销渠道是依靠生产者的销售人员登门推销和自设的店铺实现销售。

新兴的直接渠道，也被称作直复营销渠道。美国直销协会对直复营销的定义是："一种为了在任何地方产生可度量的反应或达成交易而使用的一种或多种传播媒体的交互作用的市场营销系统。"这种分销渠道具有时空的无限性、沟通双向性、互动性、针对性、营销活动效果可衡量性的特点。

直复营销的方式有以下几种：

（1）直接邮寄营销。这是指向一个特定的收件人寄发报价单、通知、纪念品等。按照精心选择的邮寄名单，发出信件、传单、活页广告、录音、录像带甚至光盘给预期的顾客和现实的目标顾客。随着电子技术的发展，无线电传真、电子邮件和声音邮件等成为直接邮寄的新方式。

（2）目录营销。这种方式是设置样品目录陈列室，在陈列室里展示包括商品品牌、规格、价格和折扣条件的商品目录或样品，顾客可通过电话订货，也可在目录陈列室中看到样品后订货。这种方式经常用于选择性强、有品牌、毛利高、周转快的商品的经营。

（3）电话营销。以电话作为营销者与消费者沟通的媒体。营销者利用电话宣传和销售产品或服务，以强化品牌形象。这种方式包含两种类型，即拨入与拨出电话。拨入电话通常是顾客通过企业设置的免费电话咨询或回应；拨出电话（或称主动电话）往往是营销者向潜在顾客推销产品、销售引导或接受订单等业务。

（4）电视市场营销。电视营销有三种主要方式：第一种，购买电视台的时间发布直复营销广告；第二种，利用家庭购物频道推销商品和服务；第三种，建立视频信息系统，可利用电缆或电话线与消费者中的电视机连接，消费者可通过专门的键盘装置订购商品。

（5）购物亭营销。这是指可设置在任何地方的一个独立的、互动式的计算机终端，也被称作顾客订货机，常常被设置在商店、机场、车站以及写字楼等场所内。

（6）数据库营销。这是通过连续记录个体顾客订购和询问方面的数据信息，并给予信息维护，以便被用于确定目标顾客、有效销售产品或服务以及维持与客户的关系。在顾客数据库中，应包括：顾客概况，如过去购买的商品和劳务的经历、购买角色、年龄、性别、生日、爱好、收入、家庭成员、生日及庆典日、喜欢的食品等，及顾客与竞争的供应商关系、当前合同的履行情况、预计顾客几年后的开支、在销售服务中对竞争优势与劣势的评估等。

（7）信息高速公路渠道。生产者可以将向顾客提供的产品与服务的信息以声像图文形式传递给顾客，引起顾客的注意，取得顾客的回应。这种渠道需要四种公司的配合：内容型公司、消费设备型公司、零部件型公司和渠道型公司，这些公司共同组成了信息产业。

间接分销渠道是生产者将其产品和劳务通过中间机构销售给最终消费者或用户。间接营销渠道一般要通过一至两个中间机构，有的甚至通过三个或更多的中间机构。这种渠道类型在日用消费品销售中居于主要地位。由于生产者在提供产品方面与消费者需求存在着时间、空间、单一化与综合性等各方面的矛盾，而这些矛盾依靠生产者自身难以解决，因此需要中间商介入予以调节。

消费品的间接分销渠道，一般是通过零售商、批发商或代理商至零售商，完成消费品销售。工业品的间接渠道则是通过工业经销商、生产者代理商、生产者配销机构、生产者代理商或生产者配销机构至经销商完成销售的。

4. 传统分销渠道与分销渠道系统

在分销渠道中，渠道成员之间相互联系的程度不同。根据渠道成员之间的相互联系的紧密程度划分，我们可以划分出传统分销渠道和分销渠道系统这两种类型。

传统分销渠道是由独立的生产者、批发商和零售商所组成的。他们在保持距离的情况下相互讨价还价，谈判销售条件，并且在其他方面自主行事，各自追求利润的最大化，而不顾整体的利益。传统分销渠道是高度分散的销售组织网络。

分销渠道系统是渠道成员实行纵向或横向联合或利用多渠道达到同一目标市场，以取得规模经济效益，基本上可分为三种类型。

1) 垂直分销渠道系统

这是对传统渠道再选，实行专业化管理和集中计划的销售组织网络。网络中的渠道成员为取得规模经济的经营和最大的市场效果，采取的一体化经营或联合经营。其中的一个成员拥有较大的权力，可以迫使其他成员合作。这种分销渠道有三种主要形式：

（1）公司式垂直营销系统。这是指在单一所有权下把生产和销售两个连续阶段结合在一起。一家公司拥有和统一管理着工厂、批发机构和零售机构等，控制市场分销渠道的若干层次，甚至控制整个分销渠道。拥有统一管理和控制权的公司，可以是生产者，也可以是中间商，既可以工商一体化经营，也可以商工一体化经营。

（2）管理式垂直营销系统。这不是通过共同的所有权，而是以某一方的规模和权力来连接生产和销售的连续阶段的形式，如拥有优势厂牌的生产商可能得到转卖中间商的强有力的合作与支持。

（3）契约式垂直营销系统。这是指不同层次的生产者和经销商为了实现其单独经营所不能达到的经济效益和销售效果，以契约形式结成的联合体，这种系统有以下三种形式：

一是批发商组织的自愿连锁店。这是批发商为帮助独立的小型零售商与大型连锁零售商竞争而组织的。它由批发商制定使独立零售商销售业务标准化和取得进货经济的计划,实行"联购分销"。二是特许经营组织。这是由经营特许人的渠道成员把生产和经销过程的连续阶段衔接在一起,与特许经营者联合。这种联合有三种形式:①生产商组织的零售商特许经营系统;②生产商组织的批发商特许经营系统;③服务公司组织的零售商特许经营系统。三是零售商合作社。这是一群独立的小零售商为了和大零售商竞争而联合组织的从事批发和部分生产业务的机构。该机构集中采购和统一规划广告业务,所得利润按成员采购比例返还给成员。非成员零售商也可以向合作社进货,但不分配利润。

2) 水平分销渠道系统

这种系统是指两个或两个以上的相互无关联的企业自愿联合,以资金或计划共同开拓新的市场营销机会,以实现每一个企业由于缺乏资金、技术、生产或营销资源等而无力单独经营,或惧怕风险,或期望实现最佳协同作用的效果而实行的暂时或永久性的相互合作。如美国得克萨斯州的兰马储蓄银行与赛夫威百货公司订立协议,赛夫威公司内设置其储蓄办事处和自动出纳机,使兰马储蓄银行以较低成本打入市场,同时也使赛夫威公司为顾客提供了店内存取款的方便。

3) 多渠道分销系统

这种系统是指一个企业建立两条或更多的分销渠道以达至一个或更多的顾客细分市场。

案例精粹　　摩托罗拉计划通过谷歌直销渠道发售其新款手机

据国外媒体报道,摩托罗拉手机部门 CEO 桑杰·哈(Sanjay Jha)周三表示,摩托罗拉有可能通过谷歌的直销渠道发售标有"摩托罗拉"商标的新款手机。尽管谷歌直接面向消费者销售手机的做法存有争议,但桑杰·哈认为这可以成为摩托罗拉手机的又一个销售渠道。

(资料来源:摩托将通过谷歌直销售标摩托罗拉商标手机. http://telecom.chinabyte.com/337/11093337.shtml. 2010-01-08)

---

4) 价值网络

这种系统是一个公司为创造资源、扩展和缴付货物而建立的合伙人和联盟合作系统。如美国的 Palm Inc 公司,它拥有包含半导体、塑料箱、LCD 播放器和其他附件的多个供应商社团,同时又聚集了在线和离线的再售商,45 000 个合作者为 Palm 操作系统创造了 5000 种产品。[1]

5) 战略性渠道联盟

这种系统是企业与另一企业签署分销协议,使用其已经建立起来的分销渠道。

---

[1] 菲利普·科特勒. 营销管理. 梅清豪译. 上海:上海人民出版社. 2003.568

> **案例精粹　　　　葛兰素史克在华饮料"葡萄适"降价五成**
>
> 　　英国制药巨头葛兰素史克出人意料地宣布将把旗下液体葡萄糖饮料"葡萄适"在华售价调低50%，又和统一（中国）签署全国分销协议，这一表态显示葛兰素史克将把消费品业务关注点转到中国。
>
> 　　葛兰素史克负责人表示，由于统一的配送渠道大大减少了营运成本，"葡萄适"300毫升的建议零售价将从8元/瓶下调到4元，这一调整后的价格将长期维持。
>
> （资料来源：英国制药巨头在华饮料"葡萄适"降价五成. http://www.emkt.com.cn. 2010-02-02）

11.2　分销渠道的设计与选择

　　生产者在设计分销渠道时，必须在理想的渠道和可能得到的渠道之间做出抉择，最后确定达到目标市场的最佳渠道。

　　生产者对渠道的设计过程，由确定渠道目标、确定主要渠道选择方案和评估渠道方案几个重要步骤构成。

11.2.1　分销渠道目标与制约因素

　　渠道目标是企业确定的为目标顾客服务的水平。分销渠道可以提供五项服务，如图11-7所示。其中，购买数量是生产企业允许典型顾客一次购买的单位数量；等待时间是顾客收到货物所等待的平均时间；空间便利是为顾客购买产品提供的地点方便程度；产品种类是提供给顾客的产品线的宽度以及平均每一产品线的品种数量；服务支持为顾客提供的附加服务，如信贷、送货、安装、服务等。

　　生产者允许顾客一次购买的单位数量少；提供快速交货、最大限度地接近顾客或者送货上门，提供更多的品种选择，以及完善的售后服务，意味着设定的是产出高水平服务的渠道目标。但是分销渠道产出的服务水平是和渠道结构有密切关系的，不同的渠道类型产出的服务水平是不同的，而且受到期望产出的服务水平渠道费用最小化管理原则的制约。

　　有效的渠道设计是对目标市场提供的服务水平高而费用低，以及在各种情况下

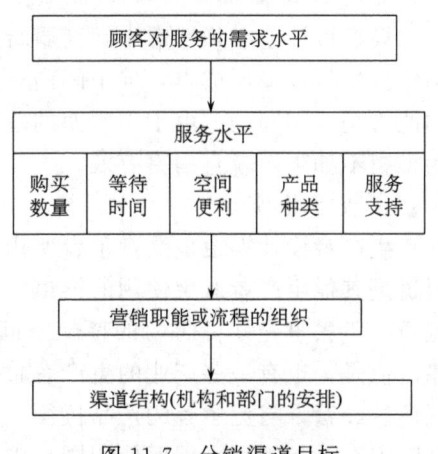

图11-7　分销渠道目标

都能应用的渠道结构。这种渠道结构是对目标市场的覆盖能力最强、目标市场的顾客满意程度最高、对生产者能提供较多利润的渠道。但这样的渠道受到消费者、产品、中间商、竞争、企业、经济环境等特性因素的影响。

1. 顾客特性

渠道设计受到顾客人数、地理分布、购买频率、平均每次购买量以及对不同市场营销方式的接受程度等特性的影响。如果顾客人数庞大，生产者使用多环节且每一环节都有较多的中间商的长渠道会更有效。确定渠道也受到顾客地理分布的制约，如果顾客人数多，而地理分布集中，那么，生产者更宜使用直接分销的短渠道，从而节约营销费用。另外，还要考虑顾客的每次平均购买数量。如果顾客是少量多次购买，生产者可使用较长的分销渠道，减少因少量频繁的订货而增加的成本；相反顾客购买的数量多而次数少，则宜于使用短渠道。此外，还要考虑顾客对不同营销方式的接受程度。如顾客更愿意到零售店购买商品，则生产者宜使用间接渠道。

2. 产品特性

不同产品的特性影响生产者对营销渠道的设计。产品的易腐、易损性使生产者选择直接分销，以避免长渠道的流通时间过长和多次反复搬运装卸造成的损失。产品的体大与笨重性，如建筑材料，使生产者选择能把运输距离和装卸次数降低到最低限度的渠道。产品的非标准化，使生产者选择直接分销，因为中间商缺乏必需的知识。产品需要安装与维修服务，使生产者选择直接分销或通过授权专卖的经销商的渠道。产品的单位价值高，使生产者选择直接分销渠道。产品的时间性，如产品的季节性、时尚性，由于产品销售期受到流行和季节的限制，使生产者愿意选择较短的渠道，使产品迅速达至顾客面前；而生产与消费存在时空差别的产品，生产者愿意选择多环节的长渠道，以使生产和消费保持连续性。

3. 中间商特性

渠道设计还必须考虑中间商履行营销职能的优势和劣势。生产者利用代理商销售虽然可以降低成本，但中间商在处理促销、商谈、储藏、联系和信用等方面的能力是不相同的。由于中间商的总成本由委托销售的生产者分摊，因而代理商的推销不如生产者直销更有效。

4. 竞争特性

生产者设计渠道也受竞争者所用渠道的影响。一般而言，竞争者使用的分销渠道是其他生产者避免使用的渠道。如雅芳化妆品公司，不与其他化妆品生产者竞争，不去争夺零售店内的稀缺空间，而是采取登门推销的方式，并且获利丰厚。但是，也有一些产业的生产者希望他们的产品在经营竞争者产品的商店或附近商店经营，与竞争者的产品抗衡。如食品生产者希望自己的产品与竞争者的产品陈列在一起销售，因而使用同一中间商。

5. 企业特性

企业的自身状况对选择渠道起着重要的作用。企业的长期发展目标、规模、财力、产品组合程度、过去的业务、经验及现行的营销策略等因素都影响着生产者对营销渠道的选择。由于渠道一旦选定之后再改换，其费用很高，而且也不容易改换，因此企业在设计和选择营销渠道时应考虑与企业长期目标的相符程度。

企业的整体规模对拥有的市场范围、获得大客户，争取中间商的合作具有决定性作用。企业的财力状况能够决定哪些营销职能自己可以承担，哪些职能委托给中间商。企业的产品组合的广度越大，企业与顾客直接营销的能力越强；产品组合的深度越大，越能吸引该类产品的中间商；产品组合的关联性越强，使用的分销渠道性质越相同或类似。

企业过去的业务经验，过去曾经使用某种特定类型的中间商，会使企业形成渠道偏好。企业现行的营销策略，如向顾客提供快速交货和服务，影响生产者对中间商的职能执行，以及零售商存货点的数目和采用运输系统的要求，又如采用大量广告策略使生产者争取愿意举办商品展览，以及参加广告规划合作的中间商。

6. 环境特性

经济形势和法律规定对生产者选择渠道也有较大的制约性。在经济萧条时，市场需求下降，生产者希望以较低价格出售产品，因此要以最经济的方式将产品送至市场，并取消增加产品价格的不必要的服务，这样就使生产者选择较短的分销渠道。渠道选择也要注意到有关的法律、政策，如美国法律规定禁止使用"可能倾向于大幅度减少竞争或倾向于产生垄断"的渠道。

11.2.2 确定渠道选择方案

生产者如果已经明确了自己要占领的目标市场和理想的市场定位，接下来就应该确定主要渠道的选择方案。

1. 自建渠道

自建渠道即企业通过建立或者收购现有的渠道成员而组成的分销网络。它是基于保护企业的核心能力和与"外来者"合作难的观点。安德森和维兹认为[①]：

(1) 只有很少的外来者能令人满意的工作；

(2) 如果现存的渠道伙伴不能完成工作，要寻找新的合作伙伴又需要相当长的时间并要付出昂贵的代价；

---

① Stern L W, EI-Ansary A I, Coughlan A T. 市场营销渠道. 赵平，廖建军，孙燕军译. 北京：清华大学出版社 . 130

(3) 一个公司的地位、程序及产品都是独一无二的，要使一个"外来者"默契合作需要很多的训练；

(4) 购买手续既复杂又麻烦；

(5) 亲密的合作对于实施营销活动是基本的要求；

(6) 购买者对销售商忠诚而非对公司忠诚；

(7) 规模经济在市场运行中存在；

(8) 环境非常不确定；

(9) 要监控外来者的行为极其困难；

(10) 对于渠道成员来说"自由搭乘"便车非常容易；

(11) 交易量大而且经常发生。

自建渠道的优势是：能够控制渠道产出期望的服务水平；通过控制分销赚取更多利润；可以提供更多的品种和更好的展示；试验新产品和价格；与消费者直接接触；获得更准确的信息。

自建渠道的劣势是：不一定能产生更高的分销效率。一个企业既从事生产又从事分销，会导致企业规模扩大和复杂化，从而产生低效率；同时，由于自建的分销渠道具有吸引力，供应商能免于商业竞争，使得提高效率的动机荡然无存。

2. 利用中间商渠道

利用中间商渠道是指生产企业向外部寻求合作，利用社会商业机构的分销网络实现商品与服务的销售。

利用中间商渠道的优势是：变固定价格为变动价格；平衡劳动力的需要；减少资产投资；通过合作伙伴们的规模经济及低工资结构降低成本；加速新产品发展；获得合作伙伴的发明和革新；把焦点集中在高附加价值的行为上。

利用中间商渠道的劣势是难于取得中间商的精诚合作。中间商通常不会关心某一产品的销售，而是关心商品组合的整体销售；当中间商拥有市场时，他们的议价能力提高，就会在渠道中处于强势地位，掌控产品的销售权；他们不是生产企业的部门，不能任意支配。

利用中间商对企业来讲，需要考虑以下四个因素。

1) 中间商类型

生产者首先要明确哪种类型的中间商可以卓有成效地完成产品营销的职能。企业在选择中间商类型时应根据目标市场的定位以及企业自身的状况，力求借助能发挥最高效率的中间商促进产品的销售，达到企业的目的。生产者选择确定渠道，是将能够触及目标市场的各种中间商排列出来。

可供选择的中间商类型有：

(1) 生产者的代理商。在不同的地区或在产品最终用户行业中雇请生产者的代理商销售产品。

(2) 工业品经销商。在不同地区或在产品最终用户行业中寻找愿意购买和经营此项产品线的经销商,给予他们独家经销权,并使其有可能得到合适的利润、有关产品的培训和促销支持。

(3) 公司销售人员。扩大公司的直接销售人员,指派销售代表到各地区并令其联系该地区所有的潜在顾客。此外,公司也可针对不同行业设置专职销售人员分别与这些行业联系。

2) 中间商数目

这是指生产者决定在每一渠道环节上利用多少个中间商。确定中间商数目有三种策略:

(1) 密集型分销。这是生产者尽可能通过更多的中间商,或是批发商,或是零售商,推销本企业的产品,以便迅速进入目标市场或扩大市场。这种策略适用于消费品中的便利品和工业品中的通用机具,以及标准件产品。这种营销策略可以创造最大限度的厂牌展露度和顾客购买的便利性,但也给生产者带来与众多的中间商联系以及广告支出等费用的增加。

> **案例精粹**　　　　　**王老吉开辟销售渠道的蓝海**
>
> 　　在销售渠道上,王老吉大胆创新,开辟了销售渠道的蓝海。传统型饮料产品销售渠道是商场、超市、士多店,王老吉不仅进入传统的销售领域,而且进入餐饮店、酒吧、网吧等场所。在一些地区,王老吉还选择火锅店、湘菜馆、川菜馆作为"王老吉诚意合作店",提供尝品(体验营销)。在终端建设上,王老吉精耕细作,处处实现"终端为王"的霸气。几乎在每个一、二级城市的商场、超市、士多店等都可以看到王老吉的招贴海报,几乎在所有大中型卖场都配有冰柜实物陈列、旺点空罐陈列、挂上小货架陈列、POP招贴等。终端建设工作细致到位,例如,要求每一名业务人员每天必须在终端士多店张贴 POP 宣传画 60～70 张等。无孔不入的终端宣传使王老吉曝光频率极高。

(2) 选择性分销。这是指生产者在某一地区对有意经营本企业产品的中间商并不全部利用,而是从中选择几个最适合要求的中间商从事本企业产品的推销。这种策略适用于所有产品,但对消费品中的选购品、特殊品以及工业品中专用性较强、技术服务要求较高的产品则更适宜。这种策略减少了生产者采用密集型分销带来的与众多中间商联系的精力耗费,有利于生产者与挑选的中间商形成良好的合作关系,也可以调动挑选的中间商的积极性,使其在销售方面高于平均水平;同时也有利于生产者取得适当的市场占有率,有利于生产者控制中间商,减少中间商之间的盲目竞争,维护企业产品的声誉,降低成本。

(3) 独家分销。这是指生产者在某一地区选择一家中间商推销本企业的产品,并且要求中间商不得再经营与本企业产品竞争的其他企业产品。生产者和中间商通常通过签订合同,规定双方的权利和义务,以此维护各自的利益。这种策略适合于名牌产品、新产品、专利技术产品等。生产者采用这种策略，有利于在价格促销、信用和各种服务方面对中间商实施控制，也有利于提高产品的形象，有利于获得较高的利润；但也存在着在某地区过分依赖某中间商，一旦该中间商经营不好，则会使生产者受到较大损失或失去该地区市场的问题。

3) 中间商条件

在选择确定中间商类型、数目的基础上，要选择具体的中间商。由于中间商的具体素质对保证渠道功能的正常发挥起着重要作用，因而生产者要明确具体中间商须具备的条件。

4) 与中间商关系的"条件"与责任

生产者在决定使用间接渠道、将产品营销职能交与不同类型的中间商执行前，须与渠道成员之间建立起综合的"条件"和责任关系。因为产品的流通，由于中间商的介入，使得生产者和消费者的关系间接化，生产者对产品销售的期望要通过中间商实现，生产者与中间商直接发生了关系。生产者对营销的期望能否实现就赖以中间商的对营销职能的履行。然而中间商作为独立于生产之外的机构和个人，也有自己的利益，绝不会放弃自己的利益而执行生产者对营销职能的要求。生产者和中间商都要获得一定的利益，因此，生产者与中间商建立"条件"限制与责任关系就成为必要。通过与渠道成员建立"条件"与责任关系，可以保证营销功能顺利有效地执行。

与渠道成员建立的"条件"与责任关系被称作贸易关系，主要包括四个方面的关系：

（1）价格政策。价格涉及渠道成员的各自经济利益，每一位渠道成员对此都保持高度的敏感性。作为生产者采取价格策略时要谨慎从事，一般来说生产者制订出产品价目表和明细表对来往不同或对购买量不同的中间商给予不同的折扣。生产者使用价格折扣时，既要力求使中间商感到公平合理，也要保持对不同购买动机调整折扣的能力。价格折扣的执行通常是引起渠道冲突的主要原因之一，如向批发商进货的零售商不满意生产者以折扣价售给连锁零售商，而批发商也对大量购进不能得到最佳折扣感到不满。

（2）销售条件。这主要是指付款条件和生产者对产品的保证。付款条件与生产者利益实现关系密切、大多数生产者对提前付款的中间商根据发票上的价格给予折扣优惠。折扣优惠根据时间而不同。如中间商在 10 天内付款可享受到 2% 的折扣（2/10），在 30 天之内付款则不优惠（$n/30$）。同时，生产者也要向中间商提供产品保证，如对不合格的产品的退换、产品跌价损失的补偿等，以此吸引中间商大量购买产品。

（3）地域权力。这是指生产者授予中间商在某一地区专门销售的权力。中间商通常希望了解生产者将在何处授特许权给其他中间商，而且希望取得他所在地区完全的售货权力,得到生产者对他所在地区的全部销售实绩的承认。

(4) 相互服务与责任。这是生产者与中间商相互为对方提供服务的约定。相互服务的项目一般是在对等的基础上制订和履行,这一因素在生产者使用特许经销和独家代理渠道中表现得尤为充分,如麦当劳公司向其特许经销商提供建筑物、促销支持、档案保存系统、培训和一般管理技术等,同时也要求特许经销者执行公司制定的有关物资设备标准,配合新的促销方案,供给需要的情报及购买指定的食物产品等。当然,在使用密集型分销渠道时,由于生产者仅向中间商提供促销媒介和技术服务,中间商也只向生产者提供销售结果报告,而对顾客购买行为,以及促销媒介的分发不那么热心。

11.2.3 渠道选择方案的评估

生产者为了进入目标市场,可以提供几种渠道选择方案。企业确定最终的渠道执行方案时,还要看其是否能够满足企业长期发展目标的要求,因而必须进一步评定估价。评估渠道选择方案有以下几个标准。

1. 经济效益标准

这是指生产者比较渠道方案所能带来的最大利益,以便最后确定利益高的渠道。每一渠道都会产生不同的销售量和成本,对于生产者来说,最佳的渠道不是获得最大销售量,或者取得最低成本的渠道,而是可以获得最大利益的渠道。因高成本产生的高销售量和低成本带来的低销售量都不能给企业带来最大的经济效益,只有最高销售量和最低成本才会创造最大经济利益。

生产者可以通过以下两种方法评估渠道方案的经济效益:

(1) 对每一渠道的同一销售额的不同成本进行比较,从而选择低成本渠道。如图11-8所示。

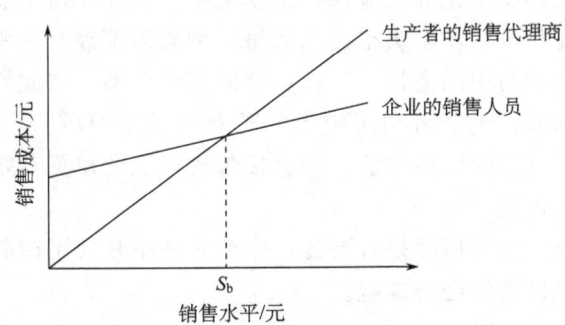

图 11-8 企业人员销售与代理分销商的损益临界成本图

图11-8显示,在S_b点的销售额,两条渠道的成本是相同的。当销售额较低,位于S_b点左边时,最好选择销售代理商;当销售额较高,位于S_b点右边

时，最好选用企业的销售人员渠道。

（2）利用投资回报率对渠道方案进行评估。投资回报率的公式如下：

$$R_i = \frac{S_i - C_i}{C_i}$$

式中，R_i 为生产者选用的渠道 i 的投资回报；S_i 为生产者选用的渠道 i 的销售额估计；C_i 为生产者选用的渠道 i 的成本估计。在其他条件相同时，生产者应该选择投资回报率高的渠道。

2. 控制标准

这是指生产者对所使用渠道应该控制的程度。生产者对中间商的控制程度涉及销售期望的实现程度。生产者对中间商实施控制有三个方面原因：

一是中间商目标与生产者目标的冲突。由于中间商属于独立的系统，他们所感兴趣的是如何获得最大利益，因而他们在与顾客联系方面重视对所经营的全部商品感兴趣的顾客，而对那些对某一生产者的产品感兴趣的顾客却不会在意，而且不会花费时间处理个别生产者的技术资料和促销材料。

二是渠道中间的纵向及横向的关系结构。从生产者方面看，渠道中的各环节关系的两极化都会带来不利。渠道两个环节或两个以上的环节之间利益完全冲突，会给生产者的产品销售带来损失；渠道环节的利益完全一致，也会使他们联合起来迫使生产者在某些条件方面作出让步。渠道中同一环节的各成员之间的两极化也同样给生产者带来不利。同一环节中的成员彼此利益相抵触，或利益一致联合起来，也会导致生产者的损失与让步。

三是渠道成员的法律地位。生产者首先要确定自己的合法地位，以便能够控制其他成员。

3. 适应性标准

这是指渠道对环境变化的适应性，也就是生产者在渠道中能否灵活应用渠道功能适应环境的变化。生产者决定使用的每一种渠道都涉及一些限制条件并降低灵活性，因为生产者与中间商是一种较长期的契约关系，彼此要在契约期限内承担义务与责任。例如，生产者利用销售代理商时可能要签订一份为期五年的合同，而在此期间，其他的销售方法，如直接邮售可能变得更有效，但生产者却不能随意取消销售代理商。

以上三种标准，经济标准是首要的，生产者并不是为了控制和适应而选渠道，而是为了获取最大的经济效益。

小结

1. 分销渠道决策是生产者最具挑战性的决策。分销渠道是参与产品或劳务从生产者到消费者或用户过程的相互依存的所有企业和个人。分销渠道对生产者而言，具有外部性、稳定性和相关性等特征。

2. 分销渠道的流程有实体流程，所有权流程、付款流程、信息流程和促销流程，执行信息搜集与传播、促销、协商、订货、筹资、承担风险、实体分配、所有权转移等职能。分销渠道有长度不同的多环节渠道，如两环节和零环节的直接渠道，有宽度不同的密集型、选择型和独家型渠道，有直接和间接渠道，有传统渠道和渠道系统。

3. 生产者对渠道的设计与选择，由确定渠道目标、考虑制约因素、确定主要渠道选择方案和评估渠道方案几个步骤构成。

关键词

分销渠道　distribution channel
渠道成员　channel members
传统渠道　conventional channel
渠道系统　channel system
密集分销　intensive distribution
选择分销　selective distribution
独家分销　exclusive distribution
垂直分销系统　vertical distribution system
水平分销系统　horizontal distribution system
多渠道分销系统　multi-channel distribution system

思考题

1. 对洗衣粉产品应采取什么分销渠道模式与分销策略？
2. 对皮尔卡丹服装应采取什么分销渠道模式与分销策略？
3. 分析海尔集团采取的分销渠道模式与分销策略。

案例

娃哈哈的三级经销商和零售终端的联销体销售网络

在批发市场日渐增多、市场日趋混乱的情况下，娃哈哈挑选好的经销商培养自己的网络。经销商做大了就帮他们发展二级经销商，然后再发展零售网络。

娃哈哈的"联销体"通过有效的区域划分和物流中转，仅靠2000多人的一级经销商队伍，就将其产品在全国范围内铺开了。

如果说一级经销商带来的是高效的中转和分销，二级、三级经销商则直接带来了娃哈哈产品在各地市场上的强势地位。娃哈哈的一位销售人员表示，占领市场最重要的是"二批"和"三批"，因为他们决定了什么东西能跟消费者见面，如果他们要断你的货，你的东西在那个区域里一件都看不到，就别说卖了。

"可口可乐一直没有攻下东北市场，原因何在？"娃哈哈的经销商介绍，当年可口可乐进攻辽宁市场的时候，采取的是"摆摊赠货"策略，"只要你这个商店把我的产品摆上一个月，这批产品就归你了，我一分钱不要，这种便宜事儿自然让很多商家都进了货"。

娃哈哈的"二批"发现以后，直接把这些商家的娃哈哈产品断货了，由于娃哈哈产品的利润高而且稳定，那些商家权衡之下，还是选择了娃哈哈。

按照娃哈哈的规定，一级经销商必须交纳保证金给厂家才能提货，这在全国范围内只有娃哈哈这一家。出现这种状况，一方面是娃哈哈人性化的服务，另一方面则是娃哈哈稳定的利润和产品线。十几年来，宗庆后每年至少亲自去见一次每个一级经销商，并经常独自走访二级经销商。

"我们每个市场的广告投入都由自己市场的销售公司负责。"娃哈哈一位经理介绍，与目前市面上其他企业不同，娃哈哈在各个地区的市场投入由各个区域灵活掌握，这样各个市场的压力都不会太大，也就不用去"压迫经销商"。"其他企业就很难做到这一点，往往需要全国调度，自然就会减少经销商的利益。"

一位经销商表示，从根本上说，经销商选择娃哈哈在很大程度上也是出于利润上的考虑，目前，娃哈哈几乎每三个月就推出一款新产品，加上配套的宣传策略，足以保证他们持续的利润增长，"其他厂家，一直靠着老产品支撑，根本没什么利润，我们没法不选择娃哈哈"。

其实，经销商与生产厂家的关系很微妙，既可以说是合作伙伴，也是绝对的利益竞争者。

（资料来源：佚名．非常宗庆后：联销体是王道．北京晨报．http://www.emkt.com.cn．2008-03-12．）

案例思考题：

1. 从渠道成员关系的紧密度看，娃哈哈的联销体属于什么分销渠道类型？其特点是什么？
2. 娃哈哈的渠道合作策略与可口可乐的渠道合作策略的区别是什么？
3. 你认为娃哈哈的分销渠道的优势是什么？

第12章

分销渠道管理决策

自2010年第二季度开始,海尔电器就接手总销售规模突破450亿元的日日顺电器连锁,其今后的主营业务也将从此前的洗衣机、电热水器等白电业务转为三四级市场的家电分销。

日日顺电器连锁正在成为开放的商业平台,包括美国惠普、GE、摩托罗拉,以及新西兰斐雪派克等在内的多家跨国公司已经将其在中国三四级市场的分销交给了日日顺。

对于国美、苏宁等电器连锁来说,海尔是其第一大供应商,但日日顺却是其进军三四级市场的对手之一,这将使双方的关系日趋微妙。

2010年3月17日,投行摩根士丹利第一次给予海尔电器"增持"投资评级,目标价6港元,其理由是海尔电器将在今年第二季度开始经营中国最大的农村销售网络日日顺,相信海尔电器2010年和2011年的盈利将分别提高66%和1倍。

按照大摩的研究报告,日日顺庞大的分销网络和物流网络,以及完善的服务体系,将使国美、苏宁等竞争对手进入三四级市场的门槛大大提高,而日日顺的销售产品阵容也将延伸到电脑等产品,并且将与更多在三四级市场缺乏渠道的国外品牌建立合作关系。

海尔的日日顺连锁,在2009年其销售收入已经达到450亿元,其中销售海尔产品金额超过300亿元,其拥有的网络超过6000家。日日顺已经将目标瞄准了国内第一电器销售服务平台。不过,日日顺强调传统的三四级市场和农村"夫妻店"模式,正面临着国美、苏宁渠道下沉的威胁。

海尔内部人士向媒体透露,"日日顺已经成为海尔集团内部发展最为迅速的业务单元,而且其正在从海尔产品的单一销售平台成为开放式的零售平台"。

(资料来源:佚名.海尔电器自建分销渠道"日日顺"浮出水面.每周家电,2010,(206))

12.1 中间商分析

生产者要成功地利用中间商向消费者销售产品或劳务,必须了解中间商、研究中间商、认识中间商的性质、类型及职能,中间商的发展趋势,这样才能达到目的。

12.1.1 中间商的含义

中间商是处在生产者和消费者之间,参与商品交易业务,促进买卖行为发生和实现的、具有法人资格的经济组织和个人。

中间商作为一种行业是独立于生产之外的,专门从事商品从生产领域向消费领域转移的流通产业,也就是商业。商业是社会分工发展的产物,人类历史上第三次社会大分工,产生了商人,形成了商业的最初形式。随着商品生产与交换的发展,商业得到进一步发展。商业的专业化,使它对生产与消费的发展起到了巨大的促进作用。

12.1.2 中间商存在的缘由

虽然生产者可以直接销售产品给最终消费者或用户,但是更多的生产者还是利用中间商实现产品的销售。这是因为:

(1) 生产者缺乏直接市场营销的财力。消费者居住的分散性和生产者产品生产的集中性,使得销售需要网络化,售点需要众多化。如果生产者独自营销,将耗去大量资金。

(2) 生产者直接营销需要其他生产者提供互补产品,以便取得大规模配销的经济效益。消费者购买某些商品并不是单一性和专程性的,而是具有比较性、选择性和顺便性。生产者从事直接营销时,就需要同时经销其他生产者的与自己产品相关联的产品,以招徕顾客。生产者不会采用这种低效的营销方式,因而更愿意由广泛的私人配销机构网进行销售。

(3) 生产者对投资利润率最大化的追求使其更愿意使用中间商。当生产者在制造产品方面能获得较之直接营销更大的投资利润率时，生产者便会将资金投资于生产领域，而会放弃直接分销渠道。

总之，生产者利用中间商是由于中间商在广泛提供产品和进入目标市场方面能够发挥最高效率。

12.1.3 中间商的分类

随着社会分工的发展，商业内部的分工也不断发展，形成了批发商和零售商两种基本类型。

1. 批发商

1) 批发商的性质

批发是指将货物或服务批量销售给为转卖或为商业用途而购买的企业或个人的活动。从事这种活动的企业或个人被称为批发商。

批发商与零售商比较，其特点有：

（1）销售对象不同。批发商是向转售者或生产者出售商品，而零售商是向最终消费者出售商品。

（2）销售批量不同。批发商从事大宗买卖，批量购进，批量销售，而零售商是批量购进，零星销售。

（3）地区分布不同。大型批发商主要分布在全国性的经济中心城市、大城市，中小批发商主要集中在地方性的经济中心的中小城市；而零售商则是分散在全国各地广大消费者中。批发商的数量较之零售商少得多，但所覆盖的贸易区域比零售商大。

2) 批发商职能

生产者和零售商愿意选择利用批发商，是因为批发商能够发挥以下职能：

（1）销售。批发商提供的销售人员能使生产者以较低的成本接触大批小客户，并且业务关系广泛，比较远的生产者更受顾客的信赖。

（2）购买和编配商品。批发商能够选择和编配顾客需要的花色品种，这样可以为顾客节省时间。

（3）分装，批发商是整批购进，并按零售商一般需要量分装后销售，为顾客节省资金。

（4）仓储。批发商持有存货，能为顾客减少仓储成本和风险。

（5）运输。批发商比生产者更接近顾客，他们能够向购买者更迅速交货。

（6）融资。批发商向顾客信用销售，向生产者提前交货，准时付账。

（7）风险承担。因批发商持有商品所有权，所以要承担商品失窃、破损、腐烂、过时降价等费用。

（8）提供信息。向供应商和顾客提供关于新产品、价格变动、竞争者活动等信息。

（9）咨询和服务。帮助零售商训练销售人员、布置店堂、商品陈列、建立会计与库存管理制度、提供技术服务等。

3）批发商类型

不同国家对批发商分类标准不同，我国一般是按照以下标准对批发商分类：

（1）按经营商品种类范围划分，分为综合批发商和专业批发商。综合批发商经营商品种类繁多，如百货批发站；专业批发商则只经营某一类或某几类商品，如五金电器批发站。

（2）按服务地区范围划分，分为全国性批发商、区域批发商和地方批发商。全国性批发商担负着全国范围的商品批发，如我国商业部门一级采购供应站；区域批发商是承担着一个省或经济区范围的商品批发任务，如二级采购供应站；地方批发商是只担负一个市、县或某一贸易区的商品批发业务，如三级采购供应站，它是基层批发单位。

（3）按是否拥有商品所有权划分，分为经销批发商和代理批发商。经销批发商也被称作商人批发商，拥有商品所有权，而代理批发商不拥有商品所有权。

（4）按照批发商在商品流通过程中的环节划分，分为产地批发商、口岸批发商、中转批发商、销地批发商。产地批发商处于流通的起点，负责向生产者收购产品，然后供应给其他批发商；口岸批发商地处沿海口岸，负责接收进口商品，然后向各地调拨；中转批发商处于流通的中间环节，负责商品的集中与分散；销地批发商是批发流通的终端环节，直接联系零售商，负责把购入的商品直接供应给零售商或生产单位。

（5）按商品经营的方式划分，分为专业批发商、工业部门自营批发商、联营批发商、代理批发商和批发交易市场。专业批发商是直接经营商品批发买卖的经济实体，负责商品批发的主要任务；工业部门自营批发商是工业生产部门绕过头道批发直接将商品批售给中转批发商或销地批发商或零售企业；联营批发商是商业与生产者或商业之间联合经营批发；代理批发商为商品供需双方居间介绍、媒介交易，并提供方便交易及服务；批发交易市场是商品生产者、经营者以及用户之间直接进行交易的场所，参加者不受地区和经济成分限制，以等价交换和自愿让度为原则，价格随行就市自由成交。

（6）按服务内容划分，分为综合服务批发商和专业服务批发商。综合服务批发商对生产者、零售商或用户提供市场经营的各种服务；专业服务的批发商对生产者、零售商或用户只能提供某一方面的服务，通常有承运批发商、货车贩运批发商、现货自运批发商。

国外一般把批发商分为四类，即商业批发商、经纪人和代理商、生产者和零售商分店或销售办事处，以及其他批发商。

商业批发商有完全服务批发商和有限服务批发商。

完全服务批发商有：①商业批发商。主要向零售商销售，并提供广泛的服务。②工业配销商，即向生产者销售产品。

有限服务批发商有：①现购自运批发商。他们经销有限而周转快的商品，收现款，不负责送货。②卡车批发商。他们主要是行使销售和送货职能，主要销售易腐商品。③承销批发商。他们主要承销煤、木材、重型设备等大宗商品，不持有存货，不负责运输。④托售中间商。他们是为杂货和药品零售商服务，经营非食品的品种。⑤生产合作社，负责组织农产品到市场上销售。⑥邮购批发商。他们通过将产品目录寄给零售商、工业部门机关团体进行批售。经营范围主要有珠宝、化妆品、专用食品和其他小品种。

经纪人和代理商，他们对商品没有所有权，只执行少数几个职能。经纪人的主要作用是为买卖双方牵线搭桥，协助他们谈判，向雇佣方收取费用，他们没有存货，也不参与融资或承担风险。代理商有：①生产者代理商。他们代表两个或若干个互补产品线的生产者，分别与每个生产者签订有关定价政策、销售区域、送货等方面的正式书面合同。②销售代理商。他们被授权销售生产者的所有产品，起到生产者的销售部门的作用。③采购代理商。他们代顾客进行采购，负责为顾客收货、验货、储运、将货物交与买主。④代办行。代办行指那些实际拥有产品，并参与生意谈判的代理商。

生产商和零售商的分店或销售办事处。这是生产者或零售商自行经营批发业务的形式，其有两种类型：①销售分店和销售办事处。生产者自设立此种机构以改进存货控制、销售和促销业务。一般是销售分店持有存货，销售办事处不持有存货。②采购办事处。零售商在中心市场设采购办事处，以发现或采购适宜商品。

其他批发商，指不属于上述类型的批发商，如农产品采购商等。

2. 零售商

1) 零售商的性质

零售是将商品或劳务直接销售给最终消费者的商业活动，从事这种活动的企业或个人被称为零售商。

零售商从事的商业活动与批发商从事的商业活动也有明显的不同。零售活动的特征有：

(1) 交易次数的繁多性。零售交易次数多，但平均每笔交易数额小。

(2) 零售交易多为当面挑选的现货交易，而批发交易多为期货交易。

(3) 零售交易中,购买者具有较强的随机性,而批发交易中,购买者具有较强的计划性。

(4) 零售商提供的商品种类综合性强,而批发商提供的商品种类专业性强。

(5) 零售活动范围地方性强,而批发活动范围不限于当地,它辐射到区域,甚至于全国。

2) 零售商的职能

零售商之所以是必要的商品流通环节,是因为他在商品流通过程中担负着满足生产者、批发商和消费者的需求职能。

(1) 分类、组合、配货职能。零售商执行消费者采购代理人的任务,把购进的商品按照消费者的需求分类、组合和搭配,使消费者便于购买,满足消费者的综合需求,也弥合了生产者提供产品的单一化与消费者综合化需求的差距。

(2) 服务职能。零售商在销售商品的同时,向消费者提供多样性服务,方便消费者购物,促进销售。

(3) 储存商品及承担风险职能。零售商储存一定量的商品,保证消费者的随时购买,满足消费者不同时间的需求,因而零售商同时承担着商品在储存中发生的各种风险成本。

(4) 融资职能。零售商通过信用销售商品,如采用赊销、分期付款等销售方法,为消费者起到融资的作用。

(5) 信息传递职能。零售商处于生产者、批发商与消费者之间,来自生产者、批发商以及消费者需求变化及欲望的信息,往往在零售商处汇集,零售商通过沟通信息起到促进生产、引导消费的作用。

(6) 娱乐职能。店铺零售商不仅销售商品,也向消费者提供娱乐、休闲的去处。零售商通过店堂美化、商品陈列及宣传的艺术化,给消费者以美的享受,若兼营娱乐服务,则更体现娱乐职能。

3) 零售商分类

零售机构繁复多变,新形式不断涌现。我国目前按零售业态对零售商分类,零售业态是指零售企业为满足不同的消费需求进行相应的要素组合而形成的不同经营形态。

根据零售商有无店铺分类,可以分为如下两种类型:

(1) 有店铺零售商。此指有固定的进行商品陈列和销售所需要的场所和空间,并且消费者的购买行为主要在这一场所内完成的零售业态。有店铺零售业态分类和基本特点见表12-1。

表 12-1 有店铺零售业态分类和基本特点

业态	基本特点					
	选址	商圈与目标顾客	规模	商品（经营）结构	商品售卖方式	服务功能	管理信息系统

业态	选址	商圈与目标顾客	规模	商品（经营）结构	商品售卖方式	服务功能	管理信息系统
1. 食杂店	位于居民区内或传统商业区内	辐射半径0.3公里，目标顾客以相对固定的居民为主	营业面积一般在100平方米以内	以香烟、饮料、酒、休闲食品为主	柜台式和自选式相结合	营业时间12小时以上	初级或不设立
2. 便利店	商业中心区、交通要道以及车站、医院、学校、娱乐场所、办公楼、加油站等公共活动区	商圈范围小，顾客步行5分钟内到达，目标顾客主要为单身者、年轻人。顾客多为有目的的购买	营业面积100平方米左右，利用率高	即食食品、日用小百货为主，有即时消费性、小容量、应急性等特点，商品品种在3000种左右，售价高于市场平均水平	以开架自选为主，结算在收银处统一进行	营业时间16小时以上，提供即时性食品的辅助设施，开设多项服务项目	程度较高
3. 折扣店	居民区、交通要道等租金相对便宜的地区	辐射半径2公里左右，目标顾客主要为商圈内的居民	营业面积300～500平方米	商品平均价格低于市场平均水平，自有品牌占有较大的比例	开架自选，统一结算	用工精简，为顾客提供有限的服务	一般
4. 超市	市、区商业中心、居住区	辐射半径2公里左右，目标顾客以居民为主	营业面积在6000平方米以下	经营包装食品、生鲜食品和日用品。食品超市与综合超市商品结构不同	自选销售，出入口分设，在收银台统一结算	营业时间12小时以上	程度较高
5. 大型超市	市、区商业中心、城郊结合部、交通要道及大型居住区	辐射半径2公里以上，目标顾客以居民、流动顾客为主	实际营业面积6000平方米以上	大众化衣、食、日用品齐全，一次性购齐，注重自有品牌开发	自选销售，出入口分设，在收银台统一结算	设有不低于营业面积40%的停车场	程度较高

续表

业态	基本特点						
	选址	商圈与目标顾客	规模	商品（经营）结构	商品售卖方式	服务功能	管理信息系统
6.仓储式会员店	城乡结合部的交通要道	辐射半径5公里以上，目标顾客以中小零售店、餐饮店、集团购买和流动顾客为主	营业面积6000平方米以上	以大众化衣、食、日用品为主，自有品牌占相当部分，商品在4000种左右，实行低价、批量销售	自选销售，出入口分设，在收银台统一结算	设相当于营业面积的停车场	程度较高并对顾客实行会员制管理
7.百货店	市、区级商业中心及历史形成的商业集聚地	目标顾客以追求时尚和品味的流动顾客为主	营业面积6000～20 000平方米	综合性，门类齐全，以服饰、鞋类、箱包、化妆品、家庭用品、家用电器为主	采取柜台销售和开架面售相结合方式	注重服务，设餐饮、娱乐等服务项目和设施	程度较高
8.专业店	市、区级商业中心以及百货店、购物中心内	目标顾客以有目的选购某类商品的流动顾客为主	根据商品特点而定	以销售某类商品为主，体现专业性、深度性、品种丰富，选择余地大	采取柜台销售或开架面售方式	从业人员具有丰富的专业知识	程度较高
9.专卖店	市、区级商业中心、专业街以及百货店、购物中心内	目标顾客以中高档消费者和追求时尚的年轻人为主	根据商品特点而定	以销售某一品牌系列商品为主，销售量少，质优、高毛利	采取柜台销售或开架面售方式，商店陈列、照明、包装、广告讲究	注重品牌声誉，从业人员具备丰富的专业知识，提供专业性服务	一般
10.家居建材商店	城乡结合部、交通要道或消费者自有房产比较高的地区	目标顾客以拥有自有房产的顾客为主	营业面积6000平方米以上	商品以改善、建设家庭居住环境有关的装饰、装修等用品、日用杂品、技术及服务为主	采取开架自选方式	提供一站式购足和一条龙服务，停车位300个以上	较高

续表

业态	基本特点					
	选址	商圈与目标顾客	规模	商品（经营）结构	商品售卖方式	服务功能	管理信息系统
11.购物中心	市、区级商业中心	商圈半径为5～10公里	建筑面积为5万平方米以内	20～40个租赁店，包括大型综合超市、专业店、专卖店、饮食服务及其他店	各个租赁店独立开展经营活动	停车位300～500个	各个租赁店使用各自的信息系统
	市级商业中心	商圈半径为10～20公里	建筑面积10万平方米以内	40～100个租赁店，包括百货、大型综合超市、各种专业店、专卖店、饮食店、杂品店以及娱乐服务设施等	各个租赁店独立开展经营活动	停车位500个以上	各个租赁店使用各自的信息系统
	城乡结合部的交通要道	商圈半径为30～50公里	建筑面积10万平方米以上	200个租赁店以上，包括百货、大型综合超市、各种专业店、专卖店、饮食店、杂品店及娱乐服务设施等	各个租赁店独立开展经营活动	停车位1000个以上	各个租赁店使用各自的信息系统
	一般远离市区	目标顾客多为重视品牌的有目的的购买	单个建筑面积100～200平方米	为品牌商品生产商直接设立，商品均为本企业的品牌	采用自选式售货方式	多家店共有500个以上停车位	各个租赁店使用各自的信息系统

（2）无店铺零售。不通过店铺销售，由厂家或商家直接将商品递送给消费者的零售业态。无店铺零售业态分类和基本特点见表12-2。

表12-2　无店铺零售业态分类和基本特点

业态	基本特点			
	目标顾客	商品（经营）结构	商品售卖方式	服务功能
1.电视购物	以电视观众为主	商品具有某种特点，与市场上同类商品相比，同质性不强	以电视作为向消费者进行商品宣传展示的渠道	送货到指定地点或自提

续表

业态	基本特点			
	目标顾客	商品（经营）结构	商品售卖方式	服务功能
2. 邮购	以地理上相隔较远的消费者为主	商品包装具有规则性，适宜储存和运输	以邮寄商品目录为主向消费者进行商品宣传展示的渠道，并取得订单	送货到指定地点
3. 网上商店	有上网能力，追求快捷性的消费者	与市场上同类商品相比，同质性强	通过互联网络进行买卖活动	送货到指定地点
4. 自动售货亭	以流动顾客为主	以香烟和碳酸饮料为主，商品品种在30种以内	由自动售货机器完成售卖活动	没有服务
5. 电话购物	根据不同的产品特点，目标顾客不同	商品单一，以某类品种为主	主要通过电话完成销售或购买活动	送货到指定地点或自提

> **案例精粹**   **淘宝网的发展**
>
>   淘宝网自2003年5月10日成立以来，基于诚信为本的准则，从零做起，在短短的半年时间，迅速占领了国内个人交易市场的领先位置，创造了互联网企业的一个发展奇迹，真正成为有志于网上交易的个人的最佳网络创业平台。2007年全年淘宝网交易总额433.1亿元，比去年同期交易额增长156.3%；2008年销售收入达到999亿元，比去年同期交易额增长231%；淘宝网2009年交易额超过2000亿元，比上年同期交易额增长200%。2009年10月9日当天，淘宝网单日交易额创历史地达到6.26亿元，直逼香港的日6.44亿元的零售总额。

根据零售组织形态分类，可以分为以下四种：

（1）独立商店。这种商店通常是由业主自己经营，有一个店铺的零售商。

（2）连锁商店，也称联号商店。这是指流通领域行业中若干同业店铺，以共同进货或授予特权等方式连接起来，实现服务标准化，共享规模效益的一种现代化商业组织。它有三种形式：一是单一所有权的连锁商店，也称直营连锁。二是特许连锁商店，也称加盟连锁。三是自愿连锁，独立的零售商自愿联合，按合同约定联购分销。单一所有权的连锁店与特许连锁商店、自愿连锁的区别是前者高度统一，而后者是在合同规定内统一行动，合同规定外可以自由活动。

（3）消费者合作社。这是消费者所有制的零售组织，由消费者自行投资、自行经营管理，并分配利益。

（4）零售企业集团。这是以大型零售机构为主体，将不同商品类别和形式的各种机构组合在一起,并将配销与管理功能综合为一个整体,实行多样化经营,向消费者提供多功能服务。

根据商店群集的关系分类,可以分为以下两种类型:

(1) 商店街。这是指同业或不同业的多家独立的零售商集合在城市的某一地区,形成商品的零售区域。其特点是设在城市中心的交通便利之处,由各种独立的零售商构成。

(2) 购物中心。这是指为满足消费者所需要的商品和劳务,把各种行业的零售业集中起来的地点,为满足消费者购买商品提供时间的方便。其购物中心特点是以少数大店、名店为核心提供综合服务,而且环境舒适。

根据零售商经营业务范围划分,可以分为以下两种类型:

(1) 多元化经营的零售商店。这是以零售业务为主、兼营加工或劳务业的零售机构,有零售兼生产加工、零售兼营批发、零售兼营其他劳务等几种形式。

(2) 单一经营的零售商店。这种商店就是经营零售业务,没有兼营其他业务。

根据零售商提供的服务水平划分,可以分为以下三种类型:

(1) 提供充分服务的零售商。这是指顾客在寻找—比较—挑选—购买等一系列的购货过程中,商店都提供服务,如百货店、珠宝店、照相器材等专业店。

(2) 提供有限服务的零售商。只在顾客某个阶段上提供服务,如提供购买后的退换货服务,提供结算的赊欠服务、送货服务等。

(3) 顾客自我服务的零售商。顾客在购买过程中完全自我服务,如超级市场、折扣商店等。

12.1.4 中间商的发展趋势

1. 批发商的发展趋势

从批发商方面看,其呈现出衰落与发展交替的趋势。一些批发商衰落下去,尤其是那些专业批发商活动范围日渐缩小。其原因是:

(1) 生产的纵向联合,减少了生产领域中相互间的商品流通。

(2) 生产的集中、单位大规模化,使生产单位设立自己的销售部成为可能。

(3) 商品标准化使销售技术操作简单,广告销售成为可能,方便生产者本身的直接销售。

(4) 信用制度的发展,降低了批发商的金融职能。

(5) 零售组织与规模经营的发展。零售商日益追求规模效益,大型零售机构增多,单独的、分散的、小规模零售商组成连锁商店,从而能够从生产者那里大批量进货。

(6) 生产者对中间商自由选择、调整的权力。生产者对那些他们认为不能积极促销产品、不能满足顾客的订货、不能提供最新市场信息等的批发商实行放弃政策，也使批发商衰落下去。另一些批发商发展起来，他们迎接来自零售商的挑战，改弦更张，调整服务方式，满足供应商和目标顾客的要求。他们认识到其生存的基础是提高整个分销渠道的效率和效益，不断改进服务、降低成本才是成功之路。

2. 零售商的发展趋势

零售商的新机构类型不断产生，原有的机构不断衰落，零售商不断地自我更新。人们通过对零售商的产生、发展的观察，提出了种种零售机构发展假说。

1) 零售轮转假说

美国哈佛商学院零售学权威 M. 麦克尔教授认为，新型的零售机构变革有一个周期性的像一个旋转的车轮一样的发展趋势。新型零售机构最初都采取"低地位、低毛利、低价格"的经营政策，当他们取得成功时，必然会引起许多人的效仿，结果引起这种新型零售机构之间的竞争。这样就会促使他们改善设施，提供更多的顾客服务，带来费用的增加，使他们必然要提高价格。这样，他们就和他们替代的旧的零售机构一样，转化为"高费用、高价格、高毛利"的零售机构。与此同时，新的革新者又以低地位、低毛利、低价格为特色的零售机构出现，于是"轮子"重新转动起来，从美国的零售业发展情况看，超级市场、折扣商店等都是以追求低价格销售而出现的，但随着时间的推移，都不能始终如一地贯彻"三低"政策，不得不提高商品价格，而当价格提高到一定程度，又必然走向反面，被另一种零售机构所代替。

2) 零售机构生命周期假说

这一假说认为零售机构和任何产品一样，也有其生命周期并分为四个阶段：①创新阶段。这是指创办和发展新型的零售机构。由于新型的零售机构和传统的零售机构根本背离，因此新型的零售机构较其有差别优势。在发展新型零售机构之初，企业的投资收益率、销售增长率和市场占有率都迅速提高。②加速发展阶段。在这一阶段，出现了许多模仿者纷纷效法创新者也开办新型零售机构，而且已经营业的企业又在其他地区开办新商店，进行地区扩张。到这个阶段结束时，企业的市场占有率和投资收益率均达到最高水平。③成熟阶段。处在成熟阶段的零售机构，以前那种朝气蓬勃的生命力已经消失，逐渐受到处在创新阶段的零售机构的威胁，其结果必然是市场占有率稳定或下降，投资收益率下降。但是对大多数零售机构而言，成熟阶段是长期的。如果经营者善于应变，会使商店的经营管理适应市场变化的形势，能够保持稳定增长，取得中等水平的盈利。④衰退阶段，企业市场范围明显缩小。

3）零售机构综合化与专业化循环假说

此理论认为，零售机构是以新经营的商品种类从综合化向专业化再到综合化的不断循环而发展变化，按这一理论零售机构发展顺序大致经历了五个时期：①杂货店时期（商品综合经营）；②专业店时期（商品专营）；③百货店时期（商品综合经营）；④方便店时期（商品专业化经营）；⑤商业街或购物中心时期（商品综合经营），如图12-1所示。

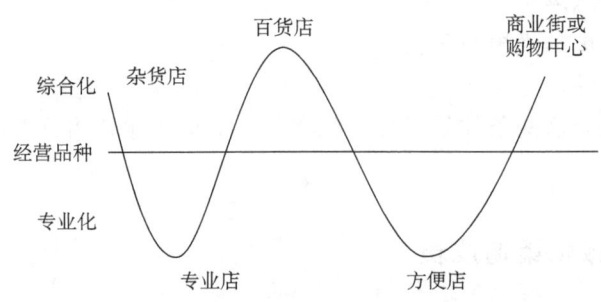

图 12-1　零售机构综合与专业交替发展

以上是关于零售机构发展的论述，虽然对零售机构发展变化历史地进行了考察，揭示了零售机构发展的某些共同特征，但并不能说明所有零售机构发展变化的规律。事实上，零售机构的发展变化是社会环境的综合反映，没有人口、就业、消费者生活方式及购买行为、同业竞争、社会生产的发展变化，也就没有零售机构的发展变化，而这些恰是影响零售机构发展变化的基础。

12.2　渠道成员选择与激励

企业设计了最佳分销渠道后，还必须将渠道运作起来。生产者为满足目标顾客的需求，要求高效率的渠道成员加入渠道中，并投入一定的资源，以产生较高的分销效率。

12.2.1　选择渠道成员

并不是所有的中间商都可以作为生产者分销渠道的成员。对于顾客而言，渠道成员就意味着企业，代表着企业的形象，渠道成员的营销力程度在某种意义上创造企业的成功。

生产者寻找中间商不管难也好易也好，都要确定需要的中间商特性。一般来说，中间商应具备以下条件：

（1）中间商的声誉。包括该中间商从业的历史年限、在同行中的声誉程度等；

（2）经营其他产品情况；

（3）创利润记录；

（4）偿付能力程度，拥有资产及负债状况；

（5）协作的态度；

（6）销售人员的规模与素质；

（7）经营条件。

中间商具备的这些条件处于良好状态，就会促进生产者产品与服务转移，满足目标顾客的需求。

12.2.2　激励渠道成员

生产者在选择确定了中间商的具体成员后，还要对中间商不断进行检查、激励、评定，从而最大限度地调动中间商的积极性，保证分销渠道的顺畅和高效。

1. 激励渠道成员，生产者必须认识到中间商的特性

中间商并非是生产者铸造的营销链条中的一个环节，而是独立的，与生产者并行的企业，并拥有他自己的市场。中间商经过尝试之后，设立了一种操作方法，执行他认为达到目标所不能缺的功能，以及制定他可以自由行使的政策。中间商认为自己主要是顾客购买商品的采购员，其次才是生产者销售代理人。中间商感兴趣的是销售顾客想买的商品，他把经营的商品经过重新编配，设法成套地销售给顾客。中间商最关心的是整体商品的销售，在没有某种激励的前提下，而不为某单独产品付出销售努力或是提供其销售记录。生产者只有把握住中间商的特性，才能有效地激励中间商。

生产者激励中间商应以适度激励为基本原则。生产者对中间商的过分激励，给予中间商慷慨的优惠条件，虽能激发中间商的销售兴趣，甚至作出很大努力，产生高销售量，但未必能获得高利润；同样，对中间商的低激励，也会造成低销售量低利润的结果。

生产者对中间商的适度激励，首先是建立在综合性贸易关系基础上的，在提供给中间商产品的价格、付款条件、产品保证、地域权力、服务等方面给予照顾，使中间商乐于接受产品的销售并格外努力。如果贸易关系的条件不能明显奏效，生产者除了要考虑改进贸易关系，还要考虑使用补充激励措施，如给予促销方面的支持，搞一些销售竞赛等活动。

对中间商激励的具体措施有以下几个方面：

（1）向中间商提供适销对路、物美价廉的产品。中间商认为适销对路的商品是销售成功的一半，因而生产者提供符合市场需求的产品就会受到中间商的欢迎。

（2）合理分配利润。生产者在产品定价方面要充分考虑到中间商的利益，对进货数量、信誉、财力、管理等不同的中间商给予不同的价格折扣，使中间商感到经营生产者的产品会得到较理想的利润收入。

（3）促销支持。生产者承担宣传推广产品的全部或部分费用，不要求中间商承担或只要求承担部分费用；并且派出人员协助中间商安排商品陈列、举办展览和操作表演，帮助培训推销人员等，都会受到中间商的欢迎。

（4）资金支助。生产者可通过融资，采取售后付款或先部分付款的方式，促进中间商积极进货，努力推销产品。

（5）提供情报。生产者将获得的市场信息及时通报给中间商，同时也将生产方面的发展状况告诉中间商，使中间商心中有数，或邀请中间商共同探讨市场状态及发展动向，采取扩大销售的措施，使中间商能够有效地安排销售。

生产者与中间商之间的关系如何处理好，使相互之间保持较高的亲和性，是生产者销售成功的关键。

2. 管理与中间商关系

企业管理与中间商的关系，可以采取下列三种做法。

1）设法取得中间商的配合。生产者可以运用下列权力，促进中间商与之合作

（1）奖励权。对配合的渠道成员给予奖赏，鼓励其行为。当中间商执行特定活动时，生产者给予附加利益，如许诺较高的毛利率、给予促销支持等。也可以使用贸易关系的优惠条件，较高额利润奖金等额外酬劳，以及广告补助、展览津贴等促销资助去刺激中间商的积极性，从而得到中间商的合作；还可以利用自身拥有的优势，如提供的是名牌产品，吸引中间商的合作。

生产者对中间商提供的佣金报酬，并不是直接付给，而是根据中间商履行协议的情况分别付给。如某生产者根据协议向中间商付给25%的佣金，并将25%的佣金分配在各项约定中：如能保持适当的存货水平付给5%，如能完成销售定额再付给5%，如能向顾客提供有效服务再付给5%，如能正确报告顾客购买水平再付给5%，如能适当管理应收账款再付给5%。

（2）惩罚权。对不配合的渠道成员实施惩罚，如减少利润、收回奖赏许诺、减慢运货速度等；对中间商在贸易关系方面给予苛刻的条件，或利用消极的制裁，如不能完成贸易条件要求，要减少利用、推迟交货或中止关系等。这样处理与中间商的关系，可能在当时是有效的，但是会使中间商不满，他们会组织抵消力量。双方之间的关系是暂时的合作，不会有长久的发展。

(3) 专家权。向中间商提供成功经营的相关知识,使其掌握,如提供促销规划、培训、商品陈列技术等。但是,一旦中间商掌握这些知识,这种权力就会被抵消。

(4) 施加影响权。生产者利用被赋予或被认为的拥有施加影响的权力,如在渠道中的优势地位、产品销售的经验等影响渠道成员。

2) 与中间商建立伙伴关系

成功的生产者都愿意与中间商结成长期伙伴的关系,更愿意花费精力培养这种关系。生产者清楚地认识到在市场开发、市场覆盖、产品提供、账务要求、招揽顾客、技术服务和市场信息等方面,企业与中间商的彼此要求,因此根据平等、互利、互惠的原则,与中间商共同议定在这些方面的协议,从而使双方长期合作,共同发展。

3) 建立垂直分销系统

通过建立一套有计划的实行专业化管理的垂直分销系统,把生产者与中间商的需要结合起来,实现双方的密切合作。生产者可在这一系统中建立一个中间商关系规划部,由这个部与中间商共同规划销售目标、存货水平、商品陈列、培训员工以及广告宣传计划,使中间商认识到作为这一系统的成员,可以从中获得更大的利益,因而更愿意竭诚合作。

12.2.3 培训渠道成员

由于渠道成员负责联系客户,因而生产企业应该把渠道成员看成客户,服务渠道成员最终是服务客户。从这一意义出发,生产企业需要仔细计划并执行对中间商的培训。

培训的内容可以包括技术培训,让渠道成员了解产品的技术特点、用途、使用方法和保管,以便在销售商品时能够被正确介绍和演示;陈列技术培训,使渠道成员能够突出产品的重要特征来展示产品。通过这些培训,使得渠道成员在顾客面前成为专家,具有影响力。

开展培训的方式多种多样。微软公司要求第三方的工程师,学完一系列的课程并参加资格证书考试,通过考试的人被授予"微软授证专家",他们可以利用这一称号开展业务;美达公司则使用 CD-ROM 对其经销商培训,通过这一程序,经销商可以与假定的顾客谈话,根据顾客提出的问题,进行讲解和销售,销售结果将被打分,然后 CD-ROM 程序会提供改进的意见。

12.2.4 渠道成员业绩评价

为了能使中间商有效合作，及时掌握中间商履行约定的情况，生产者有必要经常检查中间商，以一定标准衡量中间商的表现程度。

检查的标准是生产者与中间商约定的项目，通常包括以下几个方面：
(1) 销售额完成情况；
(2) 销售增长情况；
(3) 产品的销售范围及占有情况；
(4) 向顾客交货的速度快慢；
(5) 平均存货水平；
(6) 对损坏或损失商品的处理；
(7) 对顾客服务的表现；
(8) 在促销及员工训练方面的合作程度等。

上述标准中，销售方面标准是比较重要的。因为销售是企业期望的最终归属，生产者通过销售方面的标准对中间商检查，目的是鼓励那些销售量大的中间商继续努力，保持声誉。鞭策那些销售量差的中间商要加倍努力，完成销售要求。同时，生产者也可以通过对中间商的检查，发现问题，并及时总结原因，采取相应的措施加以改进。

12.3 渠道冲突管理

无论对渠道进行多么好的设计和管理，总会出现某些冲突，解决冲突就成为渠道管理的任务之一。

12.3.1 渠道冲突及类型

渠道冲突是指同一渠道中不同环节以及同一环节中不同成员之间的矛盾。

生产者追求渠道成员合作，因为合作产生的利润会高于各自为政的渠道成员的各自利益之和。然而，追求自我利益最大化的渠道成员，更愿意本身的利润更高，于是矛盾就产生了。

从渠道冲突产生的环节分析，渠道冲突的类型有：

(1) 垂直渠道冲突。这是指同一渠道中不同环节的矛盾，如经销商抱怨生产者在价格方面控制太严，而提供的服务太少。

（2）水平渠道冲突。这是指同一渠道中同一环节的不同成员的矛盾。如某生产者的一些经销商抱怨同一城市其他经销商在产品价格、广告、服务等方面过分进取，导致这些经销商的生意清淡。当渠道成员都力求自身利益最大化时，就有可能损害其他成员的利益。

（3）多渠道冲突。这是指生产者已经建立的两个或更多的渠道，这些渠道在向同一市场推销产品时产生的矛盾。如某服装生产者，即建立自己的专卖店销售服装，又选择大型百货店销售，还授权一些商店特许经销。由于渠道多，渠道成员会认为自己的销售会被其他的渠道抢夺，尤其是某一渠道降低价格或者是毛利时，渠道之间的冲突会变得异常激烈。

当前多渠道冲突的焦点，在于生产者增加电子商务渠道。在有些产品领域里，如图书、音像制品等，电子渠道会对零售商、经纪人、代理人和其他中间商产生反冲作用。

从渠道冲突的后果严重性分析，渠道冲突的类型有：

（1）良性冲突。这是指渠道成员之间的矛盾能够促进更好更新的观点与方法产生，相互之间的攻击行为没有失去理智、不具有破坏性，有利于提高整体渠道绩效。

（2）恶性冲突。这是指渠道成员之间的敌对情绪和对抗超过一定的限度，对渠道关系和渠道绩效产生破坏性影响，带来严重的消极后果。这种冲突，分散了渠道成员为实现整体目标所作的努力，渠道资源被用于报复对方所采取的行动中，渠道成员彼此不信任和敌视。

12.3.2 渠道冲突产生的原因

渠道冲突产生的基本原因可以说是各个独立企业的利益不一致，具体分析有以下几个方面：

（1）目标不一致。生产者可能通过低价来追求迅速发展，而经销商则可能通过高价来追求盈利。

（2）任务和权利不明确。渠道成员忽视自己的任务与权利，在追求利润的前提下向一个市场推销商品。销售的区域界限混乱，销售方式不一，因此产生冲突，如某企业曾发生全国客户经理与现场销售人员的矛盾冲突、现场销售人员与电话营销的矛盾冲突、现场销售人员与经销商的冲突。

（3）感知不同。经销商可能会认为生产者会取而代之，而实际情况并非如此。

（4）互相依赖程度。渠道成员相互依赖的程度越大，发生冲突的可能性越大。

12.3.3 渠道冲突管理策略

虽然渠道冲突有有利的一面，但更多的是消极的冲突，对渠道冲突管理的目的是化解消极冲突。

1. 确定冲突管理过程

根据过程中的每一阶段采取相应的解决措施，如图 12-2 所示。

（1）确定冲突问题。作为渠道管理者先要端正对渠道冲突的认识，判断冲突的性质和类型，矛盾的可调节性程度，矛盾产生的根本原因。对冲突问题的确认，与管理者掌握的信息程度有关。因此，建立有关冲突的调研分析制度、构架冲突管理的信息系统，是确定冲突问题的依托和条件。

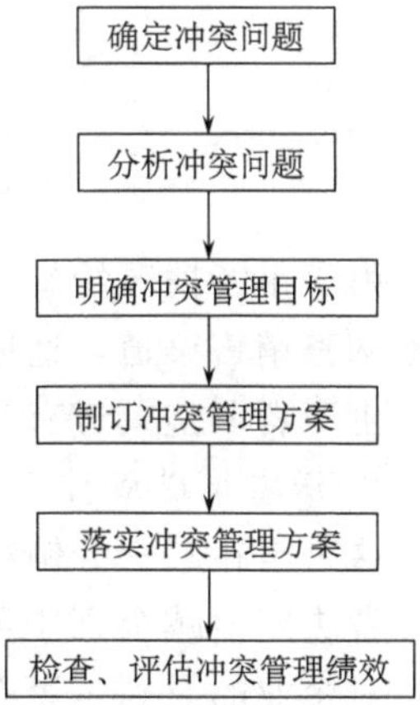

（2）分析冲突问题。主要是分析冲突产生的原因以及后果，通过分析界定冲突的性质，以便找到解决冲突的方法和措施，有利于解决冲突资源的配置和利用。

（3）明确冲突管理目标。冲突管理目标有缓解性和化解性目标。缓解性目标在于降低冲突水平，化解性目标在于消除和解决冲突的问题。

图 12-2 渠道冲突管理流程

（4）制定冲突管理方案。这包括提出解决冲突的策略措施、工作流程、制度、资源准备和激励或控制措施。

（5）落实冲突管理方案。选派适当的人员，在适当的时机推行和落实管理方案。

（6）检查、评估冲突管理绩效。对冲突解决效果进行检查和评估，目的是完善冲突管理措施，提高冲突管理水平。

2. 冲突管理策略

目前渠道冲突管理的研究者提出以下管理策略：

（1）超目标策略。与渠道成员签订共同寻找的基本目标协议，其中包括共同关心的问题，如生存、市场份额、高品质产品、顾客满意等。这种协议在渠道遇到外部威胁时是容易达成的。

（2）在两个或两个渠道环节上互换人员。通过互换人员，渠道成员会相互理解对方的观点和行为，取得对冲突产生的后果的共识，促进自我约束。

（3）合作。邀请渠道成员参加企业的咨询会议或董事会会议等，使渠道成员了解生产者的目标方针、对渠道成员提供的利益，并让渠道成员参与意见，取得渠道成员的认同。这样促进渠道成员行动上的理解和支持，降低冲突水平或避免冲突产生。

(4) 协商。发生冲突的渠道成员，面对面交流，解决冲突。在协商的过程中，双方应本着求大同存小异的原则相互理解、相互让步，开诚布公地交流信息，心平气和地协商，最后消除分歧，达成对彼此目标的理解与认同。

(5) 仲裁。当管理者运用以上管理策略无效时，可以采取这一策略。取得双方的同意后，将冲突的解决交给中立的第三方，双方接受第三方的处理结果。

12.4 渠道调整

由于市场情况纷繁复杂、瞬息万变，生产者要保持渠道的高效性，还必须不断地调整销售渠道，适应市场变化的要求。

生产者调整渠道有三种方式。

1. 增减渠道成员

这是指在某一分销渠道模式里增减个别中间商，而不是增减各种渠道模式。生产者决定增减个别中间商时，需要作经济效益分析。要考虑到增减某个中间商，对企业的盈利是否有影响，是否会引起渠道其他成员的反应，其他成员的销售是否会受影响等。这些情况，生产者在决定渠道成员增减时必须充分考虑到，以便采取相应的措施，防止出现不必要的矛盾。

2. 增减渠道

这是指增减某一渠道模式，而不是增减渠道里的个别中间商。当生产者利用某一分销渠道销售产品不理想时，或者市场需求扩大而原来有的渠道不能满足需求时，或者生产者所利用的分销渠道一方面销售量低下，而另一方面市场的需求又未满足时，生产者就要考虑增加或减少渠道，或者在减少某种渠道的同时又增加某种渠道。增加或减少渠道，生产者都要考虑所带来的经济效果，以及其他渠道的反应，并且估计到被删除的渠道日后可能成为本企业渠道的竞争者，使保留的渠道产生不安全感，在销售上不大胆，降低销售量等可能性，生产者对此要制订预防措施。

3. 调整全部渠道

这是指生产者对所利用的全部渠道进行调整，如直接渠道改为间接渠道，单一渠道改为多渠道等。这种调整是最困难的，它不仅使全部销售渠道改观，而且还会涉及营销组合因素的相应调整、营销策略的改变。生产者对调整全部渠道要特别谨慎从事，要进行系统分析，以防考虑不周，影响企业的全部销售。

12.5 物流管理

产品在从生产者向消费者转移的过程中,不仅发生产品的价值运动、信息流动等,产品的实体也发生运动,对产品实体运动的管理被看做是物流管理。

12.5.1 物流与物流管理定义

目前对物流的定义有狭义和广义两种。狭义定义的表述:物流是指商品实体从生产地点到消费者使用地点的转移,其职能主要是商品的运输与仓储。广义定义的表述:物流是指与商品实体有关的全部流通活动,不仅包括商品的运输和仓储,而且还包括流通加工、包装、库存控制以及相关的信息流程等,如图 12-3 所示。

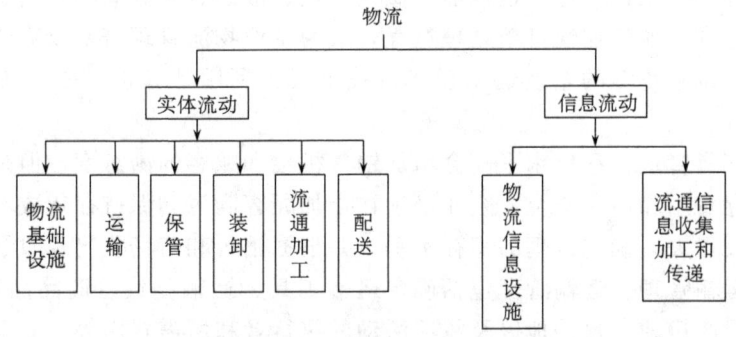

图 12-3 广义物流包括的项目

物流管理是指为满足顾客的需求,对商品实体从生产地点到消费者使用地点转移过程所进行的决策、计划、实施和控制的活动。

近年来,物流管理的观念被扩大成广泛的供应链管理观念。供应链管理的起点是供应商,因为企业生产产品之前需要获得原材料和设备等生产资料,而供应商怎样获得这些资料对企业有至关重要的影响。对供应链的透视能帮助企业辨认优秀的供应商和分销商,并帮助他们在供应链中提高生产效率,最终带来企业成本的下降。

对供应链的研究引起了对需求链计划的探索。人们认为,一个价值网络包括供应商和供应商的供应商、中间客户与最终客户,而企业就处于这样一个网络的中心位置。企业必须协调各方关系,使得他们各自在目标市场中发挥最大的价值。作为企业首先应该考虑它的目标市场要求,其次是后向设计供应链。

12.5.2　物流管理职能

物流管理承担着以下职能:

(1) 预测销售量。这是物流的基础工作,企业根据历史的销售数据、营销目标、市场需求变化等因素,分析和预测目标期内可以达到的销售数量,以此作为企业制订分销计划和确定存货水平的依据。

(2) 制订分销计划。在对销售预测的基础上,根据企业的销售目标和渠道结构等,对商品分销工作,包括时间、市场区域、商品种类与批量、由谁执行和所需费用等问题进行统筹安排,制定行动方案,以便把商品及时、方便、有效、经济地提供给市场和消费者,实现企业营销目标。

(3) 订单处理。这是指从接受订单到发送交货的全过程,这一过程包括订单接收和订单审核、将联运单分送至各个部门、按单配货、安排运输、开出收据、收回货款等多项工作。这一过程能否做到迅速、准确、服务周到,会直接影响顾客的满意程度。如何加快订单处理过程,成为企业物流管理需要攻克的重要问题之一。现在越来越多的企业运用现代科技手段,利用计算机控制系统解决这一问题。

(4) 存货管理。存货水平高会增加销售机会和顾客的满意度,但是也会给企业增加储存费用和占压资金。企业必须在增加顾客满意和保持存货成本之间进行权衡,比较得失,确定合理的库存水平,并根据销售和市场状况及时予以调整。

(5) 运输管理。运输管理包括确定运输工具、运输路线、商品品种和运量、装运时间、起运地、目的地以及每项活动的执行者和所需费用等。对运输管理必须制订运输计划,统筹安排,以相对低的费用,保证商品在规定时间内由生产地点转移到使用地点。

12.5.3　物流系统构成

在现代市场经济条件下,能够高效运作、重视满足顾客需要的专业性物流企业或运输、仓储机构得到了充分发展,形成了相对完善的物流专业服务体系。这使得企业产品分销中的物流活动往往通过企业物流部门统筹组织或委托专业物流公司、保险公司、经销商等内外部门或机构共同参与完成,这些部门构成了产品分销的物流系统。

1. 企业的物流管理部门

企业物流部门是物流活动的统筹组织者、实施者和监控者,是企业物流活动的中枢，对物流的各个环节进行规划、选择、联系、协调，保证物流活动的顺利进行，提高物流效率，降低成本，达到物流目标。

2. 经销商

经销商是企业分销渠道的主要成员之一。经销商的数量、位置、销售效率和分销功能都与物流活动紧密相关。在一些场合下，经销商本身也是物流的组织者和承担者。作为企业的物流部门必须和经销商保持良好的合作关系，以保证物流的顺畅，完成产品从生产领域向消费领域的转移。

3. 储运公司

储运公司是专门承办商品运输和储存业务的机构。虽然有一些规模较大的企业，由于物流业务量较大，自己设立了物流部门，但是大部分企业是利用专业的储运公司来完成物流活动的。储运公司由于是专业机构，拥有较完善的物流设备设施，因而在组织储运活动方面往往比企业自己组织物流更有效率、更科学、更合理，成本更低。

4. 保险公司和财务金融机构

保险公司和财务金融机构是提供资金融通和保险服务的专业机构。企业在开展物流活动过程中，需要金融机构提供资金融通，以支付包装、装卸运输、储存保管、保险等费用，以及各种保险服务，以避免物流过程中可能发生的风险带来的损失。

12.5.4　物流管理决策

物流管理的根本目的是以尽可能低的成本，为顾客提供高质量的服务。然而，两者兼顾又是困难的。高质量的顾客服务意味着大量的存货、足够的运输工具和许多仓库，这一切都将增加物流成本。物流各环节产生的费用常常是从相反方向相互影响，例如，运输经理总是偏好铁路运输而反对空运，因为铁路运输的成本低，但是，由于铁路运输较慢，火车送货减慢了流动资金的周转，延迟了顾客的付款，有可能导致顾客转向其他提供迅速服务的竞争者。

企业面临着对物流活动中各种要素的选择与最佳配置，并需要作出决策。

1. 确定物流目标

企业需要决定物流的服务目标。企业首先应该了解顾客的需求，一般说，顾客希望供应商能够按时送货，愿意满足紧急需要，稳稳当当地搬运商品，愿意收回次品，并且立刻组织再供应。其次，研究竞争者提供什么服务，企业能够比竞争者更出色地为顾客提供什么服务。在确定自己的服务标准时，可参照竞争者的做法。一般要求提供至少和竞争者水平相同的服务，但是目标应该是利润最大化，而不是销售额。企业必须考虑在提供较高水平的服务时所产生的费用。有些企业提供的服务很少,但是,售价也很低。有些企业提供的服务比竞争者多,但是价格也定得很高,以便抵补它们的高成本。

企业也必须制订承诺目标,给每项服务要素制订明确标准,如可口可乐公司提出"把可口可乐存放在与需要近在咫尺之间"。一家器具制造商确定了下列服务标准:在接到订货单后的 7 天内,至少有 95% 的经销商订货必须送达;以 99% 的准确性处理经销商的订货,对经销商有关订货情况的询问必须 3 小时内作出答复;保证商品在运输中的损失不超过 1%。

在制订了一系列市场物流目标后,公司就可以着手设计一个以最小的成本达到这些目标的方案。每一个可能的物流系统都包含了下式所表示的总费用:

$$M = T + FW + VW + S$$

式中,M 为物流总成本;T 为运输总成本;FW 为总固定仓储成本;VW 为该系统的仓储总变动成本(包括存货);S 为平均的交货延误而失去销售额的总成本。

企业需要比较不同的物流系统,分析每一系统伴随的总成本(M),然后选择一个总成本为最小的系统。如果 S 难以测算的话,那么,公司可以致力于成本($T+FW+VW$)最小化来实现顾客服务的目标水平。

2. 订单处理

企业需要为完善订单处理制订标准。企业从拿到订单、交货到付款的周期,包括许多步骤:销售员转交订单,订单输入和客户信用检查,存货与生产安排,订单和发票传递,收到货款。这个周期越长,顾客就会越不满意,会转向其他企业订货,企业的销售和利润就会下降。企业需要缩短这个周期过程,按顾客希望准时送货、完整订购、准确递送和准确支付。

3. 存货控制

存货水平形成物流的主要成本。销售人员总是希望企业备有充足的库存,以便随时满足顾客的订货。但是维持大量存货对于企业来说,经济上并不划算。当对顾客的服务水平趋近 100% 时,存货成本将加速增长。管理者应该了解:销售量和利润的增加是否足以抵过较高的存货和加快订单程序所伴随的成本?

存货决策的制定是对何时进货和进多少货作出决策。当存货下降时,管理者必须知道库存在什么水平时要提出新的订货。这个库存水平称为订货点(order point),或重新订货点(reorder point)。所谓订货点,是指当库存的商品减少到某一数量单位时,就要重新订货。订货点的数量,应该在脱销造成的风险与存货过量所发生的费用之间进行权衡后决定。

另外一个决策是进多少货。订货量大,订货次数就少。企业应该在订货处理成本和存货维持成本之间进行权衡,制造商的订货处理成本包括该产品的设备安装成本和营运成本以及产品运作过程中产生的成本。如果设备安装成本比较低,制造商就可以经常性地生产该产品,其单位生产成本会是一个常数而与营运成本几乎相等。如果设备安装成本高,那么,制造商可以安排一个较长的生产周期,维持较大的库存量来降低每单位的平均成本。

订货处理成本必须和存货维持成本相比较。平均库存量越大,存货维持成本越高,维持成本包括仓储费用、资金成本、税金和保险费、折旧和报废。如果企业维持较多的存货,就需要证明较大的存货量所增加的毛利将超过存货量增加而带来的成本。

为了能在订货与存货之间取得平衡,使得总成本达到最低,人们运用最佳订货量方法进行决策(图 12-4)。

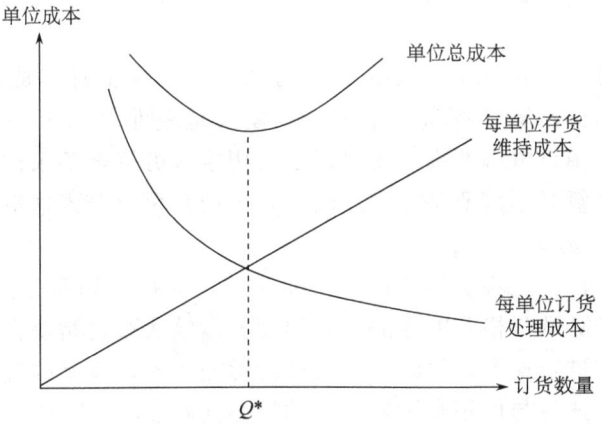

图 12-4　最佳订货量方法

从图 12-4 可见,单位订货处理成本随着订货量增加而下降,因为订货成本被分摊到更多的单位上;单位存货维持成本则随着订货量增加而上升,因为每个单位的货品储存时间相对延长了。

最佳订货量计算公式为

$$Q^* = \sqrt{\frac{2DC_S}{IC_P}}$$

式中,Q^* 为最佳订货量;D 为年销售量;C_P 为产品单价;C_S 为每次订货费;I 为平均储存费用。

例如,某企业的某产品销售量是 10 000 件,产品单价为 100 元,平均储存费用是 1‰,每次订货费用是 80 元,求最佳进货量,则

$$Q^* = \sqrt{\frac{2 \times 10\,000 \times 80}{1‰ \times 100}} \approx 1265(件)$$

为使存货成本降低，企业还可以依据风险和收益划分存货分级，将商品分为瓶颈商品（高风险、低收益）、关键产品（高风险、高收益）、一般商品（低风险、高收益）、不受欢迎商品（低风险、低收益），分别实施不同的管理方法。

准点生产方法也为降低存货成本提供了改进思路。准点生产（just-in-time production，JIT）指安排供应商按照需求量运送物料进厂。如果供应商可以信赖的话，那么，制造商便既可保持很低的库存水平，又可完全满足顾客订货的标准。其基本思路是安排适时的流动（flow）而非库存（stocks），如英国最大的特斯科连锁超市，建立了准点生产的市场物流系统，管理层为减少仓库成本，用一天补两次货的方法达到目的。一般来说，它需要三种卡车来分别运送冷冻食品、冰箱食品和一般食品，结果，它设计了一种分割为三个空间的新型卡车同时运送这三种商品。

近似零存货（near-zero inventory）方法，也为降低存货成本提供思路。这种方法是建立在订单而非存货之上的，其模式是企业"销售一个，生产一个"。如戴尔要求顾客预订电脑并提前支付，之后用顾客的资金要求供应商运送必要的零件。如果顾客暂时不需要某个商品的话，公司就可以节省这笔开支。

4. 运输方式选择

运输决策，包括运输工具的选择、准时送货的执行和商品抵达时的损耗等，这些将影响到产品的价格及顾客的满意程度。运输决策也是要在运输成本和顾客的满意程度之间进行权衡，目的是以最低的运输成本，满足顾客的需求。

运输工具的选择与使用是运输决策的核心问题。

如何选择运输工具？企业在发货给顾客时，可在五种运输方式中选择：铁路、航空、公路、水路和管道。对于企业来说，选择某一种运输工具，要考虑到速度、频率、可靠性、运载能力、可用性和成本等因素。如果托运人要求快速，空运和卡车是主要选择对象。如果目的是要谋求低成本，那么，水路和管道就是主要考虑对象。

将两种或两种以上的运输工具结合起来使用，更有利于达到运输管理的目的。集装箱的发展为两种以上的运输工具结合起来使用提供了方便，将商品装在集装箱内或挂车内，方便了两种运输方式之间的切换。

联运的运输工具结合方式有：猪背（piggyback）联运，指铁路和公路的联合运输；鱼背（fish-back）联运，指水路和卡车的联合运输；火车船（train-ship）联运，指水路和铁路联合运输；空中卡车（air-truck）联运，指航空和卡车运输结合使用。每一种联运方式对于托运人都有某种独特的好处。

从另一角度看运输方式，还有私人运输、契约性运输和公共运输等方式。如果托运人拥有自己的卡车或飞机，该托运人就是一个私人运输商（private carrier）。契约性运输者（contract carrier）指某个独立的组织，按照所订的契约向另一个组织出售运输服务。公共运输者（common carrier）按照规定时间提供预订地点之间的运输服务，它向所有的托运人按标准价格收费。

》小结

1. 生产者对渠道的管理，主要是分析中间商的特征，选择、激励、检查渠道成员，物流管理和调整渠道。

2. 中间商是处在生产者和消费者之间，参与商品交易业务、促进买卖行为发生和实现的具有法人资格的经济组织和个人。中间商有批发商和零售商两种基本类型。批发商类型，在我国有综合批发商、专业批发商；全国性批发商、区域批发商和地方批发商；经销批发商和代理批发商；产地批发商、口岸批发商、中转批发商、销地批发商；工业部门自营批发商、联营批发商、批发交易市场；综合服务批发商和专业服务批发商。国外一般将批发商分为商人批发商、代理商和经纪人、生产者和零售商的销售分店及销售办事处。零售商从事将商品或劳务直接销售给最终消费者的商业活动。零售商类型有店铺零售商、非店铺零售商、独立零售商、连锁零售商、特许经营零售商、零售企业集团和消费者合作社等类型。

中间商的发展趋势，从批发商方面看呈现出发展与衰落交替的趋势；而零售商则是新型机构不断产生，原有机构不断衰落，不断地自我更新。

3. 选择渠道成员须明确中间商的条件。激励渠道成员可采取适度激励原则和具体的措施，运用各种权力促进中间商的合作。对渠道冲突管理首先应明确冲突类型、冲突产生的原因，然后确定管理流程，采取相应的解决策略。分销渠道调整有增减渠道成员、增减渠道和全面改革三种方式。

4. 物流管理的根本目的是以尽可能低的成本，为顾客提供高质量的服务。企业通过确定物流目标、加速订单处理、存货控制和运输方式选择的策略实现这一目的。

》关键词

零售　retailing
零售商　retailer
专业店　speciality store
超级市场　supermarket
百货店　department store
折扣店　discount store

购物中心　shopping mall
批发　wholesaling
批发商　wholesaler
代理商　agents
经纪人　broker
渠道冲突　channel conflict
垂直渠道冲突　vertical channel conflict
水平渠道冲突　horizontal channel conflict
多渠道冲突　multi-channel channel conflict
存货控制　stock control
运输　transportation
订货点　order point
订货处理成本　order-processing costs
存货维持成本　inventory carrying cots

思考题

1. 零售业的发展趋势是什么？
2. 举例说明企业解决渠道矛盾的有效措施。
3. 你认为还有哪些促进渠道合作的措施？
4. 在满足顾客需求的前提下，降低物流成本的措施有哪些？

案例

海尔以零售商为主导的营销渠道系统模式

海尔对空调产品采取的是以零售商为主导的营销渠道系统模式，这种渠道模式管理特点有如下几点。

渠道政策

在海尔模式的分销网络中，百货店和零售店是其中主要的分销力量，海尔工贸公司就相当于总代理商，所以批发商的地位很弱。海尔的销售政策也比较偏向于零售商，不但向他们提供了更多的服务和支持，而且保证了零售商可以获得比美的模式的政策更高的毛利率，一般情况下零售商的毛利率都在8%～10%之间——这在家电行业已经非常好了。

海尔模式中的批发商不像美的模式中那样可以掌握分销权力，海尔公司留给他们的利润空间十分有限,批发毛利率一般仅有3%~4%。而且在海尔公司有分支机构的地方,批发商的活动余地更是非常之小。不过好在海尔空调的销售量很大,而且价格十分稳定,所以最终获得的利润还是可以得到保证的。

渠道成员分工

在海尔模式的分销网络中,制造商承担了大部分的工作职责,而零售商基本依从于制造商。海尔公司还严格规定了市场价格,对于违反规定批发或零售价格的行为加以制止。零售商只需要将位置较好的场地专柜提供给海尔公司即可。

海尔模式的商业流程

(1) 海尔工贸公司提供店内海尔专柜的装修甚至店面装修。

(2) 全套店面展示促销协助品(POP),部分甚至全套样机。

(3) 由于一般的零售商无论资金、场地都无法囤积太多的货物,因此海尔公司必须库存相当数量的货物,还必须把较小的订货量快速送到各个零售店。

(4) 专柜内的促销员也是海尔派出的,人员的招聘、培训和管理都是由海尔公司负责的;海尔公司的市场部门还要制订市场推广计划,从广告促销宣传的选材、活动计划和实施、利用媒体的关系、现场的布置、事后的整理等工作,海尔公司有一整套人马在为之运转,零售店一般只需配合海尔的工作就行了。

(5) 实现销售以后顾客马上就会要求安装,这时候海尔建立的售后服务网络就发挥了作用,他们将承担起现场的安装和后来的售后服务工作。

(6) 某些大的零售店每一批销售款可能要过几周才能收到,零售店中的种种财务手续都需要海尔的业务人员去办理,直到收回了货款,一次销售周期才算完成。

(资料来源:http://blog.sina.com.cn/s/blog.59d97c250100ahtb.html)

案例思考题:

1. 海尔的分销渠道模式有何优缺点?
2. 你认为应该怎样完善海尔空调的分销渠道模式?

第13章

整合沟通决策

  作为中国地方汽车企业，奇瑞公司曾经成功推出奇瑞"东方之子"等性价比较高的轿车，并凭借自主品牌的优势与合理的价格向国外出品轿车产品，已经在全国形成相当的知名度。2003年，奇瑞汽车公司经过认真的市场调查，精心选择QQ微型轿车打入市场。"QQ"作为一个崭新的品牌，在做完市场细分与品牌定位后投入了立体化的整合传播，以大型互动活动为主线，具体的活动包括QQ价格网络竞猜、QQ秀个性装饰大赛、QQ网络FIASH大赛等，为2003年的营销大造声势。相关信息的立体传播，选择了目标群体关注的报刊媒体、电视、网络、户外广告、杂志、事件营销等将QQ的品牌形象、诉求等信息迅速传播。各种活动，从新闻发布会到传媒评选，形成了全国市场的互动，为市场形成了良好的营销氛围。在所有的营销传播活动中，网络大赛、动画和内装饰大赛都让目标消费群体参与进来，在体验之中将品牌潜移默化地融入了消费者的内心，与消费者产生情感共鸣，使QQ微型轿车2003年5月推出6月就获得良好的市场反应，到2003年12月已经售出28 000多台，取得了良好的营销效果。

  （资料来源：沈小雨. 定位鲜明，奇瑞QQ诠释"年轻人的第一辆车". 成功营销，2004，(2)）

  市场营销不仅要求企业提供满足消费者需要的产品、制定有吸引力的价格，使产品易于为目标顾客所接受，而且要求企业塑造并控制其在公众中的形象、设计并传播产品及产品给目标顾客带来的利益等各方面的信息，即进行沟通促销活动。在现代营销活动中，每一个企业都不可避免地担负着沟通者的角色。

13.1 整合沟通概述

13.1.1 整合沟通的内涵及原则

可供企业采用的促销工具有很多，为更有效地运用这些工具，营销人员需要在企业的整体营销计划下，将人员推销、广告和其他促销活动予以整合。

1. 整合沟通的内涵

整合沟通是用以计划、开发、执行和评估企业对大众整体传播的一项战略性业务过程。整合营销沟通方式多种多样，归纳起来主要有四种：人员推销、广告、公关宣传和销售促进。其中，人员推销，指在与一个或多个顾客面对面的直接交流中促成交易的活动。广告，指由明确的广告主在付费的基础上，通过大众传媒所进行的对商品、服务或观念的信息传播和宣传活动。公关宣传，指企业为树立或提高企业或产品形象而通过各种公关工具所进行的宣传、报道或展示。销售促进，指鼓励或刺激顾客立即尝试、购买商品或服务的各种短期激励手段。

整合沟通是发展和实施针对现有和潜在客户的各种劝说性沟通计划的长期过程，目的是对特定沟通受众的行为施加影响。整合沟通理论认为现有或潜在客户与产品或服务之间发生的一切有关品牌或公司的接触，都可能是未来的信息传递渠道。

2. 整合沟通的原则

设计整合沟通方案，需遵循以下原则：

（1）横向整合的原则。一是媒体信息的整合，就媒体而言，不管信息来自什么媒体，它都在向客户传达某种意义；二是营销沟通渠道的整合，广告、销售促进、直接销售、公共关系等借助相应的媒体与渠道向客户传送信息，但不管信息传递了什么，它都代表某品牌、公司或营销组织，客户都会以同样的方式加以处理；三是对各类目标受众的信息传达整合，不同的目标受众，接触不同的媒体，也就需要采用不同的沟通渠道。

（2）与客户关系发展过程中的整合。沟通目标或沟通效果的层次，从客户与企业之间的关系来看，就是品牌忠诚阶梯。一般而言，越往高处，人数越少，沟通的任务越重。营销沟通的目标就是推动客户向品牌忠诚者演化，这是企业沟通的重要目标，让我们试用 AIDAR（注意、兴趣、需求、行动和重复购买）模式对其加以说明。①引起注意。在这一阶段，高品质的形象广告、强势的公司活动，以及同伴和产品使用者的影响，都是让客户形成正面态度与行为倾向的重要手段。②引发兴趣。有意于该产品的客户会想吸收更多的信息,以考虑是否将该产品作为选择的对象。③产生需求。潜在客户会主动寻求有关信息,以便在各产品之间进行比较。产品手册、直邮广告和销售人员提供的信息,在这一时期都会起到关键的作用。④付诸行动。在这一阶段,潜在的目标客户将转变为现实的客户。他们的信息可能来自实际使用的经验,也可能来自沟通。如果已有明确的客户资料,通过人员销售与数据库营销,效果会更好。⑤重复购买。这一阶段的沟通目标在于维持企业与客户的关系,提供相应信息以减低顾客购买后可能产生的认知不协调。所有的营销活动和沟通信息,都应用于刺激客户重复购买,并鼓励他们向别人推荐。

(3) 互动的原则。要想达到预期的营销沟通效果,要求营销企业与客户开展基于关系的互动沟通。一方面,通过友好的沟通,企业可以广泛搜集客户的信息;另一方面,企业可以鼓励客户经由购买、市场调查或其他方式,将意见回馈给他们。企业与客户进行沟通的过程包括两个流程:单纯的信息沟通和与客户接触过程的沟通。在实际的沟通管理中,企业必须将这两方面加以有机的配合才能达到预期的沟通效果。

13.1.2 影响整合沟通的因素

一般来讲,企业在实施整合沟通决策时,需特别考虑以下因素。

1. 沟通目标

确定最佳沟通组合,首先需要确定企业具体的沟通目标。在促进购买者对企业及其产品的了解方面,广告的成本效益最好,人员推销其次。购买者对企业及其产品的信任,在很大程度上受人员推销的影响,其次才是广告。广告、销售促进和宣传在建立购买者知晓方面,比人员推销的效益要好得多。购买者订货与否以及订货多少主要受推销访问的影响,销售促进则起辅助作用。

2. 推式与拉式战略

推式战略指利用推销人员与中间商将产品推入渠道,即企业将产品积极推到中间商手中,中间商又积极地将产品推向消费者。拉式战略则正好相反,是企业针对最终消费者,将大量资金投在广告及消费者促销活动上,促使消费者认知并进一步要求购买该产品,于是拉动了整个渠道系统。企业对推式战略和拉式战略的选择会影响用于各种沟通工具的预算分配。

3. 产品的市场类型和产品生命周期阶段

在不同的产品市场类型中,同一种沟通方式所产生的沟通效果是不同的。在消费者市场上,广告是最主流的沟通方式,其次是销售促进,最后是人员推销和公关宣传。而在产业市场上,人员推销则是最主流的沟通方式,其次是销售促进，最后是广告和公关宣传。产生这种差异的根本原因在于消费者市场和产业市场在需求和购买行为上的差别。消费者市场人数多、分布广，采用广告形式能够迅速传播信息，说服消费者购买。产业市场采购集中，产品复杂，定制性强，一般为专家购买，采用人员推销效果更好。

在产品生命周期的不同阶段，不同沟通方式的效果也有所不同。在成长期和成熟期，广告和销售促进是十分重要的沟通组合因素。这是由于新产品初上市时消费者对其不认识、不了解，需要通过适当的广告和销售促进活动吸引广大消费者的注意。在成长期，口头传播变得重要了，宜于用人员推销取代广告和销售促进的主导地位，以降低成本。在成熟期，竞争对手日益增多，企业要保住已有的市场占有率，需要增加促销费用，诱发顾客重复购买的兴趣。在衰退期，企业应把促销规模降到最低限度，以保证足够的利润收入。在这一阶段，为保持顾客，企业只需少量广告活动即可，宣传活动可以全面停止，人员推销也可减至最小规模。

4. 经济前景

企业应随着经济前景的变化，及时改变沟通组合。例如，在通货膨胀时期，购买者对价格反应十分敏感。在这种情况下，企业至少可采取如下对策：①提供信息咨询，帮助顾客知道如何明智购买；②在沟通中特别强调产品价值与价格；③加强销售促进。

13.1.3 整合沟通决策

有效地整合沟通过程，要求市场营销沟通者必须做出如下决策：确定沟通对象、决定传播目标、设计沟通信息、选择沟通信息渠道、制定沟通预算和建立信息反馈渠道，即所谓的6M's。

1. 确定目标沟通对象

有效地整合沟通过程要求营销沟通者必须首先确定其目标沟通对象。在整合沟通中，目标沟通对象一定是对传递来的产品及其相关信息感兴趣的人或组织，他们可能是企业产品的潜在购买者和现实使用者，购买决策过程的决定者或影响者，也可能是特殊公众或一般公众。目标沟通对象是由营销沟通者运用市场细分原理确定的，在确定目标沟通对象的过程中，营销沟通者应该注意寻找与目标沟通对象可说服程度相关的个人的和心理的特点，以此指导信息与媒体的选择。在目标沟通对象确定之后，沟通者还需研究目标沟通对象的特征，分析评价沟通对象对企业产品及竞争产品的印象，了解特定的目标沟通对象处理信息的方式。

2. 确定营销沟通目标

营销沟通目标是营销沟通者通过广泛、迅速和连续地传播信息，以期在大量的、多种多样的目标沟通对象中可能寻求到的认知反应、情感反应或行为反应。市场营销沟通者在确定目标沟通对象之后，必须了解目标对象会作出何种反应行为。在决定购买某一产品之前，顾客大多会经过一系列的准备阶段，如认识阶段、情感阶段和行为阶段，相应地形成一系列的认识、情感和行为反应层次。市场营销人员可能期待从目标沟通对象那里得到认知反应、情感反应或行为反应。因此，从消费者完整的购买决策过程与消费者在购买过程中所处的位置来看，确定营销沟通目标，即为确定如何把沟通对象从他们目前所处购买过程的层次推向更高的准备购买阶段或准备购买状态。

3. 设计沟通信息

信息设计是将营销沟通者的意念用有说服力的信息表达方式表现出来的过程。有效的信息设计必须引起消费者注意，提起其兴趣、唤起其欲望，导致其行动。设计营销沟通信息需要解决以下四个问题：

(1) 确定信息内容。企业在设计沟通信息时，要考虑诉求或构思问题，即企业必须了解对消费者、用户或社会公众说些什么才能产生预期的认识、情感和行为反应。一般说，信息主题形式有三类：理性主题、情感主题和道德主题。理性主题是直接向目标顾客或公众诉诸某种行为的理性利益，或显示产品能产生消费者所需要的功能利益与要求，以促使人们作出既定的行为反应。情感主题是试图向目标顾客诉诸某种否定（如恐惧感、罪恶感、羞耻感等消极情感因素）或肯定（如幽默、喜爱、自豪、快乐等积极情感因素）的情感因素，以激起人们对某种产品的兴趣和购买欲望。道德诉求主题是为使广告接收者从道义上分辨什么是正确的或适宜的，进而规范其行为。

(2) 确定信息结构。信息结构包括提出结论、论证方式以及表达次序三个问题。提出结论，即向接收者提供一个明确的结论，用以诱导消费者作出预期的选择，也可以留待接收者自己去归纳结论。论证方式可分为单向论证与双向论证。采用哪种论证方式使广告更具说服力，取决于信息接收者对产品的既有态度、知识水准和受教育程度。表达次序要求在单向论证时，首先提出最强有力的论点可以即刻吸引目标顾客的注意并引起其兴趣。在采用双向论证时，表达次序应考虑先提出正面论点还是先提出反面论点。

(3) 确定信息格式。即选择最有效的信息符号来表达信息内容和信息结构。信息的表达格式通常受到媒体的制约，如有的只能用文字传播，有的则只能用声音传播，而所能传播的又只能是有限的信息内容。信息沟通者必须为信息设计具有吸引力的形式，一般来说，沟通信息的表现形式主要有印刷沟通、电台沟通和人员沟通。

(4) 确定信息源。营销沟通的信息源是指那些直接或间接传递销售信息的人。直接信息源即是传递信息并（或）展示产品或服务的代言人；间接信息源，并不真正传递信息，只是吸引人们的注意或增加广告出现的频率。信息源属性可分为三大类：可靠性、吸引力和有感染力。有吸引力的信息源发出的信息往往可获得更大的注意与回忆，信息由具有较高信誉的信息源进行沟通时，就更有说服力。

设计信息是营销沟通过程中实践性、操作性极强的一个问题，也是差异性、特殊性、个性极为突出的沟通决策。

4. 选择信息沟通渠道

市场营销沟通者必须选择有效的信息沟通渠道来传递信息。信息沟通渠道可分为两大类：人员渠道和非人员渠道。人员信息沟通渠道指两个或两个以上的人相互之间直接进行信息沟通。他们可能面对面，或通过电话、电视媒介，甚至邮寄个人函件等进行信息沟通。人员信息沟通渠道还可以进一步区分为提倡者渠道、专家渠道和社会渠道三种形式。提倡者渠道由企业销售人员组成；专家渠道由向目标购买者作宣传的独立专家组成；社会渠道由邻居、朋友、家庭成员及同事组成。

非人员信息沟通渠道指无需人与人的直接接触来传递信息或影响的媒体。非人员信息沟通渠道又可分为大众性的和选择性的媒体、气氛和事件。媒体种类繁多，主要有印刷媒体（报纸、杂志、直接邮寄）、电子媒体（广播、电视、互联网）和展示媒体（广告牌、招牌、招贴等）等。气氛是为产生或加强购买者对购买产品的了解而设计的环境。事件是为对目标沟通者传递特别信息而特别设计的活动，如举办新闻发布会、开业庆典等。

5. 制订沟通预算

沟通预算是企业为从事沟通活动而支出的费用，它关系着沟通活动的实施以及沟通活动效果的大小。企业在决定沟通预算时，传统方法与计量方法是两大类普遍被采用的方法。这两大类方法既适用于编制总的沟通预算，也适用于编制分项预算，如广告预算。在实际业务中被普遍采用的，主要有量入为出法、销售百分比法、竞争对等法和目标任务法。

(1) 量入为出法。量入为出法是根据企业财务的承受能力确定沟通预算的方法。在经济繁荣时期，利用量入为出法从事大规模的销售活动，有利于充分利用市场机会，扩展产品市场。由于这种确定预算的方法忽视了沟通对销售量的影响，因而容易导致年度沟通预算的不确定性，给制订长期市场计划带来困难。

(2) 销售百分比法。销售百分比法是以一定期间的销售额（销售量）或产品销售价的一定比率确定沟通费用数额。使用销售百分比法确定沟通预算的主要优点是：沟通费用可以因企业财务承受能力的差异而变动；促使企业管理者依据销售成本、产品售价和销售利润之间的关系去考虑企业经营管理问题;有利于保持同类企业之间竞争的稳定性。这种方法的不足之处是没有考虑竞争因素。

(3) 竞争对等法。竞争对等法是以主要竞争对手的沟通费用支出为基准,确定足以与其抗衡的支出额。使用竞争对等法要求企业必须与竞争企业比较,确定足以与竞争对手抗衡的沟通预算。

(4) 目标任务法。目标任务法是根据营销计划确定的企业特定目标,确定达到这一目标必须完成的任务以及估计为完成该任务所需费用,来决定沟通预算。目标任务法的逻辑程序具有较强的科学性,在实际操作中则难度较大。

6. 建立信息反馈渠道

营销沟通者把产品信息传播到目标购买者之后,整个传播过程并未结束,还必须通过市场调研,调查这些信息对目标沟通对象的影响,这种调查通常须与目标沟通对象中的一组样本人员接触,询问他们对信息的反应、对产品的态度和购买行为的变化等。营销人员根据反馈的信息,再决定是否需要调整整体营销战略,或某个方面的营销策略。为了提高信息传递的效果,企业在传递信息过程中应当防范各种可能发生的干扰或失误,这些干扰或失误有可能导致目标受众的怀疑、困惑甚至反感。

13.1.4 实施整合沟通的障碍

尽管实施整合沟通很有吸引力,但整合沟通并没有得到企业完全的接受与肯定。不同企业的促销活动是由不同部门负责的,有些企业传统上只采用一种促销方式,不愿考虑其他任何替代方案。要完全贯彻实施整合营销传播理念,企业需要先进行适当的调整,其中之一是重新调整内部沟通方式,保证所有参与沟通活动的部门单位能够一起合作。第二个调整是调查研究,收集目标受众所需的信息。为此,企业可能需要建立一个客户数据库,但数据库的建设成本与维护成本都相当高。最后,也是最重要的调整是,企业高层管理者需要支持对沟通活动的整合。

13.2 广 告

13.2.1 广告的定义及功能

广告指企业按照一定的预算方式,支付一定的费用,通过一定的媒体将商品信息传送给广大目标顾客的一种沟通方式。在信息化程度越来越高的现代社会中，广告是企业促销活动中最有效和最常用的手段，因为广告能迅速而广泛地向消费者和用户提供产品信息。

广告承担了以下基本功能：

（1）告知。广告使消费者知晓新的品牌，向消费者传授有关品牌的特征，树立品牌形象。由于广告是一种能够以相对较低的单位成本接触到大量受众的高效沟通方式，因此对新品牌的推出十分有效，并通过提高消费者对成熟产品中现有品牌的首选认知而增加对现有品牌的需求。

（2）劝说。有效的广告劝说客户试用广告宣传的产品和服务，有时这种劝说能创造对整个产品大类的需求，但是更多的时候，广告更有助于促进对某个特定公司的产品的需求。

（3）提示。广告有助于帮助一家公司的品牌在消费者的记忆中历久常新，好的广告能有效地维系消费者对一个成熟品牌的兴趣，增加消费者重复购买该品牌的可能性。

（4）增值。广告通过影响消费者的感知为品牌增加价值。有效的广告能使品牌看起来比竞争对手的产品更优越，因此能够帮助增加企业产品的市场份额和利润。

（5）促进。广告是营销沟通中促成公司其他沟通活动的助攻者，帮助将人们的注意力吸引到公司的其他沟通手段上来。如在销售代表与潜在的客户直接接触前，广告可以为销售代表提供有价值的介绍，起到预先推销公司和产品的作用。

13.2.2　广告目标

广告目标的选择应建立在对企业营销目标和策略组合透彻分析的基础上。适当的广告目标应该满足企业营销总目标的要求和每一阶段营销策略目标的要求。企业在营销活动的不同阶段，或面临不同任务时，可能有以下广告目标供选择：

（1）推出新产品。在推出新的大类产品时，刺激顾客对新产品的初始需求；即使是以类似品牌名称延伸原产品线，企业也需要通过广告向消费者告知新产品的推出，并刺激消费者的选择需求。

（2）提示顾客重复购买。尤其当产品生命周期进入成熟期后，这一点在保住老顾客方面特别重要。

（3）支持人员推销。即利用广告让潜在客户认识企业和产品，便于销售人员开展推销工作。

（4）给予经销商支持。显然，批发商和零售商都喜欢看到制造商通过广告支持产品的销售。

（5）反击替代品。广告有助于强化现有客户的购买决策，降低客户转向替代品牌的可能性。

（6）提升公司和品牌形象，提高员工士气和自豪感。

13.2.3 广告预算决策

广告预算是企业为从事广告活动而投入的预算。由于广告预算收益只能在市场占有率的增长或者利润率的提高上最终反映出来，因此，一般意义上的广告预算，是企业从事广告活动而支出的费用。影响广告预算的因素主要有：①目标市场大小及其潜力；②潜在市场规模与地域分散程度；③目标市场的市场占有率、商品理解度（消费者对企业产品的特性及功能了解、熟悉和接受的程度）、品牌忠诚度；④产品生命周期；⑤企业财务承受能力；⑥竞争者动向及其广告策略、广告费用支出额、竞争手段（价格竞争与非价格竞争）；⑦预期销售额与利润额；⑧广告计划中选择何种媒体或广告形式；⑨广告频率。

13.2.4 广告媒体决策

广告媒体是广告主为推销商品，以特定的广告表现，将自己的意图传达给消费者的工具或手段。广告主在通过广告媒体把自己的意图在他们所希望的时间、地区传递给目标对象时，需要根据媒体所能传播的信息量的多少，根据对媒体占用时间与空间的多少，支付不同的费用。因此，广告媒体选择的核心在于寻求最佳的传送路线，使广告在目标市场影响范围内，达到期望的展露数量，并拥有最佳的成本效益。

确定广告媒体，需要在理解广告送达率、频率和影响力等概念的基础之上，认识各种媒体在送达率、频率和影响力方面的差异以及各种媒体的特性。送达率、频率和影响力是决定广告展露数量与功能的重要因素。所谓送达率是指在某一特定时期内，接触媒体广告一次以上的人数比例。所谓频率，是指在某一特定时期内，每一家庭或个人接触信息的次数。所谓影响力，是指经由特定媒体的展露所产生的定性价值。送达率、频率与展露数量之间的关系是，展露总数为送达率与平均频率的乘积。

1. 各主要媒体的特点

（1）报纸。报纸媒体的弹性和时效性特点十分突出，报纸可在很短时间内插入或取消广告，并有从小分类广告到多页广告的多种广告尺寸。报纸的广告空间不像电视和广播那样受到限制，广告页可增可减。报纸可用来覆盖整个城市，如果有区域版，还可选择区域版报纸。客观地讲，报纸媒体的成本相对低廉。报纸媒体的局限性在于保存性差，传递率低，广告版面太小易被忽视。

(2) 杂志。杂志的印刷质量高，可覆盖到全国市场，保存时间相对较长，可大量传阅。但杂志的出版时间没有多少弹性，通常要求广告在发行前数周递交上来。杂志很难发布时效性强的广告信息，难以引发冲动式购买决策。

(3) 电视。电视媒体结合了动作、声音和特殊视觉效果，能给观众不一般的视听感受。电视媒体不但可以展示产品，还可以进行产品说明。电视媒体的覆盖范围广，且广告播放时间的弹性高。但是，电视广告稍纵即逝，不适合传播复杂的广告信息。电视媒体可能是较为昂贵的一种媒体，但却拥有广大的观众。另外，电视广告制作成本较高。

(4) 广播。由于覆盖范围广，广播媒体是成本较低的一种媒体。值得注意的是，广播听众注意力通常比较低，因为他们通常是在工作、驾驶、读书时收听电台广播。

(5) 直邮信函。直邮信函有可能成为最具个性化和选择性的媒体，它只传送给广告主想要接触的潜在客户，传统的直接信函还可寄送样品。

(6) 电话分类广告。电话分类广告（电话黄页）为大部分消费者所熟悉，分类目录是消费者做出购买决定时所用的信息来源。但是，分类广告不够明显且信息往往夹在很多竞争信息当中。

(7) 户外广告。户外广告的主要优势在于成本比较低廉。由于行人是在行走间观看广告招牌，因此广告信息必须简单，通常在六个字以内甚至更少。广告牌可以在特定区域内提供密集的市场覆盖率。

(8) 互动式媒体。互动式是指一项广告信息接收者可以使用同一媒体立即予以回应，例如，收到电子邮件的人点击鼠标即可回复信函。增长最快速的互动式媒体是互联网，互联网让数百万企业和个人可以通过网络直接互相通信。

案例精粹　　　　**诺亚舟广告投放——立体交叉，主次结合**

诺亚舟在媒介投放上，一般都会采取多种形式的媒介组合投放，电视、报纸、杂志、网络、户外广告等整合传播，科学组合，相得益彰。中央电视台、全国各大卫视、重点省台、地方台广告联手出击；各地主流报纸硬广告投放、软文宣传相辅相成；知名杂志网络、户外广告等多种广告形式互为补充。但是，我们可以看到诺亚舟的这种组合投放是有层次的，是有针对性和互补性的。比如，他们始终将电视作为主力媒体，主要是看中电视广告的收视率高、收视人群广的特点；然后，再在此基础上将卫视、省级电视台、地方电视广告作为必要的补充。这种媒介投放的互补性还体现在平面媒体上，将杂志和各重点市场的报纸互为补充，采取主流媒体和非主流媒体交替搭配的形式，主要配合新品上市宣传和季节性促销，以实现节省广告费用和优化传播效果的双赢。无论选择何种媒介形式，诺亚舟在广告投放时，主要是结合产品销售的淡旺季、目标受众接触广告的有效性来控制广告发布的力度和频次，以实现传播效果的最大化和最优化。

（资料来源：许椿．多管齐下，立体传播．广告人，2008，（1））

2. 影响广告媒体选择的因素

(1) 广告目的。广告目的和整体促销活动目标将影响媒体的选择。例如,如果广告主的目标是为了让销售人员有拜访客户的机会,企业可能会采用直接信函;如果广告商想要引发消费者的快速行动,所使用媒体可能就是报纸或广播。

(2) 目标受众覆盖率。广告媒体所接触的受众应该配合广告商产品分销的区域范围,所选择的媒体也应该接触到广告商想要接触的潜在客户类型,以免造成不必要的广告投入。很多媒体,即使是全国性和大型市场媒体,也可针对小型、专业的细分市场。

(3) 广告信息传播要求。广告媒体需要配合广告信息的传播要求,例如,杂志能提供高质量的视觉效果,读者能仔细阅读有关信息,比较适合 B2B 广告。

(4) 购买决策的时间与地点。如果广告的目的是为了刺激购买,媒体就应该在客户即将决定购买的时间与地点接触到他们。这个影响因素更能突显购物场所广告的影响力(如广告单放在购物车和超市的走道上),它能够在购物时间上接触到客户。

(5) 媒体成本。广告商需要考虑可用广告资金预算与每一种媒体的成本,以及媒体的覆盖范围与发行量。为了比较各种媒体,广告商采用千人成本法来评估媒体成本,千人成本就是特定广告每接触到一千人所投入的成本。

除了这些一般因素之外,广告商还需要评估所选择媒体的广告特色。因为适合某产品的媒体并不一定适合另一种产品。

13.2.5 广告效果评价

广告效果是通过广告媒体传播之后所产生的影响,这种影响可以分为广告沟通效果和广告销售效果。

1. 广告沟通效果

广告效果的研究目的,在于分析广告活动是否达到了预期的沟通效果。测定广告效果的方法主要有广告事前测定与广告事后测定。广告事前测定,是在广告作品尚未正式制作完成之前进行各种测验,或邀请有关专家、消费者小组进行现场观摩,或在实验室采用专门仪器来测定人们的心理活动反应,从而对广告可能获得的成效进行评价。事前测定的具体方法主要有消费者评定法、组合测试法和实验室测试法。

广告的事后测定,主要用来评估广告出现于媒体后所产生的实际效果。事后测定的主要方法是回忆测定法与识别测定法。

2. 广告销售效果

广告销售效果的测定,就是测定广告传播之后增加了多少销售额和利润额。

它可以通过两种方法进行：①历史资料分析法，由研究人员根据同步或滞后的原则，利用最小平方回归法求得企业过去的销售额与企业过去的广告支出二者之间关系的一种测量方法。②实验设计分析法，即选择不同地区，在其中某些地区进行比平均广告水平强50％的广告活动，在另一些地区进行比平均水平弱50％的广告活动。从150％、100％、50％三类广告水平地区的销售记录，就可以看出广告活动对企业销售究竟有多大影响。

13.3 公关宣传

公关宣传，是用来影响大众对企业、产品和政策产生好感的一种销售促进工具。公关宣传的基本内容是妥善处理各种内外关系，公关宣传的最大特点是潜在效果明显，每一次有利的公关宣传不一定带来企业产品销量的剧增，但它能强化企业产品在社会公众中的形象，提高企业产品的知名度和美誉度，使企业长期受益。

13.3.1 公关宣传的类型和方式

1. 公关宣传的类型

公关宣传可分为主动公关宣传和被动公关宣传。主动公关宣传是由公司的营销目标所决定的，它是进攻性的而不是防御性的，着重于捕捉机会。主动公关宣传是传递一个品牌的优点的手段，它一般与广告、促销和人员销售一起使用。

被动公关宣传是指针对外界影响而采取的公关活动，如来自外界的压力和挑战包括竞争对手的行动、消费者态度的变化、政府政策的改变等。一般说来，被动公关宣传需要应付的是对公司造成负面影响的变化，这种公关活动试图修补公司的声誉，防止市场份额下降，并夺回失去的销量。

主动公关宣传的主要作用范围是新产品的推出以及老产品的改进。主动公关宣传与整合营销沟通的其他手段结合起来，能够赋予一种产品更多的接触面、新闻性和可信度。主动公关宣传的效果在很大程度上归功于可信度。

主动公关宣传的基本目的是通过两种方式增加品牌资本：①树立品牌认知；②通过在消费者心目中建立强有力的、正面的品牌联想改善品牌形象。例如，麦斯威尔咖啡的经营者希望通过与人类栖息地组织和"建立家园"活动的联系，使消费者把麦斯威尔看做一个健康和富于同情心的品牌。公司开展公关宣传的形式有新闻稿、记者招待会以及其他信息传播手段。公司向报纸、杂志和其他媒体的编辑人员提供有关新产品推出、老产品改进及其他信息的新闻稿。记者招待会则用于向公众宣布重大新闻事件，照片、录像和影片都可用来对产品的性能改进、新产品的特点、先进制造技术等加以说明。公司可以发布大量新闻材料，并使这些材料符合媒体的需要，以使新闻的发布对自己有利。

2. 公关宣传的方式

产品发布、管理层声明和专题文章是公关宣传最常运用的三种方式。产品发布宣布新产品的推出，提供有关产品特征的信息，并告诉听众或读者如何获取进一步的信息。公关宣传一般在电视或网上播出，在行业期刊及商业出版物的产品专栏中刊载，或在消费者杂志的商业及消费者新闻栏目中刊登。

管理层声明是把公司总裁或其他高级管理人员讲话的内容向外界公布。管理层声明则刊登在新闻栏目中，这使它具有了更高的可信度。与产品发布不同，管理层声明不限于介绍新的或改进的产品，还可以涉及其他与公众有关的问题，如对经济状况的看法、有关行业发展趋势的声明、对未来销售情况的预测、对研究开发工作的进展或市场研究结果的评论、宣布公司举办的营销活动、对外国产品的竞争以及全球经济发展的观点、对环境问题的看法。

专题文章是由公关公司撰写的详细介绍产品或其他有新闻价值的计划的文章。这些文章一般在大众媒体刊登，或通过互联网进行传播。这种材料准备起来费用低廉，却可能为公司带来许多潜在客户或投资者。

13.3.2 企业公关宣传总体构架

每当企业同时涉足多种业务领域，经营多种品牌，经销多种产品，或者面对多种"公众"时，就应考虑编制企业公关宣传总体构架。

1. 公关宣传的主题

企业公关宣传的各种可能的主题是：企业自身、它的不同品牌和产品。考虑到公关宣传成本，一个企业很少能够同时开展有关它自身和它所有产品品牌的公关宣传活动，因此它需要作出选择。

2. 公关宣传的目标对象

一个企业决定进行公关宣传的主要对象是它的现有客户和潜在客户，它的服务供应商、经销商以及公共部门、新闻界、金融界等。

3. 公关宣传的力度

当一个企业决定对几个"主题"（企业自身、品牌或产品）同时开展公关宣传行动时，它就应该在对每个行动计划负责人提出的要求进行权衡的基础上，确定这些不同的行动计划之间的相对比重，并依此对公关宣传总预算进行分配。

13.3.3 公关宣传的传播手段

按企业对公关宣传的控制程度,可将所用传播手段分成四大类,由强到弱依次排列如表 13-1 所示。

表 13-1 公关宣传主要传播手段

传播手段	营销行为方式	企业自身和员工	企业外部信息源
广告 · 大众传媒广告 · 销售现场广告	产品 · 品牌名称和品牌标识(标志) · 包装 · 产品外观设计	企业外在面貌(建筑、家具装饰、标识系统等)	推荐者
非媒体传播手段 · 与新闻界关系 · 公众关系 · 事件性公关 · 赞助、资助	销售工具 · 销售队伍 · 商品装潢 · 促销行动 · 直销	与外界接触的员工	经销商
		企业领导者	新闻界
			耳闻口传

案例精粹　　　通过事件营销　树立品牌公众形象

2001 年在距离中国申奥成功还有三天的时候,蒙牛提出:"北京申奥一旦成功,我们捐 1000 万!"此举在升华了蒙牛品牌价值的同时,也让消费者感受到蒙牛的社会责任感。在非典时期,许多企业停下广告,因为再投入也是徒劳无功的;蒙牛意识到公众对于"健康"的极度关注,突破常规思维,不但没有撤下广告,反而加大投放量,增大了公益广告的力度,关注公众健康,积极承担社会责任,并于 2003 年 4 月 21 日,向国家卫生部率先捐款 100 万元,成为卫生部红榜上中国首家捐款抗击"非典"的企业,这一举动拉开了其他企业捐赠的序幕。同样,在中华民族飞天梦圆的历史性事件上,将"神五"与"蒙牛"进行捆绑,赚取了国内外各大媒体的免费报道。蒙牛将口号定为"蒙牛牛奶,强壮中国人",既体现蒙牛作为民族品牌为中国的航天事业尽心尽力的表率,又为蒙牛牛奶作为"航天员专用牛奶"做宣传;另一口号"举起你的右手,为中国喝彩"同"蒙牛牛奶,强壮中国人"的品牌信息紧密结合,由此树立起一个具有民族内涵的品牌形象,从而提升了蒙牛的品牌魅力,增大了品牌的知名度,升华了品牌的美誉度。

蒙牛敏锐地把握住"北京申奥"、"抗击非典"、"神五飞天"等备受公众瞩目的民族大事进行事件营销,策划并利用公益事业的知名度和权威性与消费者沟通,将公众的关注点、

> 事件的核心点、品牌的诉求点结合在一起，三点一线贯穿一致，不但给蒙牛注入了新的品牌内涵，更增加了蒙牛的爱国心、公益感和责任感，同时向消费者传达了蒙牛产品品质值得信赖的品牌信息。
>
> （资料来源：王文馨．整合营销传播本土化的成功运用．当代经济，2008，(3)）

13.3.4 传播方式的选择和预算资金的分配

一个产品或品牌"公关宣传要素组合"涉及为达到预期目标而将使用的主要传播手段，以及在它们之间分配公关宣传总预算的资金。这项决策的主要依据，一方面是总预算资金的多少，另一方面是企业确定的公关宣传对象和目标。

1. 可支配的预算总额

可支配的预算总额对传播手段选择的影响反映在两个方面。首先，可支配的预算总额越大，可同时确定使用的传播媒体数量越多。其次，有些媒体的使用费用极高，一个企业只有在可支配预算总额很高的情况下才可能选择使用。

2. 企业公关宣传的对象人群和预期目标

在选择传播手段之前，必须准确地了解企业公关的对象是谁，对于确定的每一个对象人群，企业的公关目标是什么。这些对象人群可能是多种多样的，如消费者、经销商、金融界、政界人士和政府行政官员等，企业的公关宣传目标应是企业在营销整体战略框架内确定的营销目标的延伸和体现。

3. 手段与目标的相对匹配

每一种不同的传播手段对不同的公关宣传对象和目标的适应能力是不尽相同的。例如，媒体广告对象人群广泛、差异性不大，追求的目标是提高产品知名度、改善产品形象，效率比较高；公共关系或资助活动最适合于改善产品品牌或企业整体形象的公关宣传行动；直邮对于内部差异较大的特殊对象人群是特别有效的方法；而各种消费促销、免费散发样品、临时降价、馈赠奖品或礼品、抽彩或有奖竞猜等则主要用于促进某项产品的试用推广或购买。

4. 公关宣传要素的组合

公关宣传要素的组合主要有以下一些步骤：

（1）把确定的公关宣传计划的每一对象和每一目标，与对之可能最相适应的传播手段——加以对照；

（2）就选定的每一手段的有效实施，作出成本测算。

这个程序完成时，要进行复核，保证所有计划实施所需总开支与企业可支配的预算总额相适应。否则，就需要进行压缩和调整。

5. 公关宣传要素组合的多元性

鉴于编制公关宣传要素组合要考虑的因素极多，最后确定的组合方案的形式和内容,在行业之间、企业之间,甚至在一个企业内部的不同产品之间或不同年份之间,都可能有巨大的差异。在大众消费品领域,公关宣传要素组合,传统上是围绕媒体广告、促销和商品装潢几种传播手段来编制。其他形式的媒介,如直邮、赞助活动等,最多只起次要作用。与之相反,在服务行业(银行、保险等)以及"企业对企业"式营销中,在企业的公关宣传策略中,经常把销售队伍放在重要位置。而媒体广告的使用,经常辅之以公共关系、举办资助活动以及直邮等方式的实质性配合。

13.4 销售促进

13.4.1 销售促进的概念

销售促进是营销活动的一个关键因素。销售促进是指企业运用各种短期性的刺激工具,鼓励购买或销售企业产品或服务的一种促销方式。销售促进的最大特点是即期效果明显。销售促进通常由制造商和中间商主导,制造商销售促进的目标可能是中间商和最终使用者,也可能是制造商自己的销售人员;中间商销售促进的目标是自己的销售人员或分销渠道的下一层潜在客户。销售促进的工具有:消费者促销(样品、优惠券、现金返回、价格减价、赠品、奖金、光顾奖励、免费试用、产品保证、产品陈列和示范),交易促进(购买折让、广告和展示折让、免费产品),以及业务和销售人员促销(贸易展览会,销售员竞赛和特定广告)。绝大多数组织都运用销售促进工具,这些组织包括制造商、分销商、零售商、贸易协会以及一些非营利机构。

13.4.2 销售促进规划

销售促进应该和广告、人员推销一起包含在企业的促销计划中,也就是说需要设定销售促进目标和制定相应的策略,制定销售促进预算和选择适当的销售促进工具。

1. 确定目标

销售促进具有三大目标:
(1) 刺激商业用户或家庭用户对特定产品的需求。
(2) 提升中间商和销售人员的销售绩效。
(3) 辅助广告和销售促进人员推销工作。

2. 销售促进的目标和分类

企业销售促进活动应针对不同群体进行决策。

(1) 对目标消费者促销。销售促进可用来营销消费者产品以及服务，它所包括的活动范围极其宽广。管理层主要的工作是评价像折扣券、折扣以及其他奖励等促销活动的效果，因此管理层应客观地评估销售促进的结果和成本。营销者可以采用数据分析来明确交易和消费者促销的情况，公司将顾客反应的数据和成本信息结合起来评价销售促进计划。

(2) 对行业目标市场的促销。应用于消费者产品方面的销售促进方法也适用于行业产品，但需要转变方式。例如，交易展览在小型和中型公司的营销战略方面起到主要的作用，这种方式的优点是能够在短期内将潜在的消费者集聚于一个地点，这种交易的成本远远小于销售人员在办公室里给这些潜在的消费者打电话的费用。以行业购买者为目标的营业推广活动耗费的营销预算比广告的预算多。

(3) 对价值链成员的促销。制造商在向批发商和零售商销售食品、饮料和电器促销方面，销售促进占有绝大部分的比例。例如，价目表和其他的产品信息就是许多公司的主要促销手段。促销定价经常以分销渠道的方式来推动新产品，各种营销刺激方法在对中间商的营销工作中是很常见的。例如，公司经常会采用如日历和记事本这样的专业性广告物品来维系购买者对公司品牌和名称的了解。

(4) 对销售人员的促销。具有激励性的活动是支持和促进公司销售人员的主要促销形式，如销售竞赛和奖品就很受大家的欢迎。

3. 选择销售促进工具

常见的销售促进工具根据目标受众分为三类：组织用户或家庭用户、中间商和他们的销售团队，以及制造商的销售团队（表13-2）。

表13-2　常见的销售促进工具

组织用户或家庭用户	中间商和他们的销售团队	制造商的销售团
折价券	展览和展示会	销售比赛
现金回扣	POP陈列	销售会议
赠品	免费产品	销售培训手册
免费样品	广告折让	推广资料袋
销售竞赛和奖券	销售人员比赛	产品示范
POP陈列	培训中间商的销售团队	
产品示范	产品示范	
贸易展览和展示会	广告赠品	
广告赠品		

1) 销售促进主要工具

（1）样品。样品是一种可确定将产品送到潜在客户手中的一种销售促进工具，它是有效的销售激励方式。在派送样品时需要有所创新，样品赠送的最常见方式是邮寄样品，其他方式还有报纸夹赠品，以及在街道上、商店内和购物中心内面对面直接发送样品。样品的千人成本比广告高出很多。

（2）折价券。制造商和消费者很喜欢折价券这种销售促进工具，折价券的其他分销方式有直接信函寄送、杂志内附送以及附在产品上。当购物者购买特定品牌产品时，就发出该产品的折价券，其主要目的是鼓励消费者下次购物时更换品牌。虽然大部分折价券都用在经常购买的便利品上，但其他产品也可能采用折价券这种销售促进工具。另一问题是，折价券可能伤害客户对品牌的忠诚度，因为折价券教育消费者寻找最低价产品，而不是持续选购特定品牌。

（3）产品置放。产品置放是一种效果非凡的销售促进工具。近年来，企业需要付费让本企业产品在电影中出现或被使用的做法越来越普遍。另外，在游戏软件中也有产品置放的实例。产品置放方式对某些产品的推广非常有利，能让产品从默默无闻变成全国知名品牌。这种以非商业方式展示产品的做法，有时结合剧情角色，可引发观众产生正面的联想。

（4）展览会。展览会是由各行业组织筹划主办的一种产品/企业展示活动。在有限空间和时间内，展览会让买卖双方见面并产生互动。参展商除了摊位成本和展览期间企业代表的生活费外，运输设备和展示材料的成本也相当高，由于参展成本并不低，因此，企业应该选择性地参展，并要求展览主办单位提供参观者的人口统计特点和资料。

2) 影响选择销售促进工具的因素

销售促进管理的主要工作是决策哪种销售促进工具可以帮助达成销售目标。影响选择销售促进工具的因素包括：

（1）产品特点。产品本身是否适合用做样品或产品示范所用？

（2）目标受众的特点。目标受众是否忠于竞争品牌？如果是，可能需要使用高价值的折价券以瓦解客户的购买模式。产品是否是在冲动下购买的？如果是，引人注目的售点陈列可能就足以创造销售量。

（3）销售促进工具的成本。送样品给广大消费者，成本可能过高而负担不起。

（4）经济情况。折价券、赠品适合于经济萧条或通货膨胀时期，那时消费者对价格特别敏感。

4. 制定销售促进预算

销售促进活动需要较大的支出，事先必须进行筹划预算，销售促进预算可以通过两种方式来确定。

（1）营销人员根据全年销售促进活动的内容、所运用的销售促进工具及相应的成本费用来确定销售促进预算。销售促进成本由管理成本（如印刷费、邮寄费和促销活动费）加激励成本（如赠奖或减价等成本）乘以在这种交易中售出的预期单位数量而组成。

（2）确定销售促进预算的方式，是按照习惯比例来确定各项销售促进预算占总预算的比率。在不同市场上对不同品牌的费用预算百分比是不同的，并且要受产品生命周期的各个阶段和竞争者销售促进预算的影响。对于一个经营多品牌产品的企业来说，应当考虑销售促进活动中各品牌产品效益的结合问题，如一次邮寄多种赠券给消费者。

从销售促进实践来看，有一些销售促进预算工作上的失误值得我们关注：第一，缺乏对成本效益的考虑；第二，使用过于简单化的决策规划，如沿用上年的预算额，按预期销售的一定百分比计算，维持对广告支出的一个固定比例；第三，与广告预算分开制定，而不是综合考虑。

5. 试验、实施和控制销售促进方案

销售促进方案制订后一般要经过试验才予以实施，通过试验明确所选用的销售促进工具是否适当、刺激规模是否最佳、实施的方法效率如何等。

对于每一项销售促进工作都应该确定实施和控制计划。实施计划必须包括前置时间和销售延续时间。前置时间是开始实施这种方案前所必需的准备时间，主要包括：最初的计划和设计工作，包装修改的批准以及材料的邮寄或者分送到家；配合广告宣传的准备工作和销售点材料；通知现场推销人员；为个别分销店建立地区的配额；购买特别赠品或印刷包装材料；预期存货的生产及发放等。销售延续时间是指从开始实施优惠措施起，到大约95%的采取此优待办法的商品已经到达消费者手中为止的时间。在实施计划的制订及执行过程中，应有相应的监控机制作保障，应有专人负责控制事态的进展，一旦出现偏差或意外情况应及时予以纠正和解决。

6. 评估销售促进效果

对销售促进效果评估的方法依市场类型的不同而有所差异，制造商可用三种方法对促销的效果进行衡量：销售数据评估、消费者调查和实验评估。

（1）销售数据评估。包括使用扫描器检查销售数据，可用信息资源公司的计算机数据。营销者可分析各种类型的人对促销的态度、促销前的行为、购买促销产品的消费者后来对品牌或其他品牌的行为。一般而言，当销售促进活动能将竞争对手的顾客拉过来试一下较优的产品并使这些顾客永久地转换过来，那么这项促销是十分有效的。

（2）消费者调查。用消费者调查去了解多少人记得这次促销、他们的看法如何、多少人从中得到好处，以及这次促销对于他们随后选择品牌行为的影响程度。

（3）实验评估。这些实验可随着促销措施的属性如刺激价值、促销时间长短和分销中介等的不同而不同。

除了评估各种特定的促销费用方法外，管理层还应注意其他可能的成本问题。第一，促销活动可能会降低对品牌的长期忠诚度，因为更多的消费者会形成重视优待的倾向而不是重视广告的倾向。第二，促销费用实际上要比估计的更为昂贵。第三，其他的成本还包括一些特别的生产管理费、销售人员的额外工作费和手续费。第四，某些促销方式可以刺激零售商，但它们要求给予额外的交易折让，否则就不愿合作。

小结

1. 整合营销沟通是用以计划、开发、执行和评估企业对大众的整体传播的一个战略性业务过程。影响企业实施整合沟通决策的因素有：推式与拉式战略、促销目标、产品生命周期阶段、经济前景。有效的市场营销沟通过程，要求市场营销沟通者确定沟通对象、决定传播目标、设计沟通信息、选择传播渠道、制订沟通预算、建立反馈系统。

2. 广告是指企业按照一定的预算方式，支付一定的费用，通过一定的媒体把商品信息传送给广大目标顾客的一种促销方式。广告决策过程包括：确定广告目标、制订广告预算、选择广告媒体、评估广告效果。

3. 公关宣传是用来影响大众对企业、产品和政策产生好感的一种销售促进工具，产品发布、管理层声明和专题文章是公关宣传最常用的三种方式。公关宣传内容包括编制企业公关宣传总体构架、公关宣传传播手段、传播方式的选择和预算资金的分配。

4. 销售促进是指企业运用各种短期性的刺激工具，鼓励购买或销售企业产品或服务的一种促销方式。销售促进活动规划包括确定销售促进目标、销售促进活动、制订销售促进预算、选择销售促进媒体、实施和控制销售促进方案、评估销售促进效果。

关键词

整合营销沟通　integrated marketing communications
广告　advertising
广告目标　advertising objectives
广告媒体　advertising media
公关宣传　publicity

主动公关宣传　proactive publicity
被动公关宣传　reactive publicity
销售促进　sales promotion
折价券　coupons
贸易展览会　trade Shows

思考题

1. 企业如何实施整合沟通？
2. 广告决策过程包括哪些内容？
3. 谈谈你对公关宣传的理解。
4. 销售促进活动规划包括哪些内容？

案例

李宁的奥运整合营销策略

2008年北京奥运会，作为商人的李宁在数十亿观众面前"飞"进鸟巢点燃圣火，成为全球瞩目的焦点。李宁点火成为奥运行销经典，从整合营销的角度，李宁奥运会营销的成功因素有以下几个方面。

制定了长期体育营销战略

"源于体育，用于体育"，是李宁体育用品有限公司工作的起点。正是基于这一经营宗旨，从1990年创业起，李宁公司就把体育营销作为企业的基本策略，积极参与世界尤其是中国的体育事业。

在1992年的巴塞罗那奥运会上，李宁就已经是中国体操队的赞助商。而今，李宁与中国体操队的关系更加紧密，除了赞助中国体操队外，还赞助了中国艺术体操队、广东体操训练中心及一些大型体操赛事。同时，李宁进军国际市场的步伐也大大加快。

2000年的悉尼奥运会，中国健儿满载而归，获得28枚金牌的历史最好战绩，而由李宁公司赞助的领奖装备也因完美结合了现代体育和古国文化精髓而被各国记者评选为"最佳领奖装备"，李宁因此在世界范围内被更多的目光所关注。2000年李宁成为北京申奥的赞助商，在接下来的一年里，李宁公司在全球9个国家的经销商和全国1200多家专营店和店中店都加入到支持申奥行列。李宁公司制定的营销策略主要有以下几种：

（1）寻找主流体育项目。在某个专业运动领域内树立自己的品牌形象，是全球知名体育品牌成功的营销实践。源于李宁本人与体操的特殊关系，体操成为李宁首选的赞助对象。2000年李宁击败阿迪达斯等强大对手后成功赞助法国体操队，开创了本土体育品牌在奥运会上赞助海外运动队的先河。2002年9月，李宁公司为西班牙女篮参加第十四届世界女篮锦标赛提供比赛服。2003年2月，李宁公司与国家男足队员李铁签约，李铁担任李宁的品牌代言人，李宁为李铁度身定做球鞋，共同致力于专业足球产品的开发。

(2) 快速反应机制。快速反应是现代商战制胜的重要因素。2005年1月24日，北京奥组委正式宣布阿迪达斯为北京奥运会的赞助商。然而仅仅在失利后的第三天，李宁公司宣布与中央电视台体育频道签订协议，协议规定2007年1月1日至2008年12月31日，中央电视台奥运频道所有栏目及赛事节目的演播室主持人和出镜记者的服装由"李宁"独家提供。这意味着，在北京奥运会期间，只要打开央视体育频道，李宁的标志就会跳入观众的眼帘。也就是说，大多数电视观众通过电视观看奥运会时，可能看到穿着阿迪达斯的运动员，但是也会看到胸前飘着"李宁"的解说员和主持人。这种营销策略不得不让人佩服李宁公司的优秀营销策略和快速反应机制。

(3) 将产品深深地植入奥运。相比其他奥运赞助商，李宁品牌与奥运的相关度远远高于其他产品。关注奥运的观众大多也热爱体育运动，这种相关度让李宁品牌可以很自然地融入奥运。为迎接奥运倒计时100天，2008年4月27日，100位运动员从各地汇聚到北京，与2155名志愿者一起，组成一张发往全球的巨型明信片，邀请全世界的运动员共享4年一度的体育盛会。运动员和志愿者拼出了英文信件，大意为"致全世界的运动员兄弟姐妹们：这是我们的舞台，现在该我们上场了，运动让我们走到一起，现在就上场，让这比赛开始"。而所有运动员和志愿者，身穿的都是李宁牌运动服装。这些营销策略，规避了阿迪达斯、耐克等国际顶级体育用品商的角逐，用有限的资金获得了很大的产品植入度。不仅提升了李宁在国内顾客心目中的地位，也增加了李宁的国际知名度，为李宁进一步国际化打下了良好的基础。

(4) 赞助奥运强队。在奥运战略上，李宁公司巧妙地运用了自己的国际、国内资源，用最少的资金赞助了最强的奥运队伍。2007年1月24日，瑞典奥委会正式宣布，李宁成为瑞典奥运代表团的指定体育装备合作伙伴。在4年的合作期间，瑞典奥运代表团全体成员均将身着李宁公司专门设计的运动及领奖装备参加2008年北京奥运会和2010年温哥华冬季奥运会。接着，李宁公司与埃塞俄比亚长跑名将特罗萨等成为合作伙伴。2008年2月，世乒赛首日，另一个胜利到来了：李宁公司宣布与美国国家乒乓球队合作，这意味着美国国家乒乓球队在奥运期间将身穿李宁战袍征战。在国内，李宁打造出一支星光璀璨的"北京奥运会李宁代表团"，其中包括中国射击队、跳水队、乒乓球队、体操队。按照2004年雅典奥运会上的成绩,这四支球队取得的金牌数超过中国队金牌数总和的一半。在北京奥运会,李宁赞助的英雄团队以 25 金、6 银、10 铜的成绩高居品牌榜榜首位置。

品牌和奥运精神的融合

奥运营销应当与奥林匹克运动紧密结合,努力推广和宣传奥林匹克运动与文化,传播和体现奥林匹克精神与理想。同时要努力寻找企业文化与奥运精神的同质性和结合点,并且把两者巧妙地联系、融合在一起,推广自己的企业文化和品牌。

"李宁式点火"占据了奥运传播的制高点。一方面,"李宁式点火"是历史上最长久、最惊险、最坚韧不拔的点火方式,其蕴含的体育精神不言而喻,作为一名伟大的体操运动员,李宁职业生涯为体育迷奉献了很多高难动作,而在奥运开幕这一天他又用另一种更震撼的方式诠释了奥林匹克的内涵。另一方面,奥运的开幕式是历届奥运会最受关注的部分,整个开幕式的高潮,莫过于主火炬点火仪式。李宁"夸父逐日式"点燃主火炬的三分钟,无疑成了全世界关注度最高的三分钟,由此而产生的传播效果,几乎是任何一家企业的宣传都难以企及的。李宁公司在 2008 北京奥运会中取得的营销胜利,无疑为我国企业今后整合营销之路提供了宝贵的经验。

案例思考题:

1. 李宁公司如何运用营销传播工具?
2. 分析李宁公司未来营销战略。

第14章

人员推销

美国在线（AOL）1999年底有2200多万订阅者，每个订阅者每月为不受限的电子接入支付21.95美元，AOL也成为全球前10位的传媒品牌之一。然而，尽管这种预订业务非常重要，AOL在1996年还是开始关注广告和电子商务的销售方式，并成立了互动营销部以推动此项业务的发展。公司广告和电子商务销售额1996年仅1.02亿美元，到1999年已超过10亿美元。

公司将每位销售人员集中于特定的行业，如包装产品、汽车，然后分别分派到四个地理区域。每个销售人员为大约200位客户服务，对每位客户按其在线支出和消费潜力进行排列，为每位客户建立目标、战略和行动计划。销售人员每周大约有9次销售访问，其中约20%的销售访问为AOL带来了新订单。

销售人员一旦掌握了客户需求就要为客户准备建议和制订"量身定做"的销售计划，并运用AOL的广告和电子商务改进客户的业务。四个地区销售经理的主要工作是管理销售人员，他们与销售人员一起工作，帮助他们建立客户战略并实施，而不间断地培训则侧重于咨询推销、技能展示、团队合作和谈判等主题。评估和奖励销售人员的标准则是看其所做的是否符合公司的使命以及产生的收益、咨询式推销和团队合作的实践、销售访问、参与培训项目、工作报告、对客户的跟踪服务。薪酬方案则包括基本工资、佣金和股票期权。①

人员推销是企业最早划分出来的促销方式。随着市场环境的变化和营销技术

---

① 资料来源：托马斯·英格拉姆，雷蒙·阿维拉．销售管理．北京：电子工业出版社．2003

的提升，这种方式久历弥新，使用甚广。企业的销售人员在为顾客创造价值并建立顾客关系中发挥着非常重要的作用，因此，加强人员推销活动、有效管理销售人员队伍便成为企业管理沟通整合活动的一项重要任务。

14.1 人员推销概述

14.1.1 人员推销概念及特点

人员推销就是通过推销人员与消费者的直接接触，对产品和服务进行介绍和推广，鼓励和说服顾客购买。作为企业和购买者之间相互联系的纽带，销售人员的工作任务是既要使企业获得满意的和不断增长的销售额，又要培养与顾客的友善关系，并反映市场信息和购买者信息。

人员推销由销售人员直接参与其中，是所有沟通工具中唯一具有信息双向流动特性的工具，这使它具有广告和宣传等其他沟通方式所无法比拟的优点，主要包括：

（1）人员推销具有与顾客建立和发展人际关系的作用，有利于在顾客同销售人员之间建立友谊。销售人员一方面代表着企业利益，另一方面也代表着顾客利益，而满足顾客需要是保证销售达成的关键，因此，销售人员总愿意在许多方面为顾客提供服务，帮助他们解决问题。

（2）人员推销针对性强，具有较大的灵活性。销售人员在推销访问过程中可以亲眼观察到顾客对推销陈述和推销方法的反应，揣摩其购买心理的变化，从而针对不同顾客的心理和需要，改变推销方式，最终促成交易达成。

（3）人员推销有利于企业了解市场，提高决策水平。由于销售人员经常直接和顾客打交道，他们了解市场状况和顾客的反应，所以，销售人员在向顾客提供服务和信息的同时，也为企业收集到可靠的市场信息。

（4）许多复杂、昂贵的产品仅仅靠一般的广告宣传很难直接促成潜在顾客实现购买，企业只有派出训练有素的推销员为顾客介绍商品，解决其种种疑虑，才能达成销售。

14.1.2 人员推销工作类型

销售人员的工作主要有六种类型。

1. 现有业务销售

现有业务销售强调维持与现有顾客的关系，销售人员管理着一个固定的顾客群，主要做一些常规性的重复订购。他们有时跟在一个开拓型销售人员之后，在开拓型销售人员进行了第一次销售之后,他们接着做下面的销售。对企业来说,这些销售人员的优势是在确保顾客方便方面具有的可靠性和能力,因此顾客日益依赖于这类销售人员所提供的服务。随着市场竞争越来越激烈,现有业务销售人员的作用对避免顾客流失常常非常关键。

2. 新业务销售

新业务销售就是为增加新顾客或将新产品导入市场的推销。新业务销售人员有两种类型:开拓型销售人员和订单获取者。开拓型销售人员经常要推销新产品、接触新顾客,或者同时面对新产品和新顾客。他们的工作需要创造性的推销技能和随机应变的能力。订单获取者则指在一个高度竞争的环境下主动寻求订单的销售人员,他们通过向现有顾客推销产品线的附加产品以寻求新的业务。一个大家熟知的策略就是首先通过推销产品线的单一产品建立与某顾客的关系,然后紧接着再进行销售访问,推销产品线的其他产品项目。

3. 直接面对消费者的销售

直接面对消费者的销售人员是数量最多的一个类别,从零售店的小时工,到受过高等教育的、经过专业化培训的华尔街股票经纪人,其中,最富于挑战性的、直接面对个人消费者的是那些销售无形产品的工作,如保险等。

4. 销售支持

销售支持人员通常并不去直接征求采购订单,他们的主要责任是传播信息和完成有关激励销售的其他活动。销售支持人员也有两类:传统型的或专业型的销售人员;提供技术支持的销售人员。例如,在医药行业,专业型推销人员是专门从事医药产品推销的人员,他们主要是做医生的工作,提供有关药物产品功效和限制的重要信息,促使医生开药方时使用他们的药品。而技术支持性销售人员负责帮助企业设计程序、安装设备、培训顾客及提供技术跟踪服务。

5. 内勤销售

内勤销售可以分为主动内勤销售和被动内勤销售。主动内勤销售指主动寻求订单,它或者是电话营销过程的组成部分,或者属于接待随时到访顾客的活动。被动内勤销售隐含着接受,而不是请求顾客订单,如客户服务人员有时就是作为内勤销售者工作的延续发挥作用的。

6. 综合销售工作

综合销售工作指在一种职位背景下进行多种类型销售工作的销售人员,其工作包括全面负责开发新业务,发展和促进现有业务,同时承担销售支持性活动。

14.1.3 人员推销模式的改变

常见的人员推销方式是销售人员与客户一对一进行面对面的沟通,不过,近几年出现了不同的销售模式。新的销售模式表明随着消费者和组织采购人员越来越专业,迫使企业推销人员要更加专业化。

1. 销售中心

销售中心,又称销售小组,指企业整合销售部门和其他部门(如财务、生产和研发)的员工组成销售小组以满足特定客户的需求。销售中心的成本高昂,通常只限于为大客户设立。例如,宝洁公司指派销售小组专门服务大型零售商(如沃尔玛)。由于销售工作越来越复杂,企业越来越喜欢采用销售中心这种人员推销模式。

2. 系统销售

系统销售指通过结合相关产品和服务成为整体系统来解决客户的问题,以更有效地满足采购者的需求。例如,施乐公司原先是由每个销售人员负责一条产品线的销售,采用系统销售方式后,企业销售人员在研究客户的办公自动化问题和内部运作信息化问题的基础上,可以为顾客提供完整的自动化设备系统及有关服务的一揽子解决方案。系统销售方式的优点首先是订单较大,因为客户企业采购的是整套系统而不是单一产品;其次,所有系统零件都来自同一供应商,可解决兼容、相容性问题;再次,由于对系统比较了解,供应商可以持续向客户提供系统支持服务;最后,如果系统运作良好,系统供应商将拥有绝佳机会继续提供升级服务。当然,系统销售并不适用于所有情况。

3. 全球销售小组

为继续维系现有客户,供应商需要随时提供产品、了解当地情况,并提供快速服务。因此,为了为服务购买额最大、盈利最佳的国际企业客户,供应商便组成了全球销售小组。不论客户的分支机构在世界任何地方,全球销售小组均负责向其提供所需要的一切销售服务。

4. 关系销售

关系销售是指针对所选择的目标客户,发展并建立双方互利的长期关系的人员推销方式。关系销售可能是销售中心的延伸,或是由个别销售人员通过平日与客户的交易而发展起来的。在这种情况中,卖方并不注重单笔交易量的大小,而是以互信为基础,与主要客户发展更深层次的、持续性的关系。为此,企业需要把客户需求与利益放在首位,视对方为伙伴关系。例如,现在很多大型企业(如宝洁公司、凯悦酒店、纳贝斯克)都要求销售团队与客户开展关系销售。

5. 电话营销

电话营销是一种利用电信设备与系统作为拜访客户方式的一种人员推销方式。某些情况下,买卖双方都喜欢电话营销方式。常规购买或购买标准产品时,买方通过电话下订单即可,所费时间比销售人员亲自拜访要少许多。

6. 销售自动化

销售自动化指通过为销售人员配备笔记本电脑、移动电话、传真和传呼机,利用数据库、网络、电子邮件等信息沟通工具进行销售。销售自动化可帮助销售人员管理现有客户和潜在客户的信息、制作提案、提交报告和更有效地管理他们的时间和销售区域。例如，音响设备制造商 JVC 公司发现，公司销售人员每天早上需要花费大量时间追踪客户订单信息。为了降低搜寻时间，该公司开发了一套系统，让销售人员可以每天从公司数据库下载信息到自己的笔记本电脑。这样，销售人员可以立即获得所需信息。

案例精粹　　　　　　**包钢外埠销售流程的发展与创新**

包钢外埠销售分公司以销售公司销售平台开通联网为契机，全面推进销售人员自动化系统，不仅实现了从订货、入库、销售、结算全部销售流程的计算机化管理，而且使用计算机编制客户和潜在客户简历，分析和预测销售，管理客户，计划销售会见，对订货进行报单等活动。计算机化的销售人员作业，使订货报单交易的效率显著提高，强化了业务人员和财务人员的互相监督机制，进一步加强了外埠销售风险控制，改善了客户服务质量，并更好地支持了销售人员决策。同时，外埠销售分公司积极整合营销资源，在广泛布点的基础上，整合为五大区域公司——华北公司、华东公司、中南公司、西北公司和钢材超市，分别负责华北、华东、中南、西北和周边市场的销售工作，使得外埠销售分公司既有分工又有合作，加强了商品资源的合理调配，销售信息的有效沟通，特别是钢材超市的设立，大大加强了对包头周边市场的辐射功能，通过迅速的物流配送，有效控制周边市场，进一步提高市场占有率。五大区域公司的合理整合，使得外埠销售区域协调能力大幅度增强，逐步形成了和谐营销的良好局面。

（资料来源：陈松涛. 包钢外埠销售管理的发展与创新. 内蒙古科技与经济，2009，(2).）

14.1.4 人员推销流程

有效的推销需要科学的推销流程，销售人员大致需要遵循以下工作程序。

1. 客户发掘

（1）确认潜在客户。确认潜在客户的过程从市场细分开始，通过分析企业历史客户和现有客户的数据，销售人员可以确定理想的潜在客户的特征。建立潜在客户清单的途径包括现有客户推荐、贸易协会和行业名录、相关但非竞争企业的客户名单，以及广告、询问函或电话等。

（2）核实潜在客户。找出潜在客户后，企业应该加以核实，即评估这些潜在客户是否有购买意愿，是否有购买力，然后加以确认。确定企业或家庭中的购买决策者可能相对比较困难，此外，卖方还需要确定影响购买决策的相关人员。

2. 客户分析

潜在客户分析就是了解顾客及其采购人员，包括企业需要什么产品，谁参与购买决策，采购人员的个性和购买方式等。销售人员应制订访问目标和确定最佳接近方式和时间。访问目标可以是确定潜在顾客，也可以是搜集信息甚至马上达成交易。销售人员接近客户的方式多种多样，如亲自拜访、电话联络或者信函。此外，销售人员还需要考虑对潜在顾客的总体销售策略。

3. 接近

在这个阶段，销售人员应该知道如何会见和招呼客户，并使双方的关系有个良好的开端。这时，得体的仪表和开场白是关键。

4. 销售展示

有了得体的开场白以后，销售人员需设计吸引潜在客户注意的销售展示活动，以引起客户的兴趣、激起他们对产品的欲望，并在适当时机刺激客户采取行动和达成交易。

销售展示的首要工作是吸引潜在客户的注意力和好奇心。如果潜在客户有明确的需求，直接介绍企业和产品即可。假如销售人员是经由现有客户介绍给潜在客户的，正确的销售展示方式是先提起这位双方认识的客户，或是由销售人员介绍产品的优点。吸引客户注意后，销售人员应进一步通过销售展示抓住潜在客户的兴趣，并刺激对方产生购买的欲望。无论采用哪种形式，销售人员都需要指出产品对潜在客户的好处或利益。

5. 化解反对意见

在整个推销过程中，顾客提出反对意见是常见的现象，但有些时候顾客并不直接说出反对意见。销售人员必须采取积极态度，设法找出隐藏的反对意见，并诱导购买者说出反对的理由。优秀的销售人员能够通过解释将拒绝和怀疑变成让顾客购买的理由。

6. 成交

在化解了顾客的反对意见后，销售人员要抓住机会达成交易。这里的关键是识别购买者发出的特定的成交信号，如肢体动作、言辞或者意见。届时，销售人员可采用各种有助于达成交易的技巧，如重申双方协议的要点，建议对方下订单，询问购买的具体品种规格，提供购买的特殊理由等。

7. 事后追踪与售后服务

销售过程的最后阶段是一系列的售后服务。良好的售后服务有助于企业进一步建立客户好感，还可以为将来的生意打下基础。机敏的销售人员会追踪订单的交货、融资、安装、员工培训和其他事项，并确保客户真正满意。

14.1.5 优秀销售人员的特征

良好的销售业绩是与反映在销售人员的个人特点和工作行为上的具体特征相联

系的，这些特点包括销售人员给人留下的第一印象、知识的深度和广度、适应性、敏感性、积极性、自尊、幽默感、创造性、承担风险的能力，以及诚实和道德感。

（1）第一印象。销售人员的看法被客户接受的可能性大部分取决于初次接触，影响第一印象的因素包括外貌、服饰、身体语言、眼神接触、握手、准时和礼貌等。

（2）知识的广度和深度。具有宽广知识面的销售人员能够与各种客户有效地进行许多话题交流，并与客户分享共同的兴趣。销售人员的知识深度反映出他们对业务、产品、公司、竞争对手以及与销售工作有关的总体经济形势的理解。知识丰富的销售人员时刻注意倾听客户的话，了解行业的最新发展情况，并注重吸取信息。

（3）适应性和敏感性。适应性即调整与客户交流方式的愿望和能力。适应性强的销售人员一般能够达到更好的效果。敏感性即善解人意，能够设身处地为别人着想。成功的销售人员应该尊重客户，关注潜在客户的需要。大多数人都能很快注意到销售代表对待他们的积极态度，并作出相应的反应。良好的倾听技巧是敏感性的另一方面，倾听可以使销售人员更好地理解客户的需要。

（4）积极性和创造性。积极性反映了销售人员内心对公司产品和客户需要的投入程度。积极主动的销售人员往往更有进取心，而客户对销售人员积极主动的行动往往会报以正面反应。创造性要求销售人员敢于冒险，追求不断变化而非固守老套。优秀的销售人员总是在不断寻找能够使客户、自己和公司获益的新想法、新方法和新方案。

（5）自尊。自尊包括自我价值感和自信。成功的销售人员对自己有积极的看法，喜爱自己的产品和公司，并盼望着见到潜在的客户。反之，缺乏自信的销售人员很难在销售工作中取得成功。

（6）幽默感。幽默能够帮助客户放松，还能使客户记住你。

（7）诚实和道德感。真正优秀的销售人员被客户看做是可以信赖和依靠的人。大部分销售工作都需要与客户建立长期关系，欺骗、误导或不诚实的行为是不可能建立长期关系的。

14.2 人员推销的管理

14.2.1 人员推销组织结构

实践中，推销人员的组织结构可依企业的销售区域、产品、顾客类型以及这三个因素的结合来设置。

1. 区域式结构

区域式组织结构指企业将目标市场划分为若干销售区域，每位销售人员负责一个区域的全部销售业务。实行区域式组织结构，需要确定销售区域的大小和边界。这种组织结构设计的突出优点是，销售人员责任明确，有利于与当地客户建立长期的业务关系，差旅费用低。但这种组织结构需要由多层次的销售管理职位来支持。

2. 产品式结构

产品式组织结构指企业将产品分成若干类，每一个销售人员或每几个销售人员为一组，负责其中一种或几种产品的推销。这种组织形式适合于产品技术复杂、产品间毫无关联或产品类别很多的情况。如果单一的顾客购买本企业许多不同类的产品时，这种组织结构会因为多头推销而增加成本和顾客的困惑。

3. 顾客式结构

顾客式组织结构指企业将目标市场按顾客的属性进行分类，不同的推销人员负责向不同类型的顾客进行推销活动。顾客的分类可依其产业类别、顾客规模、分销途径等进行，如奶制品企业的直接顾客就可以分为超市连锁、餐饮业、学校食堂、食品加工企业等。顾客式结构的好处在于：推销人员易于深入了解特定顾客的需要，从而有利于在推销中有的放矢，提高工作效率；缺点是：如果顾客比较分散，会增加推销费用。

4. 复合式结构

复合式组织结构是指当企业的产品类别多、顾客的类别多且分散时，综合考虑区域、产品和顾客因素，按区域—产品、区域—顾客、产品—顾客或者区域—产品—顾客配置销售人员的销售组织模式。

总之，没有一种单一结构对所有企业和情况都适用。企业应当根据具体情况选择最符合客户要求和最适合总体营销战略的销售结构。近年，针对大客户或关键客户对企业重要性的提升，更多的企业开始针对重点顾客设置专门的客户经理岗位，甚至还配置数名专业人员负责为某一位大客户提供服务，如宝洁这样的大公司也需要为沃尔玛这种关键客户配置专门的客户经理。

14.2.2 销售队伍的规模

企业在确定了人员推销组织结构之后，还需要合理确定销售队伍的规模，这也是人员推销决策中的重要一环。确定推销人员规模的方法主要有三种：销售百分比法、销售能力法和工作量法。

（1）销售百分比法。指企业根据历史资料计算出销售队伍的各种耗费占销售额的百分比，以及销售人员的平均成本，然后对未来销售额进行预测，从而确定推销人员规模。

（2）销售能力法。指企业通过测量每个销售人员在范围大小不同、销售潜力不同的区域内的销售能力,计算在各种可能的销售人员规模下公司的销售额和投资报酬率,以确定推销人员规模。

(3) 工作量法。指企业根据不同顾客的需要,确定总的工作量,进而确定所需推销人员的规模。它的基本步骤如下:①将顾客按销售量分成大小类别;②确定每类客户所需的访问次数(对每个顾客每年的推销访问次数);③每类顾客的数量乘以各自所需的访问次数就是整个地区的访问工作量(即每年的总访问次数);④确定一个销售员每年可进行的平均访问次数;⑤将总的年访问次数除以每个销售员的平均年访问次数即所需销售员数。

14.2.3 销售工作安排

销售工作安排是指在销售队伍规模既定的条件下,人员在产品、顾客和地理区域方面如何合理分配时间和资源。

(1) 时间安排(顾客方面)。大多数市场的顾客都是互不相同的,因而,每位销售人员在做销售时间安排时会涉及三个问题:①在潜在顾客身上要花多少时间?②在现有顾客身上要花多少时间?③如何在现有顾客和潜在顾客之间合理地分配时间?

(2) 资源分配(产品方面)。一支销售队伍通常要推销一系列产品,所以,销售人员必须寻求一种最为经济的方式在各个产品之间配置推销资源。有时,新产品的推销需要较长时间才能达到销售额的最高水平。因此,企业在进行人员推销决策时不能仅看近期的销售额和利润率,还必须着眼于长远的利益,从战略角度来分配时间、费用等资源。

14.3 销售队伍的管理

推销人员是企业的宝贵资源,这种资源的获得必须借助于完善的销售人员管理,即只有通过招聘、甄选、培训、激励、评估等一系列活动,方能训练出一支优秀的销售队伍。

14.3.1 招聘和甄选

1. 人员的招聘和甄选的目标

企业在招聘和甄选销售人员时首先要确立具体目标,即引导资源流向优先考虑的领域,从而提高组织和销售队伍的效率。销售人员招聘和甄选的具体目标主要有：

(1) 按照销售人员的数量和类型确定当前和未来的需求；

(2) 减少能力不足和能力超强的应聘者的数量；

(3) 按某一确定的成本增加恰好符合能力要求的应聘者的数量；

(4) 评估应聘者来源和评估方法的有效性。

2. 人员招聘与甄选战略

设立目标后，就要确立人员招聘与甄选战略，它主要体现在招聘活动的范围和时间安排上，具体有：

(1) 人员招聘和甄选的时间；

(2) 对招聘岗位的工作描述；

(3) 利用职业中介机构的方式；

(4) 建设国际销售队伍时，需要雇佣的销售人员的类型；

(5) 应聘者接受或拒绝应聘的时间期限；

(6) 合格应聘者最可能的来源。

3. 招聘和甄选

招聘可以利用内部和外部两种来源。内部来源由现有雇员推荐，外部来源由广告、职业中介、学院和大学、招聘会、行业协会和业务接触等。比较普遍的来源是通过广告招聘、雇员们推荐和职业中介介绍来的。

甄选的程序因企业而异。一般要经历初步面试、填写申请表、测验、第二次面试、学历与工作经历调查、体检、决定录用与否、安排工作等程序。

14.3.2 销售培训

销售培训过程由六个步骤组成：确定培训需求、建立培训目标、评估培训选择、设计销售培训计划、实施销售培训、追踪服务与评估。

1. 确定培训需求

确定销售培训需求的目的是比较与绩效有关的具体技能、态度、洞察力以及销售队伍成功所必需的行为。

(1) 销售技术。研究表明，一些销售人员并不拥有基本的销售技术，因此企业应通过适当的培训彻底解决这些问题。一项对销售培训人员、销售经理和销售人员的调查表明，花费超过31%的时间在销售人员的培训项目上对提高销售技术是有好处的。

(2) 产品知识。产品知识包括它的利益、应用、竞争优势和局限性。产品知识需要随新产品开发、产品改进、产品淘汰或产品新用途的开发而不断更新。

(3) 顾客知识。销售培训可包括与顾客需求、购买动机、购买过程以及个性特征等有关的信息，即顾客知识。

（4）竞争知识。销售人员必须从优势和劣势角度了解竞争因素，以便有效地设计销售战略和销售演讲，并有效地回应顾客的提问和异议。

（5）时间与区域管理。时间与区域管理培训的目标是教授销售人员如何利用时间和努力使工作效率最大化。更有效地利用时间和提高销售人员生产率需要销售自动化的推动。

2. 建立培训目标

通常培训目标可以有：

（1）增加销售或利润；
（2）确立正确的态度，改善销售队伍的品行；
（3）减少角色冲突和角色模糊；
（4）介绍新产品、新市场和促销计划；
（5）教授管理的程序（如费用计算、需求报告）；
（6）确保利用销售和销售支持工具的能力，如手提电脑；
（7）销售队伍调整变更率最小化；
（8）为地区销售任务准备新的销售人员；
（9）为将来的管理职位培养销售人员；
（10）确保注意伦理和法律上的责任；
（11）优化团队协作和合作努力。

3. 评估培训选择

（1）选择销售培训师。在销售培训中最首要的内部资源是销售经理和高级销售人员，其次是内部的培训师，最后是外部培训师。

（2）选择销售培训地点。依培训地点的不同可分为集中培训和分开培训。集中培训一般由总公司举办，培训企业所有的销售人员；分开培训是由各分公司自行培训其销售人员。

（3）选择销售培训方法。为加强学习效果，培训计划的课程鼓励采用多种方法：课堂或会议培训、行为模拟及吸收式培训。①课堂或会议培训。课堂或会议培训的组织特点是专题讲座、现场展示，以及与作为指导教师的专家培训师进行小组讨论等。除了利用内部设施和人员之外，一些公司还派他们的销售人员参加专题研讨会接受培训，这些组织提供有关推销和销售管理的各阶段的实践培训。②行为模拟。行为模拟是指通过商业游戏和模拟、案例研究和角色扮演等进行行为学习的方法，其具体做法又可分为实例研究法、角色扮演法、业务模拟法等。③吸收式培训。吸收式培训包括向受训人员或销售人员提供材料，如产品手册、大量的说明备忘录和销售期刊等。这种方法是对更新销售队伍知识的补充，是加强先前培训或介绍更详细的较近期基础材料非常有效的办法。

（4）选择销售培训媒体。传播和计算机技术在过去十几年里明显地扩大了销售培训媒体的范围。另一项新出现的技术是台式个人计算机录像会议，它可使销售经理和销售人员通过个人计算机彼此见面并交换信息。相似的还有，录音图示技术可通过计算机显示器与音频器的连接，将教师同时与多个地点连接。

4. 设计销售培训计划

在设计培训计划的这一阶段，要对什么、何时、何地以及如何确定问题等作出必要的回答。培训应有时间表、作好安排，选择好媒体、雇佣培训师，并安排好许多其他细节。

5. 实施销售培训

在进行培训过程中，销售经理的首要职责是监视受训人员的培训进程，并保证对培训主题的适当陈述。特别是销售经理应评价培训材料的明确性，同时了解对受训人员被激发进行连续学习意愿的评估方法。

6. 追踪服务与评估

没有评估和跟踪服务，销售培训过程是不完整的，评估可在培训发生之前、之中或之后进行。例如，预先培训评估可能包括对销售受训人员的考试，以此评估他们的知识水平，确定或否定培训需求，进而确定培训目标。评估可在培训过程中进行，而培训过程中的任何阶段都可能发生调整。培训后评估也许包括对受训人员的反应或批评、销售经理在与销售人员一起工作时对他们的观察，有时还包括对像销售量这样的实际绩效指标的检查。

案例精粹　　　　　　　　　**IBM 的销售培训**

国际商用机器公司（International Business Machines Corporation，IBM）是一家拥有40万中层干部、520亿美元资产的大型企业，其年销售额达到500亿美元，利润为70多亿美元，是世界上经营最好、管理最成功的公司之一。

IBM 公司追求卓越，特别是在人才培训、造就销售人才方面取得了成功的经验。IBM 公司的销售人员和系统工程师要接受为期12个月的初步培训，主要采用现场实习和课堂讲授相结合的教学方法。其中75%的时间是在各地分公司中度过的；20%的时间在公司的教育中心学习。学员们利用一定时间与市场营销人员一起访问用户，从实际工作中得到体会。销售培训的第一期课程包括 IBM 公司经营方针的很多内容，如销售政策、市场营销实践以及计算机概念和 IBM 公司的产品介绍，第二期课程主要是学习如何销售。在课堂上，该公司的学员了解了公司有关后勤系统以及怎样应用这个系统。他们研究竞争和发展一般业务的技能。

IBM 公司市场营销培训的一个基本组成部分是模拟销售角色。在公司第一年的全部培训课程中，强调要保证演习或介绍的客观性，包括为什么要到某处推销和希望达到的目的，同时，对产品的特点、性能以及可能带来的效益要进行清楚的说明和演习。学员们要学习问和听的技巧,以及如何达到目标和寻求订货等。此外,还在一些关键的领域内对学员进行评价和衡量,如联络技巧、介绍与演习技能、与用户的交流能力以及一般企业经营知识等。

(资料来源:佚名.IBM的销售培训.http://hi.baidu.com.2007-12-26)

14.3.3 推销人员激励

激励是对销售人员进行管理的重要内容,良好的激励能使销售人员的潜力得到更充分的发挥。因此,企业有必要专门针对推销人员制定和执行一套有关确定目标、鼓舞士气的方法体系。

1. 目标激励

目标激励是指为销售代表确定一些拟达到的目标,以目标来激励销售人员努力工作。制定销售定额是企业的普遍做法,即销售部制定(对每个产品的销量和销售额)年度销售目标;然后,销售部要求每个销售人员自报产品系列每个产品的年度销售总目标,提出每个产品的销售额,并把这一目标分解成月目标;最后,由销售部经理与销售人员共同对方案进行讨论,以便澄清双方的分歧点和不明确之处。不管采用哪种方法,都有必要清楚地向推销员说明这些销售指标是如何制定的,以及采用什么方法确定的。

2. 物质激励

物质激励是指对做出优异成绩的销售人员给予晋级、奖金、奖品和额外报酬等实际利益,以此来调动销售人员的积极性。物质激励往往与目标激励联系起来使用。研究人员在评估各种可行激励的价值大小时发现,物质激励对销售人员的激励作用最为强烈。

3. 精神激励

精神激励是指对做出优异成绩的销售人员给予表扬、颁发奖状、奖旗,授予称号等,以此来激励销售人员上进。精神激励通常对那些受正规教育较多的年轻销售人员更为有效。所以企业负责人应了解销售人员的实际需要,他们不仅有物质生活上的需要,而且有诸如理想、成就、荣誉、尊敬、安全等方面的精神需要。

4. 环境激励

环境激励是指企业创造一种良好的工作氛围,使推销人员能心情愉快地开展工作。

14.3.4 推销人员薪酬

建立科学合理的报酬制度是吸引和激励推销员奋发向上的重要因素。设计良好的薪酬计划可以保持低水平的人员流失率，提高员工的生产力，发展新业务，提供稳定收入，并达到公司的目标。最重要的是确定的薪酬水准应该符合销售人员的市场价格，一般来说，推销员报酬水平的确定应以其销售业绩为主，同时考虑其他部门的报酬水平。

1. 工资制度

工资制度是指无论销售人员的销货额多少，均可于一定的工作时间之内获得一种定额的报酬。

工资制度的优点在于易于了解且计算简单；销售人员的收入有保障，使其有安全感；培养高忠诚度；保证非销售活动得以实施；可减轻企业行政管理负担，利于提高推销员在企业内部的流动性；适用于若干需要集体努力的销售工作。

这种制度也有缺点：缺少激励作用，不利于鼓励推销员做开拓性的工作；缺乏灵活性，即当企业业务下降时，推销费用可能会成为企业的沉重负担，而当企业业务好转时，也不能够激发推销员去充分挖掘市场潜力。

2. 佣金制度

此项报酬制度是与一定期间的销售工作成果或数量直接有关的，即按一定比例给予佣金。确定佣金比例也应考虑产品性质、顾客、地区特性、订单大小、毛利量、业务状况的变动等。

佣金制度的优点是：工资直接与绩效和获得的成果相关联；富有激励作用；体系易于理解和估算；销售人员可获较高的报酬；控制销售成本较容易。

这种制度的缺点是：销售人员的收入可能很不稳定，推销人员具有短期行为，不愿意干那些不能够立刻获得收益的工作，如推销前准备工作、撰写报告、提供服务等；推销员可能会采取一些不道德手段加强推销，从而影响企业声誉；管理费用较高。高工资销售人员不愿意转到监督或管理岗位；当经济形势恶化时，销售人员高流失率就会发生。

3. 薪金加佣金制度

薪金佣金混合制是指推销员得到的报酬包括固定薪金、佣金以及其他费用和补贴等。这种报酬形式既保留了薪金制和佣金制各自的优点，同时又避免了它们各自的缺点，因而是当前大多数企业采用的推销员报酬支付方式。

4. 薪金加奖金制度

运用此项制度，销售人员除了可以按时收到一定薪金外，还可获得较多的奖金。奖金的支付，是为了酬劳销售人员对企业完成的有贡献的工作，如宣传工作、销售新产品、增加新客户、减低销售费用等。该项制度可鼓励销售人员兼做若干涉及销售管理的工作，但不重视销货额的多少。

5. 薪金加佣金再加奖金制度

此项报酬制度兼顾了上述方法，利用佣金及奖金，以促进工作成效的提高。该项制度使销售人员每月可获得稳定的收入及另发的佣金与奖金，而在管理方面也能有效地控制销售人员。由于实行此制度需要较多有关记录及报告，因此提高了管理费用。

14.3.5 推销人员业绩评估

为了对推销人员进行有效的管理，企业营销管理人员必须对推销人员的工作业绩建立科学的评估和考核制度，以此作为分配报酬的依据。一般来说，企业对于推销人员的业绩评估可以分为以下三个步骤。

1. 建立考评标准

确定绩效考评标准既要遵循基本标准的一致性，又要考虑推销人员在工作环境、区域市场拓展潜力等方面的差异性。制定公平而富有激励作用的绩效考评标准，需要企业管理人员根据过去的经验，结合推销人员的个人行为来综合制定，并在实践中不断加以修整和完善。企业常用的考核推销人员绩效的指标主要有：①销售量；②平均订单数目；③毛利；④访问率（每天的访问次数）；⑤访问成功率；⑥销售费用及费用率；⑦新客户数目。

2. 收集考评资料

全面、准确地收集考评所需资料是做好考评工作的客观要求。考评资料主要从推销人员销售工作报告、企业销售记录、顾客和社会公众的评价以及企业内部员工意见四个途径获得。

（1）推销人员销售工作报告。销售工作报告包括销售活动计划和销售绩效报告两部分。销售活动计划可以展示推销人员的区域年度推销计划和日常工作计划的科学性、合理性。销售绩效报告反映了推销人员的工作实绩，据此可以了解销售情况、费用开支情况、业务流失情况、新业务拓展情况等许多推销绩效。

（2）企业销售记录。企业销售记录包括顾客记录、区域销售记录、销售费用支出的时间和数额等信息而使其成为考评推销业绩的宝贵基础性资料。

（3）顾客和社会公众的评价。评估推销人员应听取顾客和社会公众的意见。通过对顾客投诉和定期顾客调查结果的分析，可以透视出不同的推销人员在完成推销商品工作任务的同时，其言行对企业形象的影响。

（4）企业内部员工意见。企业内部员工意见主要是指销售经理或其他非销售部门有关人员的意见，此外，销售人员之间的意见也可以作为考评时的参考。

3. 正式评估

推销员定期报告及其他信息为正式评估推销员提供了资料。正式评估的具体方法有三种：

(1) 横向比较，即将各个推销员的工作绩效进行比较。横向比较应建立在各个区域市场的销售潜力、工作量、竞争程度、企业推广组合等大致相同的基础上，否则，这种比较就失去了公正性。比较推销员的工作绩效，销售量并不是唯一指标，还应看推销费用的多少以及其他指标。

(2) 纵向比较，即将同一个推销员现在和过去的工作绩效进行比较。这种比较有利于衡量推销员工作的改善状况。

(3) 素质评估，即对推销员的知识、人格、气质、言谈、风度、仪表、工作热情、自信心等进行评估。

▶▶ 小结

1. 人员推销就是利用人力对产品和服务进行推销的促销方式。它通过推销人员与消费者的直接接触，去鼓励和说服顾客进行购买。人员推销工作类型有：现有业务销售、新业务销售、直接面对消费者的销售、销售支持、内勤销售和综合销售工作。人员推销流程包括客户发掘、客户分析、接近、销售展示、处理反对意见、成交和事后跟踪。优秀的销售人员特点包括销售人员给人留下的第一印象、知识的深度和广度、适应性和敏感性、积极性和创造性、自尊、幽默感以及诚实和道德感。

2. 推销人员的组织结构可依企业的销售区域、产品、顾客类型以及这三个因素的结合设置为区域式结构、产品式结构、顾客式结构、复合式结构。销售人员应在产品、顾客和地理区域方面合理分配时间和资源。销售设计区域大小主要有同等销售潜力法和同等工作量法两种方法。

3. 企业应设立人员的招聘和甄选的目标和战略。销售培训过程由六个步骤组成：确定培训需求、建立培训目标、评估培训选择、设计销售培训计划、实施销售培训、追踪与评估。推销人员激励方式主要有目标激励、物质激励、精神激励。推销人员薪酬制度包括工资制度、佣金制度、薪金加佣金制度、薪金加奖金制度、薪金加佣金再加奖金制度、特别奖励制度。企业对于推销员的业绩评估可以分为以下三个步骤：建立考评标准、收集考评资料和正式评估。

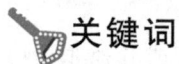

关键词

人员推销　　personal selling

销售人员招聘　salespeople recruitment
销售人员甄选　salespeople selection
销售人员培训　salespeople training
销售人员激励　salespeople motivation
销售人员绩效评估　salespeople performance evaluation

思考题

1. 人员推销模式有哪些改变？
2. 人员推销流程包括哪些内容？
3. 推销人员的组织结构如何设置？
4. 企业如何组织销售人员培训？
5. 企业如何对销售人员进行有效激励？
6. 企业对推销人员的绩效评估分哪几个步骤？

案例

独具特色的丰田销售管理

日本丰田汽车公司早已享誉世界，众人皆知，而人们对拥有约10万人马的"丰田销售军团"恐怕知之不多。其产品销售世界各地，除产品质量外，不能不说与其独特的销售策略有关。

1938年成立的丰田汽车公司，在其后的发展中，逐渐成为一个拥有较强技术实力的汽车制造企业，但在汽车的销售方面却未能很好地打开局面。1959年曾一度出现汽车大量积压的局面，财政赤字加大，而且债务越来越高，处境十分险恶。经人推荐，丰田公司的奠基人丰田喜一郎请来了被誉为日本"销售之神"的神谷正太郎——原美国通用汽车公司日本销售部经理。神谷正太郎被委以创建丰田汽车销售公司并担任总经理。受到充分信任的神谷正太郎在上任后经过15年的不断探索，逐步形成了丰田汽车公司的"销售理论"和一整套完整的销售方法，其"销售理论"的核心是三句话："用户第一，销售第二，制造第三"。为推行其"销售理论"，神谷正太郎为丰田汽车销售制定了一套相应的措施。

重视销售信息，建立情报机构。丰田汽车销售公司下设"计划调查部"，配备了数学、统计、机械工程等方面的专家60多人，准确而及时地汇集、筛选各地的调查资料，为决策提供依据。调查内容多达60多项，每年调查的对象涉及6万人以上，花在调查上的费用高达7亿日元，调查面之广、开支之大，在日本是极少见的。神谷正太郎还为丰田汽车销售公司建立了强有力的情报机构,只要掌握了国内外市场动向,就能迅速而准确地作出决策。

按月回笼货款制度。丰田公司根据当时的社会经济发展状况制定了销售汽车按月回笼货款制度。丰田汽车生产公司将汽车产品全部批发给丰田汽车销售公司,销售公司用银行的贷款和一部分期票作结算;而销售公司再用销售现款和用户支票作抵押,取得银行贷款,完成资金短期拆借与还款,使汽车生产和销售顺利进行,让产销双方皆大欢喜。

重视售后服务。神谷正太郎制定了与众不同的规定:一是每出售一辆汽车,都要与之建立"车历卡片",登记汽车故障等各种资料,并迅速反馈到制造公司,促使其改进制造技术,提高质量;二是新车售出后,规定保修期为2年或5万公里,修理费用全由制造部门负责,同时,在保修期内还为用户提供代用车辆,尽量避免因检修停驶给用户带来的不方便和损失;三是每当一种新型的汽车上市,在出售后的三个月之内,必须挨家挨户进行质量调查,听取用户意见。

"用户第一,信誉至上"的指导思想。为了让丰田汽车深入到社会的各个阶层以至每个家庭,销售人员挖空心思在人们日常生活中经常接触到的一些小物件上做文章,如在圆珠笔、领带夹、小玩具上,印上设计精美的"丰田商标",作为推销员联系用户的馈赠礼品等,花样繁多,不一而足。

制定严格的推销培训制度。丰田汽车公司的推销员队伍十分庞大,被日本企业界誉为最有推销能力的"销售军团"。录用的资格是以大学毕业生为主,同时也录用一些有特殊推销能力的高中毕业生。录用后,在进入公司的三天前,先送到丰田汽车公司的培训中心培训,以后每年4~6月定期参加培训。培训期内,新推销员在这里接受了从推销入门到交货全部过程知识传授,直到7月才到外面活动。这个时期尚不规定推销数量,主要工作是每天必须访问20~30户,把访问内容写在"推销日记"上。这样训练了一个月之后,开始给一个月推销1辆车的指标,到了第二年增加到每月推销2辆车,从第三年起,每月销售目标增加为3辆,这个时候才算成为能够独当一面的推销员。

与此同时,从第二年起,推销员就要编制"顾客卡"。这种卡片分为三级:第一级只知道顾客的姓名、住址和使用车种,采用红色卡;第二级还知道眷属的出生时间,采用绿色卡;第三级要加上现在所使用的汽车购买年月,前一部汽车的种类,下次检车时期,预定何时换新车,要换哪一种车,现在汽车是哪一家经销商购买等更详细的资料,使用金色卡。

建立强有力的支援体系。丰田汽车公司的另一绝招是其对经销店的支援体系,丰田汽车公司为支援成绩优秀的经销商,把销售部门剩余的钱融资给经销商;经销商运用融资来的钱建造展示厅、备齐检测设备,跟客户的接触程度自然超过了其他竞争者,使经销商感到推销丰田汽车有奔头。因此,各地经销商推销丰田汽车不仅积极性很高，而且十分认真，从而为丰田汽车树立了良好的市场形象。

（资料来源：车贺明．独具特色的丰田销售管理．中国经济快讯周刊，2002，(4)）

案例思考题：
1. 结合本案例分析丰田的销售策略。
2. 从丰田公司的销售管理中我们得到什么启示？

第 15 章

互联网时代的营销

近日,由网友自发组成的"中国反流氓软件联盟"向北京海淀法院递交诉状,起诉中国的不正当网络营销手段;自此,一场全国性的"反流氓软件运动"拉开了序幕;随后,更是有雅虎、易趣等知名企业赫然列入被起诉名单,引发了全国上下对网络营销这一新兴营销模式的关注,也使我们看到,很多企业在尽情享受新兴网络技术带来的优惠的同时,却迷失了营销的方向。

根据北京网络行业协会公布的一份网上调查,数以万计的网民举报其计算机被强行安装软件,遭到浏览器挟持且无法卸载等,这些非常规网络营销手段的共同特点就是:为了增加网站的点击率,不惜以牺牲消费者利益为代价,强制向消费者传递产品信息。"反流氓软件运动"表明,当企业的营销手段损害了消费者利益时,这种营销必定是失败的。

事实上,网络营销是一个系统性工程,不仅仅是通过网站广告或竞价排名把消费者引到企业网站即可。消费者能迅速找到自己需要的信息吗?其浏览深度是多少?有多少消费者愿意留下自己的联系方式,成为网站的会员?会员浏览网站的频率是每月多少次?公司最忠诚的会员是怎样一个群体?有多少会员转化为企业的顾客?网络营销,必须融入整个营销链的各个环节,而营销的最终目标,是获得消费者的忠诚度。

随着互联网的迅猛发展,社会生产和人类生活由此发生巨大变化。互联网低成本、跨时空、交互性以及多媒体等特征,使得企业可以更加精准地进入目标市场,甚至到达以往无法企及的市场,发布信息、开展网上调研、与消费者和企业直接进行网上交易……这一切都将对传统营销活动产生重大影响，而网络营销的特殊性，也使得人们对其充满了好奇。

15.1 网络营销的概念与界定

15.1.1 网络营销的基本概念

网络营销（cyber-marketing/e-marketing）的全称是网络直复营销，是指企业以电子信息技术为基础，以计算机网络为媒介和手段而进行的各种营销活动（包括网络调研、网络新产品开发、网络促销、网络分销、网络服务等）的总称。根据其实现的方式，网络营销有广义和狭义之分，广义的网络营销指企业利用一切计算机网络，包括Intranet（企业内部网）、EDI（行业系统专线网）及Internet（国际互联网），进行的营销活动，而狭义的网络营销则专指国际互联网络营销。总体来说，网络营销属于直复营销的一种形式，是企业营销实践与现代信息通信技术、计算机网络技术相结合的产物。

在英文表述中，自网络营销这一活动出现以来，国外很多文献先后用Internet Marketing、Web Marketing、cyber-marketing和e-marketing等词来表述，如今多用e-marketing来代表互联网时代的营销，因为"e"世界已真正成为新世纪的主流趋势和象征符号。

15.1.2 网络营销与传统营销的主要区别

一般来说，传统营销属于单向式、间接性、多阶层的模式。企业为了传达其产品信息与相关的活动内容，大都通过宣传资料、媒体广告、户外活动等方式与消费者进行接触，但企业却很难正确掌握客户的反应和反馈信息，客户也必须通过各种中介媒体才能获得相关信息，这种模式使得企业必须花费庞大的人、财、物力才能达到营销目标。

而网络营销是一种互动、直接、即时反馈的模式。企业通过互联网这项平台将公司的产品信息直接提供给目标客户，消费者亦可通过互联网搜集所需信息，同时将其需求和意见直接反馈给企业，从而节省了传统方式下买卖双方交易过程中所花费的交易成本与信息搜寻成本，并且有助于形成良性的正向信息反馈。由此可见，网络营销是采用直接瞄准的方式，将特定的营销信息传达给特定的人群。同时，企业还可以通过对数据库的分析，辨识网上消费者的行为模式及其偏好的交易形态，甚至可做到一对一营销。

15.1.3 网络营销与电子商务的主要区别

根据国际商会于 1997 年在巴黎世界电子商务会议上制定的定义:"电子商务(electronic commerce)是指实现整个贸易活动的电子化。"而根据联合国经济合作与发展组织(OECD)的定义,电子商务指的是发生在开放网络上的包含企业之间(business to business)、企业和消费者之间(business to consumer)的商业交易。另外,从涵盖范围方面,电子商务可定义为,交易双方以电子交易方式而不是通过当面交换或直接面谈方式进行的任何形式的商业交易。同样,电子商务从技术方面可定义为,电子商务是一种多技术的集合体,包括交换数据(如条形码、WFID)等活动。

虽然电子商务有诸多定义,但都有一个共同之处,即交易方式的电子化。因此,电子商务同时也称为电子交易(e-exchange)。而网络营销并不仅仅是一个完整的商业交易过程,它的效果还表现在多个方面,例如,提升企业的品牌价值、加强与客户之间的沟通,以及作为一种对外发布信息的工具等。

可见,电子商务是网络营销的一个组成部分,是网络营销的重要环节之一。换句话说,为最终产生网上交易所进行的一切推广活动都属于网络营销范畴;而当一个企业的网上经营活动发展到可以实现电子化交易的程度时,企业就进入了电子商务阶段。

15.2 网络营销的形式与特征

在网络和电子商务环境下,网络营销较之传统的市场营销从理论到方法都发生了很大的变化。随着网络营销实践的发展,人们对网络营销理论的认识也在逐步提高,除了惯常的网络营销方式外,一些新兴的网络营销方法和形式正如雨后春笋般迅速发展。

15.2.1 企业网站营销

自从 20 世纪 90 年代后期以来,建立网站已成为企业一种常用的做法。绝大多数公司,甚至包括一些私人店铺,都开设了自己的网站,他们的目的主要是向公众提供关于企业、产品和其他相关信息。

通常而言,企业首先会建立一个公司官方网站,这种官方网站将长期存在,以期帮助企业树立良好的品牌形象,加强与消费者的信息沟通;也有的企业在推出新产品时，会专门为其设置一个小网站，这种小网站存续时间不长，通常有一个独立的网址，并且和一个完整的活动联系在一起，能引起人们对相关产品（活动、市场）的关注。

通过这些公司网站，消费者、员工、分销商、合作伙伴和供应商可以与公司进行更多、更积极的交流与沟通。而且，在当今全球化的大背景下，公司网站也会按照地区、文化或阶层被翻译、重整或区隔化为各种版本，使得公司的影响力和市场范围不断扩大。

15.2.2 搜索引擎营销

搜索引擎营销（search engine marketing，SEM）是网络营销的一种新形式，也是目前网络营销的主要手段，具体来讲，是指企业有效地利用搜索引擎来进行网络营销和推广，它通过较高的搜索引擎排名来增加企业网站的点击率，即浏览量，从而获得产品或服务销售额的飙升。SEM营销方法内容包括：搜索引擎优化（搜索引擎自然排名）、分类目录登录、搜索引擎登录、付费搜索引擎广告、关键词广告、竞价排名、地址栏搜索、网站链接策略等。

如今，网络社会的最大特点就是"信息爆炸"。在因特网上面对全球数以百万个站点，每一个网上消费者只能根据自己的兴趣浏览其中的少数站点，而应用搜索引擎可以大大节省消费者的时间和精力。因此，自第一批搜索引擎投入商业运行以来，网络用户急剧上升，而以网络为媒体的商品信息只有在被搜索引擎选中的情况下才有可能传递给网上的顾客。网络调研数据表明，排名前10名的网站占据了72%的点击率，排名第10~20的网站拥有17.9%，而排名20以后的所有网站只有10%的点击率。

目前，最常用的搜索引擎有Google、雅虎、百度、MSN四个，它们占搜索市场的90%以上，而其他比较知名的搜索引擎，不是采用以上四大搜索引擎的搜索结果，就是被这四家收购，所以都纳入这四大搜索引擎中。

15.2.3 博客营销

简单来说，博客营销就是利用博客这种网络应用形式开展网络营销。而所谓博客，就是网络日志（网络日记），英文名为Blog（Web Log的缩写）。

博客这种网络日记的内容通常是公开的，自己可以发表自己的网络日记，也可以阅读别人的网络日记，因此可以理解为一种个人思想、观点、知识等在互联网上的共享。由此可见，博客具有知识性、自主性、共享性等基本特征，正是博客这种性质决定了博客营销是一种基于个人知识资源（包括思想、体验等表现形式)的网络信息传递形式。因此,开展博客营销的基础问题是对某个领域知识的掌握、学习和有效利用,并通过对知识的传播达到营销信息传递的目的。

与博客营销相关的概念还有企业博客、营销博客等,这些也都是从博客具体应用的角度来描述,主要区别于那些出于个人兴趣甚至个人隐私为内容的个人博客。其实无论叫企业博客还是营销博客,一般来说,博客都是个人行为(当然也不排除有某个公司集体写作同一博客主题的可能),只不过在写作内容和出发点方面有所区别:企业博客或者营销博客具有明确的企业营销目的,博客文章中或多或少会带有企业营销的色彩。

15.2.4 病毒性营销

病毒性营销(viral marketing)也可称为病毒式营销,是一种常用的网络营销方法,常用于进行网站推广、品牌推广等。病毒性营销利用的是用户口碑传播的原理,在互联网上,通过用户的口碑宣传网络,信息像病毒一样传播和扩散,利用快速复制的方式传向数以万计乃至百万计的受众。而且,由于这种传播是用户之间自发进行的,因此几乎是不需要费用的网络营销手段。病毒性营销的成功案例包括 Hotmail、Amazon、ICQ、eGroups 等国际著名网络公司。

> **案例精粹**　　　　　　　　　　**Hotmail**
>
> 　　Hotmail 是世界上最大的免费电子邮件服务提供商,在创建之后的一年半时间里,就吸引了 1200 万注册用户,而且还在以每天超过 15 万新用户的速度发展,令人不可思议的是,在网站创建的 12 个月内,Hotmail 只用了很少的营销费用,还不到其直接竞争者的 3%。Hotmail 之所以爆炸式的发展,就是由于利用了"病毒性营销"的巨大效力。每一次某位 Hotmail 使用者发出电子邮件,邮件最后都有一行暗示使用者背书的邀请:"现在就到 Hotmail 申请你自己的免费电子邮件帐号。"
>
> 　　(资料来源:章川. Hotmail 以爆炸式发展的病毒式营销. http://zh.wikipedia.org/wiki. 2010-01-06)

15.2.5 E-mail 营销

E-mail 营销是在用户事先许可的前提下,通过电子邮件的方式向目标用户传递有价值信息的一种网络营销手段。E-mail 营销有三个基本因素:基于用户许可、通过电子邮件传递信息、信息对用户是有价值的。三个因素缺少一个,都不能称之为有效的 E-mail 营销。因此,真正意义上的 E-mail 营销也就是许可 E-mail 营销(简称"许可营销")。

E-mail 营销是一个广义的概念，它包括内部列表和外部列表两种形式。内部列表是一个企业或网站利用注册用户的资料开展的 E-mail 营销，而外部列表是指利用专业服务商或者其他可以提供专业服务的机构提供的 E-mail 营销服务，投放电子邮件广告的企业本身并不拥有用户的 E-mail 地址资料，也无需管理维护这些用户资料。外部列表是网络广告的一种表现形式，而利用内部列表开展 E-mail 营销是 E-mail 营销的主流方式。

值得一提的是，虽然 E-mail 营销能够以非常低廉的成本建立起与客户的联系，使企业获得超额利润，但由于早期的 E-mail 营销来源于垃圾邮件，人们对其没有好感，存在排斥心理，当企业采用 E-mail 营销时，如果使用不当，极可能会在一夜之间毁了公司的声誉。因此，如何准确客观地进行营销的市场定位，如何确保获得用户许可，是关系到整个 E-mail 营销成败的关键。

15.2.6 交互式广告

交互式广告是一种利用诸如互联网、交互式电视、移动设备（WAP 和 SMS）以及亭式终端等交互式媒体在线上或线下来推广或影响消费者购买决策的广告形式。它让营销人员能够以一种直接而个性化的方式与消费者互动，使一种精密而空间的对话成为可能，这能够在一个电子商务的环境中显著地影响一个潜在客户的购买决策。

交互式广告最有效的实施方式之一是病毒式营销，另外在线品牌目录也是一种形式，它可以帮助浏览者回忆和比较在电视上看到的品牌，通常是通过表单和 click-to-call 技术来完成交互的。

15.2.7 网上营销集成

网上营销集成是企业开展网络营销的最高级形态，是互联网对传统商业关系的整合，它使企业真正确立了市场营销的核心地位。这种模式是指企业依靠互联网与原料供应商、制造商、消费者建立密切联系，通过互联网收集消费需求，充分利用商业伙伴的生产能力，实现产品设计、制造及销售服务的全过程。在这种模式下，企业的使命不是制造产品，而是根据消费者的需求，整合现有的外部资源，高效地输出一种满足这种需求的品牌产品，并提供服务保障。同时各种类型的企业通过网络紧密联系、相互融合，并充分发挥各自优势，形成共同进行市场竞争的伙伴关系。目前一些大企业（如 Cisco、Dell、Walmart 等公司）已通过此方式提升商业效率而快速领先于竞争对手。

15.3 网上消费者调查与购买行为分析

网上消费者市场是为网上个人和家庭用户提供消费品和服务的网上市场。与传统的消费者市场相同的是,网上消费者购买产品或服务的目的同样是为了满足最终消费需要,但由于网络的特点,网上消费者市场与传统的消费者市场也存在许多不同,因此,研究网上消费者的消费特征、影响其购买行为的主要因素以及购买过程等,对有效地开展网络营销活动至关重要。

15.3.1 网络消费需求的特点

网络消费是一种新型的消费形式,它与传统的消费形式相比,独具特点。

1. *层次性*

网络消费需求的内容,也可如传统消费需求一样划分为低级到高级的不同层次。所不同的是,在传统的商业模式下,人们的需求一般是由低层次向高层次逐步延伸发展的,只有当低层次的需求满足之后,才会产生高一层次的需求。而网络消费却相反,人们的需求是由高层次向低层次扩展的。例如,在网络消费初期,消费者往往侧重于精神产品的消费,如网上消费网络游戏、网络电影与音乐,通过网络书店购书,通过网络音像商店购买光盘等。只有到了网络消费的成熟阶段,消费者在完全掌握了网络消费的规律和操作,并且对网上购物有了一定的信任感后,才会逐步转向日用消费品的购买。

2. *明显差异性*

如前所述,网上消费者具有突出的个性化需求,他们自信而具有创新精神。同时,由于网络消费的空间范围大大增加,消费者的国别、民族、信仰以及生活习惯都有明显不同,因此会产生远远大于实体商务活动的需求差异性。所以,从事网络营销的企业要想取得成功,必须在整个营销活动中,针对网上消费者的差异化特点,提供有针对性的营销方法和措施。

3. *交叉性*

虽然网络消费需求具有层次性和差异性,但各个层次的消费并不相互排斥,而是具有紧密的联系,需求之间广泛存在相互交叉的现象。例如,在同一辆购物车上,消费者可以同时购买最普通的生活用品和昂贵的饰品,也可能会装入大量的软件和书籍。这是因为网上商店由于其虚拟性和便利性,可以在同一时间里为人们提供几乎所有商品,因此可以促使人们产生交叉性的购买需求。

4. 超前性和可诱导性

电子商务构造了一个全球化的虚拟大市场，在这个市场中，最先进的产品和最时尚的商品会以最快的速度与消费者见面。加之网上消费者又以那些具有超前意识的年轻人为主，这又加快了这些新商品为市场所接受的速度。因此，从事网络营销的企业应当充分发挥互联网的优势，注重启发、刺激网络消费者的新的需求，唤起他们的购买兴趣，诱导网上消费者及时将潜在的需求转变为现实的需求。

15.3.2　影响消费者进行网上购买的主要因素

虽然只有网民才可能进行网络购物，但网络营销的发展却不能被动地依靠网民数量的自然增长。到目前为止，进行网络购物的网民仍然非常有限，因此，除了加强网络硬件设施的建设外，从事网络营销的企业还必须关注影响消费者网上购买的主要因素，积极创造条件吸引消费者进行网络购物。

1. 商品价格

无论从经济学角度看还是从营销学角度看，价格对消费者的消费心理及消费行为的影响都是不可忽视的，即使在今天完备的营销体系和发达的营销技术面前，价值规律仍然发挥着重要的作用。对一般商品来说，价格与需求量常常表现为反比关系，同样的商品，价格越低，销售量越大。由于网络销售减少了许多中间环节，使得网上销售的商品价格普遍低于传统流通渠道的商品价格；同时网上销售手法多样，常常采取网上竞价、团购、拍卖等手段，使消费者在参与其中的同时还可淘到物美价廉的商品，因此对网络消费产生了越来越浓厚的兴趣。

2. 购物的快捷性

现代社会中人们生活节奏的加快和社会竞争的加剧，使时间变得十分宝贵，而拥挤的交通、繁杂的商品、日益扩大的购物场所却又使购物者所消耗的时间和精力不断延长。由于网上购物模式顺应了现代社会的快节奏生活，自然而然被消费者接受。因此，从事网络营销的企业不仅要发挥网络的即时性和全天候营业的自身优势，同时也要在购物的便利性、配送的及时性与准确性上不断改进。

3. 商品类型的标准化和多样化

从商品类型上看，目前在网上销售的大部分商品都是可以进行对比和试用的标准化商品，如可以借助网站来发布试用版本的软件、可以提供网上试阅书籍杂志、视听音乐、观赏电影精彩片段、对比具有明确品牌型号的电子类产品和鉴别化妆品功效等。这一方面可以方便消费者进行价格对比，另一方面也可保证消费者对商品的性能与质量有更多的了解和认识，易于作出购买决策。

与此同时，在互联网这个全球化的购物平台上，消费者可以在最大范围内获得最丰富的商品选择，这也是传统购物方式难以做到的。而成功从事互联网销售的企业通常都拥有丰富的商品内容与种类，以满足消费者不同层次的购物需求。

4. 信息沟通的双向性

消费者选择网上购物，一个很重要的因素是能够通过互联网获取传统渠道所无法提供的购销信息，打破购销双方信息不对称的局面。一方面，互联网可以为消费者提供多种检索途径，使消费者可以方便快速地搜寻全国乃至全球相关的商品信息，挑选满意的品牌，获得最佳性能和最低廉价格的商品；另一方面，消费者也可通过信息平台、电子公告牌等途径，发布自己需求的产品信息，吸引众多的卖者与自己联系，从中筛选符合自己要求的商品或服务，从而大大增加自己购物的选择余地，提高消费满意度。

5. 消费意识的引导性

前已述及，追求商品的时尚与新颖是网络消费者的重要购买动机。由于网上消费者一般经济条件较好，特别重视商品的款式、格调和流行趋势，希望自己能够成为消费潮流的引导者。而网络商店由于自身的特点，完全有条件跟踪最新的消费潮流，如果能适时地为消费者提供最直接的购买渠道和商品信息，同时注重配以最新产品的全方位网上广告，针对这类消费者的消费意识与导向加以引导，便可牢牢把握消费的心理需求，使其成为自己的忠实客户。

15.3.3 消费者的网上购买过程

网上消费者的购买过程就是网上购买动机形成和实现的过程。与消费者的传统购买行为相类似，网上消费者的购买行为早在实际购买之前就已经开始，并且延长到实际购买后的一段时间，有时甚至是一个较长的时期。从酝酿购买到购买后的一段时间，其购买过程同样可大致分为五个阶段，即诱发需求、收集信息、比较选择、购买决策和购后评价。但由于网络营销与传统营销在销售平台、购物方式等方面有很大差别，因此各阶段的实施重点亦有所不同。

1. 诱发需求

在传统的购物过程中，诱发需求的因素是多方面的，企业可通过感觉、触觉等多种方式刺激消费者需求。但对于网络营销来说，诱发需求的动因只能局限于视觉和听觉，文字的表述、图片的设计、声音的配置则成为诱发网上消费者购买商品的直接动因。基于此，网络营销对消费者的吸引具有相当的难度。这就要求从事网络销售的企业必须注意了解与自己产品有关的实际需求和潜在需求，注重更多地采取相应的促销手段（如有趣的互动调研、免费测试使用等）去吸引更多的消费者浏览网页，诱导他们的需求欲望。

2. 收集信息

在传统的购买过程中，消费者对于信息的收集大都处于被动的状况，如亲朋好友或同事提供的购买信息和体会，厂商的展览推销、上门推销、中介推销、各类广告宣传等。而在网上购买过程中，由于信息收集和传递的便利性，网上消费者在信息收集上具有较大的主动性，一方面，他们可根据已了解的信息，有针对性地通过互联网进行查询；另一方面，他们又可在不断的网上浏览中，随时寻找和修正自己的购买机会和内容。

3. 比较选择

由于不能直接接触商品实体，因此网上消费者对商品的比较主要依赖于企业对产品的描述，包括文字表述和图片展示。一般来说，如果是初次购买，对网上商品不熟悉，消费者通常会先作小规模的尝试，待了解产品和服务质量后，再进行大规模购买。另外，消费者还会通过观察企业广告用语的客观性、网站内容更新的频率和方式等方法对其可信度加以判断，选择可信的购买渠道（如易趣网 http://www.ebay.com.cn、卓越网 http://www.joyo.com、当当书店 http://www.dangdang.com、淘宝网 http://www.taobao.com 等），以免受到虚假广告的误导。

4. 购买决策

与传统的购买方式相比，网上购买者的购买决策特点十分明显：网上购买者通常较为理智，他们有足够的时间仔细分析商品的性能、质量、价格和外观，从容地作出自己的选择；网上购买受外界影响较小，决策较为迅速。由于购买者常常是独自上网浏览、选择，与外界接触较少，因此大部分的购买决策都是自己或与家人共同作出的，时间较短。

目前，网络消费者的购买决策仍然受到许多因素的制约。据 CNNIC 的调查报告显示，在没有购买经历的网民中，没有尝试网络购物的原因主要有对网站不信任、担心商品质量问题和售后服务、质疑其交易安全性、程序烦琐、担心付款和配送等。另外，有部分网民已经准备通过购物网站进行购物，但在结算过程中，由于网上结算步骤太烦琐或者被要求填写的个人信息太多而中途放弃了。实际上这部分网民是网络购物最可能的潜在用户，也是最值得争取的一部分。因此，提供一套完整的诚信机制、完善的配套服务、更安全的网络环境、更简捷的购物流程、更友好的购物界面、更深入的宣传和推广，都是从事网络营销的企业必须努力的方向。

5. 购后评价

由于网络空间中信息传递的速度与广度无法衡量，在这个阶段，网络购物比传统购物具有较为明显的优势。在网络环境下，消费者会把自己的网络购物体验在网络上反映出来，如果消费者的评价是好的，可能会令厂商获益匪浅，但若消费者购后产生不满意感，他同样会通过网络将它表达出来，在广大网民心中产生不良影响，打消很多潜在的消费者的购买欲望。

反过来讲，互联网也为网络营销者收集消费者购后评价意见和建议提供了得天独厚的条件，企业从网上收集到这些评价后，可通过计算机的分析、归纳，迅速找出工作中的缺陷和不足，及时改进自己的产品和服务，从而为提高企业的竞争力，最大限度地占领市场提供便利条件。

15.4 网络营销组合策略的主要特点

虽然网络营销是企业整体营销战略的一个组成部分，其理论基础仍然与传统营销组合策略一致，由 4P（产品、价格、渠道、促销）这四个部分有机结合而成，但通过互联网这一平台进行运作所形成的互动、直接与即时性特点，决定了网络营销的组合策略必然有其独特之处。

15.4.1 网络营销的产品选择及产品策略

选择适合网络营销的产品，是企业制定网络营销策略的基本要素之一。从总体上讲，利用互联网进行营销的产品必须适合利用 Internet 进行推广和销售。而且从实际情况看，确实并不是所有的产品都适合采用网络营销。

1. 选择网络营销产品时需要考虑的主要因素

1）目标客户群的特征

每一种产品都有自己特定的目标客户群。企业在考虑是否运用互联网销售产品时，必须将自己产品的目标客户与网民进行比较，目标客户群的特征与网民群的特征吻合度越高，通过互联网销售产品成功的可能性便越大。

2）产品本身的特点

网络营销的经验表明，适合在互联网上进行营销的产品有：标准化程度较高的产品、可数字化存储和传播的产品、服务类的产品、可在线消费的产品或服务、涉及个人隐私的产品及面向全球销售的产品。

3）企业的物流配送能力

尽管网络可以跨区域、跨国界，甚至超越时空的限制，但任何交易的实现都需要资金流、信息流和物流三者相统一。完善高效的物流配送能力是网络营销得以顺利实现的必要条件，因此，企业在选择产品时还必须考虑到物流配送的能力范围和便利性。

2. 网络营销方式下产品策略的主要变化

在网络环境下，产品策略中信息因素所占的比重越来越高。传统的产品策略开始发生变化，逐渐演变为满足消费者需求的营销策略。

1) 新产品开发策略的调整——以用户为中心

由于互联网实现了信息的对称性，企业可以通过网络直接了解客户的需求意图，客户也可以直接向企业提出自己对产品的各种要求，这便使"以用户为中心"的产品开发策略能够顺利实施。

一个成功的新产品首先来自于一个既有创见，又符合市场需求的产品构思。与工业化时代相比，网络时代搜集产品构思的信息渠道发生了很大变化。通过互联网，企业可以广泛、快捷和低成本地获取信息，如从国内外科研部门和高等学校的网站上获得很多有创见的新产品设想或成果转让信息，通过中国教育科研网查询我国高校及科研院所的最新科研成果及国外研究产品信息等，另外，一些企业在网上推出的新产品介绍网页，也是激发构思的重要来源。

不仅如此，在新产品的开发过程中，企业可随时与客户交流信息，向客户提供新产品的结构、性能等各方面的资料，让客户参与企业新产品的设计、改进、生产等过程，实现产品完全按客户需求来定制，从而既满足了客户的个性化需求，又赢得了新产品进入市场的时间。而且，通过即时反馈得到的产品改进信息，可帮助企业在产品成熟期便能及时推出系列新产品，从而延长产品的生命周期，使产品永葆生命力。

另外，在传统市场中，推广一种新产品需要投入大量的人力、物力和财力，而借助于互联网可使一些新产品的推广变得轻而易举。例如，现在国内外许多计算机软件的一种重要销售方式，就是先通过其网站向用户提供测试版或试用版，用户可免费下载试用，并通过网站反馈意见。在对产品不断修正成熟后，正式推出标准版，便能很快被市场接受。对企业来说，这既是检验新产品的一种方式，也是一种将产品快速推向市场的重要渠道。

2) 网络品牌与建设

Internet 的交互、快捷、全球性、多媒体等优势，为企业提高知名度、树立品牌形象提供了有利的条件。

在传统的营销环境中，由企业通过大量的广告投入，借助大众媒体吸引消费者的注意力，达到传递信息的目的；而在互联网环境中，由受众自身掌握着信息的选择、接收、处理等活动的主动权。比如，用户要在 Internet 的搜索引擎中查询"笔记本电脑"，IBM、HP、DELL、Lenovo、Acer、BenQ 等数十家公司的产品便同时呈现在用户的计算机屏幕上，使竞争的企业在用户面前一览无余。因此，在网络营销环境中，消费者购买产品的依据已不完全是产品的设计、价格、分销等内容，还包括了商品与品牌的价值、商誉、服务等因素。

> **案例精粹**　　　　　　　**以经营特色创建品牌**
>
> 　　Amazon是电子商务的一面旗帜，其成功有多方面的因素，但其核心策略是以服务和广告迅速创出品牌，并产生品牌效应，进而占领市场。凭着这种品牌效应，Amazon扩大售书之外的营业范围，销售礼品、CD和录像带，并在CD的销售方面超过对手，成为网上最大的CD销售商。Amazon的经验提示人们：要注重培养品牌。在网站建设的初期，规模宁可小些，但要有自己的经营特色，以形成品牌和品牌效应。
>
> 　　（资料来源：乌跃良．试论电子商务网站的运作无忧会计网．http://www.51kj.com.cn/news/20061011/n89874.shtml. 2006-10-11）

在网络营销中，大众传播变成了个人传播，大众营销也演变为一对一营销，Internet的交互性和超文本链接及多媒体形式，使网上传播更具操作性和可信性，更易建立品牌形象和加强与客户沟通，增强品牌的知名度、美誉度和忠诚度。

同时，与客户间及时有效的沟通是提高品牌生命力，维系品牌忠诚度的重要环节。网站的交互特性为营销中的交流和沟通提供了方便有效的手段。一方面，客户可以通过在线方式直接将意见、建议反馈给经营者；另一方面，经营者可以通过及时答复客户的意见赢得客户的好感和信任，从而增强客户对品牌的忠诚度。

15.4.2　网络营销中定价策略的主要特点

网络营销价格是指企业在网络营销过程中买卖双方成交的价格。与传统营销一样，网络营销价格的形成是极其复杂的，它受到多种因素的影响和制约。企业在进行网络营销决策时必须对各种因素进行综合考虑，从而采用相应的定价策略。很多传统营销的定价策略在网络营销中得到应用的同时也得到了创新。

1. 网络营销环境下的定价特点

（1）全球性。由于互联网面对的是开放的和全球化的市场，企业的目标市场也从传统的区域市场扩展到全球市场。在这种条件下，一方面，产品的国际价格差别将大大缩小甚至趋于统一；另一方面，企业面对差异性极大的全球市场时，还必须遵照全球化和本土化结合的原则开展营销活动。

（2）低价位。由于网络营销可以极大地降低企业的采购、存储和交易费用，有效减少企业生产的盲目性，控制企业的生产成本，再加上消费者心理因素的影响，通常情况下，网上产品定价较传统营销模式下的定价要低。

（3）顾客主导性。顾客主导性指企业为满足顾客需求，由顾客来选择购买或定制生产自己满意的产品或服务，同时使其以最小代价（产品价格、购买费用等）获得这些产品或服务，即顾客价值最大化。网络营销本着以"客户为中心"

的原则,利用交流与沟通的双向性、即时性特点,其定价策略充分体现了这一点。

2. 网络营销的主要定价策略

(1) 竞争定价策略。大多数网络购物的网站,都经常会将其服务体系和价格等信息公开标明,这就为企业了解竞争对手的价格及价格策略提供了方便。在网络营销中,很多企业都随时根据竞争者的价格变动来调整自己的价格策略,从而时刻保持在同类产品中的相对价格优势。

(2) 个性化定价策略。这种个性化定价策略是互联网产生后营销方式的一种创新。由于网络时代消费者往往对产品外观、颜色、样式等方面有着个性化的需求,因此产品的价格也必然会出现差异。个性化定价策略就是利用网络互动性和消费者的需求特征,来确定商品价格的一种策略。由于互联网的互动性能即时获得消费者的需求,这使个性化营销成为可能,也将使个性化定价策略有可能成为网络营销的一个重要策略。

(3) 自动调价、议价策略。自动调价指企业根据季节变动、市场供求状况、竞争状况及其他因素,在计算收益的基础上,设立自动调价系统,自动进行价格调整。同时,很多企业还往往建立起与消费者直接在网上协商价格的集体议价系统,使价格具有灵活性和多样性,从而形成更易为市场接受的价格。

(4) 特有产品特殊价格策略。这种价格策略需要企业根据产品在网上的实际需求来确定产品的价格。适用这种策略的产品往往有两种类型,一种是创意独特的新产品,利用网络沟通的广泛性、便利性,能够满足那些品味独特、需求特殊的顾客"先睹为快"的心理;另一种是纪念物等有特殊收藏价值的商品,如古董、纪念物或是其他有收藏价值的商品。对这些产品定价时,不用过多地考虑其他竞争者,只需要制定自己最满意的价格。

(5) 捆绑销售的策略。捆绑销售很早就已出现,但引起人们的关注则是19世纪80年代美国快餐业对此的广泛应用,麦当劳通过这种销售形式促进了食品的购买量。目前这种传统策略已经被许多精明的网上企业所应用,他们通过Shopping Cart 或者其他形式巧妙运用捆绑手段,使网上消费者对所购买的产品价格感觉更满意。同时,企业利用这种定价策略可以突破网上产品的最低价格限制,利用合理、有效的手段,降低顾客对价格的敏感程度。

15.4.3 网络营销渠道策略的特点

1. 网络营销渠道与传统营销渠道的主要区别

(1) 功能上的区别。传统营销渠道的功能是单一的,它仅仅只是商品从生产者向消费者转移的一个通道。而网络营销渠道的功能则是多方面的:它既是企业进行信息发布、与用户交流的渠道，也是销售产品、提供服务的便捷途径，同时还是企业间洽谈业务、开展商务活动的场所。

(2) 结构上的区别。网络营销也有直接分销渠道和间接分销渠道之分。前者与传统的直接分销渠道并无二致；而网络营销的间接分销渠道结构则比传统营销渠道简单得多，它只有一层中间环节，即只存在一个电子中间商来沟通买卖双方的信息，而不存在多个批发商和零售商的情况，因而也就不存在多级分销渠道。

(3) 费用上的区别。在网络营销中，无论是直接分销渠道还是间接分销渠道，较之传统营销的渠道结构都大大减少了流通环节，有效地降低了交易成本。一是，通过互联网的直接分销渠道销售产品，企业可从网上直接受理来自全球各地的订货单，然后直接将货物寄给购物者。这种方法所需的费用仅仅是网络管理人员的工资和低廉的网络费用，驻外人员的差旅费及仓库的租赁费用等都可节省下来。二是，互联网的间接分销渠道也克服了传统的间接分销渠道必须依靠多个中介机构的弱点。网上商品交易中心之类的中介型电子商务网站，可以完全承担起信息中介机构的作用，同时还可以利用其在各地的分支机构承担起批发商和零售商这类传统中间商的作用。由于网上商品交易中心合并了众多的中介机构，使其数目减至一，从而使商品流通的费用也降到最低。

2. 网络营销渠道的选择

在众多企业的网络营销活动中，选择营销渠道的最佳方案是双渠道法，即企业同时使用网络直接分销渠道和网络间接分销渠道，从而达到销售量最大的目的。尤其在买方市场的情况下，通过两条渠道推销产品比通过单一渠道更容易实现"市场渗透"策略。

企业在建立自己的网络直销渠道时，一方面，要不断丰富自己网站的内容，提高网站的知名度和访问量；另一方面，最好将自己的网站与一些著名的信息服务商、搜索引擎等链接。一旦企业的网页与专业行业门户网站相链接，其效果不可估量。这种宣传不仅可以波及全国，而且可以辐射全球，这一优势是任何传统的广告宣传都不能比拟的。

除此之外，企业还必须积极利用网络间接分销渠道销售自己的产品，即通过电子商务中介商的信息服务、广告服务与撮合服务，扩大企业的影响，开拓产品的销售领域，降低销售成本。值得注意的是，企业在选择合适的电子商务中介商时，必须认真考虑成本、信用、覆盖、特色和连续性五大因素，进行综合决定。

15.4.4 网络营销的促销策略

1. 网络促销的含义与类型

网络促销是指利用计算机及网络技术向虚拟市场传递有关商品和劳务的信

息,以引发消费者需求,唤起购买欲望和促成购买行为的各种活动。在网络环境下,消费者的概念和消费行为都发生了很大变化,他们普遍进行大范围的选择和理性的消费,许多消费者还直接参与了生产和流通的循环。因此,网络营销的从业人员必须突破传统实体市场和物理时空观的局限性,采用虚拟市场全新的思维方法,调整自己的促销策略和实施方案。

从类型上看,网络促销活动主要分为网络广告促销和网络站点促销两大类。网络广告促销是指通过门户网站、搜索引擎、交易网站、专业信息网站进行广告宣传,开展促销活动;而网络站点促销是指利用企业自己的网络站点树立企业形象,宣传产品,开展促销活动。这两种促销方法从内容到特点均与传统的促销方法有明显差别。

1) 网络广告促销的主要类型

网上广告的主要形式有文字广告、图标广告、旗帜广告、分类广告、互动游戏广告、电子邮件广告等十余种形式,以下简单介绍其中四种形式。

(1) 文字广告。文字广告就是以文字的形式,扩大企业或产品的知名度。这些文字的广告可以放在 web 页上,一般是企业的名称,点击后链接到广告主的主页上。这种文字链接形式的广告通常出现在网页的一些分类栏目中,也可以通过电子邮件的形式定期传送给客户。当宣传新产品时,还可以采取在新闻组或电子公告板上发布的方式。

(2) 图标广告。这种广告是出现在 web 页面上任何地方的一个图标(icon),这个图标可以是一个企业的标志,也可以是一个象形图标,有的就是一个按钮的形状,故也称按钮广告。它们都采取与有关信息实现超链接的互动方式,用鼠标点击它时,可链接到广告主的站点或相关信息页面上。按照 IAB(Internet Adv. Bureau,网络广告署)的标准,图标广告的尺寸一般为 120×90、120×60、125×125 和 88×31 像素,如图 15-1 所示。

图 15-1 图标广告示意图

(3) 分类广告。分类广告是在网络数据库系统基础之上的类似于传统报纸分类广告的网络广告形式,这种广告形式能根据访问者要求迅速进行检索和显示,并能自动更新或根据定制模式转发到用户指定的邮箱。分类广告因其信息的集中度、可对比性和获取便利性、用户访问的主动性等特征而迅速成为互联网广告的主要形式之一,近两年在互联网广告市场的份额增长迅速。

(4) 旗帜广告（banner ads）。旗帜广告也称标志广告，通常是一些色彩艳丽的矩形图片，置于页面的顶部、底部或醒目处。这些设计和制作都很精致，含有经过浓缩的广告词句和精美画面的图片，具有很强的视觉吸引力。标志广告一般都具有超文本链接功能，那些建有自己网站的企业通常都采用这种互动式的旗帜广告，直接与企业自身站点的有关信息实现超链接，从而实现无缝跳转和即时互动。对于还没有建立自己网站的企业则可采用非互动式的旗帜广告，它与传统的印刷媒体广告十分相似，广告中一般包含企业的产品、地址、电话、传真、联系方法等信息。

实践证明，旗帜广告仍是目前宣传网址和网络广告发布最有效的方法之一，例如，作为网络广告业收入排名第一的Yahoo公司，其主要收入就来源于旗帜广告。

2）网络站点促销

相对于网络广告促销，网络站点促销的形式相对简单，这种促销活动的开展主要是在企业自己的网站上进行，具有针对性强且成本低廉的特点。一般来说，中小企业采用这种方式会由于受众狭窄而促销效果有限，知名度较高的企业则能获得较好的实施效果。

2. 确定网络促销的组合方式

网络促销的两种形式各有利弊。网络广告促销宣传面广、影响力大，但其费用相对偏高；网络站点促销快捷、方便、费用较低，且供求双方可直接在网上洽谈，成交的概率较高，但由于Internet上的网站日益增多，检索起来比较困难。合理地应用两种促销方法，是提高网络促销成功率的关键。

在具体实施过程中，企业应根据网络广告促销和站点促销两种方法不同的特点和优势，结合自己产品的市场状况和顾客情况，扬长避短，合理组合，以达到最佳促销效果。例如，在营销策略选择上，网络广告促销是一种"推"式策略，其主要功能是将企业的产品推向市场，获得广大消费者的认可；而网络站点促销则主要是一种"拉"式策略，其主要功能是紧紧地吸引住用户，保持稳定的市场份额。从产品种类看，通常日用消费品，如食品饮料、化妆品、医药制品、家用电器等，网络广告促销的效果比较好；而计算机、集成服务、解决方案、专用及大型机电产品等采用站点促销的方法比较有效。从产品生命周期看，在产品的成长期，应侧重于网络广告促销，宣传产品的新性能、新特点；在产品的成熟期和饱和期，则应加强自身站点的建设，树立企业形象，巩固已有市场。另外，企业可根据自身网络促销的能力确定这两种方法的组合使用比例。

▶ 小结

1. 网络营销是企业整体营销战略的一个组成部分，是指企业以电子信息技术为基础，以计算机网络为媒介和手段而进行的各种营销活动的总称。网络营销有别于传统营销和电子商务。传统营销方式属于单向式、间接性、多阶层的方式，而网络营销是一种互动、直接、即时反馈的模式。电子商务强调的是交易的形式，即交易方式的电子化，它是网络营销的一部分，是网络营销的一个重要环节。

2. 网络营销主要包括七种不同形式：企业网站营销、搜索引擎营销、博客营销、病毒式营销、E-mail营销、交互式广告和网络营销集成等。

3. 网络消费需求有其独有的特点：层次性、明显差异性、交叉性、超前性和可诱导性。影响消费者进行网上购买的主要因素有：商品的价格、购物的快捷性、商品类型的标准化和多样化、信息沟通的双向性、消费意识的引导性。消费者的网上购买过程分五个阶段：诱发需求、收集信息、比较选择、购买决策和购后评价。

4. 选择网络营销产品时需要考虑的主要因素有：目标客户群的特征、产品本身的特点、企业的物流配送能力。网络营销的主要定价策略包括：竞争定价策略、个性化定价策略、自动调价、议价策略、特有产品特殊价格策略、捆绑销售的策略。互联网选择营销渠道的最佳方案是双渠道法，即企业同时使用网络直接分销渠道和网络间接分销渠道，从而达到销售量最大的目的。网络促销活动主要分为网络广告促销和网络站点促销两大类。

关键词

网络营销　　cyber-marketing/e-marketing
电子商务　　electronic commerce
电子交易　　e-exchange
搜索引擎营销　　search engine marketing
博客营销　　Blog marketing
病毒性营销　　viral marketing
网上消费者　　the online consumer
公司网站　　corporate web site
营销网站　　marketing web site
旗帜广告　　banner ads

思考题

1. 网络营销与传统营销和电子商务有何不同？
2. 网络营销主要包括哪几种形式？
3. 试述网络消费需求的特点。

4. 网络消费需求影响因素有哪些？
5. 网络营销组合策略的主要特点有哪些？

案例

网络创新：可口可乐与腾讯公司的携手合作

随着互联网行业的日渐成熟，网络媒体平台也逐渐丰富，这个平台背后日益凝聚起越来越多的休闲食品和饮料的重度消费群体。如何选择与利用网络媒体平台推广自己的品牌和产品成为众多食品企业思考的焦点。

2006年3月份，可口可乐（中国）饮料有限公司与腾讯科技有限公司举行了主题为"要爽由自己，畅享3DQQ秀"的新闻发布会，双方宣布结成战略合作伙伴关系，联手打造全新的3D互动在线生活。可口可乐公司同时宣布，深受年轻人喜爱的可口可乐www.iCoke.cn网站将借助腾讯最新推出的3DQQ秀网络虚拟形象，全面升级为中国首个运用3D形象的在线社区。

这一拥有丰富活动内容和表现方式的网上娱乐空间的建立，无论对于可口可乐还是腾讯都具有里程碑式的重大意义，而它所带来的营销冲击波更是令业界侧目。

线上线下双管配合

可口可乐与腾讯的战略合作通过线上与线下两个通道双管齐下并相互配合。

线下采取了Q币卡、外包装、海报和户外广告等合作方式（主要为合作身份的体现）；而线上合作除了传统的硬广告投放以外，主要采取了以3D秀为核心，以QQ主题包和Qzone为辅助的创新性业务合作方式。这一方式无论在资金和资源的优化配置上还是在品牌推广的效果上都取得了令人满意的成绩。

在线下活动如火如荼的同时，网络活动也是层出不穷。可口可乐借助腾讯QQ先后发布了魔法表情、可乐主题包、3D QQ秀等活动内容，并受到了年轻网民的热烈追捧。

可乐主题包围绕一个主题（时尚元素、品牌、产品等），对QQ皮肤、对话框场景、表情等资源进行整体创意包装，嵌入可口可乐的品牌和产品形象元素，从而呈现给QQ用户新鲜的娱乐体验和视觉感受。可乐主题包以QQ客户端为载体，拥有庞大的受众基数，是网络产品与消费品牌深度结合的典范，推出短短1个月，可口可乐Skin的下载量就达到了430万次。

而最引人注目的活动内容是核心合作项目——3D QQ秀。

3D QQ秀是腾讯公司推出的最新产品，也是虚拟形象技术的革新创举。它一改过去网络在线沟通时的单调，升级成为独具个性的立体沟通方式。虚拟的人物形象按照消费者的需求量身打造，每个参与者都能通过"购买"使自己的网络形象在发型、服装、动作等方面独具特色,甚至可以伸个懒腰或相互拥抱。活泼、新鲜的娱乐形式令网络生活个性十足,顿时成为时尚潮流的风向标。

借助腾讯独特的技术优势,可口可乐 iCoke 网站实现了由 2D 到 3D 的全面升级,成为中国首个成功运用 QQ 娱乐平台的品牌在线社区,并依托腾讯 5.3 亿注册用户资源,为年轻的消费者提供了具有革命性的沟通体验模式。

在此次合作中,腾讯特别为可口可乐的明星代言人,包括刘翔、S.H.E、张韶涵、潘玮柏、余文乐和李宇春等特别制作了 3D QQ 秀酷爽造型。通过 3D 技术特制代言人形象,可口可乐为年轻消费者提供了与偶像们亲密接触的另一个舞台,巩固了可口可乐在众多年轻人心中的特殊地位。

3D QQ 秀取得了巨大的营销效果,不仅使可口可乐在产品销售层面得到良好的收益,更重要的是触发了年轻人的兴奋点,加强了可口可乐同消费者的沟通。同时,由于腾讯 3D 秀商城 iCoke 专区所有物品均可用 iCoke 积分兑换,大大增加了活动号召力和参与人数,增强了腾讯的用户活跃度与媒体影响力。

网络营销实现三方共享

可口可乐与腾讯的战略合作,完美地诠释了可口可乐一贯坚持的品牌路线,即用创新的手段加强同年轻消费者的沟通,并带给他们最热门的潮流和文化。

可口可乐通过在腾讯的广告投放以及与 QQ 特色业务(3D 秀、QQ 主题包、Qzone)的合作,覆盖并深刻影响了亿万年轻的消费者。在腾讯的助力下,iCoke 网站焕然一新,在娱乐和互动方面跨上了新的台阶,并立即受到了年轻人的欢迎,目前已拥有超过 120 万的忠实用户。同时,一系列的活动推广也巩固了可口可乐在众多年轻人心目中的品牌形象。

可口可乐与腾讯的合作,无论是线上还是线下,双方都进行了紧密的配合。双方的品牌形象及产品服务加以捆绑,相互渗透,相互提携,取得了令人满意的效果。这也展现了一种新的合作模式,即共赢关系下的娱乐营销模式。在此模式下,企业与媒体以及消费者三方形成了利益分享的局面。企业推广了品牌,提升了销售额;媒体扩大了知名度,增加了浏览量和用户群;消费者获得了双重消费体验以及较高的附加值回报。

本次合作,在让可口可乐感受到互联网营销巨大魅力的同时,也成为备受业界和媒体关注的网络营销年度创新成功案例。

(资料来源:万里. 可口可乐创新的网络营销案例之二. 时代财富网. http://smt.fortuneage.com/uemarketer/18657-157478.aspx. 2008-2-28. 有删改)

案例思考题:
1. 可口可乐与腾讯公司网络营销的成功主要应归结于哪些方面的原因?
2. 请结合本案例,具体分析网络营销在品牌推广中的作用。

第 16 章

全 球 营 销

　　2008年全国第十一届政协会议期间,联想集团董事长杨元庆向与会领导和委员们展示了联想最新发布的13.3英寸轻薄ThinkPad X300型笔记本电脑,并自豪地向领导和委员们介绍"这款笔记本是全球采购零部件,深圳组装而成的"。"全球采购、深圳组装、全球销售"是联想计算机在经济全球化时代的营销新模式,这种新模式不仅诠释了联想对当今经济全球化时代市场特征的深刻认识,而且解释了联想成长为全球第三大PC制造商的根本原因。"全球采购"意味着联想计算机从技术上不输给其他跨国计算机制造商;"深圳组装"意味着联想计算机具有生产上的成本优势;"全球销售"意味着联想计算机充分利用了经济全球化时代所提供的销售机遇,在扩大市场销售额的同时也提高了联想品牌的全球知名度。如同联想计算机一般,经济全球化时代的营销模式越来越呈现出全球化的特征:通过生产的全球化,让自己的产品从质量、功能、技术以及成本上具备全球领先水准;通过市场的全球化,扩大产品的销售范围,也创造出全球知名的品牌。这无疑是一种对任何欲在经济全球化时代抢占全球市场的企业具有吸引力的一种营销新模式。

　　(资料来源:根据联想集团官方网站资料编写.http://www.lenovo.com.cn)

　　随着世界经济的一体化,各国在贸易、投资、文化上的交往日益频繁。企业纷纷寻找全球市场的发展机会,在全球范围配置资源,以构建全球竞争优势。全球营销学发源于市场营销学,并随着企业全球市场营销实践的深入而完善。本章将回答关于全球营销的两大问题:一是为什么会产生全球营销;二是如何开展全球营销。

16.1 全球营销概述

全球营销内涵极其丰富,不仅涉及需求与竞争两大营销基本问题,而且强调要基于全球视角来思考和构建它们的营销战略与策略。就营销而言的全球视角,是指看待市场机会、配置营销资源和构建竞争优势的全球视角。唯如此,在市场全球化、竞争全球化的时代背景下,企业才能够生存和发展。

16.1.1 全球营销产生的驱动力

全球营销指企业在全球范围寻找目标市场,整合资源,构建竞争优势,为全球范围的目标消费者群设计、传递价值,然后进行全球型的组织管理、协调和实施的过程。

1. 推动全球营销产生的外部驱动力

1) 自由贸易、区域市场与产业分工

倡导全球自由贸易,尽力打破一切阻碍商品、服务、资本、技术、人力在国家间流动的有形壁垒,不仅极大地促进了以比较优势为基础的全球贸易的增长,而且使以资本、技术为载体的跨国投资也日渐活跃。世界贸易组织、世界银行、国际货币基金组织等国际性机构,已经成为促进全球自由贸易和形成全球市场的助推器,也是降低世界经济和金融波动的稳定剂。

由地缘相近、文化类同的国家所组成的一体化区域市场,如欧盟、北美自由贸易区等,不仅仅撤销了阻碍贸易、投资、人员等在区域内国家间流动的各种壁垒,甚至在欧盟区还执行了象征更高一体化程度的单一货币体制。

全球产业分工呈现出新的格局,不仅有传统的美国、欧洲、日本间的"世界三角区"内的水平分工,而且还有发达国家与发展中国家之间的垂直分工。这直接导致了许多新兴市场的形成,如中国和印度市场,同时,这些新兴市场又成为全球产业的重要生产基地。世界经济也因产业分工格局的改变而日渐融合。

2) 技术发展的推动力

技术发展对全球营销的推动力主要表现在三个方面:一是全球型媒体的形成;二是交通技术的进步;三是通信技术的发展。

3) 全球消费者需求趋同

全球消费者需求呈现趋同的特征,奠定了企业开展全球营销的基础。比如,全球青年人看同样的好莱坞大片,欣赏 NBA 比赛,与 F1 一起疯狂,喝可口可乐,泡吧,吃比萨饼等。

4) 全球竞争

全球竞争本土化,本土竞争全球化是无可争辩的现实,面对现实,企业别无他法,只有参与进去,通过全球营销的方式应对全球竞争。全球竞争的现实给企业也造成了很大的压力,化解压力的最好办法,就是通过全球营销,优化全球资源配置,获得更大的成本优势和质量优势。

2. 推动全球营销产生的内部驱动力

通过全球营销,企业可以获得众多利益,这就成了推动全球营销产生的内部驱动力,主要表现在如下三个方面:

(1) 经验分享。开展全球营销的企业,可以在不同市场间分享以往积累的经验,如管理经验、产品开发经验、广告诉求方式等。在企业内部不断分享各种经验,有助于将经验转化为企业的核心竞争能力,提升企业的整体竞争优势。

(2) 规模经济。相对于其他企业,开展全球营销的企业有更多获得规模经济的机会。由于有全球巨大市场规模的支撑,企业价值链的众多环节,如研发、生产、物流、营销等,均能以大规模方式运作,从而产生规模经济效益。

(3) 全球资源的利用。为了在全球市场竞争中获得优势,开展全球营销的企业不只从规模经济效益角度,还需从竞争优势角度设计企业价值链。得天独厚的全球营销模式,允许企业将价值链不同活动环节配置到全球最有利的区域,并通过总部的管理协调,整合各个环节的优势,最终形成全球型企业价值链的整体竞争优势。

16.1.2 全球营销管理导向和方法

全球经济一体化以及全球化竞争,要求企业重新思考营销问题,其核心是探讨怎样才能更好地开展全球营销。为此,需要了解两大关于如何开展全球营销的基本问题:一是全球营销管理导向;二是全球营销方法。

1. 全球营销管理导向

全球营销管理导向是一种根据对世界市场的整体判断,处理企业与世界市场关系的管理哲学。目前有四种基本的全球营销管理导向,分别是母国中心导向、多国中心导向、区域中心导向和全球中心导向。

(1) 母国中心导向。母国中心导向的核心思想表现在:一是世界各国市场差异性不大;二是本国市场比国外市场重要;三是在本国市场取得成功的产品和营销方案,可以不加调整地被移植到国外市场。

(2) 多国中心导向。多国中心导向的核心思想表现在:一是把拓展世界市场作为企业获得成长的重要途径;二是强调世界各国市场的差异性;三是认为一地的成功经验无法由世界各国市场分享。

（3）区域中心导向。区域中心导向的核心思想表现在：一是重视世界市场对企业发展的作用；二是认为由地缘、文化接近的国家组成的区域市场具有相似需求；三是对待区域以外的市场，或采用母国中心导向，或采用多国中心导向。

（4）全球中心导向。全球中心导向的核心思想表现在：一是认为全球市场对于企业发展意义重大；二是既看到全球各地市场的共性，也承认其差异性；三是认为应该在全球范围合理配置资源，采用一体化与差异性相结合的营销方案。

遵循全球导向的企业，具备真正意义上的"全球视野"，通过整合、协调全球各地资源，并有组织地在企业内部分享所积累的全球市场经验，使之内化为企业核心竞争力。在全球市场上执行一体化与差异性相结合的营销方案，既享受了全球市场的规模经济效益，也适应了各地不同市场的特殊要求。

2. 全球营销方法

全球营销是在全球市场开展市场营销的一种经营行为，因此，全球营销本质上就是市场营销基本方法在全球市场上的延伸和拓展，需要紧紧围绕如何满足全球市场需求、应对全球竞争和构建全球竞争优势进行设计。

通过全球营销，企业固然可以获得全球市场的巨大规模经济效益，也能分享不同国家的比较优势，形成全球范围内企业价值链的最优配置，从而建立起可持续发展的全球竞争优势。但是，由于不同国家在政治法律、经济技术、社会文化等方面差别很大，势必使全球营销置身于一个更为复杂的环境体系中，从而面临更高的风险和不确定性。因此，就整体而言，全球营销方案一方面要体现全球市场的共性特征，另一方面也必须体现国别的差异性。

围绕满足全球市场需求，构建全球竞争优势，所设计的全球营销方案应包含战略与策略两个层面的内容。战略内容有：首先是决定所要进入的国家市场，以及采取什么方式进入，这就是全球市场进入战略；其次，决定如何在全球不同市场上配置企业价值链，这就是企业价值链全球配置战略；最后，决策选择哪些全球细分市场作为目标市场，以及在目标市场上如何定位。策略内容就是如何设计全球营销的"4Ps"。

保证全球营销战略与策略有效性的前提是要深入分析影响它们的因素，这些因素包括：全球营销环境、全球行业竞争态势、企业目标与价值链。将上述三大因素的分析结果输入到设计全球营销战略与策略的过程中去，就会形成指导企业开展全球营销的方案。

16.2 全球营销环境

营销环境是影响企业经营行为的外在力量，企业必须善于利用环境提供的机会，还要能规避环境造成的威胁，其生存和发展才有保障。全球营销环境由具有不同经济、政治、法律、社会文化特征的国家及区域营销环境构成，其复杂性和不确定性程度较单一国家营销环境更高。为此，要确保全球营销的成功，需深入分析全球营销环境的基本特征。

16.2.1 全球经济环境

1. 经济体制

世界上大体有三种经济体制，分别是计划经济体制、市场经济体制、计划与市场相结合的经济体制。目前，世界上绝大多数国家采取的都是计划与市场相结合的经济体制，所不同的是，计划与市场在经济体制中的比重不一，所涉及的行业不同。这一方面为全球营销创造了较好的市场体制环境，另一方面也提供了不同的市场发展机会。

2. 经济结构

经济结构与经济发展水平密切相关，直接决定了一国的产品需求结构。世界各国的经济结构大体分成四类。

(1) 传统型经济结构。其特点是以自给自足的农业经济为主，交换也仅限于多余农产品的物物交换。国民购买力低下，几乎不能提供全球营销机会。

(2) 原料输出型经济结构。它的主要特点是自然资源十分丰富，资源开采业非常发达，但其他产业十分落后，例如，中东大多数国家形成了石油输出型经济结构。这种经济结构的国家，是各类采掘设备、工具、原料加工设备、运输设备及各种消费品的大好市场。

(3) 新兴工业化经济结构。具备这类经济结构的国家，加工制造业很发达，国民收入随着经济增长而不断攀升。它们提供了原材料、燃料、先进技术设备和消费品的巨大市场，同时也出口大量质优价廉的加工制成品，如目前的中国和东南亚诸国。

(4) 成熟工业经济结构。发达国家大都属于这种经济结构类型，它们是全球技术、服务、高科技产品、资本等的重要输出国，同时也是各类消费品、原材料和能源的消费大国。

3. 市场规模

市场规模主要取决于一国的人口数量与人均收入水平。就人口而言，总人口数量越大，总需求规模也越大。但是，非生活必需品的市场规模还要结合收入水平来测量，人均收入水平越高的国家，非生活必需品的市场规模也越大。

4. 基础结构

能源供应、通信设施、交通运输及商业基础设施构成了一国的基础结构。基础结构状况的好坏,直接影响企业在该国的营销成本。在基础结构条件完善的国家市场中开展经营,不仅可以降低营销成本,也有助于营销活动顺利展开。

16.2.2 全球政治法律环境

1. 全球政治环境

(1) 世界政治总体形势与格局。和平与发展是当今世界政治的主旋律,世界政治格局呈现多极化的特征,这些都为全球营销创造了良好的全球政治环境。但我们也要看到,全球恐怖活动、民族矛盾、宗教冲突、经济竞争、局部战争等都是导致全球政治环境不稳定的因素,对此必须给予高度重视。

(2) 国别政治环境。可以从以下几个方面来认识国别政治环境:①政治体制。一个国家的政治主张和经济政策取决于其采取的政治体制,政治体制是影响企业在东道国开展营销活动的重要政治因素。②行政体制。行政体制涉及行政结构和效率,包括政府对经济的控制和干预,以及政府对国际贸易、国际投资的态度等。不同的国家在行政体制上差别很大,企业应据此作出是否进入该国以及如何开展营销活动等决策。③政治的稳定性。不稳定的政治是企业在东道国可能面临的最大政治风险,可以从政权更迭频率、民族与宗教冲突程度,以及暴动、罢工、骚乱事件发生的多寡来判断一国政治是否稳定。④国际关系。可以从两个角度来理解国际关系对全球营销的影响。首先,企业所属国与东道国双边关系的好坏,将直接影响企业在东道国市场营销的成败;其次,东道国与其他国家关系的好坏,将间接影响企业的全球营销行为。

2. 全球法律环境

(1) 世界法律体系。世界各国的法律体系大都分属三大体系:一是普通法系;二是民法法系;三是伊斯兰法法系。各国法律的制定和实施受制于其所属的法律体系。

(2) 国际公约与国际惯例。国际公约是双边或多边协议,规定了缔约国的权利和义务。国际惯例是在长期国际经济贸易活动中形成的习惯做法和先例。这二者都具备法律约束力,全球营销企业应当依照国际公约与国际惯例行事。

(3) 解决国际商务纠纷的法律途径。全球营销企业应熟知解决国际商务纠纷的法律途径,一般可以通过协商、调停、仲裁和诉讼四种方式解决纠纷。除协商只涉及当事者双方外,其他三种方式都有第三方国际组织或机构的介入。

(4) 东道国法律。全球营销行为必然受到东道国法律的约束。企业在全面了解东道国法律制度的基础上,应着重了解涉及市场竞争与消费者权益两方面的法律和法规,它们涵盖了产品、价格、渠道和促销等内容。

16.2.3 全球社会文化环境

人们的消费行为、需求偏好和交往习惯深受社会文化背景的影响，全球营销方案应适应东道国的社会文化和风俗习惯，即便是采用标准化模式，也需根据不同国家的社会文化特征，对方案进行适当调整。分析全球社会文化环境可以从以下几个方面入手：

（1）社会结构。社会结构形成了人们的社会角色和社会关系，可以从亲属群体和社会群体两方面来认识社会结构。构成亲属群体的基本单位是家庭，不同国家的家庭规模不一，导致以家庭为单位的购买行为不同。社会群体包括除家庭外的各种社会组织，如各种社团、行会、部族等，属于同一社会群体的消费者大都具有类似的消费喜好。

（2）语言文字。与语言文字密切相关的广告语言、产品说明、品牌名称等全球营销方案，特别需要注意要与东道国实际情况相适应，否则会阻碍营销顺利展开。试想，如果Cocacole不是翻译成"可口可乐"，而是"口渴口辣"，其结果不言自明。语言文字也是进行市场调查、商务谈判的重要载体，对东道国语言文字的熟悉程度，将直接影响市场调查与商务谈判能否顺利。

（3）价值观念。价值观念是文化的核心，深深影响着人们的消费行为。信奉节俭价值观的消费者，喜欢物美价廉的商品；追求生活享受的消费者，更多地购买高档次商品。西方国家消费者因快餐的方便、省时，对其情有独钟，而发展中国家消费者却视其为时尚的就餐形式。价值观念还与宗教、道德、政治制度、经济发展水平等相关，并可以通过它们间接地影响人们的消费行为。

（4）宗教信仰。一方面，它要求企业在具有不同宗教信仰的国家开展营销活动时，不得触犯当地的宗教信仰戒律；另一方面，宗教信仰组织本身就是集团购买者，又是教徒购买者的重要影响者。以适应宗教信仰的方式开展全球营销的企业，可以获得教徒购买群体的青睐。

（5）商业习惯。全球营销需要与各国具有不同商业习惯的组织、人士建立合作关系，因此，需要熟知并适应不同的商业习惯；否则，在合作的过程中难免会产生隔阂。比如，与中东人做生意，需事先花大量时间与他们培养感情，而西方人认为这是在浪费时间，直入主题才是西方人喜欢的行事方式。

16.2.4 全球区域市场

根据国家间合作的形式，区域市场可以分为以下四种：

（1）自由贸易区。这是一体化程度最低的区域市场形式，区域内成员国间消除了各种形式的贸易壁垒，商品和劳务可以在区域内国家间自由流动，但成员国各自保持独立的国内经济政策，对区域外第三国的关税也保持独立。

(2) 关税同盟。合作程度高于自由贸易区的区域市场，即不仅在成员国间消除了各种贸易壁垒，商品和劳务可以在区域内国家间自由流动，而且各成员国对非成员国设置相同的贸易壁垒。

(3) 共同市场。在关税同盟的基础上，共同市场的一体化程度又更进了一步：不仅商品和劳务可以在区域内自由流动，而且生产要素，如资本、劳动力等，也可以自由流动；除了各成员国设置对非成员国统一的贸易壁垒，相互间还协调各自的国内经济政策，并保持汇率稳定。共同市场意味着一个相对统一的经济体形成。

(4) 经济同盟。经济同盟的一体化程度最高，一体化领域从商品贸易扩展到生产、分配甚至整个国民经济。成员国间彼此协调各种经济政策，甚至采用统一的货币。

16.3 全球营销战略

全球营销战略是指导企业在全球市场开展经营活动的长期谋划，主要涉及三方面内容：第一，从企业价值链角度，设计在全球范围配置资源的方式；第二，选择进入国外市场的最佳途径；第三，细分全球市场，实施目标市场营销。

16.3.1 企业价值链全球配置战略

开展全球营销的企业，面临的首要问题是如何构建全球竞争优势。企业能否拥有全球竞争优势，关键看该企业是否能够整合全球各地资源禀赋的比较优势，并成功地把它们凝结到企业所提供的产品或服务中去，这涉及企业价值链的全球配置。

1. 企业价值链界定

美国战略学家迈克尔·波特指出，任何企业都可视为是一系列价值活动的集合，这些价值活动由在经济上和战略上存在显著差别的各种相互独立、又彼此依存的活动组成，如设计、生产、营销、交货等，这些价值活动可以被分成基本活动与辅助活动两大类，基本活动与为用户创造、传递价值相关，辅助活动为全部基本活动提供支持，所有价值活动构成的集合称之为企业价值链，如图 16-1 所示。

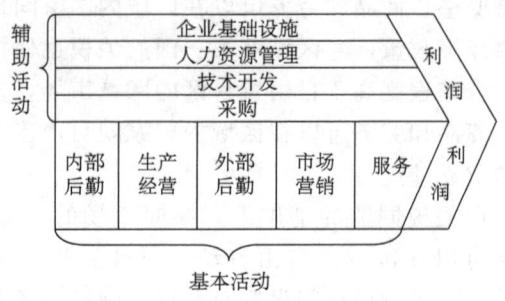

图 16-1 企业价值链

2. 企业价值链全球配置战略

为谋求全球竞争优势，必须从战略角度设计企业经营活动的全球最优配置方案，并有效地整合协调企业内外部的经营活动，这涉及企业价值链在全球范围的配置，也称之为企业价值链全球配置战略。

1) 企业价值链基本价值活动全球配置战略

企业价值链的基本价值活动与为用户创造和传递价值直接相关，在全球营销过程中，要为用户创造低成本或差异化的价值，必须设计好价值链基本价值活动的全球配置战略。

首先，根据行业特性辨析出与成本优势或差异化优势密切相关的基本价值活动，也就是要找到核心基本价值活动环节；其次，根据资源禀赋比较优势原则和贴近市场原则，决定采取单点集中、多点集中或分散配置战略；再次，围绕核心基本价值活动，在全球范围内采取灵活方式，配置非核心基本价值活动；最后，建起各基本价值活动间的联系机制，以维持所构建起来的低成本或差异化全球竞争优势。

2) 企业价值链辅助活动全球配置战略

企业价值链辅助活动为基本价值活动提供支持，对维持企业低成本或差异化竞争优势起到支持作用，其中有些辅助活动还与获取竞争优势直接相关。可以从以下两个方面思考辅助活动的全球配置战略：一是对与获取竞争优势直接相关的辅助活动，在全球范围采取单点集中或者多点集中配置战略；二是对支持性的辅助活动，需要围绕价值链主要活动的配置方式采取灵活的配置战略。

3) 企业价值链的内外部协同战略

全球营销企业必须构建起协同机制，以谋求企业价值链主要活动间、辅助活动与主要活动以及企业价值链与上下游合作者的价值链之间的协同；否则，企业所构建的低成本或差异化竞争优势很难维持。

> **案例精粹**　　　　　**耐克公司价值链的全球配置**
>
> 　　以生产运动服装、运动鞋等为主的耐克公司，是一家典型的全球营销公司。耐克公司深谙价值链全球配置战略对于获得全球竞争优势的重要意义。在运动服装、运动鞋行业，有三大主要经营环节对企业获得竞争优势至关重要，它们分别是价值链主要活动的生产与市场营销环节，及辅助活动中的技术开发环节。耐克公司采取多点集中配置战略，将生产活动安排到中国、韩国、东南亚等具备生产技术条件和成本优势的国家市场；采用分散配置战略，在全球各个国家市场配置市场营销活动；而对于获取差异化竞争优势有举足轻重作用的产品设计和开发，耐克公司又采取多点集中配置战略，在美国本土和欧洲等具备全球产品研发优势的国家市场进行配置。耐克公司通过构建全球协同机制，使价值链各个活动环节之间取得整合效果，也保持了与外部合作者价值链之间的有效协调。可以说，耐克公司长盛不衰、拥有全球竞争优势的秘诀与其价值链的全球有效配置不无关系。

16.3.2　全球市场进入战略

　　企业全球营销必须决策以何种方式进入全球市场。根据风险和控制程度的大小，有三类进入战略可供选择：一是出口进入方式；二是合同进入方式；三是投资进入方式。

　　1. 出口进入方式

　　采用出口进入方式，通常为刚刚开展全球营销的企业所采用，其风险和控制程度都很小，比较适合实力有限，缺乏全球营销经验的企业运用。出口进入方式又可以分为间接出口和直接出口。

　　(1) 间接出口。间接出口指通过中间商，将母国生产的产品销往国外。有三种间接出口方式可以采用：第一种是由本国对外贸易公司买断产品后，再转手销往国际市场；第二种是委托本国出口代理商，代为办理出口商品等事宜；第三种是经由外国驻国内的销售机构转售到国际市场。

　　(2) 直接出口。直接出口指直接将产品出口到国际市场。可以通过国外经销商、国外代理商、设立驻外办事处以及建立国外营销子公司等方式开展直接出口。

　　2. 合同进入方式

　　合同进入方式指通过非股权契约，将专利、商标、专有技术和著作权等授予国外合作方使用，而得以进入国际市场的一种方式。相对于出口方式，合同进入方式风险较大，对经营活动的控制也更强。该方式一般可以通过许可证贸易、特许经营、管理合同和合同生产等方式实现。

3. 投资进入方式

投资进入方式是指通过投资,在国外生产产品,并在国际市场销售产品的全球市场进入方式。投资进入方式面临的经营风险最高,但对经营活动的控制程度也最强。企业可以采取独资或合资方式实现投资进入全球市场,这种方式对企业实力、风险控制力、全球营销经验等要求都很高。

16.3.3 全球目标市场营销战略

目标市场营销战略能够帮助企业更好地理解消费者需求,以更为精确的方式开展营销活动,提高营销的效率和效果。全球营销所面临的环境因素较之国内营销更为复杂,在全球多元政治、经济、社会文化环境中开展营销活动,其风险很大,为此,需要从战略层面思考如何提高全球营销精确性,即借助全球目标市场营销战略。

1. 全球市场细分

全球市场细分是实施全球目标市场营销战略的第一步,其有效性依赖于细分变量的正确选择,以及对细分后市场的评估。

全球市场细分要遵循三个步骤:首先对全球市场进行宏观细分,决定应该以哪些国家为目标市场;其次,在宏观细分的基础上,实施微观细分,确定在所选择的目标国家市场中为哪些顾客群体服务;最后,按照一定的标准评估全球市场细分的有效性。

对国际市场进行的宏观细分,亦即国别细分,可以帮助企业将全球范围内的众多国家进行归类,具有相似环境特征的国家被纳入同类细分市场,对之采用大约一致的营销策略。细分全球市场既可以采用地理区域、经济发展水平、社会文化等单变量,也可以采用多变量组合。

在具有相似环境特征的几个国家市场中开展营销活动,还需要针对消费者需求差异进一步细分市场,也就是全球市场微观细分,也称类别细分,具体内容可参考第6章。

2. 全球目标市场选择

在全球市场细分的基础上,企业要决定为之服务的目标市场,以及在目标市场上采用何种营销战略,这些问题都与目标市场选择有关。

在进行全球目标市场选择时,除了考虑市场的规模和成长性、市场竞争结构、企业的目标和资源能力这三个因素外,还需要考虑每个细分市场的进入和运行成本及风险与进入障碍等。企业在综合考虑了上述五大标准的基础上,再选择适宜的目标市场。

3. 市场定位

为全球营销的产品和服务在目标市场上寻求有利的市场位置，在消费者心目中创造产品或企业的独特个性即全球市场定位的过程。企业在定位战略的选择上依然可以采用直接对抗定位、避强定位和再定位战略，然后通过设计全球营销"4Ps"组合，向全球目标市场传递其定位。

16.4 全球营销策略

企业通过全球产品策略、定价策略、分销渠道策略和沟通策略，即全球营销"4Ps"组合，向全球目标市场传递价值。企业设计和实施的价值传递方案，即全球营销策略，可以是标准化方案，也可以根据各个目标市场的差异，采取本土化方案。

16.4.1 全球产品策略

基础市场营销学所涉及的产品策略，如单个产品决策、产品线决策、产品组合决策、新产品开发等，同样可以运用到全球营销过程中。但全球营销毕竟不同于一般国内营销，它是跨越国界的营销活动，其全球产品策略也就深深地带有全球营销特征。在此，不再论述营销学的一般产品策略，仅着重论述带有全球营销特征的全球产品策略。

（1）产品进入全球市场的基本策略。有三种基本策略可以帮助产品进入全球市场，分别是直接延伸国内产品策略、改良国内产品策略和开发新产品策略。直接延伸国内产品策略一般适用于标准化的产品，并且全球消费者所注重的产品价值基本相同。通过改良国内产品，使之适应全球不同市场的营销环境，也就是国内产品改良策略。当企业具备实力，专门针对国外市场开发新产品，以期获得更高利润时，则是开发新产品策略。

（2）全球新产品推广策略。企业开发新产品后，采取怎样的方式在全球市场推广，取决于企业如何判断全球市场的性质。有两种基于不同判断的推广策略：一种是瀑布式推广策略，另一种是喷淋式推广策略。瀑布式推广策略的理论基础是国际产品贸易周期理论，认为全球不同市场接受新产品在时间上有先后顺序，所以应先在发达国家推广新产品，待产品步入成熟期后，再向发展中国家推广，最后向欠发达国家市场推广。而喷淋式推广策略认为市场机会经常在全球范围同时出现，所以应在全球不同市场同步推广新产品。

> **案例精粹**　　　　　喷淋式推广策略受到全球营销企业的欢迎
>
> 　　许多全球营销企业意识到全球市场消费者口味越来越具有一致性，这意味着真正的"全球市场地球村"正逐步形成。他们利用一切机会，在全球范围同步推广新产品，不仅获得市场规模经济效益，也因此能够在短时间内收回新产品开发成本，从而不断加快新产品开发和上市速度。吉列公司在全球同步推广新开发的感应剃须刀，以期尽快收回花10年时间并耗资2亿美元的开发成本。索尼、东芝、松下等企业，预期全球DVD市场将达10亿美元，为此，纷纷同步在全球范围推广DVD新产品。很多制药企业，鉴于新产品开发成本巨大，也采取喷淋式推广策略，在全球不同市场同时推出新产品。
>
> 　　（资料来源：沃伦·J.基坎，马克·C.格林．全球营销原理．北京：中国人民大学出版社，2002.55）

　　(3) 全球品牌策略。采取何种品牌策略，是全球营销企业面临的一大问题，也有三种策略可以选择：一是全球统一品牌策略；二是单一品牌调整策略；三是不同品牌策略。采用全球统一品牌策略，可以获得规模经济效益，并节省营销费用，还易于形成统一的全球形象。如果品牌很难被翻译成当地语言，或者需要赋予品牌更为浓厚的当地文化色彩时，就要适当调整品牌，这就是单一品牌调整策略，比如"Sprit"牌汽水，在中国市场是以"雪碧"为名推广的。为全球不同市场推出不同品牌的产品，则是不同品牌策略，此策略可以为企业获得本土化的极大优势，但同时又会增加企业的营销成本，也不利于形成全球统一形象。

16.4.2　全球定价策略

　　由于全球营销较之国内营销面临更为复杂的营销环境，其定价策略除遵循一般原理外，也更为复杂。

　　1. 影响全球定价的因素更为多样

　　(1) 成本因素。影响全球定价的成本，除一般的管理和生产成本外，还需考虑全球营销费用、关税、其他税收、国际中间商成本、国际运输费用和保险费用等。

　　(2) 法规因素。各国针对国外产品的销售有很多限制性法规，它们对全球定价产生深刻影响，包括关税与非关税壁垒、价格限制性法规、反倾销法、产品安全法等。

　　(3) 汇率因素。全球金融市场的汇率受多种因素影响而自由浮动。选择某种货币为产品计价，往往会因汇率波动，导致不同的销售收入，故汇率成为影响全球定价的特有的重要因素。

　　(4) 通货膨胀。通货膨胀影响产品成本，而不同的国家通货膨胀率也不尽相同，全球营销需要结合对产品成本有影响的各国通货膨胀率，为产品制定能够抵补通胀影响的产品价格。

2. 全球产品定价的基本方法

成本是产品价格的底线，市场需求决定了产品价格的上限，而由于竞争的影响，导致产品价格在上下限间波动。这就产生了三种基本定价方法：一是基于成本的定价方法；二是基于需求的定价方法；三是基于竞争的定价方法。全球营销也参照这三类方法为产品制定基本价格。

3. 全球产品定价策略

（1）统一价格策略。在全球市场上为产品制定统一价格，是最简单的定价策略，但难以适应各国不同市场营销环境和需求的差异，也不能应对竞争变化。

（2）本土化定价。为适应当地营销环境，而为不同国家制定不同的产品价格，便称之为本土化定价策略。本土化定价策略既需根据当地实际成本，也要参照当地能够接受的价格水准，但要注意避免企业内部产生价格竞争。

（3）协调定价策略。对同一产品在全球各国市场的价格进行协调，目的是为避免企业内部产生价格竞争，也为获取企业整体收益最大化。

（4）转移定价策略。当在全球不同国家设有子公司时，常常需要在母公司与子公司间及子公司与子公司间转移零部件和产品。而不同国家采取不同的外汇控制政策、制定针对进出口货物的不同关税、对企业所得征税也不尽相同。为此，企业可以采取转移定价策略，以规避外汇管制风险，合理避逃关税和所得税，使企业整体收益最大化。

16.4.3 全球分销渠道策略

分销渠道不仅帮助企业将产品和服务送达消费者，而且还承担了众多营销职能，如信息收集、促进销售等。有学者甚至提出，企业不仅是通过分销渠道销售产品，而且应该对分销渠道开展营销活动。这些都说明分销渠道对企业的重要性，全球营销更是如此，跨越国界转移产品，更需要高效率的全球分销渠道的支持。

（1）影响全球分销渠道设计和选择的因素。由于全球分销渠道跨越具有不同社会文化背景和经济发展水平的国家，影响设计和选择的因素较国内分销渠道更为复杂。企业应全面综合考察这些影响因素，设计、选择与之相适应，并与企业发展目标和所经营产品相匹配的分销渠道。这些影响因素可以概括为"11Cs"：顾客（customer）、文化（culture）、竞争（competition）、企业（corporation）、产品（commodity）、资金（capital）、成本（cost）、覆盖率（coverage）、控制（control）、连续性（continuity）和沟通（communication）。

（2）全球分销渠道的长度、宽度和渠道成员。全球分销渠道长度与国内分销渠道类似，按照是否存在中间商，可以划分为直接分销渠道和间接分销渠道。根据所涉及中间商层次的多少，全球间接分销渠道又可以分为一级渠道、二级渠道和三级渠道。同样，依照所使用同级中间商数量多寡，全球分销渠道可以分成宽渠道和窄渠道，与之相关的三种分销策略是：密集分销、选择性分销和独家分销。全球分销渠道成员除了有生产商和用户外，还由国内中间商和国外中间商构成。国内中间商包括进出口贸易公司、国内批发公司和国内代理商等，国外中间商包括国外进口中间商、国外进口代理商和兼营进口中间商等。

（3）分销渠道管理。全球分销渠道管理同样包括三方面的内容：一是分销渠道中间商的选择；二是制定和实施针对渠道成员的激励措施；三是评估渠道成员工作业绩，适时调整渠道，具体做法类似一般渠道管理策略。

（4）全球物流管理。全球物流管理是指对各类物质、信息在全球分销体系中的流动进行管理，其实质是为全球营销提供后勤支持。有效的全球物流管理，不仅能够降低全球营销成本，也能够提高为消费者服务的水平，更能为企业带来全球竞争优势。全球物流管理涉及的主要内容有全球订单管理、全球库存管理、全球仓储管理、全球运输管理等。

16.4.4 全球沟通策略

通过设计和实施有效的全球沟通策略，能够促使全球消费者认识企业、理解全球提供物的价值，帮助全球营销企业达成其目标。全球广告策略、全球人员推销策略、全球营业推广策略、全球公共宣传策略是构成企业与消费者进行沟通的四种主要策略。企业需整合不同的沟通策略，向全球消费者传达产品和企业信息，促使产生企业所期望的消费者购买行为。

1. 全球广告策略

（1）全球广告的决策内容。需要从五个方面思考全球广告策略：广告目标是什么；有多少可以支配的广告费用；通过广告应该传递什么信息；通过何种媒体传达广告信息；广告效果如何评估，即所谓的"5M"问题（任务 mission、资金 money、信息 message、媒体 media、衡量 measurement）。

（2）全球广告的限制因素。全球广告面临的限制因素较国内广告多，主要有不同国家的法律、媒体和社会文化限制等。这些限制因素会从不同角度影响全球广告的设计和发布。比如，有国家允许采用比较广告形式，有的国家就不允许，对诸如此类与广告相关的法律法规，企业必须熟知。不同国家对于可以发布广告的媒体，及媒体发布广告的时段和形式有不同的要求，企业也必须熟知和遵守。不同国家的社会文化背景不同，会影响消费者对广告信息的理解，企业广告设计必须与之相适应。

(3) 全球广告标准化与本土化。标准化与本土化是全球广告面临的一个重要问题。企业可以对同一产品采取标准化的形式,在全球传播,以突出产品或企业鲜明的全球特色,但在语言、色彩等方面仍需结合不同国家消费者的偏好,适当调整。企业也可以对同一产品,在不同国家市场推出不同的广告,以突出本土化特色。

2. 全球人员推销策略

全球人员推销策略主要涉及两个方面的内容:一是全球人员推销组织形式;二是全球推销人员的管理。

(1) 全球人员推销组织形式。企业一般可以采取地区型、产品型或顾客型等推销组织形式,也可以采用上述三者的结合形式,来开展全球推销活动。

(2) 全球推销人员的管理。全球推销人员管理主要涉及三方面的内容:一是推销人员的选择;二是推销人员的培训;三是推销人员的激励。选择熟悉多国文化、语言、习俗以及具备国际推销经验的本国或者他国人员,将有利于全球推销的顺利开展;针对全球营销特点,有针对性地就语言、习俗、文化、产品等内容开展培训,是提高人员全球推销素质的基本途径。

3. 全球营业推广策略

全球营销可以采用的促销策略一般有三类:一是针对推销人员的营业推广;二是直接针对消费者的营业推广;三是针对中间商的营业推广。第13章中所介绍的营业推广形式从理论上说都可以应用在全球市场,但在实施过程中,需要针对不同国家的环境特征,如法律法规的限制、消费者需求和行为习惯等,适当作出调整。

4. 全球公共宣传策略

公共宣传对于树立企业在全球范围的良好形象帮助很大,是全球营销企业绝对不能忽视的。目前,有四种主要全球公共宣传策略可以采用:一是通过新闻媒体的宣传和报道,帮助企业树立良好的社会形象;二是通过保持与各国政府的良好关系,以获得各国政府对企业的支持;三是通过赞助文化、卫生、环保和教育等公益事业,可以树立起企业在全球各国市场"承担社会责任"的良好形象和声誉;四是通过各领域权威或者名人为企业进行正面宣传,影响公众和舆论对企业的看法,进而扩大企业知名度和影响力。

》小结

1. 全球营销强调要基于全球视角来思考解决它们的营销战略与策略,就营销而言的全球视角,是指看待市场机会、配置营销资源和构建竞争优势的全球视角。

2. 推动全球营销产生的驱动力有外部和内部两种。外部驱动力主要是自由贸易、区域市场、产业分工、技术发展、全球消费者需求趋同和全球竞争；内部驱动力主要是全球营销带给企业的众多利益，包括经验分享、规模经济、全球资源的利用。

3. 根据对世界各地市场性质的整体判断，指导企业处理与世界市场关系的管理哲学，就是全球营销管理导向，有四种不同的管理导向：母国中心导向、多国中心导向、区域中心导向以及全球中心导向。

4. 全球营销方法包含战略与策略两大层面内容。战略内容包括：全球市场进入战略、企业价值链全球配置战略、全球目标市场营销战略；策略内容就是全球营销的"4Ps"。战略与策略的有效制定，有赖于深刻洞察全球营销环境、全球行业竞争态势、企业目标与价值链。

5. 全球营销环境分析的主要内容有全球经济环境、全球政治法律环境、全球社会文化环境、全球区域市场等。既要看到全球各地营销环境差异性的一面，也要看到趋同的一面。

6. 全球营销战略主要有三个方面的内容：第一，从企业价值链角度，设计在全球范围配置资源的方式；第二，选择进入国外市场的最佳途径；第三，细分全球市场，实施目标市场营销。

7. 全球营销策略有全球产品策略、定价策略、渠道策略以及促销策略，企业应该寻求这些策略在标准化与本土化之间的平衡。

关键词

全球营销　global marketing
全球竞争　global competition
全球中心导向　geocentric orientation
全球竞争优势　global competitive advantage
自由贸易区　free trade area
关税同盟　customs union
共同市场　common market
经济同盟　economic union
欧洲联盟　European Union
全球营销战略　global marketing strategy
企业价值链全球配置战略　the global allocation strategy of corporate value chain
全球市场进入战略　global market entry strategy
全球目标市场营销战略　global target marketing strategy

全球营销组合　global marketing mix
转移定价　transfer pricing

思考题

1. 什么是全球营销？推动全球营销产生的驱动力有哪些？
2. 有哪几种全球营销管理导向？各自有何特点？
3. 根据合作形式及一体化程度的不同，可以分为哪几种区域市场形式？
4. 全球营销主要涉及哪几大战略，各自的主要内容有哪些？
5. 制订全球营销策略时应该把握哪些重点？

案例

肯德基卖油条，洋快餐本土化征程

肯德基在全国正式开始卖起了油条，每根3元。这一事件，在各界引起了巨大的反响。

肯德基卖油条，洋快餐劲刮"中国风"

2008年1月23日，肯德基北京方面宣布早餐时段开始卖油条。据肯德基方面有关工作人员透露，肯德基油条没有添加明矾，却同样保持了外酥内软的口感，其健康卖点击中了中式传统油条的软肋。

肯德基这次上市的"安心油条"，可谓成就了"花式粥＋油条"的最佳搭档组合。而对于喜欢创新的消费者，"油条＋牛奶"、"油条＋奶茶"，或者是"油条＋咖啡"等新鲜搭配，肯德基方面认为也是不错的尝试。

除了肯德基3元钱一根的油条，其他洋快餐也入乡随俗，穿上"唐装"来贺岁。从推出的新品到食品包装、店堂布置，不约而同地刮起一股浓浓的"中国风"。

肯德基中国扩张：标准化服务与本土化定位

自1987年进驻中国以来，肯德基一路摧城拔寨，至今在国内以开设有1000多家单店，基本覆盖到了中国的二级城市，据悉现仍以每天一家店的速度在扩张。在一定意义上，肯德基已成为洋快餐在中国的代表，那么肯德基靠的是什么？标准化！

肯德基全球推广的"CHAMPS"冠军计划是肯德基取得成功业绩的主要精髓，其内容如下：

C：cleanliness，保持美观整洁的餐厅。

H：hospitality，提供真诚友善的接待。
A：accuracy，确保准确无误的供应。
M：maintenance，维持优良的设备。
P：product quality，坚持高质稳定的产品。
S：speed，注意快速迅捷的服务。

肯德基以家庭成员为主要目标消费者，推广的重点是较容易接受外来文化、新鲜事物的青少年，一切食品、服务和环境都是有针对性地设计的。这是因为青年人比较喜欢西式快餐轻快的就餐气氛，肯德基也希望以此带动其他年龄层家庭成员来光临。另外肯德基也在儿童顾客上花费大量的精力，店内专门辟有儿童就餐区，作为儿童庆祝生日的区域，布置了迎合儿童喜好的多彩装饰，节假日还备有玩具作为礼品，一方面希望培养小孩子从小吃快餐的习惯，另一方面也希望透过小孩子的带动，能吸引整个家庭成员都到店中接受温馨的服务。

肯德基一直想要营造的是一种全家一起用餐的欢乐气氛，强调的是这种附加的价值。这会给人留下一些较深的印象，他们有很多美好的记忆是在肯德基发生的。客人到餐厅里，首先感到吃的味道。东西不好吃，再便宜都没有用。服务再好，装修再漂亮，客人也不会喜欢。肯德基的市场优势为其鸡类食品的独特口味，定位在"世界著名烹鸡专家"、"烹鸡美味尽在肯德基"，这也是肯德基与麦当劳定位上的最大的差别。中国人爱吃鸡，鸡、鸭、鱼、肉中鸡是排在第一位的，鸡肉类的产品也更符合中国人的口味，更容易被中国人接受。其60年烹鸡经验烹制而出的炸鸡系列产品，原味鸡、香辣鸡翅、香脆鸡腿汉堡、无骨鸡柳等，外层金黄香脆，内层嫩滑多汁，以其独特鲜香口味广为顾客称许。肯德基在各种广告宣传里也不断强化其"烹鸡专家"这一卖点。

洋快餐卖油条：中国人会接受吗

卖3元钱一根的油条，能承载肯德基的本土化重任吗？能成为下一个"炸鸡腿"、下一个"汉堡"吗？

儿童们会吃肯德基油条吗？"这玩意儿几乎天天在家吃，都吃腻了，出去为什么还吃这个啊，就是想吃，父母也不会买啊，太贵了。"

学生们呢？"吃油条何必跑到肯德基去啊，学校旁的小摊上到处都有，五毛钱一根，购买方便还实惠，本就不多的零花钱或生活费，显摆啥呀，况且也没人知道我嘴里嚼着的油条是'肯德基'牌的呀。"

那么小资们呢？别看小资们一向讲究生活品质，但就数他们会过了，盘算精着呢。"油条3元一根，凭什么呀？再说了，坐在肯德基吃油条，想着还有点别扭吧。等油条进入品牌化消费时代再说吧。"

可以肯定，年轻一代还会是肯德基的常客，但他们绝不会是为了去吃油条！那么其他人会去吃肯德基的油条吗？那更不会了，山姆大叔会做吗？路边到处都有，非要去买这3元一根的，那不是钱烧的吗？

对于肯德基的本土化之路，消费者也有不同的反映。一网站就肯德基卖油条一事进行问卷调查，有26.69%的人支持肯德基的入乡随俗，56.04%的人对此表示无所谓，17.28%的网友认为肯德基应该保持美国快餐的风格，不应该卖中国油条。

区区一根油条，仅仅从中国流动的手推车"晋升"到KFC的餐桌上，就身价暴涨、品味翻番。至于这种定价是否有些"离谱"，尚无定论。但是，"肯德基卖油条"这一事实却是值得我们反思的。

（资料来源：苏华，肖坤梅. 肯德基卖油条，洋快餐本土化征程. 现代营销·营销学苑. 2008，(3). 有删改）

案例思考题：

1. 你认同肯德基在中国卖油条这种经营策略吗？为什么？
2. 肯德基的标准化与本土化策略分别为肯德基带来了哪些利益？
3. 请实地调查当地的肯德基餐厅，说明经常光顾肯德基餐厅的中国消费者有哪些特征。并从就餐环境、产品品种、服务特点等角度阐述肯德基的经营策略，以及这些策略与中国消费者的需求特征是否相符。

主要参考文献

菲利普·科特勒等.2009.营销管理.第13版.卢泰宏,高辉译.北京:中国人民大学出版社
郭国庆.2007.市场营销学通论.第3版.北京:中国人民大学出版社
霍金斯等.2007.消费者行为学.第10版.符国群等译.北京:机械工业出版社
纪宝成.2008.市场营销学教程.第4版.北京:中国人民大学出版社
科兰等.2008.营销渠道.第7版.蒋青云等译.北京:中国人民大学出版社
吕一林.2008.营销渠道决策与管理.第2版.北京:中国人民大学出版社
彭于寿.2007.市场营销案例分析教程.北京:北京大学出版社
万后芬,应斌,宁昌会.2003.市场营销教学案例.北京:高等教育出版社
王方华.2007.市场营销学.上海:上海人民出版社
王宜.2008.赢在网络营销——经典案例与成功法则.北京:人民邮电出版社
沃伦·J.基坎,马克·C.格林.2005.全球营销学.傅慧芬等译.北京:中国人民大学出版社
吴健安.2007.市场营销学.第3版.北京:高等教育出版社
希夫曼,卡纽克.2007.消费者行为学.第8版.江林译.北京:中国人民大学出版社
小查尔斯·W.兰姆,小约瑟夫·F.海尔,卡尔·迈克·丹尼尔.2007.营销学精要.第5版.王慧敏,贺广勋,王慧英译.北京:电子工业出版社
闫国庆.2007.国际市场营销学.第2版.北京:清华大学出版社
Kotler P,Armstrong G.2007.市场营销原理.第11版.郭国庆等译.北京:清华大学出版社